更轻

更简

更适合做朋友的一本书

这本书带给你的不仅是知识

中华会计网校
www.chinaacc.com

梦想成真
Dream
Come True

应试指南

初级会计实务

2022年度

全国会计专业技术资格考试

■ 吴福喜 主编

■ 中华会计网校 编

感恩22年相伴 助你梦想成真

中国商业出版社

图书在版编目（CIP）数据

初级会计实务应试指南 ／ 吴福喜主编；中华会计网
校编. —北京：中国商业出版社，2021. 12
2022 年度全国会计专业技术资格考试
ISBN 978-7-5208-1763-9

Ⅰ．①初… Ⅱ．①吴… ②中… Ⅲ．①会计实务–资
格考试–自学参考资料 Ⅳ．①F233

中国版本图书馆 CIP 数据核字（2021）第 176374 号

责任编辑：朱文昊 黄世嘉

中国商业出版社出版发行
010-63180647 www.c-cbook.com
（100053 北京广安门内报国寺 1 号）
新华书店经销
大厂回族自治县益利印刷有限公司

＊

787 毫米×1092 毫米 16 开 21 印张 537 千字
2021 年 12 月第 1 版 2021 年 12 月第 1 次印刷

定价：86.00 元

＊ ＊ ＊ ＊

（如有印装质量问题可更换）

前言

"立身以立学为先，立学以读书为本。"

"莫道桑榆晚，微霞尚满天。"

遇见 · 指南

"于千万人之中遇见你所遇见的人，于千万年之中，时间的无涯的荒野里。没有早一步，也没有晚一步，恰巧遇上了，也没有过多的话要说，惟有轻轻地问一声：噢，你也在这里吗？"正如张爱玲所述的两人相遇，你与《初级会计实务应试指南》（以下简称《应试指南》）因全国会计专业技术资格考试相识，故事也将从《应试指南》开始。

相知 · 指南

"始于颜值，陷于才华，忠于人品。"对一个人喜欢从颜值开始，被他的才华吸引，最后迷恋于他的人品。对一本书喜欢大概也是这样吧，看到一本书，你会被它颜色丰富或是清新淡雅的样子而吸引，但最后还是要看看这书里的内容是否有十足的魅力吸引你。拿指南来说，虽说是因为考试相遇，但是当你与《应试指南》熟悉了解之后，你会发现它值得反复学习。

细说 · 指南

·首先，针对初级会计实务这个科目，《应试指南》整体分为"福喜攻略——考情分析及学习方法""福喜初见——应试指导及同步训练""福喜临门——考前模拟试题"三篇，其分布是按照学习阶段进行划分，即从了解到熟知。同时，篇的命名极具老师对你的祝福，希望你初级会计实务的学习福福喜喜。

·其次，福喜老师巧妙设计了一些特色版块，例如，每章设置了"案例导入"版块，以一个简单、生动的例子引出本章知识点，消除你对未知的专业知识的恐惧，同时让你产生"这个

"知识点我可以"的自信感觉。同时，"福喜总结"板块，也是老师经过多年的教学经验，得出的一些结论，而这些结论也将成为你考试中的助力。

·最后，学习是有迹可循的，读书呢，也不能"读死书，死读书"，特别是如果你想有效率地通过考试，那更是要下一番功夫。常言道"河床越深，水面越平静"，《应试指南》根据考试规律，在题目、解析中融入不同元素，方便你有重点地学习。当然，在这里只能浅浅透露给你，更多的还需你在学习中慢慢发现。

伴读·指南

这一年，《应试指南》进行了全新升级，书中融入了可爱的"正小保"，小保的原型是一只俏皮可爱的小蜜蜂，因为蜜蜂聪明智慧、勤劳勇敢、团体合作、无私奉献，同时它的滴滴纯酿也离不开它的博采和提炼，而我们的学习更是如此，需要智慧，也需要博采和提炼。因此，接下来《应试指南》之路的每个阶段，小保将成为你《应试指南》路上的伴读精灵，让你明智与坚持，也让你的学习之路不再孤单。

有福有喜·长相伴

初级会计实务的学习就像一段旅程，当你信心满满，满满准备，自然而然这段旅程就会畅通无阻，幸运也会伴你左右，而学习过程也将成为你的点滴记录，成为你人生路上的一段风景。

编　者

 小保提示

由于时间所限，书中难免存在疏漏，敬请批评指正。最后，小保祝福大家顺利通过考试！

正保文化官微

关注正保文化官方微信公众号——财会上分青年，回复"勘误表"，获取本书勘误内容。

正保远程教育

发展：2000—2022年：感恩22年相伴，助你梦想成真

理念：学员利益至上，一切为学员服务

成果：20个不同类型的品牌网站，涵盖13个行业

奋斗目标：构建完善的"终身教育体系"和"完全教育体系"

中华会计网校

发展：正保远程教育旗下的第一品牌网站

理念：精耕细作，锲而不舍

成果：每年为我国财经领域培养数百万名专业人才

奋斗目标：成为所有会计人的"网上家园"

"梦想成真"书系

发展：正保远程教育主打的品牌系列辅导丛书

理念：你的梦想由我们来保驾护航

成果：图书品类涵盖会计职称、注册会计师、税务师、经济师、资产评估师、审计师、财税、实务等多个专业领域

奋斗目标：成为所有会计人实现梦想路上的启明灯

图 书 特 色

① "福喜攻略"——考情分析及学习方法

"有福有喜，初级必胜"，一次性通过初级

——如何正确使用本书

一、有信心

信心在老师看来是最重要的。因为自信是成功的必要条件，是成功的源泉。自信也是发自内心的自我肯定与相信。相信自己一定能通过初级考试，我们的口号是"有福有喜，初级必胜"。每天早上起床时，当您在复习复习碰到困难时或者想偷懒时，晚上睡觉前，您喊三遍"有福喜，初级必胜"。

二、有目标

福喜老师2018年教的学员熊×考了91分；2019年教的学员家×考了95分；2020年教的学员再×考了100分；2021年教的学员刘×考了99分，他的女朋友王×考了91分；2022年的您，能考多少分呢？在自己有信心的前提下，要是再给自己定一个小小的目标，就更完美了。把

三、有指南

2022年《应试指南》是在继承前三年的基础上精益求精，为了给学员减负，知识总结更精练，题目编写更经典。此书凝结了福喜老师19年的(初级会计实务)教学经验和积累，不知老师是花了多少个不眠之夜才编写成的书。算是福喜老师的"最走心"的大作，满满的都是干货，

→ *制定属于自己的学习方法，教你如何正确使用本书*

② "福喜初见"——应试指导及同步训练

📖 历年考情概况

本章是最基础的一章，题型覆盖单选题、多选题和判断题等。预计2022年考试分值在5分左右。

→ *深入解读本章考点及考试变化内容*

📈 近年考点直击

考点	主要考查题型	考频指数	考查角度
会计的概念、职能及目标	多选题	★ *	(1)会计基本职能；(2)会计拓展职能
会计基本假设	单选题	★	(1)会计基本假设内容；(2)会计基本假设的使用范围

📋 2022年考试变化

本章变化较大，由原来的会计概述章节拆分而来，新增了"会计职业道德""内部控制基础"等相关知识。

考点二　会计基本假设、会计基础及会计信息质量要求

🔍 **考点详解**　　　　　　📝 **随堂小练** 限时5min

一、会计基本假设

图1-1　会计基本假设

一、单项选择题

1. ☆ 下列各项中，体现谨慎性会计信息质量要求的是（　）。
A. 不同时期发生的相同交易，应采用一致的会计政策，不得随意变更
B. 提供的会计信息应当清晰明了，便于理解和使用

→ *了解命题方向和易错点*

📝 **同步训练** 限时15分钟

扫我做试题

一、单项选择题

1. 下列选项中，属于会计主体假设的意义的是（　）。

B. 企业采购商品的进货费用金额较小的，可以在发生时直接计入当期损益
C. 企业在会计期末，存货按成本与可变现净值孰低进行计量

→ *夯实基础，快速掌握答题技巧*

③ "福喜临门"——考前模拟试题

→ *精心编写，模拟演练，助力冲关*

考前模拟试题

亲爱的读者，微信扫描对应小程序码，并输入封面防伪贴激活码，即可享有本书编写老师亲编2套考前模拟试题，快来扫码吧！

考前模拟试题（一）
扫我做试题

考前模拟试题（二）
扫我做试题

CONTENTS 目录

第一篇 "福喜攻略"——考情分析及学习方法

第二篇 "福喜初见"——应试指导及同步训练

第三篇　"福喜临门"——考前模拟试题

有分析，
有方法
开启学习模式

第一篇 "福喜攻略"
考情分析及学习方法

各位看官好，我是正小保，欢迎来到"福喜"联盟，接下来将由我陪伴您学习初级会计实务。

学习初级会计实务对大家来说可能是充满未知与困难的，但我们无需恐惧，因为我们的福喜老师已经悄悄地在这条路上为大家准备了很多备考小惊喜，所以现在就让我们整理好心情，迎着青春，伴着激情开始好好学习吧！

2022年考试变化讲解

关于右侧小程序码，你需要知道——

亲爱的读者，无论你是新学员还是老考生，本着"逢变必考"的原则，今年考试的变动内容你都需要重点掌握。微信扫描右侧小程序码，网校老师为你带来2022年本科目考试变动解读，助你第一时间掌握重要考点。

2022 年考情分析及学习方法

"有福有喜，初级必胜"，一次性通过初级

——如何正确使用本书

各位考生：

你们好！

在您参加 2022 年初级会计职称考试之际，福喜老师推荐请您使用我编写的《初级会计实务应试指南》（以下简称《应试指南》）和《初级百考题》（以下简称《百考题》，原《押题册》），它们是姊妹篇，请您在拿到书开始到考前一个半月使用《应试指南》，考试前最后一个半月使用《百考题》，它们会在你的复习中起到事半功倍的效果，你会一次性通过本次考试。

为什么使用我编写的书，福喜老师亮一下"尚方宝剑"：

（1）福喜老师辅导初级会计实务课程 19 年，讲授 660 多遍，被学员尊称为"初级老中医"；

（2）福喜老师在 2013 年全国高校首次微课教学比赛中荣获一等奖，被学员誉为"考初级，找福喜"；

（3）福喜老师在 2020 年作为特邀嘉宾接受央广网采访有关初级考试辅导的专题，广受社会各界的认可；

（4）2020 年某权威机构对市场上的《初级会计实务》辅导书做调查，《应试指南》以高分获得市场认可。

以上的理由足以让您选择福喜老师编写的书。

下面，我想和大家一起探讨：如何一次性通过初级会计考试。

要想一次性通过初级会计考试，福喜老师认为大家需要做到以下"八有"。

一、有信心

信心在老师看来是最重要的。因为自信是成功的必要条件，是成功的源泉。自信也是发自内心的自我肯定与相信。相信自己一定能通过初级考试，我们的口号是"有福有喜，初级必胜"。每天早上起床时、当您在复习碰到困难时或者想偷懒时，晚上睡觉前，您喊三遍"有福有喜，初级必胜"，您会觉得有一种无形的魔力相信自己能通过初级。

二、有目标

福喜老师 2018 年教的学员熊×考了 91 分；2019 年教的学员家×考了 95 分；2020 年教的学员蒋×考了 100 分；2021 年教的学员刘×考了 99 分，他的女朋友王×考了 91 分；2022 年的您，能考多少分呢？在自己有信心的前提下，要是再给自己定一个小小的目标，就更加完美了。把目标写在本书的第一页，您可以定 90 分，也可以定 80 分，最低定 70 分，但是一定不要定 60 分，因为风险太大。

如果您定了 90 分的目标，说明你是一个完美主义者。那么在做每章每考点的习题时，就要务必要求自己做到正确率在 90% 以上。如果第一遍没有达到 90%，您应该在不看答案不查书的前提下再做一遍、两遍、三遍，正确率达到 90% 以上方可进入下一考点。如果您能按照这个要求坚决执行下去，完美的结果将指日可待！

三、 有指南

2022 年《应试指南》是在继承前三年的基础上精益求精，为了给学员减负，知识总结更精练，题目编写更经典。此书凝结了福喜老师 19 年的《初级会计实务》教学经验和积累，不知老师是花了多少个不眠之夜才编写成的书。算是福喜老师的"最走心"的大作，满满的都是干货，也是考生们能顺利通过考试的"葵花宝典"，倾注了福喜老师满满的爱心。希望同学们能格外珍惜。那么考生们该如何正确使用本书呢？

您应该结合本书的以下特点使用：

(1) 用最通俗易懂的语言编写本书，这是为了让大家能把会计的专业知识转化为自己的生活常识，再转化为考试分数。

(2) 本书按"考点"编写"考点详解"，这部分内容不仅仅是对教材重点内容的总结，而且一脉相承地采用福喜公司的"真实案例"讲解会计分录，"通过案例学初级会计"的感觉，是不是很好？大家一定要遮住答案哦，独立默写好会计分录(不要自欺欺人)，一遍不行写两遍，两遍不行写三遍，直至百分百正确。这部分内容，还穿插了"提示""注意"等，主要为了帮助大家解决易"蒙"、易错的知识点。同时，在重要考点之后附带例题，大家一定要认真完成每道题目，为了让大家养成独立做题的习惯，答案放在了解析后面。

(3) 本书创新性编写"福喜总结"，采用表格化形式，在考点旁边注释考题的年份，如"银行存款余额调节表"(2021 年、2018 年判断题)，表示这个考点在 2021 年和 2018 年都考了判断题，基本上考点旁边注释越多，考点就越重要，那么按照惯例推测也将列入今年的考点。

如果您真要问福喜老师：平时"背"什么？福喜老师可以肯定地告诉你：就是"福喜总结"，因为"福喜总结"几乎浓缩了所有考点中的精华。

(4) 本书按"考点"编写"随堂小练"，包括"百考多选题""单项选择题""多项选择题""判断题""不定项选择题"等。特别介绍一下福喜老师独创的"百考多选题"：什么是"百考多选题"呢？福喜老师编写的初衷是"百分之百会考试的题"，使考生考"一百分"。把部分的考点编成 1~2 道"百考多选题"，每题的选项有 A、B、C、D 四个选项，每个选项就是一个考点，简称"百考多选题"，只能说浓缩的都是精华呀，同学们务必认真掌握每道题及每个选项。如果有考生问：老师我很忙的，我没有多少时间做题，那老师回答您：如果您真的学习时间比较少，要做题，首选"百考多选题"。务必独立做完每道题目，再核对答案，做错的题目认真分析原因，一定要搞懂这些"错题"，并在这些"错题"前做个标记，且最好能在 24 小时内重新做一遍。根据人的大脑记忆理论，这样做可以加深记忆，让你曾经的"错题"变为考试的"得分题"。

(5) 本书按"章"编写"同步训练"，遵循"循序渐进"的学习规律，哪怕记住了每章的每个知识点，也不代表您真正理解此章知识，那么"同步训练"就能起到查漏补缺的作用。所以一定要做，只有通过强化"同步训练"的习题，一遍一遍地做，才能做到真正掌握本章的内容。

(6) 本书精心编写两套"考前模拟试题"，学完本书知识后，用 2 个小时左右不参考任何资料在安静"仿真考试"环境下完成，这样才会起到"模拟考试"的效果。

四、 有分析

(一)考试基本情况分析

1. 考试时间

2022 年初级会计职称考试于 2022 年 5 月 7 日开始。

2. 考试形式

采用无纸化考试(机考)。

3. 2022 年考试题型题量预测

2022 年考试的题型题量及分数预测见下表:

题型	题量	每题分数	总分	平时做题得分建议
单项选择题	20 道	2 分	40 分	32 分以上
多项选择题	10 道	2 分	20 分	10 分以上
判断题	10 道	1 分	10 分	6 分以上
不定项选择题	3 道(15 小题)	2 分	30 分	22 分以上
合计	55 道		100 分	70 分以上

由上表所示,考试题型全部都是客观题,其中:

(1)单项选择题(单选题)。单选题难度最小,每道题 2 分,弱弱问一句,您以前的考试单选题是不是每道题都是 1 分,那为什么初级考试是每道题 2 分呢?相关部门把最简单的题定为 2 分一道,真的想"送"你通过!各位考生,"机不可失,时不再来",请您抓住当下"送"你通过的好时机,务必一次性通过考试。单选题建议您正确率在 80%以上,至少得 32 分以上。

(2)多项选择题(多选题)。多选题考试难度最大,每道题 2 分,四个选项,您完全答对得 2 分,但从 2020 年开始,少选可以得分,如果正确选项为 ABCD,您选了:AB、AC、AD、BC、BD、CD 等,均可得分,所以也不是很难,平时做题正确率在 50%以上,得 10 分,您应该没问题的。

(3)判断题。判断题难度与单选题相当,每道 1 分,共 10 道题,从 2020 年开始,本题不再倒扣分,建议考试答对 6 道以上,至少得 6 分。

(4)不定项选择题。不定项选择题就是原来考试的大题,原来需要写会计分录,现在不用了。表面上看似乎容易了,因为有的题不会做可以"蒙"一个,其实想真正做对,还是需要写分录的(草稿纸上),否则很难答对。

此题共 3 个大题,每个大题 5 个小题,每个小题 2 分,共 30 分。四个选项,选出 1 个或多个正确答案。少选按选项个数给分,每个给 0.5 分,答错了得 0 分。

(二)考试结构及分析

1. 考试结构

2022 年《初级会计实务》考试共八章,每章考试情况见下表:

章	标题	重要程度	预计考试分数
第一章	概述	★	5 分左右
第二章	会计基础	★	8 分左右
第三章	流动资产	★★★	15 分左右

第四章	非流动资产	★★★	18分左右
第五章	负债	★★	14分左右
第六章	所有者权益	★★	10分左右
第七章	收入、费用和利润	★★★	20分左右
第八章	财务报告	★★	10分左右

由上表所示，第三章、第四章和第七章是考试中非常重要的章节，考大题（不定项选择题）的概率较高，考生务必在理解的基础上牢记相关考点；第五章、第六章和第八章是考试中比较重要的章节，也是考大题的可能章节，考生最好能掌握每个考点；第一章和第二章是考试的一般重要章节，考生需要多记忆相关考点。

2. 2022年考试变化

第一章：本章变化较大，由原来的会计概述章节拆分而来，主要是新增了"会计职业道德""内部控制基础"等相关知识。

第二章：本章由原会计概述、管理会计基础和政府会计基础章节拆分组合而来，对管理会计基础和政府会计基础相关内容进行了精简。

第三章：本章变动较大，由原来的资产章节拆分而来。主要是新增了小企业短期投资的核算、消耗性生物资产的核算和直接转销法下坏账损失的确认等内容。

第四章：本章变化很大，由原来的资产章节拆分而来，删除了生产车间固定资产日常维修计入管理费用的相关表述。同时新增了"长期投资""投资性房地产""生产性生物资产""使用权资产"等内容。

第五章：本章变动较大。主要变动为新增非流动负债的相关内容，具体涉及长期借款和长期应付款的核算；新增辞退后福利等的核算；删除应付账款部分涉及现金折扣的内容。

第六章：本章整体变动不大。主要是新增有限责任公司和小企业发还投资的会计处理和以权益结算的股份支付的内容等。

第七章：本章变动较大。主要为新增收入的概念与收入的管理，不同结算方式下商品销售收入的确认，可变对价的账务处理，合同负债的内容。按收入准则相关规定调整涉及现金折扣的内容。

第八章：本章变动较大。主要为新增财务报告概述，利润表表体结构原理、作用和编制要求，现金流量表的编制，所有者权益变动表的结构，财务报告信息披露的要求等。

五、有计划

常言道："预则立，不预则废。"学习计划包括时间计划和内容计划两方面，分三轮进行。

第一轮，基础知识，全面学习，按考点做题。2021年12月至2022年3月，每天学习2小时以上，用3个月以上的时间学完《应试指南》的第二篇，即牢固掌握每个考点、每道习题。

第二轮，重点知识，强化训练，逐章做题。2022年4月，每天学习3小时以上，第二遍认真复习每章知识，开始背诵《百考题》中的考点，把《应试指南》第一遍做错的题重新做一遍，再做《百考题》中的每道经典题目，逐章掌握每个考点。

第三轮，串讲知识，冲刺背诵，模拟考试。2022年5月至考试前，每天学习4小时以上，狂背《百考题》中的重点，关注新浪微博"吴福喜"，老师会提供更精练的背诵版考点（如考前20天版，考前1周版），同时至少在仿真状态下模拟考试3次，通过模拟考试查漏补缺，找到考试的感觉。福喜老师建议考生配套无纸化系统完成模拟题，这样可以让您的状态更接近考试。

没有最好，只有更好，适合自己才是真的好。建议同学们根据自身的学习习惯制订出一套适合自己的学习计划。

六、有网课

福喜老师非常希望我们能见面，推荐你上网听我的课程（2022 年全程直播班、超值精品班等）。课程与《应试指南》的关系是，你中有我，我中有你，两者相辅相成，缺一不可。

《应试指南》基本是我上课的讲义，拥有《应试指南》的朋友，不需要另外打印讲义。《应试指南》有大量的随堂练习题、同步训练题和模拟题供你练习，如果你完全掌握《应试指南》的每道题，福喜老师坚信，2022 年的初级考试你必能旗开得胜，马到成功。

七、有《百考题》

《百考题》原本只是最近三年仅供内部学员使用的一本小册子，他们用了之后，都为这本册子点赞，有的考生说，这本册子让她提高了 30 分；还有的学员说，这本小册子让她在最后的学习阶段找到了复习方向，直接为她通过考试奠定了基础。为了让更多的学员受益，应考生的强烈要求，我们正式出版了《百考题》，希望能帮助你考过初级。亲爱的各位学员，让我们拭目以待，在考前一个半月使用这本小册子，一定会让你的成绩突飞猛进。

八、有证书

我始终相信，你只要树立信心，明确考试目标，制订和严格执行学习计划，理解和记住考点，做完每考点、每章习题和模拟题，应试方法得当，就一定能一次性通过考试，拿到证书。

书山有路勤为径，学习如登山，没有捷径可走，只有靠自己不忘初心，砥砺前行。哪怕是考试也不建议临时抱佛脚，希望大家要做到未雨绸缪，积水成渊。最后祝福大家马到成功，谢谢！

吴福喜

先指导，
后训练，
开启初试模式

第二篇 "福喜初见"

应试指导及同步训练

通过第一篇的学习，相信大家已经了解了初级会计考试的考情以及学习初级会计实务的方法，那么现在我们要开始初级会计实务具体内容的学习了，请大家务必打起十二分精神，因为现在是在打基础的阶段，所以一定要好好的加油呀！小保和福喜老师也在这里为大家加油！

本书的小设计——"扫我做试题"小程序码

本书"同步训练"附加"扫我做试题"小程序码，让你的练习不仅在纸进行，使用手机做题也可以！

扫码做试题——不仅可以做题、看解析，还可以做笔记、形成做题报告，让你做题方便且有效率！

第一章 概　述

📝 历年考情概况

本章是最基础的一章，题型覆盖单选题、多选题和判断题等。预计 2022 年考试分值在 5 分左右。

📈 近年考点直击

考点	主要考查题型	考频指数	考查角度
会计的概念、职能及目标	多选题	★ *	(1)会计基本职能；(2)会计拓展职能
会计基本假设	单选题	★	(1)会计基本假设内容；(2)会计基本假设的使用范围
会计信息质量要求	单选题、多选题	★★	(1)可靠性；(2)谨慎性；(3)可比性

📋 2022 年考试变化

本章变化较大，由原来的会计概述章节拆分而来，新增了"会计职业道德""内部控制基础"等相关知识。

【案例导入】

学员小刘准备考初级会计师，因为她想通过学习会计解答在她心中的一个疑惑：她家开的海鲜店 1 月和 2 月的销售额分别为 8 万元和 7 万元，1 月收到当月销售款 6 万元，2 月收到当月销售款 5 万元和上月销售款 1 万元。爸爸管销售，说收入要看销售额，所以 1 月的收入为 8 万元，2 月的收入为 7 万元；妈妈管钱，说收入要看钱的金额，因此 1 月的销售收入为 6 万元，2 月销售收入也是 6 万元。请问，小刘家的海鲜店 1 月和 2 月的销售收入究竟是多少？

各位小伙伴，让我们一起学习会计来解答我们心中的疑惑吧。

考点一　会计的概念、 职能及目标

考点详解

会计概念、职能和目标。

表 1-1　会计概念、职能和目标

概念	以货币为主要计量单位；准确完整、连续、系统的核算(反映)和监督；经济管理工作

---

* ★表示需要了解，★★表示需要熟悉，★★★表示需要掌握。

续表

职能	基本职能	核算职能(最基本的职能)：确认、计量、记录、报告
		监督职能：审查企业会计核算真实性、完整性、合法性和合理性(2020年、2019年、2018年多选题)
		核算是基础，监督是质量保障
	拓展职能	预测经济前景、参与经济决策、评价经营业绩(2018年多选题)
目标		向报告使用者提供财务状况、经营成果和现金流量的信息，反映企业管理层的受托责任履行情况

【例题1·多选题】☆*下列各项中，不属于会计基本职能的有(   )。

A. 参与经济决策　B. 进行会计核算

C. 实施会计监督　D. 预测经济前景

解析 ▶ 选项AD，属于会计拓展职能。

答案 ▶ AD

【例题2·单选题】☆下列各项中，属于会计监督职能的是(   )。

A. 参与经济决策

B. 预测经济前景

C. 评价经营业绩

D. 审查经济活动的真实性

解析 ▶ 选项ABC，属于会计的拓展职能。

答案 ▶ D

随堂小练　限时5min

一、单项选择题

下列各项中，关于目标的表述不正确的是(   )。

A. 会计目标是要求会计工作完成的任务

B. 会计目标是要求会计工作达到的标准

C. 会计目标是向财务报告使用者提供财务状况、经营成果和现金流量等有关的会计信息

D. 会计目标反映企业管理层的委托责任的履行情况

二、多项选择题

1. ☆下列有关会计职能的表述中，正确的有(   )。

A. 评价经营业绩是会计的拓展职能

B. 会计核算是会计的基本职能

C. 会计监督是会计核算的质量保障

D. 预测经济前景是会计的基本职能

2. 下列各项中，属于会计核算具体内容的有(   )。

A. 款项和有价证券的收付

B. 会计计划的制订

C. 资本、基金的增减

D. 财务成果的计算和处理

三、判断题

会计核算是会计监督的基础，会计监督是会计核算的保障，没有核算所提供的各种信息，监督就失去了依据。(   )

随堂小练参考答案及解析

一、单项选择题

D 【解析】选项D，会计目标反映企业管理层的受托责任的履行情况。

二、多项选择题

1. ABC 【解析】选项D，评价经营业绩、参与经济决策和预测经济前景是会计的拓

---

* 标注☆的题目为经典题目。

展职能。

2. ACD　【解析】会计核算的具体内容：(1)款项和有价证券的收付；(2)财物的收发、增减和使用；(3)债权、债务的发生和结算；(4)资本、基金的增减；(5)收入、支出、费用、成本的计算；

(6)财务成果的计算和处理；(7)需要办理会计手续、进行会计核算的其他事项。

三、判断题

√　【解析】会计核算是会计监督的基础，会计监督是会计核算的保障。

考点二　会计基本假设、会计基础及会计信息质量要求

考点详解

一、会计基本假设

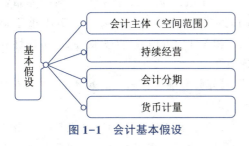

图1-1　会计基本假设

1. 会计主体

会计主体是会计所核算和监督的特定单位或组织，是企业会计确认、计量、记录和报告的空间范围。

会计主体类似于我们画个圈(不是"画个圈圈诅咒你")，会计的工作只能在圈内行动。

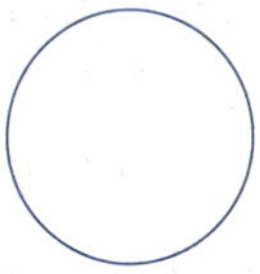

图1-2　会计主体范围

【例题1·判断题】☆会计主体是指会计工作服务的特定对象，是企业会计确认、计量、记录和报告的时间范围。　　　　( )

解析 ▶ 会计主体是企业会计确认、计量、记录和报告的空间范围。　　答案 ▶ ×

【例题2·多选题】☆下列各项中，可确认为会计主体的有( )。

A. 子公司　　　　B. 销售部门
C. 集团公司　　　D. 母公司

解析 ▶ 会计主体是指会计工作服务的特定对象，它可以是一个特定的企业，也可以是一个企业某一特定部分(如分厂、分公司、某部门)，甚至可以是若干家企业组成的集团公司。　　答案 ▶ ABCD

2. 持续经营

持续经营是指在可以预见的未来，企业不会停业。

持续经营相当于我们画条射线，只有起点，没有终点。

图1-3　持续经营

3. 会计分期

会计分期是指把持续经营划分为若干个连续的、长短相同的期间。

会计分期相当于把图1-3的射线等距离分成线段。

图1-4　会计分期

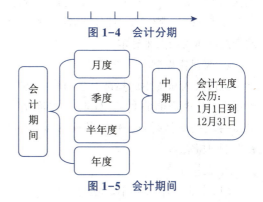

图1-5　会计期间

4. 货币计量

货币计量是指企业在会计核算过程中要

采用货币作为计量单位，记录报告企业的经营情况。我国的会计核算应以人民币作为记账本位币。

二、会计基础

【案例 1】 福喜公司 2021 年 11 月 11 日销售一批商品给乙，货款 50 万元，当日收到 30 万元存入银行，2022 年 5 月收到余款 20 万元。2021 年 11 月应该确认多少收入？2022 年 5 月应该确认多少收入？

时段	权责发生制	收付实现制
2021 年 11 月	50 万元	30 万元
2022 年 5 月	0	20 万元

【案例 2】 福喜公司 2021 年 12 月预付 2022 年全年的上网流量费，共支付 12 万元，假设每月流量费相等。2021 年 12 月应该确认多少费用？2022 年 1 月应该确认多少费用？

时段	权责发生制	收付实现制
2021 年 12 月	0	12 万元
2022 年 1 月	1 万元 (12 万元/12 个月)	0

1. 权责发生制

会计核算过程中，企业以取得收款权利或承担支付款项义务为确认会计要素的依据，即收入、费用的确认看买卖的发生，收入的确认是看"卖"的归属期，费用的确认是看"买"的归属期，均不是根据实际收到或支付现金的具体时间点来确定。

2. 收付实现制

确认收入和费用的标准是实际收到或支付现金（看现金的收付），即收入的确认看"收到钱"的具体时点，费用的确认看"支付钱"的具体时点。

3. 使用范围

（1）企业会计：采用权责发生制。

（2）政府会计：预算会计一般采用收付实现制；财务会计采用权责发生制。

【例题 3 · 多选题】 某会计主体 10 月的短期租入办公用楼租金为 3 万元，用银行存款支付 2 万元，剩余 1 万元于 11 月支付。针对这笔业务，按照权责发生制，其在 10 月和 11 月分别应确认的费用为（　）万元，按照收付实现制，其在 10 月和 11 月分别应确认的费用为（　）万元。

A. 3，3　　　　　　　B. 3，0

C. 2，3　　　　　　　D. 2，1

答案 ▶ BD

三、会计信息质量要求

会计信息质量要求主要包括：可靠性（真实性）、及时性、重要性、实质重于形式、相关性、可理解性（明晰性）、可比性和谨慎性。

『速记』会计信息的质量要求："两石两重，湘西比景。"

两石：真实性（可靠性）和及时性，谐音为"石"。两重：重要性和实质重于形式。湘西比景：相关性的"相"、明晰性（可理解性）的"晰"，可比性的"比"，谨慎性的"谨"。"相"、"晰"和"谨"的谐音为"湘、西、景"，"湘西比景"的意思为"湖南的西部比风景"。

1. 可靠性

企业应当以实际发生的交易或者事项为依据进行会计确认、计量、记录和报告，如实反映符合确认和计量要求的各项会计要素及其他相关信息，保证会计信息**真实可靠、内容完整**。

【例题 4 · 单选题】 ☆下列各项中，企业以实际发生的经济业务为依据，如实进行会计确认和计量，体现的会计信息质量要求是（　）。

A. 可比性　　　　　B. 可靠性

C. 重要性　　　　　D. 及时性

解析 ▶ 可靠性要求企业应当以实际发生的交易或者事项为依据进行会计确认、计量、记录和报告，如实反映符合确认和计量要求

的会计要素及其他相关信息，保证会计信息
真实可靠、内容完整。 **答案 ▶ B**

2. 相关性

企业提供的会计信息应当与财务会计报
告使用者的经济决策需要相关，有助于财务
会计报告使用者对企业过去和现在的情况作
出评价，对未来的情况作出预测。

3. 可理解性

企业提供的会计信息应当清晰明了，便
于财务会计报告使用者理解和使用。

4. 可比性

企业提供的会计信息应当具有可比性，
保证同一企业不同时期可比、不同企业相同
时期可比。

【例题5·单选题】 ☆"在不同会计期间
发生的相同的或相似的交易或事项，应当采
用一致的会计政策，不得随意变更"。下列
各项中，对这一会计信息质量要求表述正确
的是( )。

A. 谨慎性 　　 B. 重要性

C. 可比性 　　 D. 可理解性

解析 ▶ 选项A，谨慎性要求企业对交易
或者事项进行会计确认、计量、记录和报告
应当保持应有的谨慎，不应高估资产或者收
益、低估负债或者费用；选项B，重要性要
求企业提供的会计信息应当反映与企业财务
状况、经营成果和现金流量有关的所有重要
交易或者事项；选项D，可理解性要求企业
提供的会计信息应当清晰明了，便于投资者
等财务报告使用者理解和使用。 **答案 ▶ C**

5. 实质重于形式

企业应当按照交易或者事项的经济实质
进行会计确认、计量、记录和报告，不应仅
以交易或者事项的法律形式为依据。

【例题6·判断题】 ☆实质重于形式要求
企业应当按照交易或者事项的法律形式进行
会计确认、计量、记录和报告，不用以交易
或者事项的经济实质为依据。 ( )

解析 ▶ 实质重于形式要求企业应当按照
交易或者事项的经济实质进行会计确认、计

量、记录和报告，而不仅仅以交易或者事项
的法律形式为依据。 **答案 ▶ ×**

6. 重要性

企业提供的会计信息应当反映与企业财
务状况、经营成果和现金流量等有关的所有
重要交易或者事项。

重要性的应用依赖于职业判断，从项目
的性质(质)和金额大小(量)两方面判断。

7. 谨慎性

企业对交易或者事项进行会计确认、计
量、记录和报告时保持应有的谨慎，不应高
估资产或者收益，不应低估负债或者费用。

例如：要求企业对可能发生的资产减值
损失计提资产减值准备(对固定资产计提减
值准备)、对售出商品很可能发生的保修义
务确认预计负债等。

『提示』 此处不好理解，考生只要记住
"计提准备"和"预计负债"属于谨慎性原则。

【例题7·单选题】 ☆下列各项中，体现
谨慎性原则的是( )。

A. 对固定资产采用年限平均法计提折旧

B. 低估负债

C. 高估资产

D. 预计负债

解析 ▶ 谨慎性要求企业对交易或者事项
进行会计确认、计量、记录和报告应当保持
应有的谨慎，不应高估资产或者收益、低估
负债或者费用。 **答案 ▶ D**

【例题8·单选题】 ☆企业将很可能承担
的环保责任，确认为预计负债体现的会计信
息质量要求是( )。

A. 可理解性 　　 B. 及时性

C. 实质重于形式 D. 谨慎性

解析 ▶ 谨慎性要求企业对交易或者事项
进行会计确认、计量、记录和报告应当保持
应有的谨慎，不应高估资产或者收益、低估
负债或者费用。题干中表述的是不低估负债，
所以体现的是谨慎性原则。 **答案 ▶ D**

8. 及时性——信息的时效性

企业对于已经发生的交易或者事项，应当及时进行会计确认、计量、记录和报告，**不得提前或者延后**。

会计核算过程中的及时性包括：

（1）及时收集会计信息；

（2）及时对会计信息，加工处理；

（3）及时传递会计信息。

福喜总结 会计基本假设与会计信息质量要求 ★ ★ ★ *

会计基本假设（2020年、2019年单选题）	会计主体	空间范围（2020年判断题，2019年单选题）	
	持续经营	时间范围	
	会计分期	将持续经营划分为一个个连续的、长短相同的期间；时间范围	
	货币计量	会计核算应以人民币作为记账本位币	—
会计信息质量要求	谨慎性（2021年、2020年、2019年单选题）	"两石两重，湘西比景" **不应高估资产或者收益，不应低估负债或者费用**	如：计提资产减值准备、对售出商品的**保修义务确认预计负债**

随堂小练 限时5min

一、单项选择题

1. ☆下列各项中，体现谨慎性会计信息质量要求的是（　）。

   A. 不同时期发生的相同交易，应采用一致的会计政策，不得随意变更

   B. 提供的会计信息应当清晰明了，便于理解和使用

   C. 对已售商品的保修义务确认预计负债

   D. 及时将编制的财务报告传递给使用者

2. ☆下列各项中，属于对企业会计核算空间范围所作的合理假设的是（　）。

   A. 会计主体　　　B. 会计分期

   C. 货币计量　　　D. 持续经营

3. ☆下列各项中，不属于企业会计基本假设的是（　）。

   A. 货币计量　　　B. 会计主体

   C. 实质重于形式　　D. 持续经营

二、多项选择题

1. ☆持续经营是企业会计确认、计量、记录和报告的前提，下列关于持续经营的说法中正确的有（　）。

   A. 会计分期是对持续经营基本假设的有效延续

   B. 无形资产摊销可以按照其价值和使用情况确定采用合适的摊销方法，其依据的会计核算前提是持续经营

   C. 在持续经营理念下，企业会计人员认为未来经济发展高速应根据未来的预测核算经济业务的发生

   D. 持续经营的目的是将生产经营活动划分成连续相同的期间

2. ☆下列各项中，关于企业会计信息可靠性

---

* 更多《福喜总结》详见考前必备《初级百考题》

表述正确的有( )。

A. 企业应当保持应有的谨慎,不高估资产或者收益、低估负债或费用

B. 企业提供的会计信息应当相互可比

C. 企业应当保证会计信息真实可靠、内容完整

D. 企业应当以实际发生的交易或事项为

依据进行确认、计量、记录和报告

三、判断题

《企业会计准则》规定,会计的确认、计量、记录和报告应当以权责发生制和收付实现制为基础。 ( )

随堂小练参考答案及解析

一、单项选择题

1. C 【解析】选项 A,体现的是可比性;选项 B,体现的是可理解性;选项 D,体现的是及时性。

2. A 【解析】会计主体,是指会计工作服务的特定对象,是企业会计确认、计量、记录和报告的空间范围。

3. C 【解析】选项 C,属于企业会计信息质量要求。

二、多项选择题

1. AB 【解析】选项 C,在持续经营假设下,

会计确认、计量、记录和报告应当以企业持续、正常的生产经营活动为前提,不能按照未来的预测核算企业经济业务;选项 D,会计分期的目的是将生产经营活动划分成连续相同的期间。

2. CD 【解析】选项 A,属于会计信息谨慎性要求;选项 B,属于会计信息可比性要求。

三、判断题

× 【解析】企业会计的确认、计量、记录和报告应当以权责发生制为基础,不是收付实现制。

考点三 会计职业道德

考点详解

一、会计职业与会计职业风险

表 1-2 会计职业与会计职业风险

会计职业	定义	利用会计知识、技能,提供会计服务,取得报酬的职业
	特征	社会属性、规范性、经济性、技术性和时代性
会计职业风险	会计行为导致的差错和不良后果应由会计人员承担责任的不确定性	

二、会计职业道德与会计法律制度

表1-3　会计职业道德与会计法律制度

项目	内容	
会计职业道德	会计人员在会计工作中应当遵守的职业行为准则和规范	
会计职业道德与会计法律制度的关系	联系	(1)在作用上相互补充、协调； (2)在内容上相互借鉴，相互吸收 『注意』会计职业道德的最低要求是会计法律制度
	区别	两者的性质不同
		两者的作用范围不同
		两者的实现形式不同
		两者的实施保障机制不同
		两者的评价标准不同

三、会计职业道德规范的主要内容

表1-4　会计职业道德规范的主要内容

项目	内容
爱岗敬业	(1)正确认识会计职业，树立职业荣誉感； (2)热爱会计工作，敬重会计职业； (3)安心本职岗位，安心工作，任劳任怨； (4)严肃认真，一丝不苟； (5)忠于职守，尽职尽责。 『注意』爱岗和敬业互为前提，相互支持、相辅相成
诚实守信	(1)老老实实做人，老老实实办事，不搞虚假； (2)保守秘密，不为利益所诱惑； (3)执业谨慎，信誉至上
廉洁自律	(1)树立正确的人生观及价值观； (2)公私分明，不贪不占； (3)遵纪守法，一身正气； (4)严于律己，自觉抵制不良诱惑
客观公正	依法办事(前提)；实事求是；如实反映
坚持准则	此处的准则包括会计法律、法规、会计制度以及与会计工作相关的其他法律制度。 (1)熟悉准则； (2)遵循准则； (3)敢于同违法行为斗争
提高技能	(1)要有不断提高自身会计专业技能的意识和愿望； (2)要有勤学苦练的精神及科学的学习方法
参与管理	(1)努力钻研业务，熟悉财经法规和相关制度，提高业务技能，为参与管理打下基础； (2)熟悉服务对象的经营活动和业务流程，使参与管理的决策更具有针对性和有效性

续表

项目	内容
强化服务	(1)强化服务意识; (2)提高服务质量

四、会计职业道德的管理

表 1-5 会计职业道德的管理

强化诚信意识		加强会计职业道德意识和诚信教育
建立信用档案		建立"黑名单"制度、信用信息管理制度和系统
组织实施		组织领导、大力度宣传、奖励守信的会计人员
联合惩戒	对象	严重违法失信会计人员
	措施	罚款、限制从事会计工作、追究刑事责任、记入档案、网站发布违法人员;限制评优、担任国企高管;作为招聘事业编制人员或公务员的参考等

随堂小练 限时5min

一、单项选择题

1. 下列不属于爱岗敬业要求的是( )。
   A. 安心工作,任劳任怨
   B. 严肃认真,一丝不苟
   C. 忠于职守,尽职尽责
   D. 依法办事,实事求是

2. 会计人员对于工作中知悉的商业秘密应依法保密,不得泄露,这是会计职业道德规范中( )的具体体现。
   A. 诚实守信
   B. 廉洁自律
   C. 客观公正
   D. 坚持准则

3. 下列表述中,不属于会计职业道德内容的是( )。
   A. 爱岗敬业
   B. 廉洁自律
   C. 男女平等
   D. 诚实守信

二、多项选择题

1. 下列关于会计职业道德与会计法律制度关系的表述中,正确的有( )。
   A. 两者在作用上相互补充
   B. 两者在作用上相互协调
   C. 两者在内容上相互渗透
   D. 两者在内容上相互吸收

2. 廉洁自律的要求有( )。
   A. 树立正确的人生观和价值观
   B. 公私分明,不贪不占
   C. 遵纪守法,一身正气
   D. 忠于职守,尽职尽责

三、判断题

1. 会计人员不钻研业务,不加强新知识的学习,造成工作上的差错,缺乏胜任工作的能力。这是一种既违反会计职业道德,又违反会计法律制度的行为。 ( )

2. 会计职业道德的核心是诚信。 ( )

随堂小练参考答案及解析

一、单项选择题

1. D 【解析】选项 D，属于客观公正的要求。

2. A 【解析】诚实守信的要求是保密守信，不为利益所诱惑。

3. C 【解析】会计职业道德规范的主要内容包括爱岗敬业、诚实守信、廉洁自律、客观公正、坚持准则、提高技能、参与管理、强化服务。

二、多项选择题

1. ABCD 【解析】主要表现在：（1）两者在作用上相互补充、相互协调；（2）两者在内容上相互渗透、相互吸收。

2. ABC 【解析】选项 D 是爱岗敬业的要求。

三、判断题

1. × 【解析】会计人员不钻研业务，不加强新知识的学习，造成工作上的差错，缺乏胜任工作的能力，这是违反会计职业道德的行为。

2. √

考点四　内部控制

考点详解

一、概述

表 1-6　内部控制概述

定义	内部控制是指由企业的董事会、监事会、管理层及企业全体员工共同实施，旨在实现控制目标的过程	
控制过程	（1）对企业生产经营管理活动全过程的控制	
	（2）企业风险控制全过程的控制(包括风险控制目标的设定，风险识别、分析及应对等控制)	
	（3）信息的收集、整理、传递和运用全过程的控制	
作用	提高会计信息质量、保证合法合规经营管理、提高企业生产经营效率和效益	
目标	合理保证企业经营管理合法合规、资产安全及完整、财务报告及相关信息真实完整、提高企业经营效率和效果、促进企业实现发展战略	

二、要素

表 1-7　内部控制要素

内部环境	基础和环境条件
	包括治理结构、组织机构设置与权责分配、企业文化、人力资源政策、内部审计机制等
风险评估	重要环节
	包括风险目标设定，风险识别、分析及应对等

续表

控制活动	具体方式方法、手段
	包括职责分工控制、授权审批控制、会计系统控制、预算控制、财产保护控制、会计系统控制、内部报告控制、经济活动分析控制、绩效考评控制等
信息与沟通	重要条件
	企业应建立信息与沟通制度，明确内部控制相关信息的收集、处理和传递程序，确保信息及时沟通，促进内部控制有效运行
内部监督	重要保证
	包括日常监督和专项监督

随堂小练　限时5min

一、单项选择题

内部控制体系的基础是（　　）。

A. 内部环境　　　B. 控制活动
C. 风险评估　　　D. 内部监督

二、多项选择题

1. 下列关于内部控制要素说法正确的有（　　）。

A. 信息与沟通是实施内部控制的基础

B. 风险评估是实施内部控制的重要环节，是实施控制的对象内容

C. 控制活动是实施内部控制的具体方法和手段

D. 内部监督是实施内部控制的重要保证

2. 建立有效的内部控制，应考虑的基本要素有（　　）。

A. 外部环境　　　B. 风险评估
C. 控制活动　　　D. 信息与沟通

三、判断题

风险评估是实施内部控制的重要保证。

（　　）

随堂小练参考答案及解析

一、单项选择题

A　【解析】内部环境是内部控制五要素之首，是内部控制体系的基础。

二、多项选择题

1. BCD　【解析】选项A，内部环境是内部控制的基础，而信息与沟通是实施内部控制的重要条件，贯穿于内部控制各要素之间。

2. BCD　【解析】企业建立有效的内部控制时，至少需要考虑内部环境、风险评估、控制活动、信息与沟通和内部监督五项基本要素。

三、判断题

×　【解析】内部监督是实施内部控制的重要保证，风险评估是实施内部控制的重要环节及对象内容。

 同步训练 **限时 15 分钟**

扫我做试题

一、单项选择题

1. 下列选项中，属于会计主体假设的意义的是( )。

   A. 明确了会计确认、计量、记录和报告的空间范围

   B. 是会计人员可以选择适用的会计原则和会计方法

   C. 为会计核算确定了会计期间

   D. 为会计核算提供了必要手段

2. 在遵循会计核算的基本原则，评价某些项目的( )时，很大程度上取决于会计人员的职业判断。

   A. 真实性 　　　　 B. 完整性

   C. 重要性 　　　　 D. 可比性

3. 企业应当按照交易或者事项的经济实质进行会计确认、计量、记录和报告，不仅仅以交易或者事项的法律形式为依据，其所体现的会计信息质量要求是( )。

   A. 可靠性 　　　　 B. 实质重于形式

   C. 可比性 　　　　 D. 谨慎性

4. 下列各项中，属于会计信息质量要求中谨慎性要求的是( )。

   A. 企业提供的会计信息应当清晰明了，便于投资者等财务报告使用者理解和使用

   B. 企业采购商品的进货费用金额较小的，可以在发生时直接计入当期损益

   C. 企业在会计期末，存货按成本与可变现净值孰低进行计量

   D. 企业对已经发生的交易或事项，应当及时进行确认、计量、记录和报告，不得提前或延后

5. 依法办事，实事求是，如实反映，体现的会计职业道德是( )。

   A. 客观公正 　　　 B. 诚实守信

   C. 廉洁自律 　　　 D. 坚持准则

6. 内部控制的高层次目标是( )。

   A. 促进企业实现发展战略

   B. 合理保证企业经营管理合法合规

   C. 资产安全完整

   D. 提高经营效率和效果

二、多项选择题

1. ☆下列各项中，关于会计职能的表述正确的有( )。

   A. 监督职能是核算职能的保障

   B. 核算与监督是基本职能

   C. 核算职能是监督职能的基础

   D. 预测经济前景、参与经济决策和评价经营业绩是拓展职能

─○**关于**"*扫我做试题*"，**你需要知道**──

　　亲爱的读者，微信扫描对应小程序码，并输入封面防伪贴激活码，即可同步在线做题，提交后还可查看做题时间、正确率及答案解析。

　　微信搜索小程序"会计网题库"，选择对应科目，点击图书拓展，即可练习本书全部"扫我做试题"（首次需输入封面防伪贴激活码）。

2. 下列各项中, 属于会计基本假设的有( )。
   A. 会计主体 　　 B. 会计分期
   C. 持续经营 　　 D. 货币计量
3. 我国《企业会计准则》规定的会计信息质量要求包括( )。
   A. 可靠性 　　 B. 相关性
   C. 重要性 　　 D. 完整性
4. 目前, 我国政府会计可采用的会计基础有( )。
   A. 持续经营 　　 B. 权责发生制
   C. 货币计量 　　 D. 收付实现制

三、判断题

1. 会计应当采用实物量度作为主要计量单位。 ( )
2. 谨慎性要求企业对交易或者事项进行会计确认、计量、记录和报告时保持应有的谨慎, 不应高估资产或者收益、低估负债或者费用。 ( )
3. 正确认识会计职业, 树立职业荣誉感是爱岗敬业的要求之一。 ( )
4. 会计职业道德的"强化服务"就是要求会计人员树立服务意识, 提高服务质量, 努力维护和提升会计职业的良好社会形象。 ( )
5. 实施内部控制的具体方法是风险评估。( )

📋 同步训练参考答案及解析

一、单项选择题

1. A 【解析】会计主体是指会计工作服务的特定对象, 是企业会计确认、计量、记录和报告的空间范围。
2. C
3. B 【解析】这是会计信息质量要求"实质重于形式"的定义解释。
4. C 【解析】选项 A, 属于可理解性要求; 选项 B, 属于重要性要求; 选项 D, 属于及时性要求。
5. A 【解析】客观公正要求会计人员端正态度, 依法办事; 实事求是, 不偏不倚; 如实反映, 保持应有的独立性。
6. A 【解析】企业发展战略是企业内部控制的高层次目标。

二、多项选择题

1. ABCD 【解析】会计核算与会计监督相辅相成、辩证统一。会计核算是会计监督的基础, 没有核算提供的各种信息, 监督就失去了依据; 会计监督又是会计核算质量的保障, 只有核算没有监督, 核算提供信息的质量就难以保证。
2. ABCD
3. ABC 【解析】《企业会计准则》规定的会计信息质量要求包括可靠性、相关性、可比性、可理解性、实质重于形式、重要性、谨慎性和及时性。
4. BD 【解析】政府会计由预算会计和财务会计构成。其中, 预算会计一般采用收付实现制, 财务会计采用权责发生制。

三、判断题

1. × 【解析】会计以货币作为主要计量单位。
2. √
3. √
4. √
5. × 【解析】风险评估是实施内部控制的重要环节和对象内容; 控制活动是实施内部控制的具体方法。

第二章 会计基础

📝 历年考情概况

本章内容较基础，题型覆盖单选题、多选题和判断题等。预计 2022 年考试分值在 8 分左右。

📈 近年考点直击

考点	主要考查题型	考频指数	考查角度
会计要素及其确认和计量	单选题、多选题、判断题	★★★	(1)资产的确认；(2)负债的确认；(3)会计计量属性的定义、应用；(4)交易事项对会计等式的影响
会计科目及借贷记账法	单选题、多选题、判断题	★★★	(1)会计科目按反映的经济内容分类；(2)借贷记账法的账户结构；(3)借贷记账法下的试算平衡
会计凭证、会计账簿与账务处理程序	单选题、多选题、判断题	★★	(1)原始凭证的分类和审核；(2)会计账簿的分类、格式与登记方法；(3)错账更正方法；(4)科目汇总表账务处理程序
财产的清查	单选题、多选题	★	财产清查的分类与方法
成本会计	单选题、多选题、判断题	★	(1)产品成本核算对象；(2)产品成本计算方法
管理会计	单选题、多选题、判断题	★	(1)管理会计工具方法；(2)管理会计要素
政府会计	单选题、多选题、判断题	★	(1)政府会计核算特点；(2)政府预算会计要素和财务会计要素包含内容；(3)资产的计量属性

📋 2022 年考试变化

本章由原会计概述、管理会计基础和政府会计基础章节拆分组合而来，对管理会计基础和政府会计基础相关内容进行了精简。

【案例导入】

2022 年 1 月 1 日，有福和有喜每人出资 10 万元，成立北京福喜发财有限责任公司。有喜任总经理，有福任副总经理。

2022 年 1 月 5 日，刚刚考取初级会计职称的游喜福到公司来应聘会计。

有福：请问一下会计的工作流程？

游喜福：先填制会计凭证，然后根据会计凭证登记账簿，最后根据账簿编制报表，即会计通常说的"证、账、表"。

有喜：会计凭证、账簿和报表的内容有哪些？

游喜福：会计凭证包括原始凭证和记账凭证；账簿包括会计登记的总分类账和明细分类账，出纳登记的现金日记账和银行存款日记账；报表包括资产负债表、利润表、现金流量表、所有者权益变动表和附注。

有福：会计有哪几个要素？有哪几类会计科目？

游喜福：会计有六大会计要素，其实就是两大等式：资产=负债+所有者权益，收入-费用=利润。会计科目类别主要有：资产类、负债类、所有者权益类、损益类、成本类和共同类。

有喜：你回答得很好，你被录用了。

后来，有福、有喜又成立了杭州有福网红有限责任公司和上海有喜出名有限责任公司。

本书的案例主要围绕福喜公司、有福公司和有喜公司的业务开展。

考点一　会计要素及其确认和计量

考点详解

【案例1】1月1日，有福和有喜每人出资5万元，成立北京福喜发财有限责任公司，此时，福喜公司会计等式为：

资产（10万元）＝所有者权益（10万元）

福喜公司向银行借款5万元，此时，会计等式变为：

资产（10万元+5万元）＝负债（5万元）+所有者权益（10万元）

请考生牢记该等式提供的6条信息：

（1）是某一日期（时点）的会计要素；

（2）表现资金运动的相对静止状态，称为静态会计要素；

（3）反映企业的财务状况；

（4）是编制资产负债表的依据；

（5）是会计上的第一等式；

（6）是复式记账法的理论基础。

福喜公司经过一个月运营，收入、费用、利润如下：

收入（20万元）-费用（10万元）＝利润（10万元）

请考生牢记该等式提供的5条信息：

（1）是某一时期的会计要素；

（2）表现资金运动的显著变动状态，称为动态会计要素；

（3）反映企业的经营成果；

（4）是编制利润表的依据；

（5）是会计上的第二等式。

【例题1·多选题】☆下列各项中，关于会计等式"资产=负债+所有者权益"的表述正确的有（　　）。

A. 反映企业的财务状况

B. 反映企业某一时期收入、费用和利润之间的关系

C. 反映企业某一特定时点资产、负债和所有者权益三者之间的平衡关系

D. 编制企业资产负债表的理论依据

解析 ▶ 选项B描述的是"收入-费用=利润"这一会计等式。　　答案 ▶ ACD

一、会计要素及其确认条件

会计要素是指按照交易（或事项）的经济特征所作的基本分类。

财务状况要素：资产、负债和所有者权益。请考生牢记资产负债表（简表）。

经营成果要素：收入、费用和利润。请考生牢记利润表。

（一）资产

1. 定义

资产是指企业过去的交易或者事项形成的，由企业拥有或者控制的，预期会给企业带来经济利益的资源。

企业虽然不拥有所有权，但能够控制的

25

资源，也作为企业资产。

2. 确认条件

(1)与该资源有关的经济利益**很可能流入**企业。

(2)该资源的成本或价值能够**可靠地计量**。

【例题 2·多选题】 ☆下列各项属于资产特征的有( )。

A. 资产是指企业过去的交易或者事项形成的

B. 资产由企业拥有或者控制

C. 资产预期会给企业带来经济利益

D. 与资产有关的经济利益很可能流入企业

解析 ▶ 选项 D，属于资产的确认条件，不属于资产的特征。 **答案** ▶ ABC

【例题 3·多选题】 ☆下列各项中，企业不应确认为资产的有( )。

A. 月末发票账单未到按暂估价值入账的已入库原材料

B. 自行研发专利技术发生的无法区分研究阶段和开发阶段的支出

C. 已签订采购合同尚未购入的生产设备

D. 行政管理部门发生的办公设备日常修理费用

解析 ▶ 选项 BD，应记入"管理费用"科目；选项 C，不用进行账务处理。

答案 ▶ BCD

(二)负债

1. 定义

负债是指企业**过去的交易或者事项**形成的，预期会导致**经济利益流出**企业的**现时义务**。

负债的定义包含负债的三个特征。

2. 确认条件

(1)与该义务有关的经济利益很**可能流出**企业。

(2)未来流出的经济利益的金额能够**可靠地计量**。

【例题 4·多选题】 下列各项中，属于企业流动负债的是( )。

A. 应付债券 B. 短期借款

C. 合同负债 D. 长期借款

解析 ▶ 选项 AD，均属于企业非流动负债。 **答案** ▶ BC

(三)所有者权益

【案例 2】 承【案例 1】，有福和有喜每人出资 5 万元，则公司的"实收资本"为 10 万元。7 月 1 日，金八打算加入该公司，与有福、有喜谈妥投入 15 万元，占 1/3 股份，则公司新增"实收资本"5 万元，多余的 10 万元属于资本溢价记入"资本公积"。

12 月 31 日，公司赚取净利润 10 万元，根据公司法规定，应按净利润的 10%提取法定盈余公积 1 万元。同时，公司决定提取任意盈余公积 2 万元，向股东分配利润 3 万元。则公司账面的"盈余公积"为 3 万元(3=1+2)，"未分配利润"为 4 万元(4=10-1-2-3)，"留存收益"(留存在企业的收益)为 7 万元(7=3+4 或者 7=10-3)。

所有者权益包括：实收资本(或股本)、资本公积、其他综合收益、其他权益工具、盈余公积、未分配利润等项目。

【例题 5·单选题】 下列项目中不直接计入所有者权益的是( )。

A. 其他收益 B. 实收资本

C. 资本公积 D. 其他综合收益

解析 ▶ 选项 A，其他收益属于损益类科目。 **答案** ▶ A

(四)收入

1. 定义

收入是指企业在日常活动中形成的、会导致所有者权益增加的、与所有者投入资本无关的经济利益的总流入。

『链接』利得是指企业在非日常活动中形成的、会导致所有者权益增加的、与所有者投入资本无关的经济利益的净流入。

2. 确认条件

【案例 3】 福喜公司销售一套商品房给有福公司，先签订合同后付款，福喜公司如何确认收入?

上述合同同时满足以下条件时，福喜公司应在客户取得商品**控制权**时确认收入：

（1）合同各方（福喜公司和有福公司）已**批准该合同并承诺履行各自义务**；

（2）该合同明确了合同各方与所转让商品或提供劳务相关的**权利和义务**；

（3）该合同有明确的与所转让商品或提供劳务相关的**支付条款**（首付3成，剩余7成贷款）；

（4）该合同具有**商业实质**，即履行该合同将改变未来现金流量的风险、时间分布或全额（福喜公司与有福公司在做生意）；

（5）企业因向客户转让商品或提供劳务而有权取得的**对价很可能收回**（福喜公司确认有福公司的钱能够收到）。

（五）费用

1. 定义

费用是指企业在**日常活动**中发生的、会导致**所有者权益减少**的、与**向所有者分配利润无关**的经济利益的总流出。

2. 确认条件

（1）与费用相关的经济利益**很可能流出**企业；

（2）会导致企业**资产减少或者负债增加**；

（3）流出额能够**可靠计量**。

3. 费用的构成

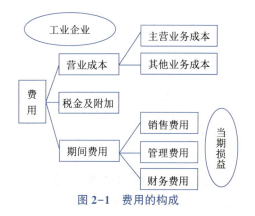

图2-1　费用的构成

【例题6·单选题】☆下列各项中，应确认为当期费用的是（　　）。

A. 支付当期发生的业务招待费

B. 支付的现金股利

C. 预付的采购材料款

D. 预付的下季度房租

解析 ▶ 选项A，计入管理费用，属于当期费用；选项B，计入应付股利，属于负债；选项CD，计入预付账款，属于资产。

答案 ▶ A

【例题7·单选题】费用是指企业为销售产品、提供服务而发生的（　　）。

A. 经济利益的净流出

B. 经济利益的增加

C. 经济利益的总流出

D. 经济利益的分配

答案 ▶ C

（六）利润

利润是指企业在一定会计期间的经营成果。

收入-费用+利得-损失=利润

『链接』日常活动：收入（主营业务收入、其他业务收入）-费用

非日常活动：利得（如营业外收入）-损失（如营业外支出）

『注意』营业外收入不属于"收入"，营业外支出不属于"费用"。

【例题8·多选题】下列各项中，影响利润的因素有（　　）。

A. 收入

B. 直接计入所有者权益的利得

C. 直接计入当期利润的损失

D. 直接计入当期利润的利得

解析 ▶ 选项B，直接计入所有者权益的利得（其他综合收益）不影响利润。

答案 ▶ ACD

二、会计要素计量属性及其应用原则

1. 历史成本

历史成本即**实际成本**，是资产购置时支付的现金或现金等价物的金额。

2. 重置成本

重置成本是按照现在购买相同或相似资

产，所需支付的现金或现金等价物的金额。会计上一般在盘盈存货和盘盈固定资产时采用重置成本。

【例题 9 · 单选题】 资产按照现在购买相同或者相似资产所需支付的现金或者现金等价物的金额计量体现的会计计量属性是（   ）。

　　A. 历史成本　　　　B. 重置成本

　　C. 公允价值　　　　D. 现值

　　解析 ▶ 重置成本，是指当前市场条件下，重新取得同样一项资产所需支付的现金或现金等价物金额。　　**答案** ▶ B

　　3. 可变现净值

　　【案例 4】 某保温杯生产企业生产了一个保温杯的瓶身，盖子还没有生产，经过市场调查发现这个杯子的预计售价为 100 元，销售杯子的费用为 5 元，相关税费为 3 元，该企业生产杯盖还要花 20 元，问这个瓶身值多少钱？

　　【分析】 杯子的可变现净值 = 100－5－3 = 92（元）

　　瓶身的可变现净值 = 100－5－3－20 = 72（元）

　　可变现净值是指在正常生产经营过程中，以预计售价扣减加工的成本和预计销售费用以及相关税费后的净值。

　　可变现净值 = 预计售价－销售费用－相关税费－进一步加工成本

　　4. 现值

　　【案例 5】 王某现在存入银行一笔钱，他想在一年后从银行取出 101.75 元，假设银行的一年期利率为 1.75%。

　　【分析】 存款现值 = 101.75/（1 + 1.75%）= 100（元）

　　现值是指以恰当的折现率对未来现金流量进行折现后的价值，需要考虑货币时间价值。

　　5. 公允价值

　　在公允价值计量下，资产和负债按照在交易日发生的有序交易中，市场参与者出售

资产所能收到或者转移负债所需支付的价格计量。

　　企业在对会计要素进行计量时一般应当采用**历史成本**计量属性。采用重置成本、可变现净值、现值、公允价值计量的，应当保证所确定的会计要素金额能够取得并可靠计量。

　　【例题 10 · 判断题】 ☆公允价值，是指市场参与者在计量日发生的有序交易中，出售一项资产所能收到或者转移一项负债所需支付的价格。　　　　　（   ）

　　　　　　　　　　答案 ▶ √

　　【例题 11 · 单选题】 企业在对会计要素进行计量时，一般应当采用（   ）。

　　A. 历史成本　　　　B. 重置成本

　　C. 可变现净值　　　D. 现值

　　　　　　　　　　答案 ▶ A

三、会计等式

　　（一）会计等式的表现形式

　　1. 资产 = 负债 + 所有者权益

　　资产 = 权益，此处的权益包括负债（债权人权益）和所有者权益。

　　请考生回忆该等式提供的 6 条信息。

　　2. 收入－费用 = 利润

　　请考生回忆该等式提供的 5 条信息。

　　【例题 12 · 多选题】 下列选项中，以"资产 = 负债 + 所有者权益"这一会计恒等式为理论依据的有（   ）。

　　A. 编制资产负债表

　　B. 成本计算

　　C. 平行登记

　　D. 复式记账

　　解析 ▶ 编制资产负债表和复式记账以"资产 = 负债 + 所有者权益"这一会计恒等式为理论依据。　　**答案** ▶ AD

　　（二）交易或事项对会计等式的影响

　　【案例 6】 假设福喜公司 1 月 1 日拥有资产 15 万元，其中负债为 5 万元，所有者权益为 10 万元（以下单位为万元）。

项目	资产	=	负债	+	所有者权益
期初余额	15		5		10

1月发生如下经济业务：

(1)1月8日，从龙飞公司购进价值1万元的原材料，货款未付。

项目	资产	=	负债	+	所有者权益
期初余额	15		5		10
业务(1)	+1		+1		
业务发生后余额	16		6		10

业务(1)使资产总额由15万元增加到16万元。

(2)1月10日，收到金八交来银行存款1万元，作为对本公司的投资。

项目	资产	=	负债	+	所有者权益
业务发生前余额	16		6		10
业务(2)	+1				+1
业务发生后余额	17		6		11

业务(2)使资产总额由16万元增加到17万元。

(3)1月11日，以银行存款1万元偿还短期借款。

项目	资产	=	负债	+	所有者权益
业务发生前余额	17		6		11
业务(3)	-1		-1		
业务发生后余额	16		5		11

业务(3)使资产总额由17万元减少到16万元。

(4)1月15日，按法定程序报经批准，以银行存款1万元退还个人投资款。

项目	资产	=	负债	+	所有者权益
业务发生前余额	16		5		11
业务(4)	-1				-1
业务发生后余额	15		5		10

业务(4)使资产总额由16万元减少到15万元。

(5)1月16日，向银行提取现金1万元备用。

项目	资产	=	负债	+	所有者权益
业务发生前余额	15		5		10
业务(5)	+1-1				
业务发生后余额	15		5		10

(6)1月26日，向银行申请，经银行同意将短期借款1万元转作长期借款。

项目	资产	=	负债	+	所有者权益
业务发生前余额	15		5		10
业务(6)			+1-1		
业务发生后余额	15		5		10

(7)1月28日，按规定将盈余公积1万元转增投资者资本。

项目	资产	=	负债	+	所有者权益
业务发生前余额	15		5		10
业务(7)					+1-1
业务发生后余额	15		5		10

(8)1月29日，按规定计算出应付给投资者利润1万元。

项目	资产	=	负债	+	所有者权益
业务发生前余额	15		5		10
业务(8)			+1		-1
业务发生后余额	15		6		9

(9)1月30日，经双方协商同意，将应偿还给阳光公司的货款1万元转作其对本企业的投资。

项目	资产	=	负债	+	所有者权益
业务发生前余额	15		6		9
业务(9)			-1		+1
业务发生后余额	15		5		10

业务(5)-(9)资产总额未发生变化。

(10)上述业务对会计等式的影响汇总。

会计等式变动表(2021年、2020年、2019年单选题，2021年多选题，特别喜欢考核资产负债同时增加或减少)

序号	资产	=	负债	+	所有者权益	对资产总额影响
(1)	增加		增加			增加
(2)	增加				增加	增加
(3)	减少		减少			减少
(4)	减少				减少	减少
(5)	增加、减少					不变
(6)			增加、减少			不变
(7)					增加、减少	不变
(8)			增加		减少	不变
(9)			减少		增加	不变

总之，每一项经济业务的发生，会引起等式的一边或两边等量变化，但不会影响等式的平衡关系。

福喜总结 会计等式、会计要素、会计计量属性 ★★★

会计等式	资产 = 负债 + 所有者权益	(1)某一日期(时点)；(2)静态；(3)财务状况；(4)编制资产负债表的依据；(5)第一等式；(6)复式记账法的理论基础	
	收入－费用＝利润	(1)某一时期；(2)动态；(3)经营成果；(4)编制利润表的依据；(5)第二等式	
会计要素	资产	资产是指企业过去的交易或者事项形成的，由企业拥有或者控制的，预期会给企业带来经济利益的资源	
		确认条件	(1)与该资源有关的经济利益很可能流入企业
			(2)该资源的成本或价值能够可靠地计量
	负债（2021 年、2020 年单选题，2019 年判断题）	负债是指企业过去的交易或者事项形成的，预期会导致经济利益流出企业的现时义务	
		确认条件	(1)与该义务有关的经济利益很可能流出企业
			(2)未来流出的经济利益的金额能够可靠地计量
	所有者权益	实收资本、资本公积、其他综合收益、其他权益工具和留存收益(盈余公积+未分配利润)	
	收入	收入是指企业在日常活动中形成的、会导致所有者权益增加的、与所有者投入资本无关的经济利益的总流入	
		会导致企业资产增加或者负债减少	
	费用	会导致企业资产减少或者负债增加	
	利润	收入－费用+利得－损失＝利润 『注意』营业外收入、资产处置收益(贷方发生额)属于利得，不属于"收入"；营业外支出、资产处置收益(借方发生额)属于损失，不属于"费用"	
计量属性	历史成本、重置成本、可变现净值、现值、公允价值		
	历史成本	实际成本	
	重置成本	盘盈存货、盘盈固定资产时使用	
	可变现净值	预计售价-进一步加工的成本-预计销售费用-相关税费	
	公允价值	在公允价值计量下，资产和负债按照在交易日发生的有序交易中，市场参与者出售资产所能收到或者转移负债所需支付的价格计量	
	一般采用历史成本；采用重置成本、可变现净值、现值、公允价值计量的，应当保证所确定的会计要素金额能够取得并可靠计量		

随堂小练　限时15min

一、百考多选题*

下列关于会计等式的变化，不正确的有( )。

A. 以银行存款购买原材料，会导致资产总额增加；从银行借入短期借款，会导致资产总额增加

B. 从银行提取现金，会导致资产总额增加；以银行存款偿还银行借款，会导致资产总额增加

C. 开出商业承兑汇票购入固定资产，会

---

*　更多百考题详见考前必备《初级百考题》。

导致资产总额增加；接受投资者投入机器设备，会导致资产和负债同时增加

D. 以资本公积转增股本，会导致所有者权益增加；宣告分配现金股利，会导致所有者权益减少

二、单项选择题

1. ☆下列各项中，属于非流动负债的是( )。
   A. 预收账款　　　B. 应交税费
   C. 应付债券　　　D. 应付利息

2. ☆下列各项中，导致资产、负债同时增加的是( )。
   A. 收回其他应收款存入银行
   B. 接受投资者投入设备
   C. 以银行存款偿还短期借款
   D. 赊购原材料

3. ☆下列各项中，引起企业资产和所有者权益同时增加的是( )。
   A. 经股东大会批准向股东宣告分配现金股利
   B. 收到投资者投入一台设备
   C. 取得一笔短期借款并存入银行
   D. 经股东大会批准以现金回购本企业股票方式减资

4. ☆企业以银行存款偿还到期的短期借款。关于这笔经济业务，以下说法正确的是( )。
   A. 导致负债内部增减变动，总额不变
   B. 导致资产、负债同时减少
   C. 导致资产、负债同时增加
   D. 导致所有者权益减少、负债减少

5. ☆下列各项中，企业确认盘盈固定资产初始入账价值所采用的会计计量属性是( )。
   A. 可变现净值　　　B. 重置成本
   C. 现值　　　　　　D. 公允价值

6. 某企业月初资产总额为 10 万元，本月发生下列业务：(1)向银行借款 20 万元存入银行；(2)用银行存款购买材料 2 万元；(3)收回应收账款 8 万元存入银行；(4)以银行存款偿还借款 6 万元。则月末资产总额为( )万元。
   A. 32　　　　　　　B. 30
   C. 24　　　　　　　D. 22

三、多项选择题

1. ☆下列各项中，引起企业资产总额增加的经济业务有( )。
   A. 以银行存款偿还前欠货款
   B. 收到投资者投入的设备
   C. 收回异地采购外埠存款专户结余款项
   D. 从银行借入短期借款

2. 以下属于会计计量属性的有( )。
   A. 可变现净值　　　B. 重置成本
   C. 权责发生制　　　D. 历史成本

四、判断题

1. ☆重置成本是指按照当前市场条件，重新取得同样一项资产所需支付的现金或现金等价物金额。　　　　　　　　( )

2. 企业取得收入，表现为资产和收入同时增加，或者是增加收入的同时减少负债。( )

随堂小练参考答案及解析

一、百考多选题

ABCD 【解析】选项 A，以银行存款购买原材料：
借：原材料
　　贷：银行存款
资产内部一增一减，不会导致资产总额发生变动，该选项不正确。
从银行借入短期借款：
借：银行存款
　　贷：短期借款
资产增加，负债增加，所以会导致资产总额增加该说法正确。
选项 B，从银行提取现金：

借：库存现金

　　贷：银行存款

资产内部一增一减，不会导致资产总额发生变动，该选项不正确。

以银行存款偿还银行借款：

借：短期借款等

　　贷：银行存款

资产与负债同时减少，导致资产总额减少，该选项不正确。

选项 C，开出商业承兑汇票购入固定资产：

借：固定资产

　　贷：应付票据

资产和负债同时增加，导致资产总额增加，该说法正确。

接受投资者投入机器设备：

借：固定资产

　　贷：实收资本/股本

资产和所有者权益同时增加，导致资产总额增加，该选项不正确。

选项 D，以资本公积转增股本：

借：资本公积

　　贷：股本/实收资本

所有者权益内部一增一减，所有者权益总额不变，该选项不正确。

宣告分配现金股利：

借：利润分配—应付现金股利或利润

　　贷：应付股利

所有者权益减少，负债增加，该说法正确。

二、单项选择题

1. C　【解析】选项 ABD，属于流动负债。

2. D　【解析】选项 A，会计分录：

借：银行存款

　　贷：其他应收款

资产内部一增一减。

选项 B，会计分录：(假设不考虑增值税)

借：固定资产

　　贷：实收资本(或股本)

资产和所有者权益同时增加。

选项 C，会计分录：

借：短期借款

　　贷：银行存款

资产和负债同时减少。

选项 D，会计分录：(假设不考虑增值税)

借：原材料

　　贷：应付账款

资产和负债同时增加。

3. B　【解析】选项 A，会计分录：

借：利润分配

　　贷：应付股利

负债增加，所有者权益减少。

选项 B，会计分录：(假设不考虑增值税)

借：固定资产

　　贷：实收资本(或股本)

资产和所有者权益同时增加。

选项 C，会计分录：

借：银行存款

　　贷：短期借款

资产和负债同时增加。

选项 D，会计分录：(此处现金为广义现金，一般指银行存款)

借：库存股

　　贷：银行存款

资产和所有者权益同时减少。

4. B　【解析】会计分录：

借：短期借款

　　贷：银行存款

企业的银行存款减少，相应的资产减少，另一方面短期借款减少，相应的负债减少，引起资产和负债同时减少。

5. B　【解析】盘盈的固定资产，应按重置成本确定其入账价值，借记"固定资产"科目，贷记"以前年度损益调整"科目。

6. C　【解析】(1)向银行借款 20 万元存入银行，导致资产增加 20 万元，负债增加 20 万元。(2)用银行存款购买材料 2 万元，导致银行存款减少 2 万元，原材料增加 2 万元，不影响资产总额。(3)收回应收账款 8 万元存入银行，导致银行存款增加8万元，应收账款减少8万元，不影响资产总额。

(4)以银行存款偿还借款6万元，导致资产减少6万元，负债减少6万元。则月末资产总额＝10+20-6=24(万元)。

资产内部一增一减，总额不变；选项D，资产增加，负债增加，资产总额增加。

2. ABD 【解析】会计计量属性主要包括历史成本、重置成本、可变现净值、现值和公允价值。

三、多项选择题

1. BD 【解析】选项A，资产减少，负债减少，资产总额减少；选项B，资产增加，所有者权益增加，资产总额增加；选项C，

四、判断题

1. √
2. √

考点二 会计科目及借贷记账法

考点详解

一、会计科目和账户

(一)会计科目的概念

会计科目，是对会计要素的具体内容进行细分。

(二)会计科目的分类

1. 按反映的经济内容分类

按其反映的经济内容不同，可分为资产类科目、负债类科目、所有者权益类科目、成本类科目、损益类科目和共同类科目。

会计对象具体化为会计要素，会计要素具体化为会计科目，具体关系见表2-1。

表2-1 会计对象、会计要素与会计科目关系

会计对象	会计要素分类	会计科目分类	
以货币表现的经济活动	资产	资产类、成本类	库存现金、银行存款、生产成本等
	负债	负债类	短期借款、应付账款等
	所有者权益	所有者权益类	实收资本、资本公积、本年利润、利润分配等
	利润		
	收入	损益类	主营业务收入、其他业务收入、营业外收入等
	费用		主营业务成本、其他业务成本、营业外支出等

【补充说明】利得、损失不是会计要素，但属于利得或损失的科目，如营业外收入、营业外支出等，属于损益类科目。

2. 按提供信息的详细程度分类

分为总分类科目和明细分类科目。

(1)总分类科目，又称一级科目或总账科目，它是对会计要素具体内容进行总括分类的会计科目。如"应收账款""应付账款"

"原材料"等。

(2)明细分类科目，又称明细科目，是对总分类科目再作详细分类的科目。例如，"应收账款—北京—冶霾公司、应收账款—杭州—冶霾公司、应收账款—南京—冶气公司"。

（三）初级必须掌握的会计科目

1. 资产类（共 27 个）

（1）钱（3 个）：库存现金、银行存款、其他货币资金。

（2）应收（8 个）：应收票据、**合同资产**、应收账款、其他应收款、应收利息、应收股利、坏账准备、预付账款等。

（3）物（11 个）：材料采购、在途物资、原材料、周转材料、委托加工物资、库存商品、发出商品、工程物资、在建工程、固定资产、累计折旧等。

（4）其他（5 个）：待处理财产损溢、长期待摊费用、无形资产、累计摊销、交易性金融资产等。

【例题 1 · 单选题】"发出商品"账户属于（　　）。

A. 资产类账户

B. 负债类账户

C. 所有者权益类账户

D. 损益类账户

答案 ▶ A

【例题 2 · 多选题】下列各项中，属于资产类账户的有（　　）。

A. 预收账款　　　B. 预付账款

C. 应收账款　　　D. 应付账款

解析 ▶ 预收账款和应付账款属于负债类账户。　　　　**答案 ▶ BC**

2. 负债类（共 10 个）

（1）借款（1 个）：短期借款。

（2）应付（9 个）：应付票据、**合同负债**、应付账款、其他应付款、预收账款、应付利息、应付职工薪酬、应付股利、应交税费等。

3. 所有者权益类（共 6 个）

实收资本（或股本）、资本公积、**其他综合收益**、盈余公积、本年利润、利润分配。

【例题 3 · 单选题】账户按会计要素分类，"其他综合收益"账户属于（　　）。

A. 资产类账户

B. 所有者权益类账户

C. 成本类账户

D. 损益类账户

答案 ▶ B

4. 成本类（共 4 个）

生产成本、**制造费用**、研发支出、劳务成本。

【例题 4 · 单选题】☆下列各项中，按照会计科目反映的经济内容分类，属于成本类科目的是（　　）。

A. 主营业务成本　B. 其他业务成本

C. 研发支出　　　D. 销售费用

解析 ▶ 成本类科目包括：生产成本、制造费用、劳务成本和研发支出等。选项 ABD，属于损益类中的费用类科目。　　**答案 ▶ C**

5. 损益类（共 17 个）

（1）收入、利得类（益）（7 个）：主营业务收入、其他业务收入、营业外收入、公允价值变动损益、投资收益、其他收益、资产处置损益。

（2）费用、损失类（损）（10 个）：主营业务成本、其他业务成本、营业外支出、销售费用、管理费用、财务费用、**信用减值损失**、资产减值损失、税金及附加、所得税费用。

【例题 5 · 多选题】下列各项中，属于损益类账户的有（　　）。

A. 其他收益　　　B. 制造费用

C. 投资收益　　　D. 其他业务成本

解析 ▶ "制造费用"账户属于成本类账户。　　　　　　　　**答案 ▶ ACD**

【例题 6 · 多选题】"税金及附加"和"应交税费"账户分别属于（　　）。

A. 资产类账户

B. 损益类账户

C. 所有者权益类账户

D. 负债类账户

答案 ▶ BD

（四）账户的概念

账户与会计科目的区别是前者具有一定格式和结构。

（五）账户的分类

与科目的分类一致。

账户的四个金额要素关系为：

期末余额=期初余额+本期增加发生额-本期减少发生额

T字形账户划分为左、右两方，哪一方用来登记增加额，哪一方用来登记减少额，取决于采用的记账方法和各账户所记录的经济内容。

二、借贷记账法

复式记账法是以资产与权益的平衡关系作为记账基础，对发生的每一项经济业务，都以相等的金额，在相互关联的两个或两个以上账户中进行记录的一种记账方法。

借贷记账法，是以"借"和"贷"作为记账符号的一种复式记账法。

我国会计准则规定，企业、民间非营利组织、行政事业单位等会计核算采用**借贷记账法**记账。

（一）借贷记账法下账户的基本结构

借贷记账法下，账户的左方称为借方，右方称为贷方。

图 2-2　借贷结构

至于"借"表示增加还是"贷"表示增加，则取决于账户的性质及结构。

借	贷
+	-
-	+

图 2-3　借贷方的增减变动

（二）资产和成本类账户的结构

增加在借方，减少在贷方，余额一般在借方。

期末借方余额=期初借方余额+本期借方发生额-本期贷方发生额

【例题 7·单选题】 某资产类科目的本期期初余额为 1 000 元，本期期末余额为 4 500 元，本期的增加额为 6 000 元，该科目本期减少额为（　）元。

　　A. 1 500　　　　B. 2 000

　　C. 2 500　　　　D. -500

解析 ▶ （1 000+6 000）-4 500=2 500（元）

答案 ▶ C

（三）负债和所有者权益类账户的结构

增加在贷方，减少在借方，余额一般在贷方。

期末贷方余额=期初贷方余额+本期贷方发生额-本期借方发生额

借方	负债与所有者权益类账户		贷方
		期初余额	×××
本期减少额	×××	本期增加额	×××
	×××		
本期借方发生额	×××	本期贷方发生额	×××
		期末余额	×××

图 2-4　负债与所有者权益类账户的结构

【例题 8·单选题】 "应交税费"账户期初贷方余额为 3 000 元，本期借方发生额为 1 500 元，贷方发生额为 2 000 元，下列关于期末余额的表述中，正确的是（　）。

　　A. 借方 2 500 元

　　B. 借方 3 500 元

　　C. 贷方 2 500 元

　　D. 贷方 3 500 元

解析 ▶ 3 000+2 000-1 500=3 500（元）

答案 ▶ D

（四）损益类账户的结构

1. 益（收入、利得）类账户

增加在贷方，减少在借方，期末无余额，因为账户余额在期末转入"本年利润"账户。

2. 损（费用、损失）类账户

增加在借方，减少在贷方，期末无余额，因为账户余额在期末转入"本年利润"账户。

『链接』 期末（或年末）无余额的账户

（1）损益类账户期末无余额，因为期末该账户的余额都转到"本年利润"账户；

（2）本年利润账户年末无余额，因为年末该账户的余额都转到"利润分配—未分配利润"账户；

（3）"利润分配"除"未分配利润"明细账户，其他明细账户年末无余额，因为年末其他明细账户的余额都转到"未分配利润"明细账户；

（4）"制造费用"期末一般无余额，因为期末该账户的余额一般都转到"生产成本"账户。

（五）借贷记账法的记账规则

借贷记账法的记账规则是"有借必有贷，借贷必相等"。

即对于企业发生的每一笔经济业务，都要在两个或两个以上相互联系的账户的借方和贷方进行登记，并且借方和贷方登记的金额要相等。

【案例1】3月1日，福喜公司接受某外商投资300 000元人民币存入银行存款账户。

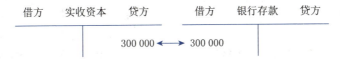

【案例2】3月5日，福喜公司以银行存款偿还所欠有福公司货款6 000元。

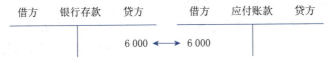

【案例3】3月12日，福喜公司向银行借入3个月期限的短期借款20 000元存入银行存款账户。

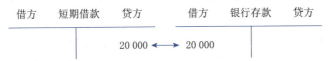

【案例4】3月15日，福喜公司与债权人（供应单位）协商并经有关部门批准，将欠债权人的100 000元债务转为资本（债权人对企业的投资）。

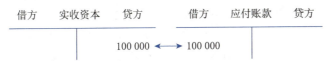

【例题9·判断题】借贷记账法中的记账规则，概括地说就是"有借必有贷，借贷必相等"。　　　　　　　　　　（　）

答案 ▶ √

（六）借贷记账法下的账户对应关系与会计分录

1. 账户的对应关系

运用借贷记账法时，任何一项经济业务都必须以相等的金额、借贷相反的方向、在两个或两个以上相互关联的账户中进行登记。这种在有关账户之间形成的应借、应贷的相互关系，称为账户对应关系。发生对应关系的账户称为对应账户。

2. 会计分录的概念及分类

会计分录的构成包括三个要素，分别是应借应贷方向、相互对应的科目及其金额。

按照所涉及总分类账户的个数，会计分录分为简单会计分录和复合会计分录。

（1）简单会计分录：一借一贷的会计分录。

【案例5】福喜公司用银行存款8 000元购入设备一台，不考虑增值税。

会计分录为：

借：固定资产　　　　　　　8 000
　　贷：银行存款　　　　　　　　8 000

以上分录为一借一贷的会计分录，属于简单会计分录。

（2）复合会计分录指由三个及以上对应账户组成的会计分录，即一借多贷、多借一贷或多借多贷的会计分录。

【案例6】福喜公司购入设备一台8 000元，用银行存款支付3 000元，5 000元未付，不考虑增值税。

会计分录为：

借：固定资产　　　　　　　8 000
　　贷：银行存款　　　　　　　　3 000
　　　　应付账款　　　　　　　　5 000

以上分录为一借多贷的会计分录，属于复合会计分录。

一个复合会计分录又可以分解为若干个内容相关的简单会计分录。

如【案例6】的会计分录可以分解为：

借：固定资产　　　　　　　3 000
　　贷：银行存款　　　　　　　　3 000
借：固定资产　　　　　　　5 000
　　贷：应付账款　　　　　　　　5 000

【例题10·判断题】一个复合会计分录又可以分解为若干个内容相关的简单会计分录。　　　　　　　　　　　　（　）

　　　　　　　　答案▶√

3. 会计分录的格式和编制

（1）格式举例。

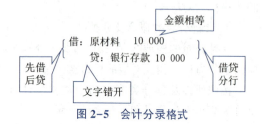

图2-5　会计分录格式

（2）会计分录的编制方法。

"五步法"分析经济业务、编制会计分录：

第一步，定科目：业务事项发生涉及哪些科目。

第二步，找类别：分析所涉及的科目属于哪类账户结构。

第三步，定方向：确定所涉及科目增加、减少情况和应记的借贷方向。

第四步，定金额：确定借贷方金额。

第五步，做分录：检查会计科目、金额是否正确，并做出会计分录。

【案例7】以银行存款购买10 000元原材料。

第一步：定科目　原材料　　银行存款
第二步：找类别　资产类　　资产类
第三步：定方向　　↑借　　　↓贷
第四步：定金额　10 000　　10 000
第五步：做分录

借：原材料　　　　　　　10 000
　　贷：银行存款　　　　　　　10 000

熟练以后，小伙伴们可以只用第一步、第三步和第五步编制分录。

（七）初级考试必须掌握的基础会计分录

1. 提取现金、采购业务、生产业务

【案例8】福喜公司12月部分经济业务如下，请编制会计分录：

（1）12月1日从银行提取现金10 000元。

借：库存现金　　　　　　　10 000
　　贷：银行存款　　　　　　　　10 000

（2）12月2日购入一批材料，增值税专用发票注明价款10 000元，税额1 300元，材料已入库，款项已用银行存款支付。

借：原材料　　　　　　　　10 000
　　应交税费——应交增值税(进项税额)
　　　　　　　　　　　　　　1 300
　　贷：银行存款　　　　　　　　11 300

（3）12月4日购入一台不需要安装即可投入使用的设备，取得的增值税专用发票上注明的设备价款为30 000元，增值税税额为3 900元，款项未支付。

借：固定资产　　　　　　　30 000
　　应交税费——应交增值税(进项税额)
　　　　　　　　　　　　　　3 900
　　贷：应付账款　　　　　　　　33 900

（4）12 月 13 日生产车间领用材料 30 000 元，车间管理部门领用材料 10 000 元，企业行政管理部门领用材料 2 000 元。

借：生产成本　　　　　　　30 000

　　制造费用　　　　　　　10 000

　　管理费用　　　　　　　 2 000

　　　贷：原材料　　　　　　　42 000

（5）12 月 31 日，按照规定的固定资产折旧率，计提本月固定资产折旧 12 000 元，其中：车间固定资产折旧 8 000 元，行政管理部门固定资产折旧 4 000 元。期末结转制造费用。

借：制造费用　　　　　　　 8 000

　　管理费用　　　　　　　 4 000

　　　贷：累计折旧　　　　　　12 000

期末结转制造费用时：

10 000（4）+8 000（5）= 18 000（元）

借：生产成本　　　　　　　18 000

　　　贷：制造费用　　　　　　18 000

（6）12 月 31 日验收入库产品 1 000 台，实际单位成本 50 元，共计 50 000 元。

借：库存商品　　　　　　　50 000

　　　贷：生产成本　　　　　　50 000

2. 销售业务

【案例 9】12 月 4 日销售 Y 产品 100 台，货款 10 000 元，增值税税额 1 300 元，收到款项存入银行。该批 Y 产品成本 5 000 元。

一手交钱，确认收入：

借：银行存款　　　　　　　11 300

　　　贷：主营业务收入　　　　10 000

　　　　　应交税费——应交增值税（销项税额）　　　　　　　　　 1 300

一手交货，结转成本：

借：主营业务成本　　　　　 5 000

　　　贷：库存商品　　　　　　 5 000

【案例 10】12 月 15 日，福喜公司销售一批原材料，开具的增值税专用发票上注明的售价为 10 000 元，增值税税额为 1 300 元，款项已由银行收妥。该批原材料的实际成本为 7 000 元。

取得原材料收入：

借：银行存款　　　　　　　11 300

　　　贷：其他业务收入　　　　10 000

　　　　　应交税费——应交增值税（销项税额）　　　　　　　　　 1 300

结转原材料成本：

借：其他业务成本　　　　　 7 000

　　　贷：原材料　　　　　　　 7 000

【案例 11】福喜公司是一家制造企业，12 月 15 日将其一台闲置的固定资产出租给乙企业，一次性收取出租费 50 000 元，出租期限为 1 个月，款项已存入银行。不考虑相关税费。该设备本月折旧费 40 000 元。

取得租金收入：

借：银行存款　　　　　　　50 000

　　　贷：其他业务收入　　　　50 000

计提设备折旧：

借：其他业务成本　　　　　40 000

　　　贷：累计折旧　　　　　　40 000

3. 筹资业务

【案例 12】12 月 11 日，福喜公司取得期限 6 个月的短期借款 200 000 元，所得借款存入银行。

借：银行存款　　　　　　 200 000

　　　贷：短期借款　　　　　 200 000

【案例 13】12 月 12 日，福喜股份有限公司发行普通股 10 000 000 股，每股面值 1 元，每股发行价格 5 元。假定股票发行成功，股款 50 000 000 元已全部收到，不考虑发行过程中的税费等因素。

借：银行存款　　　　　 50 000 000

　　　贷：股本　　　　　　 10 000 000

　　　　　资本公积——股本溢价 40 000 000

4. 费用损失业务

【案例 14】12 月，福喜公司应缴纳的城市维护建设税为 420 元，教育费附加为 180 元。

借：税金及附加　　　　　　　 600

　　　贷：应交税费——城市维护建设税 420

　　　　　　　　——教育费附加　　180

【案例15】福喜公司12月27日为宣传新产品发生广告费5 000元，用银行存款支付。

借：销售费用　　　　　　5 000
　　贷：银行存款　　　　　　5 000

【案例16】12月28日，福喜公司以银行存款支付企业管理部门设备修理费5 000元。

借：管理费用　　　　　　5 000
　　贷：银行存款　　　　　　5 000

【案例17】12月31日，福喜公司以银行存款支付应由本期负担的短期借款利息600元（计入财务费用）。

借：财务费用　　　　　　600
　　贷：银行存款　　　　　　600

【案例18】12月31日，福喜公司用银行存款支付税款滞纳金300元。

借：营业外支出　　　　　300
　　贷：银行存款　　　　　　300

5. 财务成果及分配业务

【案例19】福喜公司2020年的部分事项如下：

（1）2020年损益类账户年末结账前的余额如下：主营业务收入10 000元（贷）、其他业务收入60 000元（贷）、主营业务成本5 000元（借）、其他业务成本47 000元（借）、税金及附加600元（借）、管理费用11 000元（借）、财务费用600元（借）、销售费用5 000元（借）、营业外支出300元（借）。

年末结转各损益类账户应编制的分录为：

借：主营业务收入　　　　10 000
　　其他业务收入　　　　60 000
　　贷：本年利润　　　　　70 000
借：本年利润　　　　　　69 500
　　贷：主营业务成本　　　　5 000
　　　　其他业务成本　　　47 000
　　　　税金及附加　　　　　600
　　　　管理费用　　　　　11 000
　　　　财务费用　　　　　　600
　　　　销售费用　　　　　5 000
　　　　营业外支出　　　　　300

利润总额＝70 000－69 500＝500（元）

（2）福喜公司2020年度利润总额为500元，其中税收滞纳金300元，适用的所得税税率为25%。

应纳税所得额＝500＋300＝800（元）
应交所得税＝800×25%＝200（元）

借：所得税费用　　　　　200
　　贷：应交税费——应交企业所得税200

（3）结转所得税费用。

借：本年利润　　　　　　200
　　贷：所得税费用　　　　　200

净利润＝500－200＝300（元）

（4）2020年12月，结转本年利润300元。

借：本年利润　　　　　　300
　　贷：利润分配　　　　　　300

（5）福喜公司2020年实现净利润为300元，年初未分配利润为零。经股东（大）会批准，公司按当年净利润的10%提取法定盈余公积，宣告向投资者分配现金股利200元。

借：利润分配　　　　　　30
　　贷：盈余公积　　　　　　30
借：利润分配　　　　　　200
　　贷：应付股利　　　　　　200

（八）借贷记账法下的试算平衡

试算平衡，是指根据"有借必有贷，借贷必相等"的借贷记账法的记账规则和"资产＝负债+所有者权益"的恒等关系，检查所有账户的发生额和余额的汇总计算是否正确的一种方法。

1. 试算平衡的分类

（1）发生额试算平衡。

本期全部账户借方发生额合计=本期全部账户贷方发生额合计

直接依据："有借必有贷，借贷必相等"。

（2）余额试算平衡。

全部账户借方期末（初）余额合计=全部账户贷方期末（初）余额合计

直接依据：资产＝负债+所有者权益。

【例题11·判断题】☆借贷记账法下，发生额试算平衡的直接依据是"资产＝负债+

所有者权益"会计恒等式。　　（　）

解析 发生额试算平衡的直接依据是借贷记账法的记账规则，即"有借必有贷，借贷必相等"。题目中表述的是余额试算平衡的依据。　　　　　　　　**答案** ×

2. 试算平衡表的编制

（1）期初余额、本期发生额和期末余额栏中的借方合计与贷方合计应该平衡相等，如果不相等，便存在记账错误。

表2-2　试算平衡表

年　月　日　　　　　　　　　　　　单位：元

账户名称	期初余额		本期发生额		期末余额	
	借方	贷方	借方	贷方	借方	贷方
合计						

（2）不影响借贷平衡关系的错误通常有：

① 漏记某项业务；

② 重记某项业务；

③ 借贷双方金额均多记或少记；

④ 账户记错；

⑤ 记账方向颠倒；

⑥ 相互抵销多记或少记的业务。

【例题12·判断题】 ☆企业漏记或重记某项经济业务的结果，会导致试算平衡表中的本期借贷方发生额不平衡。　（　）

解析 漏记或重记某项经济业务，使本期借贷双方的发生额等额减少，借贷仍然平衡。　　　　　　　　**答案** ×

【例题13·判断题】 ☆总分类账户试算平衡表的期初余额、本期发生额和期末余额的借贷方合计数相等，表明记账一定正确。　　　　　　　　　　　（　）

解析 如果借贷双方发生额或余额相等，表明账户记录基本正确，但有些错误并不影响借贷双方的平衡，因此试算平衡时，不能表明记账一定正确。　**答案** ×

3. 试算平衡举例

【案例20】 2022年1月初，福喜公司各账户的余额如下表所示：

期初余额表

2022年1月1日

账户名称	期初借方余额	账户名称	期初贷方余额
库存现金	7 000	短期借款	53 000
银行存款	20 000	应付账款	25 000
原材料	81 000	实收资本	100 000
固定资产	70 000		
合计	178 000	合计	178 000

第一步：根据业务，编制相关会计分录（实际工作中为编制记账凭证）。

2022年1月，福喜公司发生的部分经济业务如下：

（1）购买材料6 000元（假定不考虑增值税因素）已验收入库，款未付。

会计分录：

借：原材料　　　　　　　　6 000

　　贷：应付账款　　　　　　　　6 000

（2）收到投资者按投资合同交来的资本金30 000元，已存入银行。

会计分录：

借：银行存款   30 000

  贷：实收资本   30 000

（3）从银行提取现金 2 000 元作为备用。

会计分录：

借：库存现金   2 000

  贷：银行存款   2 000

（4）向银行借入 6 个月期限的短期借款 40 000 元。

会计分录：

借：银行存款   40 000

  贷：短期借款   40 000

（5）用银行存款 10 000 元购买不需要安装的机器设备一台（假定不考虑增值税因素），设备已交付使用。

会计分录：

借：固定资产   10 000

  贷：银行存款   10 000

第二步：

首先根据期初余额登记总分类账（T 型账）的期初余额。

然后根据上述会计分录（记账凭证）登记总分类账（T 型账）的本期发生额。

最后在期末结算出各总分类账（T 型账）的期末余额。

借方		库存现金		贷方
期初余额	7 000			
（3）	2 000			
本期借方发生额合计	2 000	本期贷方发生额合计		0
期末余额	9 000			

借方		银行存款		贷方
期初余额	20 000			
（2）	30 000	（3）		2 000
（4）	40 000	（5）		10 000
本期借方发生额合计		本期贷方发生额合计		
	70 000			12 000
期末余额	78 000			

借方		原材料		贷方
期初余额	81 000			
（1）	6 000			
本期借方发生额合计 6 000		本期贷方发生额合计		0
期末余额	87 000			

借方		固定资产		贷方
期初余额	70 000			
（5）	10 000			
本期借方发生额合计		本期贷方发生额合计		0
	10 000			
期末余额	80 000			

借方		短期借款		贷方
		期初余额		53 000
		（4）		40 000
本期借方发生额合计	0	本期贷方发生额合计		
				40 000
		期末余额		93 000

借方		应付账款		贷方
		期初余额		25 000
		（1）		6 000
本期借方发生额合计	0	本期贷方发生额合计		
				6 000
		期末余额		31 000

借方		实收资本		贷方
		期初余额		100 000
		（2）		30 000
本期借方发生额合计	0	本期贷方发生额合计		
				30 000
		期末余额		130 000

第三步：根据各总分类账（T 型账）的期初余额、本期发生额和期末余额编制总分类账户试算平衡表进行试算平衡。

总分类账户试算平衡表

账户名称	期初余额		本期发生额		期末余额	
	借方	贷方	借方	贷方	借方	贷方
库存现金	7 000		2 000		9 000	
银行存款	20 000		70 000	12 000	78 000	
原材料	81 000		6 000		87 000	
固定资产	70 000		10 000		80 000	
短期借款		53 000		40 000		93 000
应付账款		25 000		6 000		31 000
实收资本		100 000		30 000		130 000
合计	178 000	178 000	88 000	88 000	254 000	254 000

福喜总结 借贷记账法的账户结构 ★★★

项目	内容			
复式记账法	复式记账法是以资产与权益的平衡关系作为记账基础，对发生的每一项经济业务，都以相等的金额，在相互关联的两个或两个以上账户中进行记录的一种记账方法。			
借贷记账法	它是以**"借"和"贷"作为记账符号的一种复式记账法。我国会计准则规定，企业、民间非营利组织、行政事业单位等会计核算采用借贷记账法记账**			
	资产和成本类账户	借方登记增加额；贷方登记减少额；期末余额一般在借方		
		期末借方余额＝期初借方余额+本期借方发生额−本期贷方发生额		
	负债和所有者权益类账户	借方登记减少额；贷方登记增加额；期末余额一般在贷方		
		期末贷方余额=期初贷方余额+本期贷方发生额−本期借方发生额		
	损益类账户	益（收入、利得）	借方登记减少额；贷方登记增加额	期末转入"本年利润"，结转后无余额
		损（费用、损失）	借方登记增加额；贷方登记减少额	
		无余额：本年利润年末无余额；制造费用期末一般无余额		
	规则	"有借必有贷，借贷必相等"		
	会计分录	会计分录由**应借应贷方向、相互对应的科目及其金额**三个要素构成		
		简单会计分录：一借一贷的会计分录		
		复合会计分录，**即一借多贷、多借一贷或多借多贷**的会计分录 **一个复合会计分录又可以分解为若干个内容相关的简单会计分录**		
	试算平衡	**发生额试算平衡（2019年判断题）**	全部账户**本期借方发生额**合计＝全部账户**本期贷方发生额**合计	
			直接依据："有借必有贷，借贷必相等"	
		余额试算平衡（2019年判断题）	全部账户**借方期末（初）余额**合计＝全部账户贷方期末（初）余额合计	
		不影响借贷平衡关系的错误（2020年判断题、2019年单选题）	直接依据：资产=负债+所有者权益	
			①**漏记**某项业务	
			②**重记**某项业务	
			③借贷双方金额**均多记或少记**	
			④**账户记错**	
			⑤记账方向颠倒	
			⑥**相互抵销多记或少记**的业务	

随堂小练 限时10min

一、单项选择题

1. ☆下列各项中，按会计科目反映的经济内容分类，属于成本类科目的是( )。
   A. 长期待摊费用　B. 主营业务成本
   C. 其他业务成本　D. 劳务成本

2. ☆2017年8月31日，某企业负债总额为500万元，9月收回应收账款60万元，以银行存款归还短期借款40万元，预收客户货款20万元。不考虑其他因素，2017年9月30日该企业负债总额为( )万元。
   A. 440　　　　　　B. 480
   C. 460　　　　　　D. 380

3. "应付账款"账户的期末余额等于( )。
   A. 期初余额+本期借方发生额−本期贷方发生额
   B. 期初余额−本期借方发生额−本期贷方发生额
   C. 期初余额−本期借方发生额+本期贷方发生额
   D. 期初余额+本期借方发生额+本期贷方发生额

4. "应收账款"账户的期初借方余额8 000元，本期贷方发生额6 000元，本期借方发生额10 000元，则期末余额为( )。
   A. 借方4 000元　B. 借方12 000元
   C. 贷方4 000元　D. 贷方12 000元

5. 企业在一定期间内实现的经营成果最终归属于所有者权益，所以将( )归类到所有者权益类账户。
   A. 投资收益　　　B. 本年利润
   C. 营业外收入　　D. 主营业务收入

二、多项选择题

1. ☆下列各项中，通过编制试算平衡表无法发现的记账错误有( )。
   A. 记录某项经济业务的借、贷方向颠倒
   B. 某项经济业务借方金额多记、贷方金额少记
   C. 漏记某项经济业务
   D. 重记某项经济业务

2. 运用借贷记账法编制会计分录时，可以编制( )。
   A. 一借一贷的分录
   B. 多借多贷的分录
   C. 多借一贷的分录
   D. 一借多贷的分录

3. 关于借贷记账法的试算平衡，下列表述中正确的有( )。
   A. 试算平衡包括发生额试算平衡和余额试算平衡两种
   B. 编制试算平衡表时，必须保证所有账户的余额或发生额均列入试算平衡表内
   C. 试算平衡表借贷不相等，说明账户记录有错误
   D. 试算平衡表是平衡的，并不能说明账户记录绝对正确

三、判断题

1. ☆借贷记账法的规则"有借必有贷，借贷必相等"是余额试算的直接依据。　( )

2. ☆在借贷记账法下，企业为检查账户记录是否正确，可以采取发生额试算平衡和余额试算平衡两种试算平衡方法。　( )

随堂小练参考答案及解析

一、单项选择题

1. D 【解析】成本类科目，是对可归属于产品生产成本、劳务成本等的具体内容进行分类核算的项目，主要有"生产成本""制造费用""劳务成本""研发支出"等科目。选项A，属于资产类科目；选项BC，属于损益类科目。

2. B　【解析】收回应收账款：

借：银行存款　　　　　　　60

　　贷：应收账款　　　　　　　60

不涉及负债项目。

归还短期借款：

借：短期借款　　　　　　　40

　　贷：银行存款　　　　　　　40

短期借款减少 40 万元，即负债减少 40 万元。

预收客户货款：

借：银行存款　　　　　　　20

　　贷：合同负债　　　　　　　20

合同负债增加 20 万元，即负债增加 20 万元。

月末负债总额 = 期初负债余额 + 本期贷方发生额 - 本期借方发生额 = 500 + 20 - 40 = 480（万元）。

3. C　【解析】"应付账款"账户属于负债类账户，贷方登记本期增加发生额，借方登记本期减少发生额，期末余额一般在贷方，该账户的期末余额 = 期初余额 - 本期借方发生额 + 本期贷方发生额。

4. B　【解析】应收账款期末余额 = 期初余额 + 本期借方发生额 - 本期贷方发生额 = 8 000 + 10 000 - 6 000 = 12 000（元），和期初余额方向一样，是借方余额，所以选项 B 正确。

5. B　【解析】选项 ACD，属于损益类账户。

二、多项选择题

1. ACD　【解析】选项 B，会导致借贷方合计金额不相等，可以发现记账错误。

2. ABCD

3. ABCD

三、判断题

1. ×　【解析】余额试算平衡的直接依据是财务状况等式，即"资产 = 负债 + 所有者权益"。

2. √

考点三　会计凭证、会计账簿与账务处理程序

考点详解

按照填制程序和用途将会计凭证分为原始凭证和记账凭证。

一、原始凭证

表 2-3　原始凭证

原始凭证	按取得来源	自制原始凭证（2021 年单选题）	举例：领料单、产品入库单、借款单
		外来原始凭证（2021 年单选题、2019 年单选题）	举例：购货增值税专用发票、飞机票、火车票、餐饮发票等
	按格式	通用凭证	举例：增值税专用发票等
		专用凭证	举例：折旧计算表、差旅费报销单等
	按填制的手续和内容（2018 年单选题）	一次凭证（一次有效）	举例：收据、销货发票、购货发票、银行结算凭证等
		累计凭证（一定时期多次记录同类型且多次有效）	举例：限额领料单（2019 年单选题）
		汇总凭证 『提示』不能汇总两类或两类以上的经济业务	举例：发料凭证汇总表（2020 年单选题）

续表

原始凭证	基本内容	(1)凭证的名称；(2)填制凭证的日期；(3)填制凭证单位名称或者填制人姓名；(4)经办人员的签名或者盖章；(5)接受凭证单位名称；(6)经济业务内容；(7)数量、单价和金额	
	填制的基本要求	(1)记录要真实	
		(2)内容要完整	
		(3)手续要完备	对外开出：本单位公章或财务专用章；外部取得：填制单位公章或财务专用章；从个人取得：填制人员签名或盖章 『提示』对外开出或从外取得的电子形式的原始凭证必须附有符合《电子签名法》的电子签名
		(4)书写清楚、规范	在金额前要加对应的货币符号
		(5)编号要连续	作废的凭证上加盖"作废"戳记，连同存根一起保存，不得随意撕毁
		(6)不得涂改、刮擦、挖补	原始凭证金额有错误的，应当由出具单位重开，不得在原始凭证上更正(2018年单选题)
		(7)填制要及时	
	审核(2021年多选题)	(1)真实性	日期、业务内容和数据是否真实等
		(2)合法性	内容和程序是否合法
		(3)合理性	业务是否符合需要、是否符合计划和预算等
		(4)完整性	内容是否完整、有关手续是否齐全、有无遗漏的项目等
		(5)正确性	单位名称、金额、更正是否正确

『注意』会计凭证是登记账簿的依据，账簿是编制报表的依据。即我们通常所说的"证、账、表"。

【例题1·单选题】☆下列各项中，属于企业外来原始凭证的是( )。

A. 生产产品完工验收入库填制的产品入库单

B. 生产产品领用材料填制的领料单

C. 职工出差报销的火车票

D. 发出产品填制的产品出库单

解析 ▶ 外来原始凭证，是指在经济业务发生或完成时，从其他单位或个人直接取得的原始凭证，如购买原材料取得的增值税专用发票、职工出差报销的飞机票、火车票和餐饮费发票等。选项ABD属于自制原始凭证。

答案 ▶ C

【例题2·单选题】☆下列各项中，属于企业自制原始凭证的是( )。

A. 员工出差报销的火车票

B. 因购买原材料取得的增值税专用发票

C. 已验收合格原材料的入库单

D. 收到的由银行出具的收款通知单

解析 ▶ 选项ABD，属于企业的外来原始凭证。

答案 ▶ C

【例题3·单选题】☆下列关于原始凭证的表述正确的是( )。

A. 原始凭证按来源不同分为一次凭证、累计凭证和汇总凭证

B. 原始凭证是记录或证明经济业务的发生或完成情况的书面证明

C. 原始凭证的作用主要是确定会计分录，进行账簿登记

D. 原始凭证按照填制程序和用途分为自制原始凭证和外来原始凭证

解析 ▶ 选项A，原始凭证按照填制的手续和内容，可分为一次凭证、累计凭证和汇总凭证；选项C，题干表述的是记账凭证的作用。原始凭证的作用主要是记载经济业务

的发生过程和具体内容；选项 D，原始凭证按照取得来源，可分为自制原始凭证和外来原始凭证。

答案▶ B

【例题 4·多选题】 ☆下列各项中，关于原始凭证审核的表述正确的有(　　)。

A. 对凭证中应借应贷科目以及对应关系是否有误进行正确性审核

B. 对原始凭证记录经济业务是否符合国家法律法规规定进行合法性审核

C. 对原始凭证各项基本要素是否齐全进行完整性审核

D. 对原始凭证日期、业务内容和数据是否真实进行真实性审核

解析▶ 选项 A 表述的是记账凭证的审核。

答案▶ BCD

二、记账凭证★★★

表 2-4　记账凭证

类别	收款凭证(2019 年多选题)	记录现金和银行存款收款业务，左上角的"借方科目"填写的是"库存现金"或"银行存款"；日期填写的是填制本凭证的日期
	付款凭证(2019 年多选题)	记录现金和银行存款付款业务，左上角应列贷方科目，即"库存现金"或"银行存款"科目。对于涉及"库存现金"和"银行存款"之间的相互划转业务，如提现和存款，一般只填制付款凭证
	转账凭证(2019 年单选题)	记录不涉及现金和银行存款收付的业务。某些既涉及收款业务，又涉及转账业务的综合性业务，可分开填制不同类型的记账凭证
基本内容	(1)填制凭证的日期；(2)凭证编号；(3)经济业务摘要；(4)应借应贷会计科目；(5)金额；(6)所附原始凭证张数；(7)填制凭证人员、稽核人员、记账人员、会计机构负责人、会计主管人员签名或者盖章。收款和付款记账凭证还应当由出纳人员签名或者盖章	
填制要求	(1)除结账和更正错账的记账凭证可以不附原始凭证外，其他记账凭证必须附原始凭证(2020 年单选题、判断题，2019 年判断题)	
	(2)记账凭证可以根据每一张原始凭证填制，或根据若干张同类原始凭证汇总填制，也可以根据原始凭证汇总表填制；但不得将不同内容和类别的原始凭证汇总填制在一张记账凭证上(2020 年单选题)	
	(3)应当对记账凭证进行连续编号(2020 年单选题)	如果一笔经济业务需要填制两张以上(含两张)记账凭证的，可以采用"分数编号法"编号
	(4)如果在填制记账凭证时发生错误，应当重新填制	①已入账的凭证在当年内发现填写错误时，可以用红字冲销，再用蓝字更正
		②科目没错，金额错，按差额编制凭证；A. 调增金额用蓝字；B. 调减金额用红字
		③发现以前年度记账凭证有误的，应当用蓝字更正
	(5)记账凭证填制完经济业务事项后，如有空行，划线注销	
审核	(1)内容是否真实；(2)项目是否齐全；(3)科目是否正确；(4)金额是否正确；(5)书写是否规范	
	出纳人员在办理收款或付款凭证业务后，应在凭证上加盖"收讫"或"付讫"戳记，以避免重收重付	
保管	任何单位必须将会计凭证按规定形成会计档案，妥善保管，不得任意销毁	

【例题 5·多选题】 ☆下列各项中，关于记账凭证填制基本要求的表述正确的有(　　)。

A. 可以将不同内容和类别的原始凭证合并填制一张记账凭证

B. 填制记账凭证时若发生错误，应当重新填制

C. 记账凭证应连续编号

D. 除结账和更正错账可以不附原始凭证，其他记账凭证必须附原始凭证

解析▶ 记账凭证可以根据每一张原始凭

证填制，或根据若干张同类原始凭证汇总填制，也可根据原始凭证汇总表填制；但不得将不同内容和类别的原始凭证汇总填制在一张记账凭证上，选项A错误。 **答案▶BCD**

【例题6·判断题】 ☆企业从银行提取现金以备零星支出，根据原始凭证编制库存现金收款凭证。 （ ）

解析▶ 企业从银行提取现金以备零星支出，根据原始凭证编制银行存款付款凭证。

答案▶×

三、会计账簿分类

表2-5 会计账簿分类(2021年单选题)

内容		封面、扉页、账页	
分类	用途	序时账簿(2019年多选题)	日记账，我国企业使用**库存现金日记账和银行存款日记账**
		分类账簿(2019年多选题)	总分类账簿：三栏式
			明细分类账簿：三栏式明细账、多栏式明细账、数量金额式明细账
		备查账簿(2019年多选题)	如租入固定资产登记簿、代管商品物资登记簿等
	账页格式	三栏式账簿	库存现金日记账、银行存款日记账、总账及资本、债权、债务明细账(2019年多选题)
		多栏式账簿	收入、成本、费用明细，银行存款日记账也可以采用(2019年单选题)
		数量金额式账簿	原材料、库存商品等明细账(2020年、2019年、2018年多选题)
	外形特征	订本式账簿	优点：能避免账页散失和防止抽换账页 缺点：不能准确为各账户预留账页 适用：总分类账、库存现金日记账、银行存款日记账
		活页式账簿	优点：根据实际需要随时增减空白账页，便于分工记账 缺点：可能会造成账页散失或故意抽换账页 适用：明细分类账
		卡片式账簿	固定资产卡片账、材料卡片账

【例题7·单选题】 ☆下列各项中，关于会计账簿分类的表述正确的是( )。

A. 按照外形特征可分为三栏式账簿、多栏式账簿和数量金额式账簿

B. 按照填制方法可分为总分类账簿和明细分类账簿

C. 按照用途可分为序时账簿、分类账簿和备查账簿

D. 按照账页格式可分为订本式账簿、活页式账簿和卡片式账簿

解析▶ 选项A，会计账簿按照账页格式，主要分为三栏式账簿、多栏式账簿和数量金额式账簿；选项B，会计账簿按照其反映经济业务的详略程度，可分为总分类账簿和明细分类账簿；选项D，会计账簿按照外形特征，可以分为订本式账簿、活页式账簿、卡片式账簿。 **答案▶C**

【例题8·多选题】 ☆下列各项中，一般不采用数量金额式账页的账簿有( )。

A. 制造费用明细账

B. 库存现金日记账

C. 应收账款明细账

D. 库存商品明细账

解析▶ 选项A，一般采用多栏式账簿；选项BC，一般采用三栏式账簿。 **答案▶ABC**

【例题9·多选题】 ☆下列各项中，不适

合采用三栏式明细分类账簿进行明细账核算的有(　　)。

A. 向客户赊销商品形成的应收账款

B. 生产车间发生的制造费用

C. 购买并验收入库的原材料

D. 向银行借入的短期借款

解析 ▶ 各种日记账、总账以及资本、债权、债务明细账都可采用三栏式账簿。选项B，适用于多栏式账簿；选项C，适用数量金额式账簿。　**答案** ▶ BC

四、会计账簿的登记要求和登记方法 ★

表2-6　会计账簿的登记要求和登记方法

登记要求	可以用红色墨水记账的情况(2020年单选题)	(1)冲销错误记录
		(2)登记减少数
		(3)在余额栏内登记负数余额
		(4)可以用红字登记的其他会计记录
	各种账簿按页次顺序连续登记，不得跳行、隔页	
	现金日记账和银行存款日记账必须逐日结出余额(2020年、2019年单选题)	
	每一账页登记完毕结转下页时，在摘要栏内注明"过次页"和"承前页"字样	
	账簿记录发生错误，不准涂改、挖补、刮擦或者用药水消除字迹(2020年单选题)	
登记方法	现金日记账由出纳人员根据库存现金收付款凭证及银行存款付款凭证登记	
	银行存款日记账根据银收凭证、银付凭证和现付凭证等业务发生时间的先后顺序登记；银行存款日记账按企业在银行开立的账户和币种设置(2019年单选题)	
	总分类账根据记账凭证逐笔登记或根据科目汇总表或汇总记账凭证等定期登记	
平行登记(2021年判断题)	每项经济业务都要以会计凭证为依据，一方面登记总分类账户，另一方面登记所属明细分类账户的方法	
	(1)方向相同；(2)期间一致；(3)金额相等	

【例题10·多选题】 ☆下列各项中，符合账簿登记要求的有(　　)。

A. 根据红字冲账的记账凭证，用红字冲销错误记录

B. 登记账簿一律使用蓝黑墨水或碳素墨水书写

C. 日记账必须逐日结出余额

D. 发生账簿记录错误不得刮、擦、补、挖

解析 ▶ 选项B，以下情况可以使用红墨水记账：①按照红字冲账的记账凭证，冲销错误记录的情况；②在不设借贷等栏的多栏式账页中，登记减少数的情况；③在三栏式账户的余额栏前，如未印明余额方向的，在余额栏内登记负数余额的情况；④符合规定的其他情况。除上述情况外，不得使用红色墨水登记账簿。　**答案** ▶ ACD

【例题11·多选题】 ☆下列各项中，关于银行存款日记账的表述不正确的有(　　)。

A. 应按实际发生的经济业务定期汇总登记

B. 仅以银行存款付款凭证为记账依据

C. 应按企业在银行开立的账户和币种分别设置

D. 不得使用多栏式账页格式

解析 ▶ 选项A，应逐日逐笔登记银行存款日记账；选项B，银行存款日记账记账依据有银行存款付款凭证、银行存款收款凭证和库存现金付款凭证；选项D，银行存款日记账可以选择多栏式账页格式。　**答案** ▶ ABD

【例题12·判断题】 ☆总分类账与所辖明细分类账平行登记时，应做到方向相同、期间一致、金额相等。　(　　)

答案 ▶ √

五、对账与结账★★

表2-7　对账与结账

	账证核对 （2020年判断题）	核对账簿记录与原始凭证、记账凭证的时间、凭证字号、内容、金额、借贷方向	
对账	账账核对 （2020年多选题）	（1）总账账簿之间	共四个核对，以**总账**（账中的老大）为核心
		（2）总账账簿与所属明细账簿	
		（3）总账账簿与序时账簿	
		（4）明细账簿之间	
	账实核对 （2020年多选题）	（1）现金日记账余额与库存现金实际库存数	现金
		（2）银行存款**日记账**余额与银行**对账单**的余额	银行存款
		（3）财产物资明细账余额与财产物资的实有数额	财产
		（4）债权债务**明细账**账面余额与对方单位的**账面**记录	往来款项
结账	为编制财务报表，需要进行结账，具体包括月结、季结和年结。 （1）结转各种损益类账户，并根据此计算确定本期利润； （2）月末结账时，只需要在最后一笔经济业务记录之下通栏划单红线，不需要再次结计余额； （3）十二月末，应在摘要栏内注名"本年累计"字样，结出全年累计发生额，并在数字下端划双红线； （4）年度终了，在摘要栏注明"结转下年"字样；结转新账时，如有余额，可直接将余额转到新账账户的第一行余额栏内，并在摘要栏注明"上年结转"字样		

[例题13·多选题] ☆下列各项中，属于账实核对内容的有(　　)。

A. 银行存款日记账余额与对账单余额核对

B. 总账期末余额与其所属明细账期末余额之和核对

C. 资产、负债、所有者权益各账户总账余额之间平衡关系的核对

D. 债权债务明细账账面余额与对方单位债权债务账面记录核对

答案 ▶ AD

[例题14·判断题] ☆会计账簿和记账凭证核对属于账账核对。　　　　　　　　(　　)

解析 ▶ 会计账簿和记账凭证核对属于账证核对。　　　　　　　答案 ▶ ×

六、错账更正的方法

表2-8　错账更正的方法

分类	凭证	账簿	方法
划线更正法 （2021年、2019年单选题， 2021年、2020年判断题）	正确	错误	可在错误的文字或数字上划一条红线
红字更正法	科目错误	错误	先红字冲销，再蓝字更正
	科目正确、金额多记	错误	用红字冲销多记金额部分
补充登记法	科目正确、金额少记	错误	用蓝字补充少记金额部分

【例题15·单选题】☆会计人员在结账前发现记账凭证填制无误，但登记入账时误将5 000元写成500元，下列更正方法正确的是(　　)。

A. 补充登记法　　B. 划线更正法
C. 横线登记法　　D. 红字更正法

解析 在结账前发现账簿记录有文字或数字错误，而记账凭证没有错误，应当采用划线更正法。　　**答案** B

【例题16·多选题】 下列各项中，属于由于记账凭证错误而导致账簿登记错误的更正方法有(　　)。

A. 红字更正法　　B. 划线更正法
C. 补充登记法　　D. 尾数更正法

答案 AC

七、会计账簿的保管

会计账簿是各单位非常重要的经济资料，必须建立完善的管理制度，妥善进行保管。

八、账务处理程序

表2-9　账务处理程序

根据登记总分类账的依据和方法不同，分为3种账务处理程序		
记账凭证账务处理程序	优点	简单明了，易于理解；总分类账可以较详细地反映经济业务的发生情况，来龙去脉清楚
	缺点	登记总分类账的工作量较大
	适用	规模小、经济业务量小的单位
科目汇总表账务处理程序（2019年判断题、2018年多选题）	优点	减轻了登记总分类账的工作量；易于理解，方便学习，可做到试算平衡，保证总账登记的正确性
	缺点	科目汇总表不能反映各个账户之间的对应关系，不利于对账目进行检查
	适用	经济业务较多的企业
汇总记账凭证账务处理程序	包括汇总收款凭证、汇总付款凭证和汇总转账凭证	
	优点	减轻登记总分类账的工作量
	缺点	当转账凭证较多时，编制汇总转账凭证的工作量较大；并且按每一贷方账户编制汇总转账凭证，不考虑交易或事项的性质，不利于会计核算的日常分工
	适用	规模较大、经济业务较多的单位

(1)请考生牢记记账凭证账务处理程序，见图2-6。

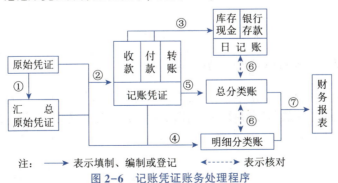

注：——→ 表示填制、编制或登记　◄-----► 表示核对
图2-6　记账凭证账务处理程序

(2)请考生牢记科目汇总表账务处理程序，见图2-7。

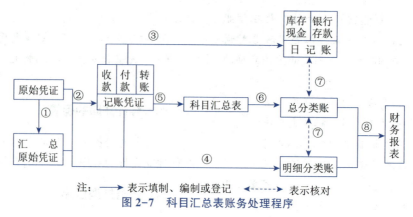

注：——→ 表示填制、编制或登记　◄------ 表示核对

图 2-7　科目汇总表账务处理程序

（3）请考生了解科目汇总表，见表 2-10。

表 2-10　科目汇总表

×年×月×日至×日

会计科目	本期发生额		记账凭证起讫号数
	借方	贷方	

（4）请考生牢记汇总记账凭证账务处理程序，见图 2-8。

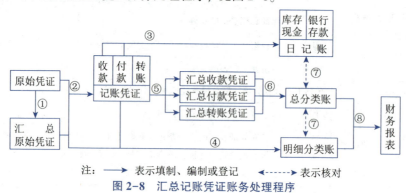

注：——→ 表示填制、编制或登记　◄------ 表示核对

图 2-8　汇总记账凭证账务处理程序

【例题 17·单选题】☆下列各项中，以汇总记账凭证为登记依据的是（　　）。

A. 总账

B. 明细账

C. 科目汇总表

D. 记账凭证

解析 ▶ 大中型单位的总分类账，可以根据汇总记账凭证等定期登记。

答案 ▶ A

九、信息化环境下会计账务处理的基本要求

基本要求包含 14 项内容，需要注意的是企业使用的会计软件不应当提供可逆的记账功能，应保证对同类已记账凭证的连续编号，不能提供对已记账凭证的删除、插入功能和日期、金额、科目、操作人的修改功能。

随堂小练　限时30min

一、百考多选题

下列关于会计凭证的说法中，不正确的有（　　）。

A. 累计凭证，是指在一定时期内多次记录发生的同类型经济业务且多次有效的原始凭证，如限额领料单；会计凭证是登记账簿的依据，账簿是编制报表的依据；原始凭证按取得的来源分为自制原始凭证（如领料单、产品入库单、借款单等）和外来原始凭证（如购货增值税专用发票、飞机票、火车票、餐饮发票）

B. 原始凭证是登记记账凭证的依据，应当包括的内容有凭证的名称、填制凭证的日期、填制凭证单位名称或者填制人姓名、会计科目等；对外开出的原始凭证，应加盖本单位的公章或财务专用章；从外部取得的原始凭证，应盖有填制单位（或个人）的公章或财务专用章（签名或盖章）；审核原始凭证的合法性包括：业务是否符合国家法律法规，是否履行了规定的凭证传递和审核程序；审核原始凭证的合理性包括：业务是否符合企业经济活动的需要、是否符合有关的计划和预算、是否履行了规定的凭证传递和审核程序等

C. 记账凭证按其所反映的经济内容，可分为收款凭证、付款凭证和转账凭证；转账凭证是指用于记录既涉及现金又涉及银行存款业务的记账凭证，如从银行取现业务；记账凭证的基本内容包括填制凭证的日期、凭证编号、经济业务摘要、会计科目、金额、所附原始凭证张数、填制凭证人员、会计机构负责人等相关人员签名或者盖章等

D. 对于涉及"库存现金"和"银行存款"之间的相互划转业务，一般只填制收款凭证；出纳人员在办理收款或付款业务后，应在原始凭证上加盖"收讫"或"付讫"的戳记，以免重收重付；所有记账凭证必须附原始凭证；如果一笔经济业务需要填制两张以上（含两张）记账凭证的，可以采用"分数编号法"编号；如果会计科目没有错误，只是金额错误，按差额另编一张调整的记账凭证：调增金额用蓝字，调减金额用红字

二、单项选择题

1. ☆下列各项中，属于汇总原始凭证的是（　　）。
   A. 发料凭证汇总表　B. 制造费用分配表
   C. 限额领料单　　　D. 科目汇总表

2. ☆下列各项中，属于企业累计原始凭证的是（　　）。
   A. 增值税专用发票　B. 出差报销的火车票
   C. 银行结算凭证　　D. 限额领料单

3. ☆下列各项中，应由会计人员填制的原始凭证是（　　）。
   A. 固定资产折旧计算表
   B. 差旅报销单
   C. 产品入库单
   D. 领料单

4. ☆下列各项中，属于账实核对的是（　　）。
   A. 总账和明细账核对
   B. 银行存款日记账和银行对账单核对
   C. 账簿记录和记账凭证核对
   D. 总账和日记账核对

5. ☆2017年3月15日，某企业财务人员发现当月初登记入账的一笔交易出现记账错误，该笔交易的记账凭证和账簿记录中应借、应贷会计科目及记账方向无误，但所记金额小于应记的金额。应采用的错账更正方法是（　　）。
   A. 补充登记法　　B. 红字更正法
   C. 试算平衡法　　D. 划线更正法

6. 限额领料单按来源分属于（　　）。
   A. 外来原始凭证　B. 累计凭证
   C. 自制原始凭证　D. 汇总原始凭证

7. 某单位购入设备一台，价款100万元，用

银行存款支付 60 万元，另 40 万元则签发了商业汇票。对这一经济业务，单位应编制的记账凭证为(   )。

A. 编制一张转账凭证

B. 编制一张收款凭证

C. 编制一张付款凭证

D. 编制一张转账凭证和一张付款凭证

8. 不符合科目汇总表账务处理程序特点的是(   )。

A. 能够减少登记总账的工作量

B. 不能反映账户间的对应关系

C. 简单易懂，方便易学

D. 适用于规模小、业务量少、凭证不多的单位

三、多项选择题

1. ☆下列各项中，属于会计账簿的有(   )。

A. 备查簿　　　　B. 日记账

C. 总账　　　　　D. 明细账

2. 下列各项中，可以使用红色墨水记账的情况有(   )。

A. 按照红字冲账的记账凭证，冲销错误记录

B. 在三栏式账户的余额栏前，如未印明余额方向的，在余额栏内登记负数余额

C. 在不设借贷等栏的多栏式账页中，登记增加数

D. 根据国家统一的会计制度的规定可以用红字登记的其他会计记录

3. ☆下列属于外来原始凭证的有(   )。

A. 采购原材料收到的增值税发票

B. 业务员出差的住宿发票

C. 采购原材料的入库单

D. 购入原材料使用的银行汇票

4. ☆总账与明细账平行登记要点包括(   )。

A. 记账人员相同　B. 会计期间相同

C. 记账方向相同　D. 金额相同

5. 以下关于原始凭证数字及文字填写表述正确的有(   )。

A. 中文大写金额数字应用正楷或草书填

写，如果金额数字书写中使用繁体字，银行也可以受理

B. 中文大写金额到元或角为止的，后面要写"整"或"正"字；有分的，可以不写"整"或"正"字

C. 阿拉伯数字中间连续有几个"0"时，中文大写金额中间可以只写一个"零"字

D. 中文大写金额数字前应表明"人民币"字样，大写数字应紧接"人民币"字样填写

6. 以下属于通用原始凭证的有(   )。

A. 增值税发票　　B. 差旅费报销单

C. 商业汇票　　　D. 支票

7. 审核原始凭证的真实性时需要关注的有(   )。

A. 凭证日期是否真实、数据是否真实

B. 对通用原始凭证，还应审核凭证本身的真实性，防止以假冒的原始凭证记账

C. 对外来原始凭证，必须有填制单位公章(或财务专用章)和填制人员签章

D. 业务内容是否真实

8. 企业内审人员在对企业当年会计账簿审查中发现，金额为 1 000 元的购货发票在填制记账凭证时误填为 100 元，由于已登记入账，会计人员可以(   )。

A. 用红字填写一张与原内容相同的记账凭证，同时再用蓝字重新填制一张正确的记账凭证

B. 重新填制一张正确的记账凭证，将原记账凭证换下，并对账簿信息进行修改

C. 用蓝字编写一张调增 900 元的调增账记凭证

D. 将记账凭证和账簿的错误金额用红字划去，用蓝笔填上正确金额，并加盖印章

9. 错账更正的方法主要有(   )。

A. 涂改法　　　　B. 划线更正法

C. 红字更正法　　D. 补充登记法

10. 以下关于记账凭证账务处理程序的表述中，正确的有(   )。

A. 账务处理程序简单明了，易于理解

B. 总分类账可以较详细地反映交易或事

项的发生情况，便于查账、对账

 C. 登记总分类账的工作量较大

 D. 这种程序只适用于一些规模大，业务量多，凭证多的单位

四、判断题

1. ☆除结账和更正错账业务外，其他记账凭证必须附原始凭证。（　　）

2. ☆结账前，发现账簿记录有错误，但记账凭证没有错误，应采用划线更正法予以更正。（　　）

3. ☆科目汇总表账务处理程序下，企业应直接根据记账凭证逐笔登记总分类账。（　　）

4. 已经登记入账的记账凭证，在当年内发现科目、金额有误，可以用红字填写一张与原内容相同的记账凭证，在摘要栏注明冲销某月某日某号凭证字样，再用蓝字做一张正确的凭证登记入账。（　　）

5. 转账凭证是指用于记录不涉及现金和银行存款业务的会计凭证。（　　）

6. 所谓平行登记是指对所发生的每项经济业务，一方面要以会计凭证为依据登记有关总分类账户，另一方面又要以登记好的总分类账户为依据，将其拆分后登记到所属明细分类账户中。（　　）

随堂小练参考答案及解析

一、百考多选题

BCD　【解析】选项 B，原始凭证不包括会计科目，记账凭证包括会计科目。审核原始凭证的合法性包括：业务是否符合国家法律法规，是否履行了规定的凭证传递和审核程序。审核原始凭证的合理性包括：业务是否符合企业经济活动的需要、是否符合有关的计划和预算等。选项 C，转账凭证是指用于记录不涉及现金和银行存款业务的记账凭证，从银行取现业务填制银行存款付款凭证，不填制转账凭证。选项 D，对于涉及"库存现金"和"银行存款"之间的相互划转业务，一般只填制付款凭证。除结账和更正错账可以不附原始凭证外，其他记账凭证必须附原始凭证。

二、单项选择题

1. A　【解析】原始凭证按照填制的手续和内容，可分为一次凭证、累计凭证和汇总凭证。选项 B，属于一次原始凭证；选项 C，属于累计原始凭证；选项 D，科目汇总表又称记账凭证汇总表，不属于原始凭证。

2. D　【解析】累计凭证，是指在一定时期

内多次记录发生的同类型经济业务且多次有效的原始凭证，如限额领料单。选项ABC，属于一次原始凭证。

3. A　【解析】选项 B，是由报销人员填写的；选项 C，是由仓库管理员填写的；选项 D，是由领料人填写的。

4. B　【解析】选项 AD，属于账账核对；选项 C，属于账证核对。

5. A　【解析】记账后发现记账凭证中会计科目无误，所记金额小于应记金额，导致账簿记录错误的，应采用补充登记法。

6. C

7. D　【解析】该经济业务的会计分录为（分录中的金额单位为万元）：

借：固定资产   60
  贷：银行存款   60
借：固定资产   40
  贷：应付票据   40

（或将上述两笔分录合并为一笔）

根据第一笔分录应编制银行存款付款凭证，第二笔分录应编制转账凭证。

8. D　【解析】科目汇总表账务处理程序适用于经济业务较多的单位。

三、多项选择题

1. ABCD 【解析】会计账簿按照用途，可分为序时账簿、分类账簿和备查账簿，其中序时账簿又称为日记账，分类账簿可分为总分类账簿和明细分类账簿。

2. ABD

3. ABD 【解析】选项C，属于自制原始凭证。

4. BCD 【解析】总账与明细账平行登记要点包括：方向相同、期间一致、金额相等。

5. CD 【解析】选项A，中文大写金额数字应用正楷或行书填写，不能用草书书写。选项B，大写金额到元或角为止的，后面要写"整"或"正"字；有分的，不写"整"或"正"字，不是可以不写"整"（或"正"）字。

6. ACD 【解析】差旅费报销单属于专用原始凭证。

7. ABCD

8. AC 【解析】在记账以后，发现记账凭证上应借、应贷的会计科目并无错误，但所填写金额小于应填金额，可采用补充登记法，即用蓝字编写一张调增900元的记账凭证，所以选项C正确。或者采用红字更正法，即用红字填写一张与原内容相同的记账凭证，同时再用蓝字重新填制一张正确的记账凭证，所以选项A正确。

9. BCD

10. ABC 【解析】选项D，记账凭证账务处理程序，适用于规模较小、经济业务量较少的单位。

四、判断题

1. √

2. √

3. × 【解析】科目汇总表账务处理程序下，企业应根据科目汇总表登记总分类账。

4. √

5. √

6. × 【解析】所谓平行登记是指对所发生的每项经济业务，都要以会计凭证为依据，一方面登记有关总分类账户，另一方面又要登记该总分类账户所属的明细分类账户的方法。

考点四　财产的清查

考点详解

财产清查的主要内容见表2-11。

表2-11　财产清查

概念	财产清查是指通过对货币资金、实物资产和往来款项的盘点或核对，确定其实存数，查明**账存数与实存数是否相符**的一种专门方法		
分类	按照清查的范围	（1）**全面清查**（2018年多选题）	年终决算前；单位撤销、分立、合并或改变隶属关系；中外合资、国内联营、股份制改造；开展清产核资；单位主要负责人调离工作等
		（2）局部清查	只对部分财产进行盘点和核对。如流动性大的财产物资（原材料、在产品、产成品）；贵重财产物资；库存现金、银行存款；债权债务等
	按照清查的时间	（1）定期清查	**预先计划安排的时间**
		（2）不定期清查	其清查对象可以是全面清查也可以是局部清查，如更换出纳员时对现金、银行存款所进行的清查；更换仓库保管员时对其所保管的财产所进行的清查等等
	按照清查的执行系统	**可分为内部清查和外部清查**	

续表

方法	库存现金	采用**实地盘点的方法**(2020 年、2019 年多选题)。在进行现金清查时，出纳人员必须在场，在清查过程中，不能用白条抵库，现金盘点后，填制**"库存现金盘点报告表"，该表是重要原始凭证**

	银行存款	银行存款日记账的账簿记录与开户**银行**转来的**对账单**逐笔进行核对(2020 年、2019 年多选题)	
		银行存款日记账与银行对账单不一致的原因： (1)企业或银行**一方或双方在记账过程可能有错误**；(2)**存在未达账项**。未达账项是指企业或银行一方已取得结算凭证并已登记入账，而另一方尚未取得结算凭证而未登记入账的事项	
		银行存款余额调节表(2021 年、2018 年判断题)	只是为了对账
			并不能作为调整银行存款账面余额的记账依据
			调节后的存款余额表示企业可以动用的银行存款数
	实物资产	**实地盘点法**	通过实地清点确定实有数量
		技术推算法(2020 年多选题)	通过技术推算结存数量；适用于堆垛量很大，价值较低，不便逐一清点的财产物资。例如，露天堆放的燃料用煤炭等
		实物清查过程中，**实物保管人员和盘点人员**必须同时在场 盘存单、实存账存对比表是重要原始凭证	
	往来款项	包括应收应付、预收预付，一般采用**发函询证法**核对(2020 年、2019 年、2018 年多选题)	
		发函询证法编制的"往来款项清查报告单"，不是原始凭证	

【**案例**】福喜公司本月末银行存款日记账的余额为 10 000 元，银行存款对账单的余额为 11 000 元。经逐笔核对，发现以下未达账项：

(1)企业收到甲公司转账支票并送存银行 5 000 元，已登记银行存款增加，但银行尚未记账。

(2)企业开出转账支票给即将出差的张三 3 000 元，并已登记银行存款减少，张三尚未到银行办理转账，银行尚未记账。

(3)企业委托银行代收乙公司的购货款 4 000 元，银行已收妥并登记入账，但企业尚未收到收款通知，尚未记账。

(4)银行代企业支付电话费 1 000 元，银行已登记企业银行存款减少，但企业未收到银行付款通知，尚未记账。

请填写银行存款余额调节表。

银行存款余额调节表

单位：元

项目	金额	项目	金额
企业银行存款日记账余额		银行对账单余额	
加：银行已收，企业未收款		加：企业已收，银行未收款	
减：银行已付，企业未付款		减：企业已付，银行未付款	
调节后的存款余额		调节后的存款余额	

【解析】

银行存款余额调节表　　　　　　　　　　　　单位：元

项目	金额	项目	金额
企业银行存款日记账余额	10 000	银行对账单余额	11 000
加：银行已收，企业未收款	(3)4 000	加：企业已收，银行未收款	(1)5 000
减：银行已付，企业未付款	(4)1 000	减：企业已付，银行未付款	(2)3 000
调节后的存款余额	(5)13 000	调节后的存款余额	(6)13 000

(5)13 000=银行日记账余额 10 000+(3)4 000-(4)1 000

(6)13 000=银行对账单余额 11 000+(1)5 000-(2)3 000

【例题1·多选题】 ☆下列各项中，关于财产清查方法的表述正确的有(　　)。

A. 应收账款的清查一般采用发函询证的方法

B. 库存现金的清查一般采用实地盘点的方法

C. 露天堆放煤炭的清查一般采用技术推算的方法

D. 银行存款的清查一般采用与开户行核对账目的方法

答案 ▶ ABCD

【例题2·多选题】 ☆下列各项中，企业必须进行财产全面清查的有(　　)。

A. 股份制改造前

B. 单位改变隶属关系前

C. 单位主要领导人离任交接前

D. 清产核资前

解析 ▶ 除选项 ABCD 所列情况外，需要进行全面清查的情况还包括：(1)年终决算前；(2)在合并、撤销前；(3)中外合资、国内合资前；(4)开展全面的资产评估前等。

答案 ▶ ABCD

【例题3·多选题】 ☆下列各项中，采用发函询证方法进行财产清查的有(　　)。

A. 应收账款　　　B. 预付账款

C. 银行存款　　　D. 存货

解析 ▶ 选项 C，采用与开户银行核对账目的方法。选项 D，采用实地盘点法。

答案 ▶ AB

【例题4·判断题】 在进行库存现金和存货清查时，出纳人员和实物保管人员必须在场。 (　　)

答案 ▶ √

【例题5·判断题】 ☆银行存款日记账应定期与银行对账单进行核对，并且至少每月核对一次。 (　　)

答案 ▶ √

随堂小练 限时10min

一、单项选择题

1. ☆下列各项中，会导致企业银行存款日记账余额大于银行对账单余额的是(　　)。

A. 企业开具支票，对方未到银行兑现

B. 银行误将其他公司的存款计入本企业银行存款账户

C. 银行代收货款，企业尚未接到收款通知

D. 企业收到购货方转账支票一张，送存银行，银行尚未入账

2. 银行存款的清查方法，应采用(　　)。

A. 实地盘点法　　B. 技术分析法

C. 对账单法　　　D. 询证法

二、多项选择题

1. 下列关于全面清查的说法中，正确的

有( )。

A. 年终决算前,为了确保年终决算会计资料真实、正确,需进行一次全面清查

B. 单位撤销、分立、合并或改变隶属关系,需进行全面清查

C. 开展清产核资,需要进行全面清查

D. 单位财务负责人调离工作,需要进行全面清查

2. 对下列资产的清查,应采用实地盘点法的有( )。

A. 库存现金   B. 银行存款

C. 存货   D. 往来款项

三、判断题

1. 编制银行存款余额调节表只是为了核对账目,不能作为调节银行存款日记账账面余额的记账依据。 ( )

2. "实存账存对比表"和"往来款项清查结果报告表"都是财产清查的重要报表,是调整账簿记录的原始凭证。 ( )

3. 技术推算法适用于大量成堆又廉价又笨重,难以逐一清点的物资,如煤炭、砂石、油罐中的油等大宗物资的清查。 ( )

随堂小练参考答案及解析

一、单项选择题

1. D

2. C 【解析】银行存款的清查通常采用对账单法。

二、多项选择题

1. ABC 【解析】选项D,单位主要负责人调离工作,需要进行全面清查,不是财务负责人。

2. AC

三、判断题

1. √

2. × 【解析】"实存账存对比表"是财产清查的重要报表,是调整账簿记录的原始凭证。"往来款项清查结果报告表"不是原始凭证。

3. √

考点五   成本会计与管理会计

考点详解

一、成本会计基础

【案例】棉袜的成本有棉花(直接材料)5万元,车间工人工资(直接人工)3万元,车间房租、机器折旧、水电费(制造费用)10万元,不考虑其他因素,求棉袜的成本。

棉袜的成本=直接材料(料)+直接人工(工)+制造费用(费)=5+3+10=18(万元)

【例题1·多选题】☆下列各项中,应计入产品成本的有( )。

A. 直接材料成本

B. 直接人工成本

C. 生产车间管理人员的工资

D. 与销售机构相关的固定资产修理费用

解析 ▶ 产品成本是指企业在生产产品(包括提供劳务)过程中所发生的材料费用、职工薪酬等,以及不能直接计入而按一定标准分配计入的各种间接费用。即直接材料成本、直接人工成本和制造费用。选项D,计入销售费用。 答案 ▶ ABC

(一)产品成本核算的要求

1. 做好各项相关基础工作

2. 正确划分各种费用支出的界限

成本费用的划分应遵循受益原则。

3. 根据生产特点和管理要求选择适当的方法计算成本

企业常用的产品成本计算方法有品种法、分批法、分步法、分类法、定额法、标准成本法等。

4. 遵守前后一致性原则

5. 编制产品成本报表

【例题2·判断题】 ☆企业应遵循谁受益谁负担、何时受益何时负担、负担费用应与受益程度成正比的原则正确划分各种费用支出的界限。（ ）

答案 ▶√

(二)产品成本核算的一般程序(了解)

(三)产品成本核算对象

1. 成本核算对象的概念

成本核算对象指确定归集和分配生产费用的具体核算对象，即生产费用承担的客体。

2. 成本核算对象的确定

企业根据生产经营特点和管理要求确定成本核算对象。(2019年判断题)

(1)大批大量单步骤生产产品或管理上不要求提供有关生产步骤成本信息的，一般以产品品种为成本核算对象。

(2)小批单件生产产品的，一般以每批或每件产品为成本核算对象。

(3)多步骤连续加工的产品且管理上要求提供有关生产步骤成本信息的，一般以每种产品(或每批产品)及各生产步骤为成本核算对象。

(4)产品规格繁多的，可将产品结构、耗用原材料和工艺过程基本相同的各种产品，适当合并作为成本核算对象。

『提示』 各类企业的成本核算对象

(1)农业企业：按照生物资产的品种、成长期、批别、劳务作业等作为成本核算对象。

(2)批发零售企业：按照商品的品种、批次、订单、类别等作为成本核算对象。

(3)建筑企业：按照订立的单项合同等作为成本核算对象。

(4)房地产企业：按照开发项目、综合开发期数并兼顾产品类型等作为成本核算对象。

(5)采矿企业：按照采掘的产品等作为成本核算对象。

(6)交通运输企业：按照航线、航次；货物、成本责任部门；码头、仓库等作为成本核算对象。

(7)信息传输企业：按照基础电信、电信增值业务等作为成本核算对象。

(8)软件及信息技术服务企业：按照科研课题、单项合同项目、开发项目等作为成本核算对象。

【例题3·多选题】 ☆下列关于确定成本核算对象的表述中，正确的有(   )。

A. 企业根据生产经营特点和管理要求确定成本核算对象

B. 成本核算对象的确定是设立成本明细账，正确计算成本的前提

C. 多步骤连续加工产品，且管理上要求提供生产步骤成本信息的，一般以每种产品及各生产步骤为成本核算对象

D. 小批或单件生产产品，一般以每批或每件产品为成本核算对象

答案 ▶ABCD

(四)产品成本项目

制造企业应当设置如下项目：

(1)直接材料。

(2)燃料及动力。

(3)直接人工。

(4)制造费用。

(五)产品成本的归集和分配

如果企业发生的生产费用，由确定的某一对象负担，则直接计入该产品生产成本；如果由几个对象共同负担，则按照一定方法合理分配计入生产成本。

企业对直接材料采用计划成本、定额成本等类似成本进行日常核算的，期末应将消耗直接材料的计划成本或定额成本等调整为实际成本。

（六）产品成本计算方法（品种法、分批法与分步法）

表2-12　品种法、分批法与分步法的对比

基本方法	核算对象	★★适用范围	特点
品种法	产品品种	大量大批的单步骤生产的企业以及管理上不要求按照生产步骤计算产品成本的多步骤生产 【举例】发电、供水、采掘	（1）一般定期（每月月末）计算产品成本 （2）月末一般无在产品，如果有，要将生产成本在完工产品和在产品之间进行分配
分批法（订单法）	产品批别	单件小批类型的生产 【举例】造船、重型机械、精密仪器、新产品试制、设备修理等	（1）与生产任务通知单紧密配合，产品成本计算不定期 （2）成本计算期与产品生产周期基本一致，月末一般不存在完工产品与在产品之间分配成本的问题
分步法	生产步骤	适用于大量大批的，管理上要求按照生产步骤计算产品成本的多步骤生产 【举例】冶金、纺织、机械制造	（1）月末需要将生产成本在完工产品和在产品之间进行分配 （2）成本计算期是固定的，与产品的生产周期不一致

【例题4·多选题】 ☆下列各项中，关于产品成本计算品种法的表述正确的有（　　）。

A. 适用于生产按流水线组织、但管理上不要求按步骤计算产品成本的企业

B. 适用于单步骤、大量生产产品的企业

C. 以产品品种作为成本核算对象

D. 适用于多步骤、小批生产产品的企业

解析 ▶品种法，是指以产品品种作为成本核算对象，归集和分配生产成本，计算产品成本的一种方法。这种方法适用于单步骤、大量生产的企业。从材料投入到产品产出的全部生产过程都是在一个车间内进行的，或者生产按流水线组织，管理上不要求按照生产步骤计算产品成本，都可以按照品种计算产品成本。　　　　**答案** ▶ABC

【例题5·单选题】 ☆大量大批多步骤生产的产品（要求分步计算成本）通常适用的产品成本计算方法是（　　）。

A. 品种法　　　　B. 分批法

C. 分步法　　　　D. 约当产量比例法

解析 ▶选项A，适用于单步骤、大量生产的企业，如发电、供水、采掘等企业；选项B，适用于单件、小批生产的企业，如造船、重型机器制造、精密仪器制造等，也可用于一般企业中的新产品试制或试验的生产、在建工程以及设备修理作业等；选项D，属于生产费用在完工产品与在产品之间分配的方法。　　　　**答案** ▶C

【例题6·单选题】 ☆下列各项中，适用于单件、小批生产企业的产品成本计算方法是（　　）。

A. 分批法

B. 逐步结转分步法

C. 品种法

D. 平行结转分步法

解析 ▶选项BD，适用于大量大批的多步骤生产；选项C，适用于大量生产。

答案 ▶A

二、管理会计基础

1. 管理会计概念和目标

表2-13　管理会计概念和目标

概念	管理会计是会计的重要分支，主要服务于**单位内部管理需要**，是通过利用相关信息，有机融合财务与业务活动，在单位规划、**决策**、**控制和评价**等方面发挥重要作用的管理活动

目标 （2020年单选题）	通过运用管理会计工具方法，参与单位规划、决策、控制、评价活动并为之提供有用信息，推动单位**实现战略规划**

【例题7·多选题】 ☆下列各项中，不属于企业管理会计目标的有( )。

A. 提供现金流量信息

B. 提供财务状况信息

C. 提供经营成果信息

D. 推动企业实现战略规划

解析 管理会计的目标是通过运用管理会计工具方法，参与单位规划、决策、控制、评价活动并为之提供有用信息，推动单位实现战略规划。选项ABC，属于财务会计目标。

答案 ABC

2. 管理会计指引体系

管理会计指引体系包括基本指引、应用指引和案例库，用以指导单位管理会计实践。

(1)基本指引。管理会计基本指引在管理会计指引体系中起统领作用，是制定应用指引和建设案例库的基础。

(2)管理会计应用指引。在管理会计指引体系中，应用指引居于主体地位，是对单位管理会计工作的具体指导。

(3)管理会计案例库。案例库是对国内外管理会计经验的总结提炼，是对如何运用管理会计应用指引的实例示范。建立管理会计案例库，是管理会计指引体系指导实践的重要内容和有效途径。

【例题8·判断题】 ☆在管理会计指引体系中，管理会计基本指引起统领作用，是制定应用指引和建设案例库的基础。 ( )

答案 √

3. 管理会计要素

应用管理会计要素包含应用环境、管理会计活动、工具方法和信息与报告。

(1)应用环境与管理会计活动。

表2-14 应用环境与管理会计活动的内容与分类

项目		内容
应用环境	是单位应用**管理会计的基础**，包括外部环境和内部环境	
	外部环境	包括国内外经济、市场、法律、行业等因素
	内部环境	主要包括价值创造模式、组织架构、管理模式、资源、信息系统等因素
管理会计活动	是单位管理会计工作的具体开展，是单位利用管理会计信息，运用管理会计工具方法，在规划、决策、控制、评价等方面服务于单位管理需要的相关活动	

【例题9·多选题】 ☆下列各项中，属于管理会计要素的有( )。

A. 应用环境

B. 信息与报告

C. 管理会计工具方法

D. 管理会计活动

解析 单位应用管理会计，应包括应用环境、管理会计活动、工具方法、信息与报告四项管理会计要素。

答案 ABCD

(2)工具方法。管理会计工具方法包括战略地图、滚动预算、作业成本法、本量利分析、平衡计分卡等。

表2-15 管理会计工具方法

项目	内容
战略地图	(1)战略因果关系图； (2)一般包括财务、客户、企业内部业务流程、学习与成长四个维度

续表

项目	内容
滚动预算	依据上期预算执行情况和最新预测结果，对原有预算方案补充调整，逐期滚动持续推进的一种预算编制方法
作业成本法	(1)指以"作业消耗资源、产出消耗作业"为原则，按照资源动因将资源费用追溯或分配至各项作业，计算出作业成本，然后再根据作业动因，将作业成本追溯或分配至各成本对象，最终完成成本计算的过程； (2)主要适用于作业类型较多且作业链较长，同一生产线生产多种产品，企业规模较大且管理层对产品成本准确性要求较高，产品、顾客和生产过程多样化程度较高以及间接或辅助资源费用所占比重较大等情况的企业
本量利分析	(1)指以成本性态分析和变动成本法为基础，运用数学模型和图示，对成本、利润、业务量与单价等因素之间的依存关系进行分析，发现变动的规律性，为企业进行预测、决策、计划和控制等活动提供支持的一种方法。 (2)基本公式为：营业利润＝(单价－单位变动成本)×业务量－固定成本 (3)主要用于企业生产决策、成本决策和定价决策，也可以广泛地用于投融资决策等
平衡计分卡	(1)指基于企业战略地图中四个维度，是一种将企业战略规划目标层层分解为具体、均衡的绩效指标体系，并据此进行绩效管理的方法； (2)适用于战略规划目标明确、管理体系相对完善、管理水平相对较高的企业。其应用对象可以是企业、所属单位(部门)和员工

【例题10·判断题】 ☆作业成本法应以"作业消耗资源、产出消耗作业"为指导原则，计算作业成本。　　　　(　)

答案▶√

(3)信息与报告。

管理会计信息包括管理会计应用过程中财务信息和非财务信息，是管理会计报告的基本元素。

管理会计报告按期间可以分为定期报告和不定期报告，按内容可以分为综合性报告和专项报告等类别。

 随堂小练 限时10min

一、单项选择题

1. ☆下列各项中，企业生产产品耗用的外购半成品费用应归类的成本项目是(　)。
   A. 直接材料
   B. 制造费用
   C. 燃料及动力
   D. 直接人工

2. ☆下列各项中，关于产品成本核算分批法的特点表述正确的是(　)。
   A. 一般不需要在完工产品和在产品之间分配成本
   B. 需要按步骤结转产品成本

   C. 每月需要计算完工产品的成本
   D. 产品成本计算期与产品生产周期完全不一致

二、多项选择题

1. 工业企业设置成本的项目包括(　)。
   A. 直接材料　　　B. 直接人工
   C. 制造费用　　　D. 材料成本

2. ☆下列各项中，关于产品成本计算方法表述正确的有(　)。
   A. 平行结转分步法不计算各步骤所产半成品的成本
   B. 逐步结转分步法需要计算各步骤完工

产品成本和在产品成本

C. 品种法下，月末存在在产品的，应将生产费用在完工产品与在产品之间进行分配

D. 分批法下，批内产品同时完工的，月末不需将生产费用在完工产品与在产品之间分配

3. ☆下列各项中，关于品种法的表述正确的有（　）。

A. 成本核算对象是产品品种

B. 成本计算期与产品生产周期基本一致

C. 单步骤大量生产的企业适宜采用品种法核算产品成本

D. 期末在产品数量较多时，要将生产成本在完工产品和在产品之间进行分配

三、判断题

1. ☆企业进行成本核算时，应根据生产经营

特点和管理要求来确定成本核算对象。
（　）

2. ☆发电、供水、采掘等单步骤大量生产的企业宜采用品种法计算产品成本。（　）

3. ☆分步法分为逐步结转分步法和平行结转分步法，采用平行结转分步法不需要进行成本还原。（　）

4. ☆产品成本计算的品种法主要适用于大量大批单步骤生产或管理上不要求提供有关生产步骤成本信息的多步骤生产。（　）

5. ☆采用分批法时，成本计算期与产品生产周期基本一致，但与财务报告期不一致。
（　）

6. ☆管理会计指引体系包括基本指引、应用指引和案例库。（　）

随堂小练参考答案及解析

一、单项选择题

1. A 【解析】直接材料指构成产品实体的原材料以及有助于产品形成的主要材料和辅助材料。包括原材料、辅助材料、备品配件、外购半成品、包装物、低值易耗品等费用。

2. A 【解析】选项B，分步法下才需按步骤结转产品成本；选项C，由于成本计算期与产品的生产周期基本一致，在计算月末在产品成本时，一般不存在在完工产品和在产品之间分配成本的问题；选项D，分批法下，成本计算期与产品的生产周期基本一致。

二、多项选择题

1. ABC 【解析】工业企业设置成本的项目包括：直接材料、燃料及动力、直接人工

和制造费用。

2. ABCD

3. ACD 【解析】选项B，属于分批法的特点。

三、判断题

1. √ 【解析】由于产品工艺、生产方式、成本管理等要求不同，产品项目不等同于成本核算对象。企业应当根据生产经营特点和管理要求来确定成本核算对象。

2. √

3. √ 【解析】平行结转分步法不必逐步结转半成品成本，不必进行成本还原，能够简化和加速成本计算工作。

4. √

5. √

6. √

考点六　政府会计

考点详解

一、政府会计标准体系

表 2-16　政府会计标准体系的内容

项目	内容
政府会计基本准则	规范政府会计目标、会计主体、信息质量要求、会计要素定义、确认和计量原则、列报要求等原则事项
	对具体准则和制度的制定起指导作用
具体准则和应用指南	具体准则依据基本准则制定，用于规范政府发生的经济业务或事项的会计处理原则，详细规定各会计要素变动的确认、计量、记录和报告
	应用指南是对具体准则的实际应用作出的操作性规定
政府会计制度	依据基本准则制定，规定了政府会计科目及账务处理、报表体系及编制说明等

二、政府会计核算特点

表 2-17　政府会计核算特点

项目	预算会计	财务会计
双功能	预算会计功能：反应和监督预算收支执行情况	财务会计功能：反映和监督政府会计主体财务状况、运行情况和现金流量等
双基础	收付实现制	权责发生制
双要素	预算收入、预算支出、预算结余	资产、负债、净资产、收入和费用
双报告	政府决算报告，采用预算会计核算	政府财务报告，采用财务会计核算

【例题 1·多选题】☆下列关于政府会计核算模式的表述中，正确的有(　　)。

A. 政府会计由预算会计和财务会计构成

B. 预算会计实行收付实现制，国务院另有规定的，从其规定

C. 政府会计主体应当编制决算报告和财务报告

D. 政府会计主体应当编制预算报告和财务报告

解析 ▶▶ 选项 D，政府会计主体应当编制决算报告和财务报告。　　　　答案 ▶▶ ABC

三、政府会计要素

(一)政府预算会计要素（2021 年、2018 年单选题）

表 2-18　政府预算会计要素

项目	内容
预算收入	(1)指政府会计主体在预算年度内依法取得的并纳入预算管理的现金流入 (2)预算收入一般在实际收到时予以确认，以实际收到的金额计量
预算支出	(1)指政府会计主体在预算年度内依法发生纳入预算管理的现金流出 (2)预算支出一般在实际支付时予以确认，以实际支付的金额计量
预算结余	指政府会计主体预算年度内预算收入扣除预算支出后的资金余额以及历年滚存的资金余额
	预算结余＝预算收入－预算支出＋历年滚存的资金余额
	包括结余资金和结转资金

【例题 2·多选题】☆下列各项中，属于政府预算会计要素的有(   )。

A. 预算收入　　　　B. 预算支出　　　　C. 预算结余　　　　D. 净利润

解析 ▶ 政府预算会计要素包括：预算收入、预算支出和预算结余。　　　　答案 ▶ ABC

(二)政府财务会计要素

1. 资产

表 2-19　资产

项目	内容	
定义	资产是指政府会计主体过去的经济业务或者事项形成的，由政府会计主体控制的，预期能够产生服务潜力或者带来经济利益流入的经济资源	
分类	流动资产	预计在 1 年内(含 1 年)耗用或者可以变现的资产，包括货币资金、短期投资、应收及预付款项、存货等
	非流动资产	包括固定资产、在建工程、无形资产、长期投资、公共基础设施、政府储备资产、文物文化资产、保障性住房和自然资源资产等
		「提示」预算会计不做固定资产折旧的会计处理
确认条件	与该经济资源相关的服务潜力很可能实现或者经济利益很可能流入政府会计主体	
	该经济资源的成本或者价值能够很可靠地计量	
计量属性	历史成本、重置成本、现值、公允价值和名义金额(人民币 1 元)	

【例题 3·多选题】☆下列各项中，属于政府资产计量属性的有(   )。

A. 重置成本　　　　　　　　　　　　　B. 公允价值

C. 现值　　　　　　　　　　　　　　　D. 历史成本

解析 ▶ 政府资产计量属性主要有历史成本、重置成本、现值、公允价值和名义金额。

答案 ▶ ABCD

2. 负债和净资产

表 2-20 负债和净资产

项目			内容
负债	定义		是指政府会计主体过去的经济业务或者事项形成的,预期会导致经济资源流出政府会计主体的现时义务
	分类	流动负债	预计≤1年偿还的负债,如应付及预收款项、应缴款项等
		非流动负债	包括应付长期政府债券和长期借款等
	确认条件		履行该义务很可能导致含有服务潜力或者经济利益的经济资源流出政府会计主体
			该义务的金额能够可靠地计量
	计量属性		主要有历史成本、现值和公允价值
净资产			是指政府会计主体资产扣除负债后的净额,其金额取决于资产和负债的计量

【例题4·多选题】 ☆下列各项中,属于政府举借的债务的有( )。

A. 向上级政府借入的转贷款

B. 向外国政府贷款担保形成的预计负债

C. 向国际经济组织借入的款项

D. 政府发行的债券

解析 ▶政府举借的债务包括政府发行的政府债券(选项D),向外国政府、国际经济组织等借入的款项(选项C),以及向上级政府借入转贷资金形成的借入转贷款(选项A)。

答案 ▶ACD

【例题5·判断题】 ☆政府会计主体的负债分为偿还时间与金额基本确定的负债和由或有事项形成的预计负债。 ( )

答案 ▶√

3. 收入和费用

表 2-21 收入和费用

项目		内容
收入	定义	是指报告期内导致政府会计主体净资产增加的、含有服务潜力或者经济利益的经济资源流入
	确认条件	与收入相关的含有服务潜力或者经济利益的经济资源很可能流入政府会计主体
		含有服务潜力或者经济利益的经济资源流入导致政府会计主体资产增加或者负债减少
		流入金额能够可靠地计量
费用	定义	是指报告期内导致政府会计主体净资产减少的、含有服务潜力或者经济利益的经济资源的流出
	确认条件	与费用相关的含有服务潜力或者经济利益的经济资源很可能流出政府会计主体
		含有服务潜力或者经济利益的经济资源流出导致政府会计主体资产减少或者负债增加
		流出金额能够可靠地计量

【例题6·多选题】 ☆下列各项中,属于政府财务会计要素的有( )。

A. 预算支出   B. 收入   C. 资产   D. 负债

解析 ▶政府财务会计要素包括:资产、负债、净资产、收入和费用。选项A,属于政府预算会计要素。

答案 ▶BCD

四、政府会计核算模式

由预算会计和财务会计构成，两者适度分离并相互详解，反映政府会计主体预算信息和财务信息。

【案例】某事业单位在核算国库集中支付授权支付业务时，2022年1月1日根据经过批准的部门预算和用款计划，向财政部门申请了6万元财政授权支付用款额度，2月25日，收到代理银行盖章的"授权支付到账通知书"。3月1日，购入办公设备一台，实际成本为6万元。折旧年限为5年，采用年限平均法核算。不考虑其他因素，该业务账务处理如下：

（1）2月25日收到"授权支付到账通知书"时：

① 在预算会计中

借：资金结存—零余额账户用款额度 6

贷：财政拨款预算收入 6

② 同时在财务会计中

借：零余额账户用款额度 6

贷：财政拨款收入 6

（2）3月1日按规定支用额度时，按照实际支用的额度：

① 在预算会计中

借：事业支出 6

贷：资金结存—零余额账户用款额度 6

② 同时在财务会计中

借：固定资产 6

贷：零余额账户用款额度 6

（3）月末，计提固定资产折旧时：

借：业务活动费用 [6/5/12] 0.1

贷：固定资产累计折旧 0.1

随堂小练 限时5min

一、单项选择题

1. ☆下列关于政府会计核算的表述中，不正确的是（　　）。

A. 政府会计应当实现财务会计与预算会计双重功能

B. 财务会计核算实行收付实现制，预算会计核算实行权责发生制

C. 单位对于纳入年度部门预算管理的现金收支业务，在采用财务会计核算的同时应当进行预算会计核算

D. 财务会计要素包括资产、负债、净资产、收入和费用，预算会计要素包括预算收入、预算支出和预算结余

2. ☆下列各项中，属于事业单位非流动负债的是（　　）。

A. 预收账款　　　B. 应缴财政款

C. 短期借款　　　D. 长期应付款

二、多项选择题

☆下列各项中，不属于政府预算会计要素的有（　　）。

A. 净资产　　　B. 预算结余

C. 所有者权益　　　D. 利润

三、判断题

☆事业单位预算安排项目的支出年末尚未执行完毕，且下年需要按原用途使用的资金不属于预算结余要素的内容。（　　）

随堂小练参考答案及解析

一、单项选择题

1. B 【解析】选项B，财务会计核算实行权责发生制；预算会计核算实行收付实现制，国务院另有规定的，从其规定。

2. D 【解析】选项ABC，属于事业单位流动负债。

二、多项选择题

ACD 【解析】政府预算会计要素包括预算收入、预算支出与预算结余。

三、判断题

× 【解析】预算结余包括结余资金和结转资金。其中结转资金是指预算安排项目的支出年终尚未执行完毕或者因故未执行，且下年需要按原用途继续使用的资金。

同步训练 限时60分钟　扫我做试题

一、单项选择题

1. ☆下列各项中，导致企业资产与负债同时减少的是(　　)。
   A. 接受投资者投入机器设备
   B. 以银行存款购买原材料
   C. 从银行提取现金
   D. 以银行存款偿还银行借款

2. ☆下列各项中，会导致资产总额发生变动的是(　　)。
   A. 以资本公积转增股本
   B. 从银行提取现金
   C. 宣告分配现金股利
   D. 从银行借入短期借款

3. ☆将无力支付的商业承兑汇票转为企业的应付账款，对会计等式的影响是(　　)。
   A. 一项资产减少，一项负债减少
   B. 一项负债减少，一项所有者权益减少
   C. 一项资产增加，一项负债增加
   D. 一项负债增加，一项负债减少

4. 反映企业经营成果的会计要素，也称为动态会计要素，构成利润表的基本框架。下列不属于动态会计要素的是(　　)。
   A. 收入　　　　　B. 成本
   C. 费用　　　　　D. 利润

5. 某企业生产电脑，已经生产的半成品账面价值为4 000元，预计进一步加工需要投入800元，对外销售需要发生相关税费400元，经过调查发现该电脑市场售价为5 000元。则该半成品的历史成本和可变现净值分别是(　　)。
   A. 3 800元；4 000元
   B. 4 000元；3 800元
   C. 4 600元；4 000元
   D. 4 200元；3 800元

6. 负债类账户的期末余额一般(　　)。
   A. 在借方
   B. 在贷方
   C. 在借方，也可以在贷方
   D. 为零

7. 下列不属于总账科目的是(　　)。

　　A. 原材料　　　　B. 甲材料

　　C. 应付账款　　　D. 应收账款

8. "所有者权益"类账户的本期增加额和期末余额应登记在该账户的(　　)。

　　A. 借方　　　　　B. 贷方

　　C. 借方和贷方　　D. 贷方和借方

9. 资产类账户的借方一般登记(　　)。

　　A. 本期增加发生额

　　B. 本期减少发生额

　　C. 本期增加或减少发生额

　　D. 以上都对

10. 下列各项中, 不属于原始凭证的基本内容的是(　　)。

　　A. 接受凭证单位的全称

　　B. 交易或事项的内容、数量、单价和金额

　　C. 经办人员签名或盖章

　　D. 应记会计科目名称和记账方向

11. 企业销售货物收到价款 5 000 元, 这笔经济业务应编制的记账凭证是(　　)。

　　A. 收款凭证　　　B. 付款凭证

　　C. 转账凭证　　　D. 以上均可

12. 某公司出纳小李将公司现金交存开户银行, 应编制(　　)。

　　A. 现金收款凭证

　　B. 现金付款凭证

　　C. 银行收款凭证

　　D. 银行付款凭证

13. 账簿的格式繁多, 下列不属于账簿应具备的基本内容的是(　　)。

　　A. 封面　　　　　B. 账夹

　　C. 扉页　　　　　D. 账页

14. 会计人员在审核记账凭证时, 发现误将 5 000 元写成 500 元, 尚未入账, 应当采用(　　)。

　　A. 重新填制　　　B. 红字更正法

　　C. 补充登记法　　D. 冲销法

15. 记账后发现记账凭证填写的会计科目无误, 只是所登记的金额大于应记金额,

应采用的错账更正方法为(　　)。

　　A. 涂改法　　　　B. 划线更正法

　　C. 红字更正法　　D. 补充登记法

16. 下列关于品种法的表述中, 不正确的是(　　)。

　　A. 适用于大量大批、多步骤且要求分步计算产品成本的企业

　　B. 一般定期计算产品成本

　　C. 适用于单步骤、大量生产的企业

　　D. 如果只生产一种产品, 则不需要在成本计算对象之间分配间接费用

17. ☆下列各项中, 不属于政府会计流动负债的是(　　)。

　　A. 应付短期政府债券

　　B. 应付及预收款项

　　C. 短期借款

　　D. 应付长期政府债券

18. ☆下列各项中, 属于事业单位资产类科目的是(　　)。

　　A. 本期盈余

　　B. 财政拨款结余

　　C. 零余额账户用款额度

　　D. 应缴财政款

二、多项选择题

1. ☆在下列账户中, 需要采用数量金额式账簿进行明细登记的是(　　)。

　　A. 应收账款　　　B. 生产成本

　　C. 库存商品　　　D. 原材料

2. ☆下列各项中, 引起企业资产和负债要素同时发生增减变动的经济业务有(　　)。

　　A. 收到股东投资款

　　B. 以盈余公积转增股本

　　C. 从银行借入短期借款

　　D. 以银行存款归还前欠货款

3. 关于等式"收入－费用＝利润"的表述中不正确的有(　　)。

　　A. 这一会计等式可称为第二会计等式, 是资金运动的静态表现

　　B. 收入大于费用则表示产生了利润, 两

者的差额即为利润额

C. 收入小于费用则表示发生了亏损，两者的差额即为亏损额

D. 体现了企业某一时点的经营成果，是编制利润表的依据

4. ☆下列各项中，属于企业流动负债的有( )。

　　A. 应收客户的购货金

　　B. 本期从银行借入的三年期借款

　　C. 赊购材料应支付的货款

　　D. 销售应税消费品应交纳的消费税

5. 本期增加发生额和本期减少发生额是记在账户的左方还是右方，账户的余额反映在左方还是右方，取决于( )。

　　A. 记账符号　　　　B. 账户性质

　　C. 记账规则　　　　D. 经济内容性质

6. 会计科目按照其反映的经济内容不同，可分为资产类、负债类和所有者权益类，以及( )。

　　A. 收入类　　　　　B. 成本类

　　C. 损益类　　　　　D. 共同类

7. 下列项目中，构成会计分录要素的有( )。

　　A. 借贷方向　　　　B. 科目名称

　　C. 经济业务内容　　D. 金额

8. 关于损益类账户的表述中，正确的有( )。

　　A. 损益类账户反映企业发生的收入和成本

　　B. 损益收入类账户结构类似所有者权益类账户

　　C. 损益支出类账户借方登记费用的减少数

　　D. 无论损益收入类账户，还是损益支出类账户，期末结转后，账户一般无余额

9. 以下关于活页账的表述，正确的有( )。

　　A. 它是指把若干张零散的账页，根据业务需要，自行组合成的账簿

　　B. 账簿的页数不固定，使用前不加装订，可以根据实际需要，随时将空白账页加入账簿

C. 在更换新账后，不需要装订成册或予以封扎

D. 活页式账簿主要适用于各种明细账

10. ☆下列各项中，属于账账核对内容的有( )。

　　A. 总分类账簿与所辖明细分类账簿之间的核对

　　B. 有关债权债务明细账账面余额与对方单位的账面记录核对是否相符

　　C. 总分类账簿与序时账簿之间的核对

　　D. 银行存款日记账账面余额与银行对账单的余额定期核对是否相符

11. ☆下列各项中，关于科目汇总表账务处理程序表述正确的有( )。

　　A. 该账务处理程序不利于单位对账目进行检查

　　B. 该账务处理程序可减轻单位登记总分类账的工作量

　　C. 该账务处理程序下单位应根据记账凭证直接登记总分类账

　　D. 该账务处理程序通常适用于经济业务较多的单位

12. 能够起到简化登记总分类账工作的账务处理程序有( )。

　　A. 汇总记账凭证账务处理程序

　　B. 记账凭证账务处理程序

　　C. 科目汇总表账务处理程序

　　D. 日记账账务处理程序

13. 在付款凭证左上方的"贷方科目"可能填列的会计科目有( )。

　　A. 库存现金　　　B. 银行存款

　　C. 应付账款　　　D. 应收账款

14. 记账凭证的基本内容包括( )。

　　A. 经济业务事项所涉及的会计科目

　　B. 凭证编号

　　C. 所附原始凭证的张数

　　D. 填制凭证的日期

15. 下列关于记账凭证的填制要求说法正确的有( )。

　　A. 凭证应由主管该项业务的会计人员，

按业务发生顺序并按不同种类的记账凭证连续编号。如果一笔经济业务，需要填列多张记账凭证，可采用"分数编号法"

B. 反映付款业务的会计凭证可以由会计编号，也可以由出纳编号

C. 记账凭证可以根据每一张原始凭证填制

D. 记账凭证可以根据若干张同类原始凭证汇总编制，也可以根据原始凭证汇总表填制

16. 以下关于财产清查分类的表述正确的有( )。

A. 按清查的范围分为全面清查和局部清查

B. 按清查的时间分为全面清查和局部清查

C. 按清查的范围分为定期清查和不定期清查

D. 按清查的时间分为定期清查和不定期清查

17. 局部清查一般包括( )。

A. 对于现金应由出纳员在每日业务终了时点清，做到日清月结

B. 对于银行存款和其他货币资金，应由出纳员每月同银行核对一次

C. 对于债权债务，应在年度内至少核对一次至两次，有问题应及时核对，及时解决

D. 对于材料、在产品和产成品除年度清查外，应有计划地每月重点抽查，对于贵重的财产物资，应每月清查盘点一次

18. 编制银行存款余额调节表时，下列未达账项中，会导致企业银行存款日记账的账面余额小于银行对账单余额的有( )。

A. 企业开出支票，银行尚未支付

B. 企业送存支票，银行尚未入账

C. 银行代收款项，企业尚未接到收款通知

D. 银行代付款项，企业尚未接到付款通知

19. 下列各项中，属于管理会计工具方法的有( )。

A. 战略地图　　　B. 本量利分析

C. 平衡计分卡　　D. 作业成本法

20. ☆下列应计入产品成本的有( )。

A. 直接材料

B. 直接燃料

C. 直接动力

D. 生产车间管理人员的工资

21. 下列关于政府会计的说法正确的有( )。

A. 财务会计要素包括资产、负债、净资产、收入、支出

B. 预算会计要素包括预算收入、预算支出、预算结余

C. 政府会计主体对资产计量时，一般采用历史成本

D. 财务会计核算基础为权责发生制

三、判断题

1. ☆某企业将一项符合负债定义的现时义务确认为负债，要满足两个条件，与该义务有关的经济利益很可能流出企业和未来企业流出的经济利益的金额能够可靠计量。　( )

2. 费用是指企业在日常活动中发生的、会导致所有者权益增加的、与向所有者分配利润无关的经济利益的总流出。　( )

3. 借贷记账法的记账规则是"有借必有贷，借贷必相等"。　( )

4. "税金及附加"账户属于成本类账户。 ( )

5. ☆在结账前发现账簿记录有文字或数字错误，但记账凭证没有错误，会计人员应采用红字更正法进行更正处理。　( )

6. ☆库存现金账应该分别设置库存现金总账和库存现金日记账，并分别核算总账和现金日记账。　( )

7. ☆账簿记录发生错误时，会计人员应用刮擦、挖补的方式更改错误记录。　( )

8. 在一定时期内连续记录若干项同类经济业务且多次有效的会计凭证是汇总凭证。
　( )

9. 一次凭证是指一次填制完成的，可以记录多笔经济业务的原始凭证。一次凭证是一

次有效的凭证，是在经济业务发生或者完成时，由经办人员填制的。（　）

10. 银行存款付款凭证是根据银行存款付出业务的原始凭证编制的付款凭证，如现金支票、银行进账通知单。（　）

11. 记账凭证账务处理程序、汇总记账凭证账务处理程序、科目汇总表账务处理程序的不同之处在于登记总账的依据和方法不同。（　）

12. 三栏式账簿是指采用借方、贷方、余额三个主要栏目的账簿。一般适用于总分类账、现金日记账、银行存款日记账以及所有的明细账。（　）

13. 订本账一般适用于总分类账、现金日记账、银行存款日记账。（　）

14. 按经济业务发生的时间先后顺序，逐日逐笔进行登记的账簿是明细分类账。（　）

15. 财产清查时应本着先认定质量，后清查数量、核对有关账簿记录等的原则进行。（　）

16. 在各种实物的清查过程中，实物保管人员必须在场，参加盘点，但不宜单独承揽财产清查工作。（　）

17. 政府财务报告的编制主要以收付实现制为基础，以预算会计核算生成的数据为准。（　）

📋 同步训练参考答案及解析

一、单项选择题

1. D 【解析】选项 A，接受投资者投入机器设备，资产和所有者权益同时增加。选项 B，以银行存款购买原材料，资产内部一增一减。选项 C，从银行提取现金，资产内部一增一减。

2. D 【解析】选项 A，以资本公积转增股本，不涉及资产科目，不会导致资产总额发生变动。选项 B，从银行提取现金，资产内部一增一减，不会导致资产总额发生变动。选项 C，宣告分配现金股利：
借：利润分配—应付现金股利或利润
　　贷：应付股利
不涉及资产科目，不会导致资产总额发生变动。选项 D，**从银行借入短期借款，资产增加，负债增加**，所以会导致资产总额发生变动。

3. D 【解析】应付票据和应付账款均为企业的负债，所以为一项负债的增加、一项负债的减少。

4. B 【解析】"收入－费用＝利润"等式中的三要素都属于动态会计要素。

5. B 【解析】该半成品的历史成本＝4 000

（元），也就是实际发生的成本；可变现净值＝5 000－800－400＝3 800（元）。

6. B

7. B 【解析】甲材料不是总账科目，可以在原材料科目下设甲材料明细科目。

8. B 【解析】所有者权益类账户的贷方表示增加、借方表示减少，期初期末余额均在贷方。

9. A

10. D 【解析】应记会计科目名称和记账方向是记账凭证的基本内容。

11. A 【解析】该经济业务的会计分录为：
借：银行存款　　　　　　　　5 000
　　贷：主营业务收入　　　　　　5 000
收到银行存款，所以填收款凭证。

12. B 【解析】为了避免重复记账，对于涉及**现金和银行存款之间相互划转**的经济业务，即从银行提取现金或把现金存入银行的经济业务，**统一只编制付款凭证**，不编收款凭证。该业务是将现金存入银行，因此只编制现金付款凭证，不编制银行存款收款凭证。

13. B 【解析】会计账簿的基本内容包括封面、扉页和账页。

14. A 【解析】会计人员在审核记账凭证时，发现错误，尚未入账，只需重新填制，不需用其他方法更正。

15. C 【解析】红字更正法通常适用于两种情况：一是记账后在当年内发现记账凭证所记的会计科目错误；二是记账凭证会计科目无误而所记金额大于应记金额，从而引起记账错误。本题属于第二种情况，应采用红字更正法进行更正。

16. A 【解析】选项 A，描述的是分步法；选项 B，品种法下，一般定期(每月月末)计算产品成本；选项 C，品种法适用于单步骤、大量生产的企业，或者生产按流水线组织的，管理上不要求按照生产步骤计算产品成本的多步骤生产；选项 D，品种法下，如果企业只生产一种产品，全部生产费用都是直接费用，可直接记入该产品成本明细账的有关成本项目中，不存在各成本对象之间分配间接费用的问题。

17. D 【解析】政府会计主体的负债按照流动性，分为流动负债和非流动负债。流动负债是指预计在 1 年内(含 1 年)偿还的负债，包括短期借款(选项 C)、应付短期政府债券(选项 A)、应付及预收款项(选项 B)、应缴款项等。非流动负债是指流动负债以外的负债，包括长期借款、长期应付款、应付长期政府债券(选项 D)等。

18. C 【解析】选项 A，属于净资产类科目；选项 B，属于预算结余类科目；选项 D，属于负债类科目。

二、多项选择题

1. CD 【解析】选项 A，一般采用三栏式账簿；选项 B，一般采用多栏式账簿。

2. CD 【解析】选项 A，资产增加，所有者权益增加；选项 B，所有者权益内部一增一减；选项 C，资产增加，负债增加；选项 D，资产减少，负债减少。

3. AD 【解析】这一会计等式可称为第二会计等式，是资金运动的动态表现，体现了企业一定时期内的经营成果，是编制利润表的依据。

4. CD 【解析】选项 A，通过"应收账款"科目核算，属于企业流动资产；选项 B，通过"长期借款"科目核算，属于企业非流动负债；选项 C，通过"应付账款"科目核算，属于企业流动负债；选项 D，通过"应交税费"科目核算，属于企业流动负债。

5. BD 【解析】"借"表示增加，还是"贷"表示增加，取决于账户的性质与所记录经济内容的性质。

6. BCD 【解析】会计科目按其反映的经济内容不同，可分为资产类科目、负债类科目、共同类科目、所有者权益类科目、成本类科目和损益类科目。

7. ABD

8. BD 【解析】选项 A，损益类账户反映企业发生的收入和费用，不是成本；选项 C，损益支出类账户借方记费用的增加数。

9. ABD 【解析】选项 C，活页账在更换新账后，要装订成册或予以封扎，并妥善保管。

10. AC 【解析】账账核对包括总分类账簿之间的核对、总分类账簿与所辖明细分类账簿之间的核对(选项 A)、总分类账簿与序时账簿之间的核对(选项 C)、明细分类账簿之间的核对。选项 BD，属于账实核对。

11. ABD 【解析】选项 C，根据科目汇总表登记总分类账。

12. AC

13. AB

14. ABCD

15. ACD 【解析】选项 B，为了便于监督，反映付款业务的会计凭证不得由出纳人员编号。

16. AD 【解析】财产清查可以按不同的标准进行分类，主要有以下两种：按清查

的范围分为全面清查和局部清查，按清
查的时间分为定期清查和不定期清查。

17. ABCD

18. AC 【解析】选项 BD 是银行存款日记账
的账面余额大于银行对账单余额的情形。

19. ABCD

20. ABCD 【解析】产品成本是企业在生产
产品过程中所发生的材料费用、职工薪
酬等，以及按一定标准分配后计入的各
种间接费用。选项 ABC，属于直接产品
成本；选项 D，属于间接费用。

21. BCD 【解析】财务会计要素包括资产、
负债、净资产、收入、费用。

三、判断题

1. √

2. × 【解析】费用会导致所有者权益减少。

3. √

4. × 【解析】"税金及附加"账户属于损益
类账户。

5. × 【解析】在结账前发现账簿记录有文字
或数字错误，而记账凭证没有错误，应当
采用划线更正法。

6. √

7. × 【解析】账簿记录发生错误时，不得刮
擦、挖补或用褪色药水更改字迹，而应采
用规定的方法更正。

8. × 【解析】累计凭证是指一定时期内连续
记录若干项经济业务且多次有效的自制原
始凭证，如限额领料单。

9. × 【解析】一次凭证是指一次填制完成
的，只记录一笔经济业务的原始凭证。

10. × 【解析】银行进账通知单属于银行存
款收款凭证。

11. √

12. × 【解析】三栏式账簿一般适用于各种日
记账、总账以及资本、债权、债务明细账。

13. √

14. × 【解析】按经济业务发生的时间先后顺
序，逐日逐笔进行登记的账簿是日记账。

15. × 【解析】财产清查的原则是先清查数
量、核对有关账簿记录等，后认定质量。

16. √

17. × 【解析】政府财务报告的编制以权责
发生制为基础，以财务会计核算生成的
数据为准。

第三章　流动资产

📝 历年考情概况

"良好的开端是成功的一半"，本章是《初级会计实务》中重要的一章，作为考生小伙伴的你一定要啃掉本章，方能到达成功的彼岸。本章考试题型覆盖了单选题、多选题、判断题、不定项选择题在内的全部题型。预计 2022 年考试在 15 分左右。

📈 近年考点直击

考点	主要考查题型	考频指数	考查角度
货币资金的核算	单选题、判断题	★★	(1)库存现金短缺的处理；(2)其他货币资金内容
交易性金融资产的核算	单选题、不定项选择题	★★★	交易性金融资产取得、持有和出售的会计处理
应收及预付款项的核算	单选题、多选题、判断题	★★★	(1)取得应收票据；(2)其他应收款的核算内容等；(3)坏账准备金额的会计处理
存货的核算	单选题、多选题、判断题、不定项选择题	★★★	(1)存货成本的确定和发出方法；(2)原材料的会计处理；(3)包装物的会计处理；(4)存货减值的会计处理；(5)委托加工物资的核算；(6)存货清查的会计处理

📋 2022 年考试变化

本章变动较大，由原来的资产章节拆分而来。新增了小企业短期投资的核算、消耗性生物资产的核算和直接转销法下坏账损失的确认等内容。

【案例导入】

以下项目是资产吗？如果是，属于哪个科目？记入资产负债表的哪个项目？

序号	项目	科目	资产负债表项目
1	现金		
2	存在银行的钱		
3	银行汇票		
4	应收的货款		
5	银行承兑汇票		
6	某个人		
7	房屋(自用)		
8	土地使用权(自用)		

续表

序号	项目	科目	资产负债表项目
9	车（自用）		
	车（4S店销售）		
10	以赚取差价为目的的股票、债券		

【解析】

序号	项目	科目	资产负债表项目
1	现金	库存现金	货币资金
2	存在银行的钱	银行存款	货币资金
3	银行汇票	其他货币资金	货币资金
4	应收的货款	应收账款	应收账款
5	银行承兑汇票	应收票据	应收票据
6	某个人	不属于会计科目	不属于资产负债表项目
7	房屋（自用）	固定资产	固定资产
8	土地使用权（自用）	无形资产	无形资产
9	车（自用）	固定资产	固定资产
	车（4S店销售）	库存商品	存货
10	以赚取差价为目的的股票、债券	交易性金融资产	交易性金融资产

考点一　货币资金的核算

考点详解

一、资产概述

『链接』请牢记资产负债表（简表）。

资产负债表（简表）

2022年5月31日

图3-1　资产负债表（简表）

资产是指企业过去的交易或者事项形成的、由企业拥有或者控制的、预期会给企业带来经济利益的资源。

【例题1·多选题】 ☆下列各项中，应在资产负债表流动资产项目中列报的是( )。

A. 其他应收款　　B. 应收票据

C. 预付款项　　D. 无形资产

解析 ▶ 选项ABC，属于流动资产。

答案 ▶ ABC

二、库存现金

(一)管理制度

现金限额一般按照单位**3天到5天**日常零星开支金额确定，交通不便地区可按多于5天，但**不得超过15天**的日常零星开支的金额确定。

现金支付不得从本单位的现金收入中直接支付，即**不得"坐支"**现金。"坐支"的意思是企业收进现金直接支付，没有通过银行存取的环节，这是法律法规不允许的。

【例题2·判断题】 ☆企业发生经济业务需要支付现金时，可以从本单位的现金收入中直接支付。 ( )

答案 ▶ ✕

(二)核算

月末做到账账相符，即库存现金日记账的余额与库存现金总账的余额核对，二者应账账相符。

(三)清查 ★★★

通过"待处理财产损溢"科目核算现金短缺或溢余。

1. 现金短缺

【案例1】 昨日下班，公司出纳小Q盘点现金，发现保险柜现金为5 800元，比现金日记账余额少200元。小Q报告领导吴总审批，吴总批示：出纳赔偿100元，公司承担

100元。会计分录如下：

(1)审批前：

借：待处理财产损溢　　　　200

　　贷：库存现金　　　　　　　200

(2)审批后：

借：其他应收款[责任人赔偿或保险公司赔偿]　　　　100

　　管理费用[无法查明的其他原因]　　　　　　　　100

　　贷：待处理财产损溢　　　200

2. 现金溢余

【案例2】 今日下班，公司出纳小Q盘点现金，发现保险柜现金为6 000元，比现金日记账余额多200元。小Q报告领导吴总审批，吴总要求其查明原因，后来查明其中100元应付而未付给张三，另100元无法查明原因。会计分录如下：

(1)审批前：

借：库存现金　　　　　　　200

　　贷：待处理财产损溢　　　200

(2)审批后：

借：待处理财产损溢　　　　200

　　贷：其他应付款[应支付给有关单位或人员]　　　　100

　　营业外收入[无法查明原因]　　　　　　　　　100

【例题3·单选题】 下列各项中，关于企业无法查明原因的现金短缺和现金溢余，经批准后分别记入的会计科目是( )。

A. 借方"其他应收款"和贷方"管理费用"

B. 借方"管理费用"和贷方"管理费用"

C. 借方"营业外支出"和贷方"营业外收入"

D. 借方"管理费用"和贷方"营业外收入"

解析 ▶ 现金盘亏盘盈审批前和审批后账务处理见下表：

清查	盘亏	盘盈
审批前	借：待处理财产损溢 　贷：库存现金	借：库存现金 　贷：待处理财产损溢

续表

清查	盘亏	盘盈
审批后	借：其他应收款[有人赔] 　　管理费用[无法查明原因] 　　贷：待处理财产损溢	借：待处理财产损溢 　　贷：其他应付款[支付他人] 　　　　营业外收入[无法查明原因]

『提示』请牢记上表，属于每年的必考考点。

答案 ▶ D

三、银行存款

月末企业要核对银行存款日记账余额和银行存款对账单的余额：如果两者一致，一般情况下说明二者账实相符；如果两者不一致，编制"银行存款余额调节表"。银行存款余额调节表不能作为调整银行存款账面余额的记账依据。

四、其他货币资金

(一)概述

1. 内容

在企业经营中，有些货币资金的存款地点、用途等与库存现金和银行存款不同，如**外埠存款、银行汇票存款、银行本票存款、信用卡存款、信用证保证金存款、存出投资款**等，企业应将其作为其他货币资金核算。

『速记』记住 6 个字：2 本信，投外汇。(邮寄出 2 本信封去投资外汇)

2 本(银行本票存款)信(信用卡存款、信用证保证金存款)，投(存出投资款)外(外埠存款)汇(银行汇票存款)。

2. 其他知识要点(2013 年单选题、2014~2018 年多选题)

(1)银行本票存款。

银行本票的提示付款期限自出票日起最长**不得超过 2 个月**。

(2)★信用卡存款。

单位卡账户的资金一律从其基本存款账户转账存入，不得交存现金，不得将其他存款账户和销货收入的款项存入单位卡账户。

(3)信用证保证金存款。

(4)★存出投资款。

买股票、债券、基金等的资金。

『区别』存出保证金记入"其他应收款"科目，类似于押金。

(5)外埠存款。

企业到外地进行临时或零星采购，汇往采购地银行开立采购专户的款项。

(6)★银行汇票存款。

银行汇票的背书转让金额不能超过实际结算金额。

(二)账务处理

1. 取得时

【案例 3】 福喜公司取得银行本票存款(银行汇票存款、信用卡存款等)120 万元。

会计分录如下：

借：其他货币资金　　　　　120
　　贷：银行存款　　　　　　　120

2. 支付时

【案例 4】 福喜公司(一般纳税人)用上述资金购买材料，不含税价款为 100 万元，增值税专用发票注明增值税税额为 13 万元。会计分录如下：

借：在途物资/材料采购/原材料100
　　应交税费——应交增值税(进项税额)
　　　　　　　　　　　　　　　　13
　　贷：其他货币资金　　　　113

3. 退回时

【案例 5】 福喜公司收到退回的银行本票存款(银行汇票存款、信用卡存款等)7 万元。

会计分录如下：

借：银行存款　　　　　　　7
　　贷：其他货币资金　　　　7

『提示 1』原材料的收入、发出和结存可以用实际成本法或计划成本法核算，两者使用科目区别见下表：

计算方法	材料未入库	材料已入库
实际成本法	在途物资	原材料
计划成本法	材料采购	原材料

『提示2』计划成本法下，不管材料是否入库，都需要通过"材料采购"科目过渡。相关的账务处理在存货中详细讲解。

【例题4·多选题】☆下列各项中，企业应通过"其他货币资金"科目核算的有( )。

A. 用银行汇票购买办公设备

B. 以银行承兑汇票支付购买原材料款

C. 企业将款项汇往外地开立采购专用账户

D. 用银行本票购买办公用品

解析 ▶ 选项B，应通过"应付票据"科目核算。

答案 ▶ ACD

随堂小练　限时10min

一、百考多选题

企业发生现金盘盈盘亏，以下表述正确的有( )。

A. 现金盘盈经批准后，贷方账户可能记入"营业外收入"或"其他应付款"，但不可能记入"管理费用"

B. 现金盘亏经批准后，无法查明原因，借方账户记入"管理费用"

C. 现金盘亏经批准后，无法查明原因，借方账户记入"营业外支出"

D. 现金盘亏经批准后，借方账户可能记入"其他应收款"

二、单项选择题

1. ☆按照现金管理相关规定，下列各项中，企业一般不能使用库存现金进行结算的经济业务是( )。

A. 按规定颁发给科技人员的创新奖金

B. 发放给职工的劳保福利

C. 向个人收购农产品的价款

D. 向外单位支付的机器设备款

2. ☆下列各项中，企业向证券公司指定银行开立的投资款专户划出资金时，应借记的会计科目是( )。

A. 其他货币资金

B. 交易性金融资产

C. 预付账款

D. 其他应收款

三、多项选择题

1. ☆下列各项中，企业可使用现金支付的款项有( )。

A. 职工津贴

B. 职工出差必须随身携带的差旅费

C. 向供应商购买大型机械设备的款项

D. 向果农收购葡萄的价款

2. ☆下列应通过"其他货币资金"科目核算的有( )。

A. 企业将款项汇往外地开立采购专用账户

B. 用银行本票购买办公用品

C. 销售商品收到商业汇票

D. 用银行汇票购入原材料

四、判断题

☆企业收到退回银行汇票的多余款项，记入"其他货币资金"科目的借方。 ( )

随堂小练参考答案及解析

一、百考多选题

ABD 【解析】库存现金盘盈盘亏的账务处理：

项目	盘盈(现金称溢余)	盘亏(现金称短缺)
库存现金	借：库存现金 　　贷：待处理财产损溢 借：待处理财产损溢 　　贷：其他应付款 　　　　营业外收入[无法查明原因]	借：待处理财产损溢 　　贷：库存现金 借：其他应收款 　　管理费用[无法查明原因] 　　贷：待处理财产损溢

二、单项选择题

1. D 【解析】支付给外单位的机器设备价款一般不可以使用库存现金支付。

2. A 【解析】企业向证券公司划出资金时，应按实际划出的金额，借记"其他货币资金—存出投资款"科目，贷记"银行存款"科目。

三、多项选择题

1. ABD 【解析】企业可用现金支付的款项有：①职工工资、津贴；②个人劳务报酬；③根据国家规定颁发给个人的科学技术、文化艺术、体育比赛等各种奖金；④各种劳保、福利费用以及国家规定的对个人的其他支出；⑤向个人收购农副产品和其他物资的价款；⑥出差人员必须随身携带的差旅费；⑦结算起点(1 000 元)以下的零星支出；⑧中国人民银行确定需要支付现金的其他支出。

2. ABD 【解析】选项 C，销售商品收到商业汇票的分录为：

借：应收票据
　　贷：主营业务收入
　　　　应交税费—应交增值税(销项税额)

四、判断题

× 【解析】企业收到退回的银行汇票多余款项时，记入"其他货币资金"科目的贷方。

考点二　交易性金融资产的核算

考点详解

一、概述

交易性金融资产主要核算以公允价值计量且其变动计入当期损益的金融资产，其持有目的一般是为近期内出售以赚取差价，例如企业以赚取差价为目的从活跃市场购入的股票、债券或基金等。

二、会计处理

(一)科目设置
设置：交易性金融资产—成本
　　　　　　　　　　—公允价值变动
属于资产类科目，增加在借方，减少在贷方，余额在借方。

公允价值变动损益(假赚：涨价)和投资收益(真赚：收益已经实现)属于损益类科目，增加在贷方，减少在借方，期末无余额。

(二)交易性金融资产的取得
【案例 1】2020 年 4 月 1 日，福喜公司(一般纳税人)购入有福上市公司股票 10 万股，每股 11 元，含已宣告但尚未发放的现金股利 1 元/股，另支付交易费用 2 万元，增值税税额为 0.12 万元，划分为交易性金融资产。会计分录如下：

借：交易性金融资产—成本
　　　　$[(11-1)\times 10]100$

应收股利　　　　　　　　　10

投资收益　　　　　　　　　2

应交税费—应交增值税(进项

税额)　　　　　　　　　0.12

　　贷：其他货币资金—存出投资款

　　　　　　　　　　　　112.12

『提示』交易性金融资产的购买价款中包含了已宣告但尚未发放的现金股利，或已到付息期但尚未领取的债券利息，应单独确认为应收项目。取得时所发生的相关**交易费用**，如手续费、佣金和相关税费等，记入**"投资收益"借方。**

『巧记』双交(交易性金融资产的交易费用)冲减投资收益。

【例题1·单选题】☆甲公司为增值税一般纳税人，购入乙上市公司股票并通过"交易性金融资产"科目核算。购入时支付价款800万元，另支付交易费用2万元，支付的增值税税额为0.12万元。不考虑其他因素，甲公司购入股票的初始入账金额为(　　)万元。

　　A．802.12　　　　　B．802

　　C．798　　　　　　D．800

解析 ▶ 会计分录：

借：交易性金融资产—成本　　800

　　投资收益　　　　　　　　2

　　应交税费—应交增值税(进项税额)

　　　　　　　　　　　　　0.12

　　贷：其他货币资金　　　　802.12

答案 ▶ D

【例题2·多选题】☆下列关于企业交易性金融资产会计处理的表述中，正确的有(　　)。

　　A．购买交易性金融资产的成本按公允价值入账

　　B．取得时产生的交易费用应冲减投资收益

　　C．支付的价款中包含的已宣告但尚未发放的现金股利应记入"应收股利"科目

　　D．支付的价款中包含的已到付息期但尚未领取的债券利息应记入"应收利息"科目

解析 ▶ 会计分录：

借：交易性金融资产—成本

　　应收股利/应收利息

　　投资收益

　　应交税费—应交增值税(进项税额)

　　贷：其他货币资金

答案 ▶ ABCD

(三)交易性金融资产的持有

1. 企业收到购入时包含的已宣告但尚未发放的现金股利或已到付息期未领取的利息

【案例2】承接【案例1】，2020年5月1日福喜公司收到有福公司发放的现金股利10万元(如果是债券，收到已到付息期但尚未领取的利息)。会计分录如下：

借：其他货币资金　　　　　10

　　贷：应收股利(或应收利息)　10

2. 交易性金融资产持有期间的公允价值变动

月末或年末，交易性金融资产以**公允价值计量**，公允价值与账面余额之间的差额计入公允价值变动损益。

(1)股价或债券价格上涨。

【案例3】承接【案例1】，2020年6月30日，股价为12元/股。会计分录如下：

借：交易性金融资产—公允价值变动

　　　　　　　　(12×10-100)20

　　贷：公允价值变动损益　　　20

(2)股价或债券价格下跌。

【案例4】承接【案例3】，2020年12月31日，股价为11元/股。会计分录如下：

借：公允价值变动损益

　　　　　　　　[(12-11)×10]10

　　贷：交易性金融资产—公允价值变动

　　　　　　　　　　　　　　10

『注意』涨跌价时，"交易性金融资产—公允价值变动"与"公允价值变动损益"是成双成对出现的。

【例题3·多选题】☆下列各项中，企业持有的交易性金融资产期末公允价值高于或

低于账面余额的差额，应进行的会计处理有（　　）。

A. 借：交易性金融资产—公允价值变动
　　贷：公允价值变动损益

B. 借：交易性金融资产—公允价值变动
　　贷：投资收益

C. 借：公允价值变动损益
　　贷：交易性金融资产—公允价值变动

D. 借：投资收益
　　贷：交易性金融资产—公允价值变动

解析 ▶ 交易性金融资产期末公允价值高于或低于账面余额的差额会计分录分别为：

借：交易性金融资产—公允价值变动
　　贷：公允价值变动损益

借：公允价值变动损益
　　贷：交易性金融资产—公允价值变动

答案 ▶ AC

3. 持有期间被投资单位宣告发放现金股利或在资产负债表日计算利息收入

（1）被投资单位宣告发放现金股利。

【案例5】承接【案例4】，2021年4月1日有福公司宣告发放现金股利0.1元/股。会计分录如下：

借：应收股利　　　　　　　（0.1×10）1
　　贷：投资收益　　　　　　　　　　　1

（2）收到现金股利。

【案例6】承接【案例5】，2021年4月10日，福喜公司收到有福公司发放的现金股利。会计分录如下：

借：其他货币资金　　　　　　　　　　1
　　贷：应收股利　　　　　　　　　　　1

（四）交易性金融资产的出售（处置）

【案例7】承接【案例1】至【案例6】，2021年10月31日，福喜公司出售上述10万股股票，价格为15.3元/股。

【分析】"交易性金融资产—成本"借方100万元；"交易性金融资产—公允价值变动"借方10万元。出售时，反方向结转上述账户。

股票出售，**价款与交易性金融资产账面余额**的差额记入"投资收益"，分录如下：

借：其他货币资金　　　　　　　　　153
　　贷：交易性金融资产—成本　　　　100
　　　　　　　　　　　—公允价值变动
　　　　　　　　　　　　　　　　　　10
　　　　投资收益　　（153-100-10）43

结论：上述处置分录对当期损益的影响金额为43万元（等于投资收益金额）。

【拓展】问：【案例1】至【案例7】该业务对当期损益（营业利润）的影响金额。

分析：该业务中，对当期损益（营业利润）的影响的科目有投资收益和公允价值变动损益。

投资收益：-2（案例1）+1（案例5）+43（案例7）=42（万元）

公允价值变动损益：20（案例3）-10（案例4）=10（万元）

所以该业务对当期损益（营业利润）的影响金额=42+10=52（万元）

【例题4·多选题】甲公司为上市公司，5月10日以830万元（含已宣告但尚未领取的现金股利30万元）购入乙公司股票200万股作为交易性金融资产核算，另支付手续费4万元，取得的增值税专用发票上注明的增值税税额为0.24万元。5月30日，甲公司收到现金股利30万元。6月30日，乙公司股票每股市价为3.95元。7月20日，甲公司以915万元出售该项交易性金融资产。甲公司因这项交易性金融资产而确认的投资收益金额和对当期损益影响的金额为（　　）万元。

A. 121　　　　　　B. 115

C. 111　　　　　　D. 155

解析 ▶ 相关会计分录：

（1）5月10日，购入时

借：交易性金融资产—成本　　　　800
　　应收股利　　　　　　　　　　　30
　　投资收益　　　　　　　　　　　　4

应交税费—应交增值税(进项税额)

        0.24

  贷：其他货币资金   834.24

(2)5月30日，收到现金股利时

  借：其他货币资金   30

    贷：应收股利   30

(3)6月30日，乙公司股票每股市价为3.95元

  借：公允价值变动损益

     (200×3.95-800)10

    贷：交易性金融资产—公允价值变动

            10

(4)7月20日，出售时

  借：其他货币资金   915

    交易性金融资产—公允价值变动

            10

    贷：交易性金融资产—成本 800

      投资收益   125

投资收益=-4(分录1)+125(分录4)=121(万元)

公允价值变动损益：-10万元(分录3)

所以该业务对当期损益(营业利润)的影响金额=121-10=111(万元)。 **答案▶AC**

(五)金融商品转让应交的增值税

【案例8】承接【案例7】，计算转让金融商品应交增值税。

增值税税额=(卖出价-买入价)/(1+6%)×6%=(153-110)/(1+6%)×6%≈2.43(万元)

会计分录如下：

  借：投资收益   2.43

    贷：应交税费—转让金融商品应交

      增值税   2.43

『注意』(1)计算转让金融商品应交增值税税额时，买入价不需要扣除取得金融商品时已经宣告未发放的现金股利或已到付息期未领取的利息。

(2)若为亏损(10月)，可结转下一纳税期(11月)，与下期转让金融商品销售额相抵，但年末(12月)仍为亏损，不得转入下年。

亏损的会计分录：

  借：应交税费—转让金融商品应交增

    值税

    贷：投资收益

年末，若为亏损，将"应交税费—转让金融商品应交增值税"的借方余额转出。

【例题5·单选题】 ☆甲公司将其持有的交易性金融资产全部出售，售价为26 400 000元，出售前该金融资产的账面价值为25 700 000元，甲公司购入该交易性金融资产，支付价款26 000 000元(其中包含已到付息期但尚未领取的债券利息500 000元)。假定不考虑其他因素，适用的增值税税率为6%，该项业务转让金融商品应交增值税为( )元。

  A. 39 622.64 B. 700 000

  C. 22 641.51 D. 400 000

解析 ▶ 转让金融商品应交增值税=(26 400 000-26 000 000)÷(1+6%)×6%=22 641.51(元)。 **答案▶C**

(六)小企业短期投资的核算

短期投资，是指小企业购入的能随时变现并且持有时间不准备超过1年(含1年，下同)的投资，如小企业以赚取差价为目的从二级市场购入的股票、债券、基金等。

1. 取得短期投资

  借：短期投资[价税合计]

    应收股利或应收利息[实际支付价款中包含的已宣告但尚未发放的现金股利或已到付息期但尚未领取的债券利息]

    贷：银行存款

2. 持有期间，被投资单位宣告分配现金股利或计提债券利息

  借：应收股利或应收利息

    贷：投资收益

实际收到时：

  借：银行存款

    贷：应收股利或应收利息

3. 出售短期投资

借：银行存款

　　贷：短期投资

　　　应收股利或应收利息

　　　投资收益[或在借方]

福喜总结 交易性金融资产

时点		账务处理
取得（2021 年、2020 年、2019 年、2018 年单选题；2021 年、2020 年判断题）		借：交易性金融资产—成本[公允价值] 　　应收股利/应收利息[购入时价款中包含的已经宣告但尚未发放的现金股利或已到付息期但尚未领取的利息] 　　投资收益[购入时发生的交易费用] 　　应交税费—应交增值税（进项税额） 　　贷：其他货币资金
持有期间	收到购买时价款中包含的股利、利息	借：其他货币资金 　　贷：应收股利/应收利息
	计算持有收益	借：应收股利/应收利息 　　贷：投资收益
	收到持有收益	借：其他货币资金 　　贷：应收股利/应收利息
	期末价值变动	涨价（2020 年、2019 年单选题）：借：交易性金融资产—公允价值变动　　贷：公允价值变动损益
		跌价（2018 年、2016 年单选题）：借：公允价值变动损益　　贷：交易性金融资产—公允价值变动
出售		借：其他货币资金 　　贷：交易性金融资产—成本 　　　　—公允价值变动[可能在借方] 　　投资收益[差额，或借方]
增值税（2020 年单选题）		借：投资收益 　　贷：应交税费—转让金融商品应交增值税 亏损做相反分录，可结转到下月，但不能结转到下年

 **随堂小练** 限时10min

一、单项选择题

1. ☆甲公司为增值税一般纳税人，购入乙上市公司股票共支付价款 400 万元（其中包含已宣告但尚未发放的现金股利 12 万元），另支付相关交易费用 1 万元、增值税 0.06 万元，已取得增值税专用发票，全部款项已经支付，购入股票通过"交易性金融资产"科目核算。不考虑其他因素，

下列各项中，甲公司购入股票的入账价值为（　）万元。

A. 400　　　　　B. 401.06

C. 388　　　　　D. 389

2. ☆企业取得交易性金融资产时，应计入当期损益的是（　）。

A. 支付的不含增值税交易费用

B. 支付交易费用时取得经税务机关认证的增值税专用发票上注明的增值税税额

C. 支付价款中包含的已到付息期但尚未领取的债券利息

D. 支付价款中包含的已宣告但尚未发放的现金股利

二、多项选择题

1. 下列项目中，不应计入交易性金融资产取得成本的有（　　）。

A. 支付的手续费、佣金

B. 支付的购买价格

C. 实际支付的价款中含有的已到付息期但尚未领取的债券利息

D. 实际支付的价款中含有的已宣告但尚未发放的现金股利

2. ☆2018 年 12 月 1 日，某企业"交易性金融资产—A 上市公司股票"借方余额为 1 000 000 元；12 月 31 日，A 上市公司股票的公允价值为 1 050 000 元。不考虑其他因素，下列各项中，关于该企业持有 A 上市公司股票相关会计科目处理不正确的有（　　）。

A. 贷记"营业外收入"科目 50 000 元

B. 贷记"资本公积"科目 50 000 元

C. 贷记"公允价值变动损益"科目 50 000 元

D. 贷记"投资收益"科目 50 000 元

3. 下列各项中，在"交易性金融资产"科目借方登记的有（　　）。

A. 交易性金融资产的取得成本

B. 资产负债表日其公允价值高于账面余额的差额

C. 取得交易性金融资产所发生的相关交易费用

D. 资产负债表日其公允价值低于账面余额的差额

三、判断题

1. ☆企业取得交易性金融资产时，价款中包含的已宣告但尚未发放的现金股利计入应收股利。（　　）

2. ☆企业取得交易性金融资产时，支付给证券交易所的手续费和佣金应计入其初始确认金额。（　　）

3. ☆资产负债表日，企业持有的交易性金融资产的公允价值高于其账面余额的差额，应确认为当期的投资收益。（　　）

4. 企业出售交易性金融资产，应将实际收到的价款小于其账面余额的差额计入公允价值变动损益。（　　）

5. 小企业购入股票作为短期投资的，如果实际支付的购买价款中包含已宣告但尚未发放的现金股利，应当按照实际支付的购买价款和相关税费扣除已宣告但尚未发放的现金股利后的金额，计入短期投资。（　　）

随堂小练参考答案及解析

一、单项选择题

1. C　【解析】甲公司购入股票的入账价值＝400－12＝388（万元）。

会计分录为：

借：交易性金融资产—成本　　　388

　　应收股利　　　　　　　　　　12

　　投资收益　　　　　　　　　　1

　　应交税费—应交增值税（进项税额）

　　　　　　　　　　　　　　　0.06

　　贷：其他货币资金　　　　401.06

2. A　【解析】选项 B，应记入"应交税费—应交增值税（进项税额）"科目；选项 C，应记入"应收利息"科目；选项 D，应记入"应收股利"科目。

二、多项选择题

1. ACD　【解析】选项 A，计入投资收益；选项 C，计入应收利息；选项 D，计入应收股利。

2. ABD 【解析】交易性金融资产期末按公允价值计量，12月31日，公允价值上升50 000元，相关分录：

借：交易性金融资产——公允价值变动
        50 000
 贷：公允价值变动损益 50 000

3. AB 【解析】选项C，取得时发生的交易费用记入"投资收益"科目；选项D，计入该科目贷方。

三、判断题

1. √ 【解析】企业取得交易性金融资产所支付价款中包含的已宣告但尚未发放的现金股利或已到付息期但尚未领取的债券利息，应单独确认为应收项目。

2. × 【解析】取得交易性金融资产发生的交易费用确认为投资收益，不计入交易性金融资产初始确认金额。

3. × 【解析】应确认的是公允价值变动损益，而不是投资收益。

资产负债表日，交易性金融资产的公允价值高于其账面余额：

借：交易性金融资产——公允价值变动
 贷：公允价值变动损益

4. × 【解析】企业出售交易性金融资产，应将实际收到的价款小于其账面余额的差额记入"投资收益"科目。

5. √

考点三 应收及预付款项的核算

考点详解

一、应收账款

（一）概述

应收账款是指企业在日常活动中，由于销售商品、提供服务而形成的，应向购货单位或接受服务单位收取的款项，主要包括**销售价款、增值税销项税额及代购货单位垫付的包装费和运杂费**等。

（二）会计处理

1. 销售商品

【案例1】福喜公司(一般纳税人)销售一批商品给丙公司，价款100万元，增值税税率13%，款未收。会计分录如下：

借：应收账款   113
 贷：主营业务收入   100
   应交税费——应交增值税(销项税额)   13

2. 企业代购货单位垫付包装费、运杂费

【案例2】福喜公司代丙公司垫付包装费1万元。会计分录如下：

借：应收账款   1

 贷：银行存款   1

3. 收回款项

【案例3】假定福喜公司收到丙公司支付的货款和代垫包装费114万元。会计分录如下：

借：银行存款   114
 贷：应收账款   114

4. 收到商业汇票

【案例4】假定福喜公司收到丙公司开具商业汇票一张，面值114万元，用于抵付上述欠款。会计分录如下：

借：应收票据   114
 贷：应收账款   114

5. 不设置"预收账款"科目企业的核算★

不设置"预收账款"科目的企业，发生预收账款时，可以记入"应收账款"科目核算。

【例题1·单选题】 ☆甲公司为增值税一般纳税人，向乙公司销售商品一批，商品价款20万元，增值税税额2.6万元；同时以银行存款支付代垫运费1万元，增值税税额0.09万元，上述业务均已开具增值税专用发票,全部款项尚未收到。不考虑其他因素,甲公司应确认的应收账款为( )万元。

A. 21　　　　　　B. 22.6

C. 23.69　　　　　D. 20

解析 ▶ 会计分录:

借:应收账款　　　　　　23.69

　　贷:主营业务收入　　　　20

　　　　应交税费——应交增值税(销项税额)　　　　　　　2.6

　　　　银行存款　　　　　　1.09

应收账款的入账金额=20+2.6+1+0.09=23.69(万元)。　　　　**答案** ▶ C

二、应收票据

(一)概述

应收票据是企业在销售商品、提供劳务等而收到的由债务人签发的商业汇票。

商业汇票按承兑人不同,分为商业承兑汇票和银行承兑汇票。(债权人:应收票据,债务人:应付票据)

『注意』 银行承兑汇票与银行汇票记入的会计科目不同。企业收到和开出银行承兑汇票分别记入"应收票据""应付票据";企业开出和收到银行汇票分别记入"其他货币资金""银行存款"。

(二)会计处理

1. 应收票据取得及收回

(1)因提供服务或销售商品而取得。

【案例5】 福喜公司(一般纳税人)销售一批商品给甲公司,价款100万元,增值税13万元,收到商业汇票(商业/银行承兑汇票)一张,面值113万元。会计分录如下:

借:应收票据　　　　　　113

　　贷:主营业务收入　　　　100

　　　　应交税费——应交增值税(销项税额)　　　　　　　13

【例题2·单选题】 ☆下列各项中,企业销售商品收到银行承兑汇票,应借记的会计科目是( )。

A. 银行存款　　　B. 其他货币资金

C. 其他业务收入　　D. 应收票据

解析 ▶ 因企业销售商品、提供劳务等而收到开出、承兑的商业汇票,借记"应收票据"科目,贷记"主营业务收入""应交税费——应交增值税(销项税额)"等科目。 **答案** ▶ D

(2)因抵债而取得。

【案例6】 福喜公司收到购买方甲公司的商业汇票(商业/银行承兑汇票)一张,面值113万元,用于抵偿1个月前的购货款。会计分录如下:

借:应收票据　　　　　　113

　　贷:应收账款　　　　　　113

(3)商业汇票到期收回款项。

【案例7】 福喜公司收到上述商业汇票的票款113万元。会计分录如下:

借:银行存款　　　　　　113

　　贷:应收票据　　　　　　113

2. 应收票据转让

【案例8】 福喜公司(一般纳税人)向乙公司购买材料/商品100万元,增值税13万元,假定转让【案例1】商业汇票给乙公司。会计分录如下:

借:在途物资/材料采购/原材料/库存商品等　　　　　　100

　　应交税费——应交增值税(进项税额)　　　　　　　　　13

　　贷:应收票据　　　　　　113

3. 应收票据贴现

【案例9】 假定福喜公司提前1个月将【案例1】未到期的面值为113万元的商业汇票向银行贴现,银行收取0.1万元的贴现利息。会计分录如下:

借:银行存款[收到的金额]　112.9

　　财务费用[贴现利息]　　0.1

　　贷:应收票据[票面价值]　　113

【例题3·判断题】 ☆商业承兑汇票贴现,应将实际收到的金额与票面金额的差额,借记或贷记"管理费用"。　　( )

解析 ▶ 对于票据贴现,企业通常应按实际收到的金额,借记"银行存款"科目,按应收票

据的票面金额，贷记"应收票据"科目，按其差额，借记或贷记"财务费用"科目。　**答案** ▶×

三、预付账款

（一）概述

预付账款是指企业按照合同规定预付的款项。

★**预付款项情况不多的企业，可以不设置"预付账款"科目，发生预付账款业务时，直接记入"应付账款"科目的借方。**

【例题4·单选题】 ☆企业未设置"预付账款"科目，发生预付货款业务时应借记的会计科目是（　）。

A. 预收账款　　　B. 其他应付款

C. 应收账款　　　D. 应付账款

解析 ▶企业应该设置"预付账款"科目，预付款项情况不多的企业，可以不设置"预付账款"科目，而直接通过"应付账款"科目核算。　**答案** ▶D

（二）会计处理

【案例10】 有福公司与有喜公司发生如下业务：

（1）2月1日，有喜公司预付有福公司购买丝袜款50万元（或120万元）。

（2）2月14日，有福公司将上述丝袜销售给有喜公司，价款100万元，袜子成本80万元；有喜公司已收到该批袜子，采用实际成本法核算。

（3）3月1日，有喜公司支付尾款50万元给有福公司（或有福公司退回多余款项20万元）。

假定不考虑增值税因素，请编制买卖双方的会计分录。

【分析】

时间点	买方：有喜公司	时间点	卖方：有福公司
（1）预付款项时	①如果预付款为50万元 借：预付账款　　　　50 　　贷：银行存款　　　　50 ②如果预付款为120万元 借：预付账款　　　　120 　　贷：银行存款　　　　120	（1）收到预收款项时	①如果预收款为50万元 借：银行存款　　　　50 　　贷：合同负债　　　　50 ②如果预收款为120万元 借：银行存款　　　　120 　　贷：合同负债　　　　120
（2）收到商品时	借：库存商品　　　　100 　　贷：预付账款　　　　100	（2）发出商品	①确认收入 借：合同负债　　　　100 　　贷：主营业务收入　　　　100 ②结转成本 借：主营业务成本　　　　80 　　贷：库存商品　　　　80
（3）结算时（多退少补）	如果预付款为50万元 借：预付账款　　　　50 　　贷：银行存款　　　　50 如果预付款为120万元 借：银行存款　　　　20 　　贷：预付账款　　　　20	（3）结算时（多退少补）	如果预收款为50万元 借：银行存款　　　　50 　　贷：合同负债　　　　50 如果预收款为120万元 借：合同负债　　　　20 　　贷：银行存款　　　　20

四、其他应收款

资产负债表中，"其他应收款"项目，应根据"应收利息""应收股利"和"其他应收款"科目的期末余额合计数，减去"坏账准备"科目中相关坏账准备期末余额后的金额填列。

（一）应收股利的核算

应收股利是指企业应收取的现金股利和其他单位分配的利润。

【案例11】 福喜公司持有有福上市公司股票，作为交易性金融资产核算，3月1日有福公司宣告发放上年现金股利，福喜公司可分得10万元。3月10日，福喜公司收到上述股利。

福喜公司账务处理分两步走：

（1）3月1日，有福公司宣告发放现金股利时：

借：应收股利　　　　　　　　10
　　贷：投资收益　　　　　　　　　　10

（2）3月10日，福喜公司收到股利时：

借：其他货币资金/银行存款　　10
　　贷：应收股利　　　　　　　　　　10

『注意』 其他货币资金：核算购买上市公司股票、收到现金股利等。银行存款：核算购买非上市公司股权、收到现金股利等。

（二）应收利息的核算

应收利息是指企业购买债券或存款应向债务人收取而未收取的利息。

【案例12】 福喜公司持有乙公司债券，年底计提债券利息30万元，次年1月30日收到上述利息，存入银行。

福喜公司账务处理两步走：

（1）年底，计算利息时：

借：应收利息　　　　　　　　30
　　贷：投资收益　　　　　　　　　　30

（2）次年1月30日，收到利息时：

借：银行存款　　　　　　　　30
　　贷：应收利息　　　　　　　　　　30

（三）其他应收款的核算

其他应收款是指企业除应收票据、应收账款、预付账款等以外的其他各种应收及暂付其他单位或个人的款项。其他应收款主要内容及账务处理：

（1）应收的各种赔款、罚款，包括应向保险公司或个人收取的赔款等。

『链接』 请回忆现金盘亏，由出纳赔偿的会计分录。

（2）★★应收的出租包装物租金。

【案例13】 福喜公司（一般纳税人）出租包装物一批，不含税租金收入2万元，增值税0.26万元，款未收。会计分录如下：

借：其他应收款　　　　　　　2.26
　　贷：其他业务收入　　　　　　　　2
　　　　应交税费—应交增值税（销项税额）　　　　　　　　　0.26

（3）应向职工收取的各种垫付款项，包括为职工垫付的房租费、水电费、医药费、上网费等。

【案例14】 3月1日福喜公司替总经理游总垫付医疗费1万元；3月10日，从其工资中扣回。会计分录如下：

①3月1日，公司垫支时：

借：其他应收款　　　　　　　1
　　贷：银行存款　　　　　　　　　　1

②3月10日，公司从工资中扣款时：

借：应付职工薪酬　　　　　　1
　　贷：其他应收款　　　　　　　　　1

（4）★★存出保证金，如租入包装物支付的押金。

【案例15】 福喜公司租入包装物一批，以银行存款向出租方支付押金2万元。会计分录如下：

借：其他应收款　　　　　　　2
　　贷：银行存款　　　　　　　　　　2

（5）其他各种应收、暂付款项。

【例题5·单选题】 ☆下列各项中，企业应通过"其他应收款"科目核算的是（　）。

A. 出租包装物收取的押金

B. 为职工垫付的水电费

C. 代购货方垫付的销售商品运费

D. 销售商品未收到的货款

解析 ▶ 选项 A 的会计分录为：

借：银行存款

　　贷：其他应付款

选项 B 的会计分录为：

借：其他应收款

　　贷：银行存款

选项 C 的会计分录为：

借：应收账款

　　贷：银行存款

选项 D 的会计分录为：

借：应收账款

　　贷：主营业务收入

　　　　应交税费—应交增值税（销项税额）

答案 ▶ B

五、应收款项减值

（一）减值损失的确认

应收款项减值的方法包括直接转销法和备抵法，直接转销法适用于小企业应收款项减值的核算，备抵法适用于一般企业应收款项减值的核算。

1. 小企业适用的直接转销法

（1）坏账损失的确认。小企业应收及预付款项符合下列条件之一的，减除可收回的金额后确认的无法收回的应收及预付款项，作为坏账损失：①债务人依法宣告破产、关闭、解散、被撤销，或者被依法注销、吊销营业执照，其清算财产不足清偿的。②债务人死亡，或者依法被宣告失踪、死亡，其财产或者遗产不足清偿的。③债务人逾期 3 年以上未清偿，且有确凿证据证明已无力清偿债务的。④与债务人达成债务重组协议或法院批准破产重整计划后，无法追偿的。⑤因自然灾害、战争等不可抗力导致无法收回的。⑥国务院财政、税务主管部门规定的其他条件。账务处理如下：

借：银行存款[实际收到的金额]

　　营业外支出[差额]

　　　　贷：应收账款

2. 一般企业适用的备抵法

备抵法下，企业应先按金融资产相关准则规定计提预期信用损失，作为坏账准备，实际发生坏账损失时，冲减相应的坏账准备和应收款项。这种方法下，企业需要对预期信用损失进行评估和判断。

备抵法要求企业设置"坏账准备"账户，该账户是应收款项的备抵类账户（就是专门冲销应收款项的账户），增加在贷方，减少在借方。计提"坏账准备"的应收款项包括：应收账款、应收票据、预付账款、其他应收款、应收股利和应收利息等。

『**提示**』采用备抵法核算信用减值损失的优点：①根据权责发生制和会计谨慎性要求，将应收款项的净额列示在资产负债表中，财务报表使用者了解的是企业应收款项预期可收回的金额和谨慎的财务状况；②在利润表中列示的项目为营业利润，对于落实企业管理者的经管责任有帮助，对企业外部利益相关者如实评价企业的经营业绩和作出决策有帮助。

缺点：①衡量预期信用损失的金额需要考虑很多因素，且带有一定的主观性，对会计职业判断有较高的要求，可能导致预期信用损失的确定不够准确和客观；②预期信用减值损失会影响各期营业利润金额的计算与确定，进而导致平滑利润甚至利润操纵与舞弊的可能性，增加各个方面的风险和难度，包括会计职业风险、审计风险和难度、政府和行业的会计监管难度和风险等。

（二）坏账准备的核算

当期应计提的坏账准备（倒挤）＝计算的坏账准备金额（需要的余额）－"坏账准备"科目的贷方（已存在的余额，正数）＋"坏账准备"科目的借方（已存在的余额，负数）

请小伙伴画个 T 型账户就一目了然了。

【**案例 16**】福喜公司计提坏账准备情况如下：

（1）2020 年 12 月 31 日"坏账准备"账户

应有余额 10 万元，期初"坏账准备"账户无余额。会计分录如下：

借：信用减值损失　　　(10-0)10

　　贷：坏账准备　　　　　　　　10

（2）2021 年 12 月 31 日"坏账准备"账户应有余额 15 万元。会计分录如下：

借：信用减值损失　　　(15-10)5

　　贷：坏账准备　　　　　　　　5

『提示』需要计提的金额=应有的余额 15-已存在的余额 10=5（万元）

（3）2022 年 5 月 31 日发生坏账损失 10万元。会计分录如下：

借：坏账准备　　　　　　　　10

　　贷：应收账款　　　　　　　　10

期末"坏账准备"余额=15-10=5（万元）

（4）2023 年 5 月 31 日收回已转销的应收账款 5 万元。会计分录如下：

先恢复：

借：应收账款　　　　　　　　5

　　贷：坏账准备　　　　　　　　5

后收款：

借：银行存款　　　　　　　　5

　　贷：应收账款　　　　　　　　5

『提示』期末"坏账准备"账户余额=5+5=10（万元）

【例题 6·单选题】 ☆下列各项中，企业计提的坏账准备应记入的会计科目是（　　）。

A．应收账款

B．信用减值损失

C．营业外支出

D．资产减值损失

解析 ▶ 会计分录：

借：信用减值损失

　　贷：坏账准备

答案 ▶ B

【例题 7·判断题】 ☆备抵法下，转销无法收回的应收账款，应冲减坏账准备和应收账款。　　　　　　　　　　（　　）

解析 ▶ 会计分录：

借：坏账准备

　　贷：应收账款

答案 ▶ √

福喜总结 企业应收款项减值★★★

时点	坏账准备的账务处理（2020 年、2018 年单选题；2021 年、2019 年多选题）		坏账准备科目余额	应收账款账面价值
（1）初次计提	借：信用减值损失　贷：坏账准备		增加	减少
（2）发生坏账	借：坏账准备　贷：应收账款		减少	不变
（3）发生坏账又收回	借：应收账款　贷：坏账准备　借：银行存款　贷：应收账款		增加	减少
（4）再次计提应提=应有-已提	补提	借：信用减值损失　贷：坏账准备	增加	减少
	冲减	借：坏账准备　贷：信用减值损失	减少	增加

随堂小练　限时20min

一、百考多选题

下列各项中，关于应收及预付款项的核算表述不正确的有（　）。

A. 采用托收承付结算方式销售商品，增值税发票上注明的价款和销项税额记入"应收账款"科目，为客户代垫的运输费记入"其他应收款"科目；如果企业不设置"预付账款"科目，则预付的款项在"预收账款"科目的借方核算

B. 持有商业承兑汇票向银行贴现，支付给银行的贴现利息应记入"财务费用"科目

C. 收到的出租包装物押金记入"其他应收款"科目

D. 应收的各种赔款、罚款、出租包装物租金、为职工垫付的款项和租入固定资产支付的押金记入"其他应收款"科目

二、单项选择题

1. ☆下列各项中，企业通过"应收账款"科目核算的是（　）。
   A. 代购货单位垫付的运费
   B. 应收租出包装物的租金
   C. 职工预借的差旅费
   D. 应收的债券利息

2. 下列各项中，企业应通过"其他应收款"科目核算的是（　）。
   A. 为职工垫付的水电费
   B. 销售商品应收取的价款
   C. 销售商品应收取的增值税
   D. 为购货单位垫付的运杂费

3. ☆2019年12月末，某公司确定本月应计提坏账准备金额为6 000元。不考虑其他因素，计提坏账准备的会计处理正确的是（　）。
   A. 借：信用减值损失　　　　6 000
   　　　贷：应收账款　　　　　　6 000

B. 借：信用减值损失　　　　6 000
　　　贷：坏账准备　　　　　　6 000

C. 借：坏账准备　　　　　　6 000
　　　贷：信用减值损失　　　　6 000

D. 借：资产减资损失　　　　6 000
　　　贷：坏账准备　　　　　　6 000

三、多项选择题

1. ☆下列各项中，应在"坏账准备"借方登记的有（　）。
   A. 冲减已计提的减值准备
   B. 收回前期已核销的应收账款
   C. 核销实际发生的坏账损失
   D. 计提坏账准备

2. ☆下列各项中，引起应收账款账面价值发生增减变化的有（　）。
   A. 收回应收账款
   B. 计提应收账款坏账准备
   C. 收回已作为坏账核销的应收账款
   D. 应收的商业承兑汇票到期，对方无力付款

3. 关于"预付账款"账户，下列说法正确的有（　）。
   A. "预付账款"属于资产性质的账户
   B. 预付货款不多的企业，可以不单独设置"预付账款"账户，将预付的货款记入"应付账款"账户的借方
   C. "预付账款"账户贷方余额反映的是应付供货单位的款项
   D. "预付账款"账户只核算企业因销售业务产生的往来款项

四、判断题

1. ☆不单独设置"预付账款"科目的企业，可将预付的款项记入"应收账款"科目。（　）

2. ☆企业短期租入包装物支付的押金应通过"其他应收款"科目核算。　　　（　）

五、不定项选择题

☆甲公司为增值税一般纳税人，原材料采用实际成本核算。2019年12月该公司发生有关应收款项的经济业务如下：

(1)2日，因经营范围转型，向乙公司销售原材料一批，其成本为26万元，开具的增值税专用发票上注明的价款为30万元，增值税税额为3.9万元，款项尚未收到；当日材料已发出并符合收入确认条件。

(2)16日，按照合同约定，收到乙公司开出的一张期限为3个月、不带息的银行承兑汇票，面值为33.9万元，抵付2日购进原材料所欠的全部款项。

(3)25日，按采购合同约定以银行存款预付采购丙公司原材料款22.6万元。31日，收到原材料并验收入库；取得增值税专用发票上注明的价款为50万元、增值税税额为6.5万元，此项业务余款以16日收到的乙公司银行承兑汇票背书转让结清。

(4)31日，根据应收账款期末余额和计提标准，本期应补提坏账准备10万元。

要求：根据上述资料，不考虑其他因素，分析回答下列小题。(答案中的金额单位用万元表示)

(1)根据资料(1)，下列各项中，甲公司销售原材料相关会计处理表述正确的是(   )。

A. 贷记"应交税费——应交增值税(销项税额)"科目3.9万元

B. 借记"主营业务成本"科目26万元

C. 贷记"原材料"科目26万元

D. 贷记"主营业务收入"科目30万元

(2)根据资料(1)和(2)，下列各项中，甲公司收到银行承兑汇票时会计处理表述正确的是(   )。

A. 借记"其他货币资金"科目33.9万元

B. 借记"应收票据"科目33.9万元

C. 贷记"应收账款"科目33.9万元

D. 贷记"其他应收款"科目33.9万元

(3)根据资料(3)，下列各项中，甲公司采购业务会计处理正确的是(   )。

A. 预付款项时：

借：材料采购　　　　　22.6
　　贷：银行存款　　　　　　22.6

B. 预付款项时：

借：预付账款　　　　　22.6
　　贷：银行存款　　　　　　22.6

C. 材料验收入库时：

借：原材料　　　　　　50
　　应交税费——应交增值税(进项税额)
　　　　　　　　　　　6.5
　　贷：预付账款　　　　　　22.6
　　　　应收票据　　　　　　33.9

D. 材料验收入库时：

借：原材料　　　　　　50
　　应交税费——应交增值税(进项税额)
　　　　　　　　　　　6.5
　　贷：预付账款　　　　　　22.6
　　　　银行存款　　　　　　33.9

(4)根据资料(4)，下列各项中，关于甲公司计提坏账准备会计处理表述正确的是(   )。

A. 贷记"坏账准备"科目10万元

B. 贷记"应收账款"科目10万元

C. 借记"资产减值损失"科目10万元

D. 借记"信用减值损失"科目10万元

(5)根据资料(1)至(4)，下列各项中，上述业务导致甲公司2019年12月31日资产负债表相关项目变动金额正确的是(   )。

A. "应收账款"项目减少33.9万元

B. "应收票据"项目减少33.9万元

C. "应收账款"项目减少10万元

D. "预付款项"项目减少22.6万元

随堂小练参考答案及解析

一、百考多选题

AC　【解析】选项A，采用托收承付结算方式销售商品，增值税发票上注明的价款和销项税额记入"应收账款"科目，为客户代垫的运输费也应记入"应收账款"科目；如果企业不设置"预付账款"科目，则预付的款项在"应付账款"科目的借方核算；选项C，收到的出租包装物押金记入"其他应付款"科目。

二、单项选择题

1. A　【解析】选项BC，通过"其他应收款"科目核算；选项D，通过"应收利息"科目核算。
2. A　【解析】选项BCD，均通过"应收账款"科目核算。
3. B

三、多项选择题

1. AC　【解析】详见本考点福喜总结。
2. ABCD　【解析】选项A，收回应收账款的会计分录为：
借：银行存款
　　贷：应收账款
选项B，计提应收账款坏账准备的会计分录为：
借：信用减值损失
　　贷：坏账准备
选项C，收回已作为坏账核销的应收账款的会计分录为：
借：应收账款
　　贷：坏账准备
借：银行存款
　　贷：应收账款
选项D，应收的商业承兑汇票到期，对方无力付款的会计分录为：
借：应收账款

贷：应收票据
3. ABC　【解析】选项D，"预付账款"核算的是企业按照购货合同规定预付给供货单位的款项，而不是销售业务产生的往来款项。

四、判断题

1. ×　【解析】不单独设置"预付账款"科目的企业，可将预付的款项记入"应付账款"科目。
2. √

五、不定项选择题

（1）AC；（2）BC；（3）BC；（4）AD；
（5）C。
【解析】
（1）资料（1）会计分录：
借：应收账款　　　　　　　　33.9
　　贷：其他业务收入　　　　　　　30
　　　　应交税费—应交增值税（销项税额）　　　　　　　　　　　　3.9
借：其他业务成本　　　　　　　26
　　贷：原材料　　　　　　　　　　26
（2）资料（2）会计分录：
借：应收票据　　　　　　　　33.9
　　贷：应收账款　　　　　　　　33.9
（3）资料（3）会计分录：
预付款项时：
借：预付账款　　　　　　　　22.6
　　贷：银行存款　　　　　　　　22.6
材料验收入库时：
借：原材料　　　　　　　　　　50
　　应交税费—应交增值税（进项税额）
　　　　　　　　　　　　　　　6.5
　　贷：预付账款　　　　　　　　22.6
　　　　应收票据　　　　　　　　33.9
（4）资料（4）会计分录：
借：信用减值损失　　　　　　　10

贷：坏账准备   10

（5）选项 AC，"应收账款"项目影响金额＝33.9[资料（1）]−33.9[资料（2）]−10[资料（4）]＝−10（万元）；选项 B，"应收票据"项目影响金额＝33.9[资料（2）]−33.9[资料（3）]＝0（万元）；选项 D，"预付款项"项目影响金额＝22.6[资料（3）]−22.6[资料（3）]＝0（万元）。

考点四 存货的核算

 考点详解

一、存货的概述

（一）内容

【案例 1】今天考生小伙伴的您打算做菜：西红柿炒蛋，您到菜场买了西红柿、鸡蛋；您先炒鸡蛋，炒到八分熟，盛出鸡蛋放在碗里；您再炒西红柿，炒到八分熟时，您把八分熟的鸡蛋倒回锅里炒，最后香喷喷的西红柿炒蛋就出锅了。

考生小伙伴，在此，老师不仅仅教您怎么炒西红柿炒蛋，更重要的是教您存货的内容。

本例中，西红柿和鸡蛋属于原材料；炒到八分熟的鸡蛋放在碗里属于半成品（因为它离开锅了，此处把锅比作车间、把碗比作仓库）；炒到八分熟的西红柿属于在产品（因为它还在锅里）；炒熟香喷喷的西红柿炒蛋属于产成品。

通过上述案例，我们知道存货至少包括原材料、半成品、在产品和产成品。

『链接』"工程物资""在建工程"和"固定资产"不属于存货。

存货是企业在日常活动中持有以备出售的产品或商品（库存商品）；处在生产过程中的在产品、半成品（生产成本）；材料（原材料）；周转材料（包装物、低值易耗品）；委托代销商品等。

【例题 1·多选题】下列各项中，不属于企业在产品的有（ ）。

A. 企业销售的自制半成品

B. 已经验收入库的在产品

C. 已经验收入库的外购材料

D. 已经完成全部生产过程并已验收入库的产品

解析 ▶ 选项 A，属于半成品；选项 C，属于原材料；选项 D，属于产成品。

答案 ▶ ACD

（二）成本的确定

表 3-1 存货成本的确定

计入成本的项目（2021 年、2018 年多选题，2020 年、2017 年、2016 年单选题）	不计入成本的项目及其归属
买价、包装费、运杂费	一般纳税人可以抵扣的增值税，单独列示
关税、资源税、消费税、不能抵扣的增值税进项税额	非正常消耗的直接材料、直接人工和制造费用，计入当期损益
运输途中的合理损耗	运输途中的不合理损耗，冲减成本
入库前的挑选整理费	入库后的挑选整理费，计入当期损益
为特定客户设计产品发生的设计费用	一般的设计费用，计入当期损益
生产过程中为达到下一阶段的储存费用	入库后存储费用，计入当期损益
生产过程中发生的直接材料、直接人工和制造费用	

续表

计入成本的项目（2021年、2018年多选题，2020年、2017年、2016年单选题）	不计入成本的项目及其归属
商品流通企业在采购商品过程中发生的运输装卸费等进货费用	商品流通企业采购商品进货费用较小的，可以直接计入当期损益，小企业（批发业、零售业）在购买商品过程中发生的费用（包括运输费、装卸费、包装费、保险费、运输途中的合理损耗和入库前的挑选整理费等）计入销售费用

【案例2】3月1日，福喜公司从甲公司购买100个玻璃杯，单价为9元/个，另支付快递费90元，运输过程中破损2个以内，属于合理损耗，卖家不负责。3月2日，福喜公司收到快递，该玻璃杯破损1个。假定不考虑增值税，求福喜公司购买玻璃杯的总成本和单位成本。

购买玻璃杯的总成本 = 100×9＋90 = 990（元）

购买玻璃杯的单位成本 = 990/99 = 10（元/个）

『注意』计算单位成本时，分母按实际入库数量计算。

【例题2·单选题】某企业为增值税一般纳税人，本期购入一批商品100千克，进货价格为100万元，增值税进项税额为13万元。所购商品到达后验收发现商品短缺45%，其中合理损失5%，另40%的短缺无法查明原因。该批商品的单位成本为（　）万元。

A. 1　　　　　　B. 1.09

C. 1.2　　　　　D. 1.25

解析 ▶ 运输途中的合理损耗要计入存货成本，不从采购成本中扣除，但无法查明原因的损耗需要从采购成本中扣除。所以该批商品的总成本 = 100×（1－40%）= 60（万元），该批商品的入库总数量 = 100×（1－45%）= 55（千克），该批商品的单位成本 = 60÷55 = 1.09（万元）。

答案 ▶ B

【例题3·判断题】酿酒企业为使生产的产品达到规定的质量标准而发生的仓储费用应计入当期损益。（　　）

解析 ▶ 在生产过程中为达到下一个生产阶段所必需的仓储费用应计入存货成本。

答案 ▶ ×

（三）发出存货的计价方法

一般企业实际成本核算方式：个别计价法、先进先出法、月末一次加权平均法、移动加权平均法。计划成本核算方式：计划成本法。

『提示』小企业实际成本核算方式：先进先出法、加权平均法或者个别计价法。计价方法一经选用，不得随意变更。

【案例3】福喜公司3月A商品的收入、发出及购进资料如下表所示。

A 商品购销明细账

单位：元

日期		摘要	收入			发出			结存		
月	日		数量	单价	金额	数量	单价	金额	数量	单价	金额
3	1	期初余额							100	12	1 200
	10	购入	200	15	3 000				300		
	15	销售				200			100		
	20	购入	300	18	5 400				400		
	25	销售				300			100		
	31	本期合计	500	—	8 400	500	—		100		

1. 个别计价法

个别计价法是逐一辨认各批存货发出和期末成本计价的方法。

【案例 4】 承接【案例 3】，福喜公司发出商品采用个别计价法。

（1）3 月 15 日发出的 200 件存货中，已知 50 件成本为 12 元/件，150 件成本为 15 元/件。

则 3 月 15 日存货发出成本 = 50×12+150×15 = 2 850（元）。

（2）3 月 25 日发出的 300 件存货中，已知 50 件成本为 12 元/件，250 件成本为 18 元/件。

则 3 月 25 日存货发出成本 = 50×12+250×18 = 5 100（元）。

（3）期末结存的存货成本 = 50×15+50×18 = 1 650（元）

适用范围：一般不能替代使用的存货，如房屋、珠宝和名画等贵重物品。

2. 先进先出法

先进先出法是指以先购入的存货先发出的计价方法。

【案例 5】 承接【案例 3】，福喜公司发出商品采用先进先出法。

（1）3 月 15 日发出的 200 件存货中，100 件为期初存货（成本为 12 元/件），另 100 件为 3 月 10 日购入存货（成本为 15 元/件）。

则 3 月 15 日存货发出成本 = 100×12+100×15 = 2 700（元）。

（2）3 月 25 日发出的 300 件存货中，确定 100 件为 3 月 10 日购入的存货（成本为 15 元/件），另 200 件为 3 月 20 日购入的存货（成本为 18 元/件）。

则 3 月 25 日存货发出成本 = 100×15+200×18 = 5 100（元）。

（3）期末结存的存货成本 = 100×18 = 1 800（元）

优点：可以在发出存货时结转存货发出成本，有利于均衡核算工作。

缺点：较烦琐；收发业务较多、单价不

稳定时，其工作量大。

『提示』 在物价持续上涨时，先进先出法核算的发出成本偏低，期末存货成本接近于市价，会导致企业高估当期利润和存货价值；反之，企业会低估企业存货价值和当期利润。

【例题 4·判断题】 ☆物价持续上涨时，采用先进先出法计算的期末库存商品成本比采用月末一次加权平均法高。　　　（　）

解析 ▶ 先进先出法是指先购入的存货应先发出，因此在物价持续上升时，期末存货成本接近于市价，比采用月末一次加权平均法计算的金额高。　　　**答案** ▶√

3. 月末一次加权平均法（每月末计算一次成本）

【案例 6】 承接【案例 3】，福喜公司发出商品采用月末一次加权平均法。

（1）存货（月末）单位成本 = 总成本÷总数量 = （月初结存存货成本+本月购入存货的成本）÷（月初结存存货的数量+本月购入存货数量）= （100×12+200×15+300×18）÷（100+200+300）= 16（元）

（2）本月月末结存存货成本 = 月末结存存货的数量×存货单位成本 = 100×16 = 1 600（元）

（3）本月发出存货的成本 = 总成本－月末成本 = 月初结存存货的实际成本+本月购入存货的实际成本－月末结存存货成本 = 9 600－1 600 = 8 000（元）或 = 本月发出存货的数量×存货单位成本 = （200+300）×16 = 8 000（元）

优点：发出存货单价只在月末计算一次，可以简化成本计算工作。

缺点：平时账面上不能及时反映存货的发出金额和结存金额，不利于存货成本的日常管理和控制。

【例题 5·多选题】 ☆某企业 8 月 1 日库存甲材料 200 千克，单位成本 40 元；8 月甲材料收发业务如下：12 日购入甲材料 800 千克，单位成本 45 元；16 日行政管理部门领用甲材料 100 千克；20 日车间生产 M 产品领用甲材料 600 千克。该企业采用先进先出法或月末一次加权平均法计算发出材料成本。不考虑其他因素，该企业 8 月发出甲材料计入 M 产品生产成本的金额分别为( )元。

A. 26 500　　　　B. 20 500

C. 27 000　　　　D. 26 400

解析 ▶ 先进先出法：行政管理部门领用甲材料 100 千克，则月初的 200 千克中还剩下 100 千克(200−100)，车间生产 M 产品领用甲材料 600 千克，这 600 千克由两部分组成：月初剩下的 100 千克和 12 日购入的 800 千克中的 500 千克。所以发出甲材料时计入 M 产品生产成本 = 100×40+500×45 = 26 500(元)。月末一次加权平均法：单位成本 = (200×40+800×45)/(200+800) = 44(元)，发出甲材料时计入 M 产品生产成本 = 600×44 = 26 400(元)。　　　　**答案** ▶ AD

【例题 6·单选题】 某企业采用月末一次加权平均法计算发出材料成本。3 月 1 日结存甲材料 200 件，单位成本为 40 元；3 月 15 日购入甲材料 400 件，单位成本为 35 元；3 月 20 日购入甲材料 400 件，单位成本为 38 元；当月共发出甲材料 500 件。则 3 月发出甲材料的成本为( )元。

A. 18 500　　　　B. 18 600

C. 19 000　　　　D. 20 000

解析 ▶ 材料单价 = (期初结存材料成本+本期购入材料成本)/(期初结存材料数量+本期购入材料数量) = (200×40+400×35+400×38)/(200+400+400) = 37.2(元)，3 月发出甲材料成本 = 37.2×500 = 18 600(元)。

答案 ▶ B

4. 移动加权平均法(买一次算一次成本)

【案例 7】 承接【案例 3】，福喜公司发出商品采用移动加权平均法。

3 月 10 日存货的单位成本 = (原有结存存货的实际成本+本次进货的实际成本)/(原有结存存货数量+本次进货数量) = (100×12+200×15)÷(100+200) = 14(元)

3 月 15 日存货的销售成本 = 发出数量×发

货前的单位成本 = 200×14 = 2 800(元)

3 月 15 日结存存货成本 = 100×14 = 1 400(元)

3 月 20 日存货的单位成本 = (100×14+300×18)÷(100+300) = 17(元)

3 月 25 日存货的销售成本 = 300×17 = 5 100(元)

3 月月末结存存货成本 = 月末结存存货的数量×月末单位成本 = 100×17 = 1 700(元)

优点：可以及时了解存货的结存情况，计算的平均单位成本以及发出和结存的存货成本比较客观。

缺点：计算工作量较大，不适用收发货较频繁的企业。

【例题 7·多选题】 ☆下列各项中，企业可以采用的发出存货成本计价方法有( )。

A. 先进先出法

B. 移动加权平均法

C. 个别计价法

D. 成本与可变现净值孰低法

解析 ▶ 选项 D，存货的期末价值应按成本与可变现净值孰低计量。　　**答案** ▶ ABC

『提示』 不同的存货计价方法，计算出来的成本会有差异，企业应在规定范围内尽量使用导致发出存货的成本偏高的方法，使企业利益相关者做出谨慎的决策。

二、原材料

(一)原材料按实际成本核算

1. 会计科目设置

"原材料"科目，核算已入库的材料；"在途物资"科目，核算未入库的材料，实际成本法专用；这两个科目都是资产类账户，增加在借方，减少在贷方，余额在借方。

2. 实际成本核算的账务处理

(1)购入时。

【案例 8】 3 月 1 日，福喜公司(一般纳税人)购入甲材料一批 100 万元，增值税专用发票注明的税额为 13 万元。材料未入库，款项用银行存款支付(或已于上月预付)。会计分录如下：

  借：在途物资   100
    应交税费——应交增值税(进项税额)

             13
    贷：银行存款/预付账款 113

【案例9】3月5日，福喜公司(一般纳税人)购入乙材料一批200万元，增值税专用发票注明的税额为26万元。材料已验收入库，使用商业汇票结算，该汇票面值为226万元。会计分录如下：

  借：原材料   200
    应交税费——应交增值税(进项税额)

             26
    贷：应付票据   226

(2)入库时。

【案例10】承接【案例8】，3月8日，上述甲材料验收入库。会计分录如下：

  借：原材料   100
    贷：在途物资   100

(3)暂估入库(月末，料到单未到)。

【案例11】3月15日福喜公司(一般纳税人)购入乙材料一批，材料已验收入库。月末发票账单尚未收到，难以确定其实际成本，暂估价值为20万元。

【分析】3月15日不做账，3月末暂估入库，因为发票未到，不考虑增值税。

  会计分录如下：

  借：原材料——乙材料 20
    贷：应付账款——暂估应付账款 20

  4月初用红字予以冲回：

  借：原材料——乙材料   20

    贷：应付账款——暂估应付账款 20

【例题8·单选题】☆某公司为增值税一般纳税人，1月购入原材料一批估计价值为800万元，原材料已验收入库但发票账单至月末尚未收到。不考虑其他因素，该公司的会计处理应为( )。

  A. 将原材料暂估入账，待下月初用红字冲回

  B. 不做账务处理

  C. 直接确认原材料的入账价值800万元

  D. 将原材料按暂估价值和暂估的增值税入账，待收到发票账单后按实际价值和增值税调整

  解析▶对于材料已到达并已验收入库，但发票账单等结算凭证未到，货款尚未支付的采购业务，应于期末按材料的暂估价值，借记"原材料"科目，贷记"应付账款——暂估应付账款"科目。下月初，用红字冲销原暂估入账金额。

          答案▶A

【案例12】承接【案例11】，于4月10日收到上述乙材料的发票账单，货款20万元，增值税专用发票注明的税额2.6万元，已用银行存款付讫。会计分录如下：

  借：原材料——乙材料   20
    应交税费——应交增值税(进项税额)

             2.6
    贷：银行存款   22.6

(4)发出材料的核算。

【案例13】福喜公司3月领用甲材料110万元，其中：基本生产车间40万元，辅助生产车间30万元，车间管理部门20万元，用于出售10万元，销售部门5万元，企业管理部门5万元。会计分录如下：

  借：生产成本——基本生产成本 40
      ——辅助生产成本 30
    制造费用   20
    其他业务成本   10
    销售费用   5
    管理费用   5
    贷：原材料   110

(二)原材料按计划成本核算

1. 计划成本与实际成本核算的会计科目比较

表3-2 计划成本与实际成本核算的会计科目比较

计划成本法	实际成本法
"材料采购"，计划成本法专用	"在途物资"，实际成本法专用
"原材料"，核算材料的计划成本	"原材料"，核算材料的实际成本
"材料成本差异"，实际成本与计划成本的差异	

"材料成本差异"账户的登记：

借方登记：已入库材料的超支差异（实际大于计划）；发出材料负担的节约差异。

贷方登记：已入库材料的节约差异（实际小于计划）；发出材料负担的超支差异。

"材料成本差异"账户，余额在借方，表示超支，是正数；余额在贷方，表示节约，是负数。

【例题9·多选题】 ☆某企业采用计划成本法核算原材料，下列各项中，应记入材料成本差异科目借方的有( )。

A. 材料采购成本的超支差

B. 材料采购成本的节约差

C. 结转出库材料应分摊的超支差

D. 结转出库材料应分摊的节约差

解析 ▶ 材料成本差异借方登记材料入库时的超支差异及发出材料应负担的节约差异，贷方登记材料入库时的节约差异及发出材料应负担的超支差异。 **答案** ▶ AD

2. 原材料按计划成本核算

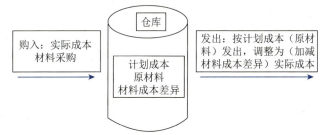

图3-2 原材料按计划成本核算

3. 原材料按计划成本核算全貌(生活案例导入)

【案例14】 今天中午吃盒饭，假设盒饭为材料，计划盒饭20元一份，小花(管理人员)用21元买了一份，刚到办公室放在桌上(假设已入库)，一会儿，她男朋友(管理人员)小明买了同样的盒饭2份，每份18元，共36元，盒饭也放到办公桌上。她俩吃了2份，还剩1份。材料采用计划成本法核算。

(1)小花购入盒饭和入库的会计分录。

①购买时：通过"材料采购"按实际成本核算(假设不考虑相关税费)。

借：材料采购 21
　　贷：银行存款 21

『注意』 计划成本法，购买材料必须通过"材料采购"账户。

②入库时：通过"原材料"按计划成本入库，结转"材料采购"。

借：原材料[计划成本] 20
　　材料成本差异[倒挤] 1
　　贷：材料采购[从①得知] 21

材料成本差异在借方，表示超支1元，计算材料成本差异时以正数表示。

(2)小明购入盒饭和入库的会计分录。

①购买时：

借：材料采购 36
　　贷：银行存款 36

②入库时：

借：原材料［计划成本］ 40

　　贷：材料采购［从①得知］ 36

　　　　材料成本差异［倒挤］ 4

材料成本差异发生时在贷方，表示节约4元，计算材料成本差异率时以负数表示。

（3）盒饭发出2盒（被管理人员吃掉），发出计划成本为40元。

①借：管理费用 40

　　贷：原材料 40

此笔分录的意思是吃2盒饭，计划40元。

②材料成本差异率＝总差异÷总计划成本

＝（1-4）÷（20+40）×100%＝-5%

差异率为-5%，意思是100元的材料节约5元。

③发出材料应负担的差异＝发出材料的计划成本×材料成本差异率＝40×（-5%）＝-2（元）

④结转材料成本差异：

借：材料成本差异 2

　　贷：管理费用 2

购入时，"材料成本差异"科目在贷方，发出时应结转相应的材料成本差异，即应借记"材料成本差异"科目。

⑤发出材料（吃掉盒饭）的实际成本＝发出材料的计划成本+发出材料的成本差异＝40+（-2）＝38（元）

⑥结存材料的实际成本：

结存材料（剩余盒饭）的计划成本＝20+40-40＝20（元）

结存材料（剩余盒饭）的材料成本差异＝20×（-5%）＝-1（元）

结存材料（剩余盒饭）的实际成本＝20-1＝19（元）

4. 原材料按计划成本核算的账务处理

①购入时。

【案例15】3月1日，福喜公司（一般纳税人）购入丙材料一批，实际成本120万元，计划成本100万元，增值税专用发票注明的税额为15.6万元。材料未入库，款项用银行存款支付（或已于上月预付）。会计分录如下：

借：材料采购 120

　　应交税费——应交增值税（进项税额）

　　　　　　　　　　　　　　　　15.6

　　贷：银行存款/预付账款 135.6

②入库时。

【案例16】承接【案例15】，3月8日，上述丙材料验收入库。会计分录如下：

借：原材料 100

　　材料成本差异 （倒挤）20

　　贷：材料采购 120

③月末暂估入库分录同实际成本法（此处省略）。

④计划成本发出材料的账务处理。

【案例17】承接【案例15】和【案例16】，已知福喜公司月初持有的丙材料实际成本110万元，计划成本100万元，材料成本差异超支10万元。本月消耗丙材料200万元（计划成本），其中基本生产车间100万元，辅助生产车间40万元，车间管理部门30万元，企业行政管理部门20万元，销售部门10万元。

【分析】发出材料时计入成本费用的金额应为其实际成本，故需要把计划成本调整为实际成本，如何调整？

调整两步走：

第一步，按照发出材料的计划成本核算。

借：生产成本——基本生产成本 100

　　　　　　　——辅助生产成本 40

　　制造费用 30

　　管理费用 20

　　销售费用 10

　　贷：原材料 200

第二步，结转发出材料计划成本对应的材料成本差异。

材料成本差异率＝（期初材料差异+本月购入材料差异）÷（期初材料计划成本+本月购入材料计划成本）×100%＝（10+20）÷（100+100）×100%＝15%

入库时差异率15%, 是正数, 属于超支, 账户余额在借方, 发出在反方向(贷方)。

编制会计分录, 把第一步中的"原材料"改为"材料成本差异", 对应账户不变, 全额乘以差异率。

借: 生产成本—基本生产成本
　　　　　　(100×15%)15
　　　　—辅助生产成本
　　　　　　(40×15%)6
　　制造费用　(30×15%)4.5
　　管理费用　(20×15%)3
　　销售费用　(10×15%)1.5
　　贷: 材料成本差异　(200×15%)30

【例题10·单选题】☆甲公司对原材料采用计划成本法进行核算。2020年12月初, 结存的M材料的账面余额为30万元, 该材料负担的节约差为2万元; 本期购入M材料的实际成本为110万元, 计划成本为120万元, 当月发出M材料的计划成本为100万元。不考虑其他因素, 甲公司2020年12月发出M材料的实际成本为( )万元。

A. 100　　　　　B. 92

C. 108　　　　　D. 46

解析 ▶ 材料成本差异率=(期初材料成本差异+本期购入材料成本差异)÷(期初材料计划成本+本期购入材料计划成本)=(-2-10)÷(30+120)×100%=-8%, 所以甲公司2020年12月发出M材料的实际成本=100×(1-8%)=92(万元)。　　答案 ▶ B

三、周转材料

周转材料主要指包装物和低值易耗品。

(一)包装物的核算

★包装物, 是指为了包装本企业商品而储备的各种包装容器, 如桶、箱、瓶、坛、袋等。

1. 生产领用包装物的账务处理

【案例18】3月18日, 福喜公司生产产品领用包装物, 实际成本为10万元。会计分录如下:

借: 生产成本　　　　　　　10

　　贷: 周转材料—包装物　　　10

2. 随同商品出售不单独计价的包装物的账务处理(目的: 促销)

【案例19】3月20日, 福喜公司销售商品领用不单独计价包装物的计划成本为20万元, 材料成本差异率为-5%。会计分录如下:

借: 销售费用　　　　　　　19

　　材料成本差异　(20×5%)1

　　贷: 周转材料—包装物　　　20

3. 随同商品出售单独计价的包装物的账务处理

『提示』产生的收入记入"其他业务收入", 结转的成本记入"其他业务成本"。

【案例20】3月25日, 福喜公司销售单独计价包装物的实际成本为8万元, 销售收入为10万元, 增值税税额为1.3万元, 款项已存入银行。会计分录如下:

(1)确认收入:

借: 银行存款　　　　　　11.3

　　贷: 其他业务收入　　　　10

　　　　应交税费—应交增值税(销项税额)　　　　　　　　1.3

(2)结转成本:

借: 其他业务成本　　　　　　8

　　贷: 周转材料—包装物　　　8

4. 出借(或出租)包装物的账务处理

①出借(或出租)时:

借: 周转材料—包装物—出借(或出租)包装物

　　贷: 周转材料—包装物—库存包装物

②出借(或出租)收取押金时:

借: 库存现金等

　　贷: 其他应付款—存入保证金

退还押金时做相反会计分录。

③出租取得租金收入时:

借: 银行存款等

　　贷: 其他业务收入

　　　　应交税费—应交增值税(销项税额)

④结转包装物相关费用时：

借：销售费用［出借时］

其他业务成本［出租时］

贷：周转材料—包装物—包装物摊销［包装物摊销费用］

银行存款等［包装物修理费用］

『链接』 计入其他业务收入（成本）的情况：①**出租**包装物；②**销售原材料**；③随同商品出售**单独计价**的包装物。

『巧记』 猪（出租）吃包装（销售单独计价的包装物）的饲料（销售原材料）。

【例题11·多选题】 ☆下列各项中，企业支付租入包装物押金应借记的会计科目不可能的有（　　）。

A．其他业务成本　　B．其他应付款

C．预付账款　　D．其他应收款

解析 ▶ 会计分录：

借：其他应收款

贷：银行存款

答案 ▶ ABC

【例题12·多选题】 ☆下列各项中，关于包装物的会计处理表述正确的有（　　）。

A．随同商品出售不单独计价的包装物，按实际成本计入其他业务成本

B．随同商品出售单独计价的包装物，按实际成本计入销售费用

C．生产产品领用的包装物，按实际成本计入生产成本

D．出租的包装物发生的修理费用，按实际支出计入其他业务成本

解析 ▶ 选项A，不单独计价的包装物的成本计入销售费用；选项B，单独计价的包装物的成本计入其他业务成本。　　**答案** ▶ CD

（二）低值易耗品的核算

低值易耗品通常被视同存货，按用途不同分为一般工具、专用工具、替换设备、管理用具、劳动保护用品、其他用具等。与固定资产相比，价值低，寿命短。

领用低值易耗品的摊销方法，按价值大小，采用五五摊销法（分2次计入成本费用）

和一次摊销法（一次性计入成本费用）。

五五摊销法，低值易耗品的核算（使用次数为2次）：

（1）领用时：

借：周转材料—低值易耗品—在用

贷：周转材料—低值易耗品—在库

（2）第一次领用时摊销其价值的一半：

借：制造费用等

贷：周转材料—低值易耗品—摊销

（3）第二次领用时摊销其价值的一半：

借：制造费用等

贷：周转材料—低值易耗品—摊销

同时，

借：周转材料—低值易耗品—摊销

贷：周转材料—低值易耗品—在用

【例题13·多选题】 下列各项中，关于周转材料会计处理表述正确的有（　　）。

A．多次使用的包装物应根据使用次数分次进行摊销

B．低值易耗品金额较小的可在领用时一次计入成本费用

C．随同商品销售出租的包装物的摊销额应记入"管理费用"

D．随同商品出售单独计价的包装物取得的收入记入"其他业务收入"

解析 ▶ 选项C，随同商品销售出租的包装物的摊销额应记入"其他业务成本"科目。

答案 ▶ ABD

四、委托加工物资

委托加工物资的成本主要包括：（1）加工中实际耗用的材料成本；（2）运杂费；（3）加工费；（4）支付的不包括可以抵扣的增值税和消费税等。

【案例21】 福喜公司（一般纳税人）委托有福公司加工一批高档化妆品，材料和商品采用实际成本法核算。

（1）福喜公司发出珍珠一批，材料成本为100万元。会计分录如下：

借：委托加工物资　　　　100

贷：原材料　　　　　　　　　100

（2）福喜公司支付往返运费，价款 1 万元，增值税税额为 0.09 万元。会计分录如下：

借：委托加工物资　　　　　　　1

　　应交税费—应交增值税(进项税额)

　　　　　　　　　　　　　　0.09

　　贷：银行存款　　　　　　　1.09

（3）福喜公司支付加工费用 70 万元，增值税额为 9.1 万元。会计分录如下：

借：委托加工物资　　　　　　　70

　　应交税费—应交增值税(进项税额)

　　　　　　　　　　　　　　9.1

　　贷：银行存款　　　　　　　79.1

（4）福喜公司支付消费税 30 万元。

①高档化妆品收回后用于直接销售的，记入"委托加工物资"科目。会计分录如下：

借：委托加工物资　　　　　　　30

　　贷：银行存款　　　　　　　30

『提示』　一般情况下，消费税只交纳一次，此案例已将消费税计入委托加工物资成本。

②高档化妆品收回后用于继续加工应税消费品的，记入"应交税费—应交消费税"科目。会计分录如下：

借：应交税费—应交消费税　　　30

　　贷：银行存款等　　　　　　30

『提示』　因为未来再加工后的高档化妆品会产生更多的消费税，所以现在交的消费税在未来可以抵扣，因此把消费税记入"应交税费—应交消费税"借方。

（5）高档化妆品验收入库。

①高档化妆品收回后用于直接销售的，会计分录如下：

借：库存商品　　　　　　　　　201

　　贷：委托加工物资

　　　　　　　　(100+1+70+30)201

②高档化妆品收回后用于继续加工的，会计分录如下：

借：原材料　　　　　　　　　　171

　　贷：委托加工物资　（100+1+70）171

【例题 14·多选题】　☆某企业为增值税一般纳税人，委托外单位加工一批材料，发出材料的实际成本为 200 万元，支付加工费 10 万元，取得的增值税专用发票上注明的增值税税额为 1.3 万元，受托方代收代缴的可抵扣消费税 30 万元。企业收回这批材料后用于继续加工或直接出售应税消费品。不考虑其他因素，该批材料加工收回后的入账价值分别为（　　）万元。

A. 241.3　　　　　　B. 210

C. 211.3　　　　　　D. 240

解析 ▶ 收回后用于继续加工：该批材料加工收回后的入账价值 = 200 + 10 = 210（万元）；收回后用于直接出售：该批材料加工收回后的入账价值 = 200 + 10 + 30 = 240（万元）。

答案 ▶ BD

五、库存商品

1. 验收入库商品

【案例 22】　福喜公司生产完工一批高档化妆品，实际成本 80 万元。会计分录如下：

借：库存商品　　　　　　　　　80

　　贷：生产成本—基本生产成本　80

2. 发出商品（两步走：一手交钱，一手交货）

【案例 23】　福喜公司销售一批 A 产品，售价 100 万元，增值税 13 万元，实际成本 80 万元，价款已收。会计分录如下：

（1）一手交钱，确认收入：

借：银行存款　　　　　　　　　113

　　贷：主营业务收入　　　　　100

　　　应交税费—应交增值税(销项税额)　　　　　　　　　　13

（2）一手交货，结转成本：

借：主营业务成本　　　　　　　80

　　贷：库存商品　　　　　　　80

【例题 15·单选题】　☆下列各项中，不属于企业库存商品的是（　　）。

A. 存放在门市部准备出售的商品

B. 接受来料加工制造的代制品

C. 已完成销售手续但购买单位在月末未提取的产品

D. 发出展览的商品

解析 ▶ 选项 C，相关商品的控制权已经转移，不属于企业的商品。　　**答案** ▶ C

3. 商品流通企业按毛利率法和售价金额核算法核算

（1）毛利率法。

	成本（单位：万元）	+	毛利（单位：万元）	=	售价（收入）（单位：万元）
期初	1 800（已知）				
购入	2 700（已知）				
合计	4 500				
销售	3 000−1 200=1 800		3 000×40%=1 200		3 000（已知）
期末	4 500−1 800=2 700				

『提示』毛利率法适用于商业批发企业。

【例题 16·多选题】☆某商场采用毛利率法计算期末存货成本。甲类商品2010年4月1日，期初成本为 3 500 万元，当月购货成本为 500 万元，当月销售收入为 4 500 万元。甲类商品第一季度实际毛利率为 25%。2010 年 4 月 30 日，甲类商品本期销售成本和结存成本分别为（　　）万元。

A. 3 375　　　　　　B. 1 125　　　　　　C. 625　　　　　　D. 1 800

解析 ▶

	成本（单位：万元）	+	毛利（单位：万元）	=	售价（收入）（单位：万元）
期初	3 500（已知）				
购入	500（已知）				
合计	4 000				
销售	4 500−1 125=3 375		4 500×25%=1 125		4 500（已知）
期末	4 000−3 375=625				

　　　　　　　　　　　　　　　　　　　　　　　　　　　　　　答案 ▶ AC

（2）售价金额核算法。

【案例 25】某商场采用售价金额核算法进行核算，3 月初库存矿泉水的进价成本为 60 万元，售价总额为 100 万元，本月购进该商品的进价成本为 150 万元，售价总额为 200 万元，本月销售收入为 180 万元。

求：矿泉水的进销差价率、本期销售矿泉水的成本和期末结存库存矿泉水的成本。

先求进销差价率=总差价÷总售价×100%=（100−60+200−150）/（100+200）×100%=30%

再通过下表，自上到下计算：

	进价（单位：万元）	+	差价（毛利）（单位：万元）	=	售价（收入）（单位：万元）
期初	60（已知）		100−60=40		100（已知）

【案例 24】某商场采用毛利率法进行核算，3 月 1 日库存矿泉水 600 箱，每箱成本 3 万元；本月购进 2 700 万元；本月销售收入为 3 000 万元，每箱售价 5 万元。

求：矿泉水的毛利率、已售矿泉水的成本和期末库存矿泉水的成本。

先求出毛利率=（售价−进价）/售价×100%=（5−3）/5×100%=40%

通过下表，自上到下计算：

	进价(单位：万元)	+	差价(毛利)(单位：万元)	=	售价(收入)(单位：万元)
购入	150(已知)		200-150=50		200(已知)
合计	210		90，求出进销差价率=30%		300(已知)
销售	180-54=126		180×30%=54		180
期末	210-126=84				

『提示』售价金额核算法适用于百货公司、超市等商业零售业务的企业。

【例题17·单选题】☆某商场库存商品采用售价金额核算法进行核算。2019 年 5 月初，库存商品的进价成本为 30 万元，售价总额为 46 万元。当月购进商品的进价成本为 40 万元，售价总额为 54 万元。当月销售收入为 70 万元。不考虑其他因素，该商场月末结存商品的实际成本为(　)万元。

A. 49　　　　　　B. 41　　　　　　C. 31　　　　　　D. 21

解析 ▶通过下表计算：

	进价(单位：万元)	+	差价(毛利)(单位：万元)	=	售价(收入)(单位：万元)
期初	30(已知)		46-30=16		46(已知)
购入	40(已知)		54-40=14		54(已知)
合计	70		30，求出进销差价率=30%		100(已知)
销售	70-21=49		70×30%=21		70
期末	70-49=21				

答案 ▶D

六、消耗性生物资产

(一)确认与计量

1. 生物资产的定义与分类

表 3-3　生物资产的定义与分类

生物资产	是指与农业生产相关的动物或植物
消耗性生物资产(流动资产)	是指为**出售而持有**的或**在将来收获为农产品**的生物资产。如生长中的大田作物(水稻、小麦等)、蔬菜、用材林以及存栏待售的牲畜(养殖场待出售的猪、养殖的鱼)等
生产性生物资产(非流动资产)	是指为**产出农产品**、**提供劳务**或**出租**等目的而持有的生物资产，包括经济林、薪炭林、产畜和役畜等
公益性生物资产	

2. 消耗性生物资产的成本

企业自行栽培、营造、繁殖或养殖的消耗性生物资产的成本，应当按照下列规定确定，详见表 3-4。

表3-4　消耗性生物资产的成本

情形	成本
自行栽培的大田作物和蔬菜	在收获前耗用的种子、肥料、农药等材料费、人工费和应分摊的间接费用等必要支出
自行营造的林木类	郁闭前发生的造林费、抚育费、营林设施费、良种试验费、调查设计费和应分摊的间接费用等必要支出
自行繁殖的育肥畜	出售前发生的饲料费、人工费和应分摊的间接费用等必要支出
水产养殖的动物和植物	在出售或入库前耗用的苗种、饲料、肥料等材料费、人工费和应分摊的间接费用等必要支出

【解释】郁闭：人工种植林的成本是否追加投入，类似于达到资本化的意思，郁闭前表示要追加成本，发生的支出记入相应资产的成本，如消耗性生物资产；郁闭后表示不用追加成本，发生的资产记入费用，如管理费用。

3. 会计科目(见表3-5)

表3-5　相关会计科目

会计科目	核算内容
消耗性生物资产	农林牧渔企业消耗性生物资产的实际成本，类似于"生产成本"科目
农产品	农林牧渔企业消耗性生物资产收获的农产品，类似于"库存商品"科目

(二)账务处理

表3-6　相关账务处理

情形	账务处理	
外购	借：消耗性生物资产 　　贷：银行存款/应付账款	
自行栽培、营造、繁殖等	借：消耗性生物资产(支出：大田作物和蔬菜，收获前；林木类，郁闭前；动植物：出售前) 　　贷：银行存款	
补植林木类后续支出	借：消耗性生物资产 　　贷：银行存款	
林木类郁闭后发生的管护费	借：管理费用 　　贷：银行存款	
收获为农产品	借：农产品 　　贷：消耗性生物资产	
出售	借：银行存款 　　贷：主营业务收入等	借：主营业务成本等 　　贷：消耗性生物资产/农产品

情形	账务处理
减值及转回	准则规定，企业至少应当于每年年度终了对消耗性生物资产进行检查，有确凿证据表明上述生物资产发生减值的，即消耗性生物资产的可变现净值低于其账面价值的，企业应做会计处理： 借：资产减值损失（可变现净值低于账面价值的差额） 　　贷：存货跌价准备—消耗性生物资产
	如果消耗性生物资产减值的影响因素消失的，原已计提的跌价准备可以转回。 借：存货跌价准备—消耗性生物资产 　　贷：资产减值损失（小于等于原计提金额）

【案例】福喜林业有限公司培植管护一片森林，3 月，发生森林管护费用共计 10 万元，其中尚未支付的人员工资 5 万元，使用库存肥料 3 万元，管护设备折旧 2 万元。管护总面积为 1 000 公顷，其中，作为用材林的杨树林共计 600 公顷，已郁闭的占 60%，其余的尚未郁闭；作为水土保持林的马尾松共计 400 公顷，全部已郁闭。管护费用按照森林面积比例分配。

【分析】

已郁闭马尾松应分配的费用 = 400/1 000 ×10 = 4（万元）

已郁闭杨树林应分配的费用 = 600×60%/ 1 000×10 = 3.6（万元）

未郁闭杨树林应分配的费用 = 600×（1－60%）/1 000×10 = 2.4（万元）

已郁闭的支出应当费用化（4+3.6 = 7.6 万元），记入"管理费用"科目；未郁闭的支出应当资本化，记入该资产（消耗性生物资产）成本。

会计分录：

借：管理费用　　　　　　　　　7.6

　　消耗性生物资产—用材林（杨树林）

　　　　　　　　　　　　　　　2.4

　　贷：应付职工薪酬　　　　　　5

　　　　原材料　　　　　　　　　3

　　　　累计折旧　　　　　　　　2

随堂小练 限时5min

一、单项选择题

林木类消耗性生物资产达到郁闭后发生的管护费用等后续支出，应借记的会计科目是（　）。

A. 银行存款

B. 管理费用

C. 消耗性生物资产

D. 营业外支出

二、多项选择题

生物资产包括（　）。

A. 消耗性生物资产

B. 生产性生物资产

C. 公益性生物资产

D. 固定性生物资产

三、判断题

1. 消耗性生物资产在郁闭或达到预定生产经营目的后发生的管护等后续支出，应当计入当期损益。　　　　　　　　（　）

2. 自行繁殖的育肥畜的成本包括出售前发生的饲料费、人工费和应分摊的间接费用等必要支出。　　　　　　　　（　）

3. 如果消耗性生物资产减值的影响因素消失的，原已计提的跌价准备不能转回。（　）

随堂小练参考答案及解析

一、单项选择题

B 【解析】林木类消耗性生物资产达到郁闭后发生的管护费用等后续支出，借记"管理费用"科目，贷记"银行存款"等科目。

二、多项选择题

ABC 【解析】生物资产包括消耗性生物资产、生产性生物资产和公益性生物资产。

三、判断题

1. √

2. √

3. × 【解析】如果消耗性生物资产减值的影响因素消失的，原已计提的跌价准备不可以转回。

七、存货清查

（一）盘盈（两步走）

【案例26】3月末，福喜公司盘盈甲材料（商品）10万元。经查属于材料（商品）收发计量方面的错误。

【分析】第一步，一般企业发生存货盘盈时（批准处理前）：

借：原材料/库存商品 10
　　贷：待处理财产损溢 10

第二步，在按管理权限报经批准后：

借：待处理财产损溢 10
　　贷：管理费用 10

『注意』与库存现金盘盈账务处理的区别。小企业的存货发生的盘盈，按照实现的收益，计入营业外收入。

（二）盘亏及毁损（两步走）

【案例27】3月末，福喜公司盘亏乙材料（商品）20万元，相关增值税税额为2.6万元。经查该损失系管理不善造成，剩余残料

0.1万元，保险公司赔偿9.9万元。

【分析】第一步，企业发生存货盘亏及毁损时：

借：待处理财产损溢 22.6
　　贷：原材料/库存商品 20
　　　　应交税费——应交增值税（进项税额转出） 2.6

第二步，在按管理权限报经批准后：

借：原材料［入库的残料价值］ 0.1
　　其他应收款［保险公司和过失人的赔偿］ 9.9
　　管理费用［一般经营损失的部分］ 12.6
　　贷：待处理财产损溢 22.6

如果属于非常损失，借方记入"营业外支出"账户。

小企业的存货发生的毁损和盘亏的净损失，应计入营业外支出。

【例题18·单选题】☆某公司因暴雨毁损原材料一批，该批材料实际成本为1万元。残料变现价值为0.05万元，保险公司按合同约定赔偿0.3万元。不考虑其他因素，该批材料的毁损净损失为（　　）万元。

A. 1　　　　　　　B. 0.65

C. 0.05　　　　　D. 0.7

解析 ▶ 该批材料的毁损净损失＝1－0.05－0.3＝0.65（万元）。　　答案 ▶ B

【例题19·多选题】☆下列各项中，企业按管理权限报经批准后的原材料毁损的会计处理表述正确的有（　　）。

A. 应当由过失人承担的赔款，记入"应收账款"科目的借方

B. 毁损净损失属于非常损失的部分，记入"营业外支出"科目的借方

C. 毁损净损失属于一般经营损失的部分，记入"管理费用"科目的借方

D. 入库的残料价值，记入"原材料"科目的借方

解析 ▶ 选项 A，计入其他应收款。

答案 ▶ BCD

八、存货减值

(一)概述

资产负债表日，存货应当按照**成本与可变现净值孰低**计量。其中，成本是指期末存货的实际成本。"存货跌价准备"属于资产备抵类账户，增加在贷方，减少在借方，余额在贷方。

可变现净值=估计售价-至完工时估计将要发生的成本-估计的销售费用-相关税费

(二)会计处理

1. 存货跌价准备的计提

★存货成本高于其可变现净值的，应当计提存货跌价准备，计入当期损益（资产减值损失）。

【案例 28】福喜公司期末存货实际成本 100 万元，可变现净值 90 万元。假定该项存货以前未计提存货跌价准备，会计分录如下：

借：资产减值损失　　　　　10

　　贷：存货跌价准备　　　　　10

2. 存货跌价准备的转回

『提示』当以前减记存货价值的因素已经消失的而使存货价值恢复的，按恢复增加的金额转回存货跌价准备。

【案例 29】承接【案例 28】，本期末以前减记存货价值的影响因素已经部分或全部消失。

（1）如果存货可变现净值为 95 万元，小于成本，存货跌价准备期末余额应为 100-95=5（万元），本期存货跌价准备发生额=5-10=-5（万元），即应转回存货跌价准备 5 万元。会计分录如下：

借：存货跌价准备　　　　　5

　　贷：资产减值损失　　　　　5

（2）如果存货的可变现净值为 105 万元，大于成本，存货跌价准备期末余额应为 0，本期存货跌价准备发生额=0-10=-10（万元），即应转回存货跌价准备 10 万元。会计

分录如下：

借：存货跌价准备　　　　　10

　　贷：资产减值损失　　　　　10

『提示』原成本 100 万元小于可变现净值 105 万元，转回上限为 100 万元。

【例题 20·单选题】☆5 月 31 日，某企业乙存货的实际成本为 200 万元，该存货加工至完工估计还将发生成本为 30 万元，估计销售费用和相关税费为 3 万元，估计用该存货生产的产成品售价为 210 万元。假定乙存货月初"存货跌价准备"科目余额为 0，5 月 31 日应计提的存货跌价准备为（　）万元。

A. -10　　　　B. 12

C. 23　　　　D. 32

解析 ▶ 5 月 31 日该存货可变现净值=210-30-3=177（万元），其成本为 200 万元，应计提的存货跌价准备=200-177=23（万元）。

答案 ▶ C

【例题 21·多选题】☆下列各项中，会引起企业期末存货账面价值变动的有（　）。

A. 已发出商品但尚未确认销售收入

B. 委托外单位加工发出的材料

C. 发生的存货盘亏

D. 冲回多计提的存货跌价准备

解析 ▶ 选项 A，会计分录：

借：发出商品

　　贷：库存商品

存货一增一减，账面价值不变。

选项 B，会计分录：

借：委托加工物资

　　贷：原材料

存货一增一减，账面价值不变。

选项 C，会计分录：（假设原材料盘亏，不考虑增值税）

借：待处理财产损溢

　　贷：原材料

原材料减少，存货账面价值减少。

选项 D，会计分录：

借：存货跌价准备

　　贷：资产减值损失

111

存货跌价准备减少，存货账面价值增加。

答案 ▶ CD

福喜总结 原材料采用计划成本核算 ★★（2021年、2020年单选题；2020年多选题）

项目	账务处理	
购入材料	借：材料采购［实际成本，在计划成本法下用］ 　　应交税费—应交增值税（进项税额） 　　贷：银行存款/应付账款等	
材料入库	"材料成本差异"（入库时）：借方—超支、正数；贷方—节约、负数 （发出时在反方向）（2017年单选题；2016年、2015年多选题）	
	超支： 借：原材料［计划成本］ 　　材料成本差异［超支］ 　　贷：材料采购	节约： 借：原材料［计划成本］ 　　贷：材料采购 　　　　材料成本差异［节约］
发出材料（注意：发出的材料成本应由计划成本调整为实际成本）	(1)本期材料成本差异率＝总差异/总计划成本 (2)发出材料应负担的成本差异＝发出材料的计划成本×差异率	
	超支： (1)发出材料 借：生产成本/制造费用/管理费用 　　贷：原材料 (2)发出差异 借：生产成本/制造费用/管理费用 　　贷：材料成本差异［材料金额×差异率］	节约： (1)发出材料 借：生产成本/制造费用/管理费用 　　贷：原材料 (2)发出差异 借：材料成本差异［材料金额×差异率］ 　　贷：生产成本/制造费用/管理费用

随堂小练 限时50min

一、百考多选题

关于企业存货的成本，以下表述不正确的有（　　）。

A. 采购材料支付的原材料价款、运输费、装卸费应计入材料成本；企业收购发票上注明买价20 000元，规定的增值税进项税额扣除率为9%，另支付入库前挑选整理费100元，如果该企业为增值税一般纳税人购入农产品，则农产品的入账价值是20 000元；如果该企业为小规模纳税人，则农产品的入账价值是20 100元

B. 一般纳税人企业购进原材料支付的增值税、消费税、关税计入材料成本；小规模纳税企业购进原材料支付的增值税、消费税、关税应计入材料成本

C. 企业购入甲材料1 060千克，每千克不含税单价10元，增值税每千克1.3元，另外支付运杂费500元，运输途中发生合理损耗60千克，入库前发生挑选整理费用100元，入库后发生挑选整理费用200元。如果该企业为小规模纳税人，该批材料入库的总成本为11 400元，实际单位成本为11.4元；如果该企业为一般纳税人，则该批材料入库的总成本为11 200元，实际单位成本为11.2元

D. 商品流通企业在采购商品过程中发生的运杂费等进货费用，应当计入存货采购成本；进货费用数额较小的，也可以在发生时直接计入当期费用；企业设计产品发生的设计费用通常应计入存货的成本；在生产过程中为达到下一生产阶段所必需的

仓储费用和存货的加工成本应计入存货成本

二、单项选择题

1. ☆某企业为增值税一般纳税人，2019年6月5日购入材料一批，价款20 000元、增值税税额2 600元，另发生包装费500元、增值税税额65元，上述款项以银行存款支付并取得增值税专用发票。不考虑其他因素，该企业购入材料的入账价值为（　　）元。

A. 22 600　　　　　B. 23 165
C. 20 000　　　　　D. 20 500

2. ☆某企业采用先进先出法核算发出存货成本。2019年11月期初结存M材料100千克，每千克实际成本为30元；11日购入M材料260千克，每千克实际成本为23元；21日发出M材料240千克。不考虑其他因素，该企业发出M材料的成本为（　　）元。

A. 5 986.67　　　　B. 7 200
C. 5 520　　　　　D. 6 220

3. ☆甲企业为增值税小规模纳税人，本月采购原材料2 060千克，每千克50元（含增值税），运输途中的合理损耗为60千克，入库前的挑选整理费用为500元，企业该批原材料的入账价值为（　　）元。

A. 100 500　　　　B. 103 500
C. 103 000　　　　D. 106 500

4. ☆某增值税一般纳税人因管理不善导致火灾毁损库存原材料一批，该批原材料账面记载的成本为100万元，经确认应转出的增值税税额为13万元，应收保险公司赔偿款56万元。假定不考虑其他因素，经批准属于企业确认该材料毁损净损失的会计分录是（　　）。

A. 借：营业外支出　　　　　44
　　　贷：待处理财产损溢　　　　　44
B. 借：管理费用　　　　　44
　　　贷：待处理财产损溢　　　　　44

C. 借：营业外支出　　　　　57
　　　贷：待处理财产损溢　　　　　57
D. 借：管理费用　　　　　57
　　　贷：待处理财产损溢　　　　　57

5. ☆某企业为增值税一般纳税人，增值税税率为13%，销售一批原材料，价税合计为5 876元，款项尚未收到。该批材料计划成本为4 200元，材料成本差异为2%。不考虑其他因素，销售材料应确认的损益为（　　）元。

A. 1 884　　　　　B. 1 084
C. 1 968　　　　　D. 916

6. ☆某商场采用毛利率法计算期末存货成本，甲商品4月1日期初成本3 600万元，本月购入6 000万元，当月销售收入6 800万元，该商品第一季度毛利率为25%，4月30日，期末结存成本为（　　）万元。

A. 4 500　　　　　B. 2 800
C. 7 900　　　　　D. 5 400

7. ☆某商业企业的库存商品采用售价金额核算法核算。2014年4月初，库存商品成本为10 000元，售价总额为20 000元。本月购入库存商品成本为50 000元，售价总额为60 000元。4月销售收入为75 000元。不考虑其他因素，该企业4月销售成本为（　　）元。

A. 62 500　　　　　B. 60 000
C. 56 250　　　　　D. 37 500

8. 乙公司为一家林业有限责任公司，负责统一组织培植管护一片属于用材林的杨树林，共计4 000公顷，在2022年前已郁闭的占80%，其余部分截止2022年1月末尚未郁闭。2022年1月发生以下费用支出：计提管护设备折旧费4 000元，应付工作人员薪酬10 000元，领用肥料16 000元。则本月应计入消耗性生物资产的金额为（　　）元。

A. 16 000　　　　　B. 6 000
C. 3 200　　　　　D. 12 800

9. ☆下列各项中，关于存货期末计量会计处理表述正确的是( )。

A. 当存货可变现净值高于存货成本时，应按其可变现净值计价

B. 当存货可变现净值高于存货成本时，应将其差额计入当期损益

C. 已计提的存货跌价准备不得转回

D. 当存货账面价值高于其可变现净值时，应计提存货跌价准备

三、多项选择题

1. ☆下列各项中，应计入存货成本的有( )。

A. 委托加工物资收回后用于连续生产应税消费品应交的消费税

B. 委托加工物资收回后直接对外销售由受托方代收代缴的消费税

C. 一般纳税人购进原材料可抵扣的增值税进项税额

D. 进口原材料交纳的关税

2. ☆下列各项中，关于原材料采用计划成本核算的会计处理表述中，正确的有( )。

A. 入库原材料节约差异记入"材料成本差异"科目的借方

B. 发出原材料应分担的超支差异记入"材料成本差异"科目的贷方

C. 材料的收入、发出及结存均按照计划成本计价

D. 发出材料应分担的差异，将计划成本调整为实际成本

3. ☆下列各项中，企业确认随同商品出售不单独计价和单独计价的包装物的实际成本应借记的会计科目分别是( )。

A. 管理费用　　　B. 主营业务成本

C. 销售费用　　　D. 其他业务成本

4. ☆某企业采用计划成本进行材料日常核算，下列各项中，应通过"材料成本差异"科目借方核算的有( )。

A. 发出材料应负担的超支差异

B. 入库材料的超支差异

C. 发出材料应负担的节约差异

D. 入库材料的节约差异

5. ☆甲公司为增值税一般纳税人，委托乙公司加工一批应税消费品的半成品(非金银首饰)。发出材料的成本为50万元，向乙公司支付加工费6万元，增值税税额为0.78万元，已取得增值税专用发票；支付乙公司代收代缴的消费税为2万元；半成品加工完毕验收入库。不考虑其他因素，收回后继续用于生产应税消费品或直接出售，则该批委托加工物资的成本分别为( )万元。

A. 56　　　　　B. 58.78

C. 58　　　　　D. 52

6. ☆下列各项中，企业关于存货毁损报经批准后的会计科目处理表述正确的有( )。

A. 属于一般经营损失的部分，记入"营业外支出"科目

B. 属于过失人赔偿的部分，记入"其他应收款"科目

C. 入库的材料价值，记入"原材料"科目

D. 属于非常损失的部分，记入"管理费用"科目

7. ☆下列各项中，关于企业存货减值的相关会计处理表述正确的有( )。

A. 企业结转存货销售成本时，对于其已计提的存货跌价准备，应当一并结转

B. 资产负债表日，当存货期末账面价值高于其可变现净值时，企业应当按账面价值计量

C. 资产负债表日，期末存货应当按照成本与可变现净值孰低计量

D. 资产负债表日，当存货期末账面价值低于其可变现净值时，企业应当按可变现净值计量

8. 下列各项中，企业需暂估入账的有( )。

A. 月末已验收入库但发票账单未到的原材料

B. 已发出商品但货款很可能无法收回的商品销售

C. 已达到预定可使用状态但尚未办理竣

工决算的办公楼

D. 董事会已通过但股东大会尚未批准的拟分配的现金股利

四、判断题

1. ☆如果企业采用先进先出法核算发出存货成本，则在物价持续上升时会高估企业当期利润。（ ）

2. ☆企业采用计划成本法进行材料日常核算，期末结转发出材料分摊的材料成本差异时，超支差异记入"材料成本差异"科目的贷方，节约差异记入"材料成本差异"科目的借方。（ ）

3. ☆企业销售商品领用单独计价的包装物的实际成本，应计入"销售费用"科目。（ ）

4. ☆企业材料盘亏净损失属于一般经营损失的部分，应记入"营业外支出"科目。（ ）

5. ☆已验收入库但至月末尚未收到增值税扣税凭证的赊购货物，应按合同协议价格计算增值税进项税额暂估入账。（ ）

6. 存货的可变现净值即为市场的销售价格。（ ）

7. ☆企业因自然灾害造成的财产损失，扣除残料价值和应由保险公司承担和赔偿后的净损失计入营业外支出（ ）

8. ☆对于金额较小的低值易耗品，可在领用时一次确认成本费用。（ ）

五、不定项选择题

☆某公司为制造业增值税一般纳税人，生产 M 产品耗用的甲材料按实际成本核算，并采用先进先出法计价。2020 年 12 月初结存甲材料 1 000 千克，单位成本为 0.6 万元/千克，未计提存货跌价准备。12 月份该公司发生与甲材料有关的业务如下：

（1）5 日，购入甲材料 600 千克并验收入库，取得增值税专用发票上注明的价款为 360 万元，增值税税额为 46.8 万元，另以银行存款支付与材料采购相关的支出共计

6.51 万元，其中：运费 5 万元、增值税税额为 0.45 万元，保险费 1 万元、增值税税额为 0.06 万元，运费及保险费均已取得增值税专用发票。

（2）6 日，销售甲材料一批，开具的增值税专用发票上注明的价款为 270 万元，增值税税额为 35.1 万元，全部款项尚未收到。该销售业务符合收入确认条件。

（3）本月共发出甲材料 1 100 千克，按照发出先后顺序，依次为对外销售 300 千克，生产 M 产品领用 600 千克，自营建造厂房领用 200 千克。

（4）31 日，M 产品及甲材料发生跌价，期末库存甲材料预计可变现净值为 280 万元。

要求：根据上述资料，不考虑其他因素，分析回答下列小题。（答案中的金额单位用万元表示）

（1）根据资料（1），下列各项中，关于该公司购入甲材料会计处理表述正确的是（ ）。

A. 甲材料应按 366 万元入账

B. 支付的运费 5 万元应计入管理费用

C. 支付的保险费 1 万元应计入财务费用

D. 应确认增值税进项税额 47.31 万元

（2）根据资料（2），下列各项中，该公司销售甲材料会计科目处理正确的是（ ）。

A. 贷记"应交税费—应交增值税（销项税额）"科目 35.1 万元

B. 贷记"主营业务收入"科目 270 万元

C. 贷记"其他业务收入"科目 270 万元

D. 借记"其他应收款"科目 305.1 万元

（3）根据期初资料、资料（1）至（3），下列各项中，该公司发出甲材料会计处理正确的是（ ）。

A. 生产 M 产品领用材料时：

借：生产成本—M 产品　　　360
　　贷：原材料　　　　　　　　　　360

B. 结转对外销售材料成本时：

借：其他业务成本　　　　　180

贷：原材料　　　　　　　　180

C. 自营建造厂房领用材料时：

借：在建工程　　　　　　　121

　　　贷：原材料　　　　　　　121

D. 自营建造厂房领用材料时：

借：在建工程　　　　　　135.6

　　　贷：原材料　　　　　　　120

　　　　　应交税费—应交增值税（进项税额转出）　　　　　15.6

(4)根据期初资料、资料(1)至(4)，下列各项中，期末甲材料发生减值会计处理正确的是(　　)。

A. 借记"资产减值损失"科目25万元

B. 借记"信用减值损失"科目20万元

C. 贷记"存货跌价准备"科目20万元

D. 贷记"存货跌价准备"科目25万元

(5)根据期初资料、资料(1)至(4)，下列各项中，该公司2020年12月31日库存甲材料的账面价值是(　　)万元。

A. 301.875　　　　B. 280

C. 305　　　　　　D. 300

随堂小练参考答案及解析

一、百考多选题

ABCD　【解析】选项A，一般纳税人所购农产品的入账价值＝$20\,000\times(1-9\%)+100=18\,300$(元)；选项B，一般纳税人企业购进原材料支付的增值税可以抵扣，不计入材料成本；选项C，小规模纳税人该批材料入库的总成本＝$1\,060\times11.3+500+100=12\,578$(元)，该批材料入库的实际单位成本＝材料入库的总成本/材料入库的实际入库数量＝$12\,578/(1\,060-60)=12.58$(元)；一般纳税人，该批材料入库的总成本＝$1\,060\times10+500+100=11\,200$(元)；该批材料入库的实际单位成本＝$11\,200/(1\,060-60)=11.2$(元)；选项D，企业设计产品发生的设计费用通常应计入当期损益，但是为特定客户设计产品所发生的、可直接确定的设计费用应计入存货的成本。

二、单项选择题

1. D　【解析】会计分录：

借：原材料　　　　　　　20 500

　　应交税费—应交增值税(进项税额)　　　　　　　　　2 665

　　　贷：银行存款　　　　　23 165

2. D　【解析】21日发出的240千克材料，其中100千克为期初结存的材料，剩余140千克为11日购入的材料，所以21日发出材料的成本＝$100\times30+140\times23=6\,220$(元)。

3. B　【解析】运输途中的合理损耗和入库前的挑选整理费用计入采购原材料的成本，甲企业该批原材料的入账价值＝$2\,060\times50+500=103\,500$(元)。

4. D　【解析】会计分录：

批准前：

借：待处理财产损溢　　　　113

　　　贷：原材料　　　　　　　100

　　　　　应交税费—应交增值税(进项税额转出)　　　　　　13

批准后：

借：其他应收款　　　　　　　56

　　管理费用　　　　(113－56)57

　　　贷：待处理财产损溢　　　113

5. D　【解析】会计分录：

借：应收账款　　　　　　5 876

　　　贷：其他业务收入(5 876/1.13)5 200

　　　　　应交税费—应交增值税(销项税额)　　　　　　　　　676

借：其他业务成本　　　　4 284

　　　贷：原材料　　　　　4 200

材料成本差异　　（4 200×2%）84

确认的损益＝5 200－4 284＝916（元）。

6. A　【解析】期末结存成本＝总成本－销售成本＝期初结存成本＋本期购入成本－销售成本＝（3 600＋6 000）－6 800×（1－25%）＝4 500（万元）。

7. C　【解析】4月销售成本＝75 000×［1－（10 000＋10 000）/（20 000＋60 000）×100%］＝56 250（元）。

8. B　【解析】计入消耗性生物资产的金额＝（4 000＋10 000＋16 000）×（1－80%）＝6 000（元）。

9. D　【解析】选项AB，当存货可变现净值高于存货成本时，存货不发生减值，不用做其他会计处理；选项C，已计提的存货跌价准备可以转回；选项D，借记"资产减值损失"，贷记"存货跌价准备"。

三、多项选择题

1. BD　【解析】选项A，计入应交税费——应交消费税；选项C，计入应交税费——应交增值税（进项税额）。

2. BCD　【解析】选项A，应记入"材料成本差异"科目的贷方。

3. CD　【解析】不单独计价的包装物成本，应借记"销售费用"科目；单独计价的包装物成本，应借记"其他业务成本"科目。

4. BC　【解析】"材料成本差异"科目，借方登记材料入库时的超支差异及发出材料应负担的节约差异，贷方登记材料入库时的节约差异及发出材料应负担的超支差异。

5. AC　【解析】收回后继续用于生产：收回该批委托加工物资的成本＝50＋6＝56（万元）。收回后用于直接出售：收回该批委托加工物资的成本＝50＋6＋2＝58（万元）。

6. BC　【解析】选项A，属于一般经营损失的部分，记入"管理费用"科目；选项D，属于非常损失的部分，记入"营业外支出"科目。

7. AC　【解析】选项BD，资产负债表日，

企业应当按照成本与可变现净值孰低计量，当存货期末成本高于其可变现净值时，企业应当按可变现净值计量；当存货期末成本低于其可变现净值时，企业应当按成本计量。

8. AC　【解析】选项B，确认发出商品的成本，不确认收入；选项D，董事会已通过但股东大会尚未批准的拟分配的现金股利，此时不做处理。

四、判断题

1. √　【解析】先进先出法下，物价上涨，发出的都是之前购入的价格较低的存货成本，结转到主营业务成本科目的全额较低，企业的利润增加。

2. √　【解析】"材料成本差异"账户借方登记购进材料所形成的超支差异以及发出材料应负担的节约差异，贷方登记购进材料所形成的节约差异以及发出材料应负担的超支差异。

3. ×　【解析】企业销售商品领用单独计价的包装物的实际成本，应记入"其他业务成本"科目。

4. ×　【解析】企业发生存货盘亏及毁损时，属于一般经营损失的部分，记入"管理费用"科目，属于非常损失的部分，记入"营业外支出"科目。

5. ×　【解析】对于该业务，应于期末按材料的暂估价值，借记"原材料"科目，贷记"应付账款——暂估应付账款"科目。下月初，用红字冲销原暂估入账金额。

6. ×　【解析】存货可变现净值＝存货的估计售价－至完工时估计将要发生的成本－估计的销售费用及税金

7. √

8. √

五、不定项选择题

（1）AD；（2）AC；（3）ABC；（4）AD；（5）B。

【解析】

(1)资料(1)的会计分录：

借：原材料　　　　　　(360+5+1)366

　　应交税费—应交增值税(进项税额)

　　　　　　(46.8+0.45+0.06)47.31

　　贷：银行存款　　　　　　413.31

(2)资料(2)的会计分录：

借：应收账款　　　　　　305.1

　　贷：其他业务收入　　　　270

　　　　应交税费—应交增值税(销项税额)　　　　　　　　35.1

(3)对外销售300千克，从期初结存的材料中领用，单位成本为0.6万元/千克：

借：其他业务成本　　(300×0.6)180

　　贷：原材料　　　　　　180

生产M产品领用600千克，从期初结存的材料中领用，单位成本为0.6万元/千克：

借：生产成本—M产品

　　　　　　　　(600×0.6)360

　　贷：原材料　　　　　　360

自营建造厂房领用200千克，从期初结存的材料中领用100千克，单位成本为0.6万元/千克；从5日购入甲材料中领用100千克，单位成本＝366÷600＝0.61(万元/千克)：

借：在建工程

　　　　(100×0.6+100×0.61)121

　　贷：原材料　　　　　　121

(4)期末甲材料结存的成本＝(600-100)×0.61＝305(万元)；预计可变现净值为280万元，甲材料发生减值，减值的金额＝305-280＝25(万元)。

借：资产减值损失　　　　25

　　贷：存货跌价准备　　　　25

(5)在会计期末，存货应当按照成本(305万元)与可变现净值(280万元)孰低进行计量，所以期末甲材料的账面价值为280万元。

同步训练 限时50分钟

扫我做试题

一、单项选择题

1. ☆2019年8月1日，某企业收到开户银行转回信用证保证金存款余额30 000元的进账通知。下列各项中，该企业会计处理正确的是(　　)。

A. 借：银行存款　　　　　30 000

　　贷：其他货币资金—信用证保证金

　　　　　　　　　　　　30 000

B. 借：其他货币资金—信用证保证金

　　　　　　　　　　　　30 000

　　贷：应付账款　　　　　30 000

C. 借：银行存款　　　　　30 000

　　贷：应收票据　　　　　30 000

D. 借：其他货币资金—信用证保证金

　　　　　　　　　　　　30 000

　　贷：应收票据　　　　　30 000

2. ☆下列各项中，企业销售商品结算款项，应通过"应收票据"科目核算的是(　　)。

A. 收到的银行本票

B. 收到的银行承兑汇票

C. 收到的银行汇票

D. 收到的银行转账支票

3. ☆下列各项中，属于"其他应收款"科目核算内容的是(　　)。

A. 为职工垫付的房租

B. 为购货单位垫付的运费

C. 应付的采购商品款

D. 应收的服务款

4. ☆下列各项中，企业确认应收账款减值损失应记入的会计科目是（　　）。

A. 营业外支出

B. 管理费用

C. 信用减值损失

D. 资产减值损失

5. ☆2021 年初，某企业"坏账准备"科目贷方余额为 10 万元，当期实际发生坏账损失 5 万元。经减值测试，2021 年年末"坏账准备"科目应保持的贷方余额为 16 万元。不考虑其他因素，年末该企业应计提坏账准备的金额为（　　）万元。

A. 1　　　　　　B. 11

C. 6　　　　　　D. 16

6. ☆甲公司将购入乙上市公司的股票确认为交易性金融资产，共支付价款 106 万元，其中包含已宣告但尚未发放的现金股利 3 万元；另支付交易费用 0.1 万元，增值税税额为 0.006 万元。不考虑其他因素，甲公司应借记"投资收益"科目的金额（　　）万元。

A. 3　　　　　　B. 0.1

C. 0.106　　　　D. 2.9

7. ☆企业采用计划成本法核算原材料，对于货款已付但尚未验收入库的在途的材料，应记入的会计科目是（　　）。

A. 原材料　　　B. 在途物资

C. 材料采购　　D. 银行存款

8. ☆某企业本期购进 5 批存货，发出 2 批，在物价持续上升的情况下，与加权平均法相比，该企业采用先进先出法导致的结果是（　　）。

A. 当期利润较低

B. 库存存货价值较低

C. 期末存货成本接近于市价

D. 发出存货的成本较高

9. ☆2019 年 9 月，某企业（为一般纳税人）购

入一批材料，取得并经税务机关认证的增值税专用发票上注明价款 100 000 元，增值税税额 13 000 元，材料入库前发生挑选整理费 900 元。不考虑其他因素，该批材料的实际成本为（　　）元。

A. 100 000　　　B. 113 000

C. 100 900　　　D. 113 900

10. ☆下列各项中，存货盘亏损失报经批准后，计入营业外支出的是（　　）。

A. 自然灾害造成的净损失

B. 收发计量差错造成的净损失

C. 计算错误造成的净损失

D. 管理不善造成的净损失

11. ☆某企业为增值税小规模纳税人，该企业购入一批原材料，取得增值税专用发票上注明的价款为 150 万元，增值税税额为 19.5 万元，另付运费 1 万元，增值税税额为 0.09 万元，不考虑其他因素，该批原材料的入账成本为（　　）万元。

A. 170.59　　　B. 151

C. 175　　　　　D. 174

12. ☆某企业材料采用计划成本核算，月初结存材料计划成本为 260 万元，材料成本差异为节约 60 万元；当月购入材料一批，实际成本为 150 万元，计划成本为 140 万元，领用材料的计划成本为 200 万元。当月结存材料的实际成本为（　　）万元。

A. 125　　　　　B. 200

C. 250　　　　　D. 175

13. ☆企业委托加工应税消费品收回后直接对外销售，下列各项中，属于由受托方代收代缴的消费税应记入的会计科目是（　　）。

A. 发出商品　　　B. 委托加工物资

C. 税金及附加　　D. 应交税费

二、多项选择题

1. ☆下列各项中，企业应通过"其他货币资金"科目核算的有（　　）。

A. 用银行本票支付采购办公用品的款项

B. 存入证券公司指定账户的款项

C. 汇往异地银行开立采购专户的款项

D. 存入银行信用证保证金专户的款项

2. 下列各项中，企业通过"应收账款"科目核算的有(　　)。

　　A. 计提坏账准备

　　B. 将银行承兑汇票贴现

　　C. 收到前欠货款存入银行

　　D. 赊销商品

3. ☆下列各项中，引起企业"其他应收款"科目余额发生增减变动的有(　　)。

　　A. 企业代垫的职工家属医药费

　　B. 应付短期租赁固定资产的租金

　　C. 租入包装物支付的押金

　　D. 应付租入包装物租金

4. ☆下列各项中，关于交易性金融资产会计处理表述正确的有(　　)。

　　A. 持有期间取得的现金股利收入计入投资收益

　　B. 转让时按转让收益计算应纳的增值税计入投资收益

　　C. 出售时公允价值与其账面余额的差额计入投资收益

　　D. 资产负债表日公允价值与账面余额之间的差额计入当期损益

5. ☆下列各项中，应计入企业存货成本的有(　　)。

　　A. 存货采购运输途中发生的定额内合理损耗

　　B. 存货加工过程中发生的直接人工成本

　　C. 为特定客户设计产品所发生的可直接确定的设计费用

　　D. 购买存货时支付的进口关税

6. ☆甲企业为增值税一般纳税人，委托乙企业加工一批应交消费税的材料，该批材料加工收回后用于连续生产应税消费品。下列各项中，甲企业应计入该批委托加工材料成本的有(　　)。

　　A. 应负担的不含税运杂费

B. 支付的加工费

C. 支付的可抵扣的增值税

D. 支付的消费税

7. ☆下列各项中，关于原材料按计划成本核算的会计处理表述正确的有(　　)。

　　A. 入库原材料的超支差异应借记"材料成本差异"科目

　　B. 发出原材料应负担的节约差异应借记"材料成本差异"科目

　　C. 发出原材料应负担的超支差异应贷记"材料成本差异"科目

　　D. 入库原材料的节约差异应借记"材料成本差异"科目

8. ☆下列各项中，影响企业资产负债表日存货的可变现净值的有(　　)。

　　A. 存货的账面价值

　　B. 销售存货过程中估计的销售费用及相关税费

　　C. 存货的估计售价

　　D. 存货至完工估计将要发生的成本

三、判断题

1. ☆企业应向保险公司收取的财产损失赔款，应通过"应收账款"科目核算。(　　)

2. ☆交易性金融资产持有期间，投资单位收到投资前被投资单位已宣告但尚未发放的现金股利时，应贷记"应收股利"科目。(　　)

3. ☆资产负债表日，企业应将交易性金融资产公允价值与其账面余额之间的差额计入当期损益。(　　)

4. ☆出售交易性金融资产发生的净损失应计入营业外支出，应将原计入公允价值变动损益的公允价值变动金额转入营业外收支。(　　)

5. ☆制造业企业随同商品出售不单独计价的包装物成本应计入其他业务成本。(　　)

6. ☆企业采用计划成本进行材料日常核算时，月末发出材料分摊的超支成本差异，应记入"材料成本差异"科目的借方。(　　)

7. ☆收回出租包装物因不能使用而报废的残料价值,应通过"销售费用"科目核算。（　　）

8. ☆采用月末一次加权平均法核算发出材料成本,企业可以随时通过账簿记录得到发出和结存材料的单价和金额。（　　）

9. ☆原材料采用计划成本计价,购入原材料无论是否入库,实际成本记入"材料采购"科目。（　　）

10. ☆企业对于已验收入库但未取得增值税扣税凭证的存货,应在月末按照暂估价值计算进项税额并登记入账。（　　）

11. ☆采用移动加权平均法计算发出存货成本不能在月度内随时结转发出存货的成本。（　　）

12. 小企业实际成本核算方式:先进先出法、加权平均法或者个别计价法。计价方法一经选用,不得随意变更。（　　）

四、不定项选择题

1. ☆甲公司为增值税一般纳税人,2021年该公司发生交易性金融资产业务如下:

（1）1月4日,从上海证券交易所购入乙公司发行的面值为500万元的公司债券,共支付价款515万元(其中包含已到付息期但尚未领取的债券利息15万元)。另支付交易费用5万元、增值税税额0.3万元,已取得可抵扣的增值税专用发票。甲公司将购入的乙公司债券划分为交易性金融资产。

（2）1月21日,甲公司存出投资款专户收到债券价款中包含的应收债券利息15万元。

（3）5月31日,甲公司持有乙公司债券的公允价值为545万元。

（4）6月28日,甲公司将持有的全部乙公司债券转让,取得价款共计568万元,含转让债券应交的增值税税额为3万元。

要求:根据上述资料,不考虑其他因素,分析回答下列小题。(答案中的金额单位用万元表示)

（1）根据资料（1）,甲公司购入该交易性金融资产的初始入账金额是（　　）万元。

A. 515 B. 520.3

C. 520 D. 500

（2）根据资料（2）,下列各项中,1月21日甲公司收到债券利息的会计处理正确的是（　　）。

A. 借:银行存款　　　　　　　　15
　　贷:应收利息　　　　　　　　15

B. 借:其他货币资金—存出投资款
　　　　　　　　　　　　　　　15
　　贷:应收利息　　　　　　　　15

C. 借:银行存款　　　　　　　　15
　　贷:投资收益　　　　　　　　15

D. 借:其他货币资金—存出投资款
　　　　　　　　　　　　　　　15
　　贷:投资收益　　　　　　　　15

（3）根据资料（1）和资料（3）,下列各项中,5月31日甲公司交易性金融资产业务会计处理表述不正确的是（　　）。

A. 贷记"公允价值变动损益"科目45万元

B. 借记"交易性金融资产—公允价值变动"科目45万元

C. 贷记"投资收益"科目45万元

D. 借记"交易性金融资产—公允价值变动"科目30万元

（4）根据资料（4）,下列各项中,甲公司出售乙公司债券业务会计处理表述正确的是（　　）。

A. 贷记"交易性金融资产—成本"科目500万元

B. 借记"其他货币资金—存出投资款"科目568万元

C. 贷记"应交税费—转让金融商品应交增值税"科目3万元

D. 贷记"投资收益"科目35万元

（5）根据资料（1）至资料（4）,该投资对甲公司2021年度利润表"营业利润"项目本期金额的影响是（　　）万元。

A. 40　　　　　　　　B. 55

C. 60　　　　　　　　D. 65

2. ☆甲企业为增值税一般纳税人，原材料采用实际成本进行日常核算，材料发出成本采用月末一次加权平均法计算。2019年12月初，M材料库存数量为1 000千克，每千克实际成本为100元。该企业12月发生有关经济业务如下：

（1）1日，购买M材料1 600千克，其价款200 000元、增值税税额26 000元、销货方代垫材料运费3 000元、增值税税额270元。已取得可抵扣的增值税专用发票。货款和运费以面值230 000元的银行汇票支付，余款退回银行。5日，该批材料全部验收入库。

（2）10日，收到乙企业作为资本投入的M材料6 000千克，并验收入库。取得的增值税专用发票上注明价款600 000元（与公允价值相同）、增值税税额78 000元，税款由乙企业支付，乙企业在甲企业注册资本中享有份额的金额为580 000元。

（3）31日，发料凭证汇总表中列明M材料的领用情况如下，生产产品领用3 200千克，车间一般消耗领用600千克，行政管理部门领用400千克，专设销售机构领用200千克。

要求：根据上述资料，不考虑其他因素，分析回答下列小题。（答案中的金额单位用元表示）

（1）根据资料（1），下列各项中，甲企业购买材料的相关会计处理正确的是（　　）。

A. 收到退回的银行汇票余款时：

借：银行存款　　　　　　　　730

　　贷：其他货币资金—银行汇票　730

B. 收到材料并验收入库时：

借：原材料　　　　　　　203 000

　　贷：在途物资　　　　　　203 000

C. 申请签发银行汇票时：

借：其他货币资金—银行汇票230 000

　　贷：银行存款　　　　　　230 000

D. 用银行汇票购买M材料时：

借：在途物资　　　　　　203 000

　　应交税费—应交增值税（进项税额）

　　　　　　　　　　　　　26 270

　　贷：其他货币资金—银行汇票229 270

（2）根据资料（2），下列各项中，甲企业接受投资的相关会计处理表述正确的是（　　）。

A. "原材料"科目借方增加600 000元

B. "实收资本"科目贷方增加678 000元

C. "应交税费"科目借方增加78 000元

D. "资本公积"科目贷方增加98 000元

（3）根据期初资料、资料（1）和（2），甲企业当月发出M材料平均单位成本为（　　）元/千克。

A. 102. 33　　　　　B. 102. 67

C. 104. 65　　　　　D. 105

（4）根据期初资料、资料（1）至（3），下列各项中，甲企业发出材料相关会计处理表述正确的是（　　）。

A. 生产产品领用的材料成本336 000元计入生产成本

B. 销售部门领用的材料成本21 000元计入销售费用

C. 车间一般消耗领用的材料成本63 000元计入制造费用

D. 行政管理部门领用的材料成本42 000元计入管理费用

（5）根据期初资料、资料（1）至（3），下列各项中，12月31日甲企业M材料的期末余额是（　　）元。

A. 441 000　　　　　B. 429 786

C. 439 530　　　　　D. 431 214

同步训练参考答案及解析

一、单项选择题

1. A

2. B 【解析】选项 ACD，通过银行存款核算。

3. A 【解析】选项 BD，通过"应收账款"科目核算。选项 C，通过"应付账款"科目核算。

4. C 【解析】会计分录：
借：信用减值损失
　　贷：坏账准备

5. B 【解析】年末该企业应计提坏账准备的金额 = 16 - (10 - 5) = 11(万元)。
会计分录：
发生坏账损失时：
借：坏账准备　　　　　　　5
　　贷：应收账款　　　　　　　5
计提坏账准备时：
借：信用减值损失　　　　　11
　　贷：坏账准备　　　　　　　11

6. B 【解析】会计分录：
借：交易性金融资产—成本
　　　　　　　　(106 - 3)103
　　应收股利　　　　　　　3
　　投资收益　　　　　　　0.1
　　应交税费—应交增值税(进项税额)
　　　　　　　　　　　0.006
　　贷：其他货币资金　　106.106

7. C 【解析】会计分录：
借：材料采购
　　应交税费—应交增值税(进项税额)
　　贷：银行存款等

8. C 【解析】先进先出法下，物价上涨，发出的都是之前购入的价格较低的存货成本，期末结余的是最近购入的单价较高的存货，故会高估存货价值。结转到主营业务成本科目的金额为之前购入存货的成本，成本较低，成本少计的情况下，企业

的利润增加。

9. C 【解析】该批材料的实际成本 = 100 000 + 900 = 100 900(元)。

10. A 【解析】选项 BCD，报经批准后的净损失均计入管理费用。

11. A 【解析】会计分录：
借：原材料
　　　　(150 + 19.5 + 1 + 0.09)170.59
　　贷：银行存款　　　　　170.59

12. D 【解析】材料成本差异率 = (-60 + 10)/(260 + 140) × 100% = -12.5%；当月领用材料的实际成本 = 200 × (1 - 12.5%) = 175(万元)；当月结存材料的实际成本 = 260 - 60 + 150 - 175 = 175(万元)。

13. B 【解析】委托加工物资收回后直接用于销售的，应将受托方代收代缴的消费税计入委托加工物资的成本。

二、多项选择题

1. ABCD 【解析】其他货币资金主要包括银行汇票存款、银行本票存款、信用卡存款、信用证保证金存款、存出投资款和外埠存款等。

2. CD 【解析】选项 A，会计分录：
借：信用减值损失
　　贷：坏账准备
选项 B，会计分录：
借：银行存款
　　财务费用
　　贷：应收票据
选项 C，会计分录：
借：银行存款
　　贷：应收账款
选项 D，会计分录：
借：应收账款
　　贷：主营业务收入
　　　　应交税费—应交增值税(销项税额)

3. AC 【解析】选项 BD，记入"其他应付

款"科目。

4. ACD 【解析】选项 B，金融商品转让按照卖出价扣除买入价(不需要扣除已宣告未发放现金股利和已到付息期未领取的利息)后的余额作为销售额计算增值税，如产生转让收益，则按应纳税额，借记"投资收益"等科目，贷记"应交税费—转让金融商品应交增值税"科目。

5. ABCD

6. AB 【解析】选项 C，计入应交税费—应交增值税(进项税额)；选项 D，计入应交税费—应交消费税。

7. ABC 【解析】选项 D，入库材料的节约差异应记入"材料成本差异"科目的贷方。

8. BCD 【解析】可变现净值=存货的估计售价-进一步加工的成本-估计的销售费用-估计的相关税费。

三、判断题

1. × 【解析】企业应向保险公司收取的财产损失赔款，应通过"其他应收款"科目核算。

2. √ 【解析】在取得金融资产时，投资前被投资单位已经宣告但尚未发放的现金股利作为应收项目单独核算，后续期间实际收到时：
借：其他货币资金
　　贷：应收股利

3. √ 【解析】资产负债表日，交易性金融资产应当按照公允价值计量，公允价值与账面余额之间的差额计入当期损益(公允价值变动损益)。

4. × 【解析】出售交易性金融资产发生的净损失应通过"投资收益"科目核算，公允价值变动损益不需要结转。

5. × 【解析】随同商品出售而不单独计价的包装物，应于包装物发出时，按其实际成本计入销售费用。

6. × 【解析】"材料成本差异"科目，借方登记材料入库时的超支差异及发出材料应负担的节约差异，贷方登记材料入库时的节约差异及发出材料应负担的超支差异。

7. × 【解析】收回出租包装物因不能使用而报废的残料价值，应通过"其他业务成本"核算。

8. × 【解析】采用月末一次加权平均法只在月末一次计算加权平均单价和发出存货成本，并不能随时通过账簿记录得到发出和结存材料的单价和金额。

9. √

10. × 【解析】应在实际收到发票时按照实际价款确认进项税额。

11. × 【解析】可以在月度内随时结转发出存货的成本。

12. √

四、不定项选择题

1. (1)D；(2)B；(3)CD；(4)ABC；(5)C
【解析】
(1)甲公司购入该交易性金融资产的初始入账金额=515-15=500(万元)。
资料(1)会计分录：
借：交易性金融资产—成本
　　　　　　　　(515-15)500
　　应收利息　　　　　　　 15
　　投资收益　　　　　　　　5
　　应交税费—应交增值税(进项税额)
　　　　　　　　　　　　　 0.3
　　贷：其他货币资金—存出投资款
　　　　　　　　　　　　　520.3
(2)资料(2)会计分录：
借：其他货币资金—存出投资款　15
　　贷：应收利息　　　　　　　 15
(3)资料(3)会计分录：
借：交易性金融资产—公允价值变动
　　　　　　　　(545-500)45
　　贷：公允价值变动损益　　　 45
(4)资料(4)会计分录：
借：其他货币资金—存出投资款　568
　　贷：交易性金融资产—成本　500

—公允价值变动
45
投资收益 20
应交税费—转让金融商品应交增
值税 3

（5）2021年度利润表"营业利润"项目本期金额＝－5［资料（1）］＋45［资料（3）］＋20［资料（4）］＝60（万元）。

2.（1）ABCD；（2）ACD；（3）D；（4）ABCD；（5）A。

【解析】（1）资料（1）会计分录：
申请签发银行汇票时：
借：其他货币资金—银行汇票230 000
　　贷：银行存款 230 000
1日，用银行汇票购买M材料时：
借：在途物资
（200 000＋3 000）203 000
应交税费—应交增值税（进项税额）
（26 000＋270）26 270
　　贷：其他货币资金—银行汇票229 270
收到退回的银行汇票余款时：
借：银行存款（230 000－229 270）730
　　贷：其他货币资金—银行汇票 730
5日，收到材料并验收入库时：
借：原材料 203 000

　　贷：在途物资 203 000
（2）资料（2）会计分录：
借：原材料 600 000
　　应交税费—应交增值税（进项税额）
78 000
　　贷：实收资本 580 000
　　　资本公积
（678 000－580 000）98 000

（3）存货单位成本＝（月初结存存货成本＋本月购进存货成本）÷（月初结存存货的数量＋本月购进存货数量）＝（1 000×100＋203 000＋600 000）÷（1 000＋1 600＋6 000）＝105（元/千克）。

（4）资料（3）会计分录：
借：生产成本 （3 200×105）336 000
　　制造费用 （600×105）63 000
　　管理费用 （400×105）42 000
　　销售费用 （200×105）21 000
　　贷：原材料 462 000

（5）M材料期末结存成本＝期初结存材料成本＋本期购入材料成本－本期发出材料成本＝1 000×100（期初资料）＋203 000［资料（1）］＋600 000［资料（2）］－（336 000＋63 000＋42 000＋21 000）［资料（3）］＝441 000（元）。

第四章　非流动资产

历年考情概况

　　本章内容是考试的重点和难点，考试题型覆盖了单选题、多选题、判断题、不定项选择题在内的全部题型。2022 年新增多个考点，学习时要重点掌握，预计 2022 年考试在 18 分左右。

近年考点直击

考点	主要考查题型	考频指数	考查角度
固定资产的核算	多选题、不定项选择题	★★★	（1）外购、自行建造固定资产的核算；（2）固定资产折旧的核算；（3）固定资产后续支出的核算；（4）固定资产清查的核算；（5）固定资产减值的核算
无形资产和长期待摊费用的核算	单选题、多选题、不定项选择题	★★★	（1）取得和开发无形资产的会计处理；（2）无形资产摊销、处置的会计处理；（3）长期待摊费用的核算范围

2022 年考试变化

　　本章变化很大，由原来的资产章节拆分而来，删除了生产车间固定资产日常维修计入管理费用的相关表述。同时新增了"长期投资""投资性房地产""生产性生物资产""使用权资产"等内容。

【案例导入】

　　学员小王正在备考初级会计师，打算从事会计，因为他不想像他爸妈一样开网约车，爸爸开夜班、妈妈开白班，太辛苦了。这不吃晚饭了，爸爸妈妈与儿子一起讨论问题：我们的车是今年新买的，购买价 15 万元，据说 5 年后报废可以卖 3 万元，每年养车成本含油费、修理费、保险费和管理费估计为 6 万元，每年开车收入共计 24 万元。如果爸爸妈妈不开车，去上班一年可以挣工资共计 15 万元。你说哪个挣钱多？

　　妈妈说：开车收入 24 万元减去费用 6 万元等于 18 万元，比上班挣工资 15 万元多，还是开车好。

　　爸爸说：你妈说的 18 万元还要减去买车的成本 15 万元，余下 3 万元，比上班挣工资 15 万元少很多，还是上班好。

　　如果你是小王，你觉得应该怎么算？爸爸妈妈应该选择开车还是上班？

考点一　长期投资的核算

考点详解

一、概述（见表 4-1）

表 4-1　长期投资概述

定义	是指不准备随时变现，投资期限大于等于 1 年的对外投资	
内容	债权投资	债：以摊余成本计量的金融资产（本金+利息）；小企业：长期债券投资
	其他债权投资	债：以公允价值计量且其变动计入其他综合收益的金融资产（本金+利息+出售）
	其他权益工具投资	股：以公允价值计量且其变动计入其他综合收益的金融资产
	长期股权投资	对联营企业、合营企业和子公司的投资

二、债权投资的计量与账务处理

1. 后续计量

企业会计准则：债权投资采用**实际利率法**进行后续计量。

小企业会计准则：小企业长期债券投资采用**直线法**进行后续计量。

2. 企业的账务处理（了解）

（1）取得。

借：债权投资—成本［面值］

　　　　　　—利息调整［溢折价差额，或贷方］

　　应收利息［已到付息期但尚未领取的利息］

　　　贷：银行存款

（2）计算利息。

借：应收利息［分期付息：面值×票面利率］

　　债权投资—应计利息［一次还本付息：面值×票面利率］

　　　贷：投资收益［摊余成本×实际利率］

　　　　债权投资—利息调整［差额，或借方］

（3）发生减值。

借：信用减值损失

　　　贷：债权投资减值准备

（4）出售。

借：银行存款

　　债权投资减值准备

　　　贷：债权投资—成本、应计利息

　　　　　　　　　—利息调整［或借方］

　　　　投资收益［差额，或借方］

3. 小企业的账务处理

【案例1】　小企业福喜公司于 2019 年 7 月 1 日从二级市场购入 2018 年 7 月 1 日发行的甲公司债券，面值 100 万元，支付价款合计 101 万元（其中包含已到付息期但尚未领取的利息 1 万元），另支付交易费 2 万元，剩余期限为 2 年，票面年利率为 2%，每年 1 月 6 日和 7 月 6 日各付息一次，合同现金流量特征为本金和相关利息支付。福喜公司准备持有至到期，将其分类为长期债券投资。不考虑增值税等其他因素。

福喜公司的账务处理如下：

（1）2019 年 7 月 1 日，购入甲公司债券时：

借：长期债券投资—面值　　　100

　　　　　　　　　—溢折价　　　2

　　应收利息　　　　　　　　　1

　　　贷：银行存款　　　（101+2）103

交易费用，在后期确认投资收益时用直

127

线法摊销。

（2）2019 年 7 月 6 日，收到上述利息 1 万元：

借：银行存款　　　　　　　　　1
　　贷：应收利息　　　　　　　　　1

（3）2019 年 12 月 31 日、2020 年 6 月 30 日、2020 年 12 月 31 日和 2021 年 6 月 30 日计算利息并确认投资收益：

应收利息 = 100×2%÷2 = 1（万元）；溢折价摊销 = 2÷4 = 0.5（万元）。

借：应收利息　　　　　　　　　1
　　贷：长期债券投资—溢折价　　0.5
　　　　投资收益　　　　　　　　0.5

（4）2020 年 1 月 6 日、2020 年 7 月 6 日、2021 年 1 月 6 日和 2021 年 7 月 6 日，收到利息：

借：银行存款　　　　　　　　　1
　　贷：应收利息　　　　　　　　　1

（5）假定 2021 年 7 月 6 日，收回本金：

借：银行存款　　　　　　　　　100
　　贷：长期债券投资—面值　　　100

『注意』无法收回的小企业长期债券投资，计入营业外支出。

三、长期股权投资

（一）确认与计量

长期股权投资，是指投资方对被投资单位实施控制（子公司）、共同控制（合营企业）、重大影响（联营企业）的权益投资。

小企业会计准则，长期股权投资是指小企业准备长期持有的权益性投资。

1. 初始计量

（1）合并形成的长期股权投资（控制）。

①同一控制下，合并方按取得被合并方所有者权益在最终控制方合并财务报表中的账面价值的份额作为初始投资成本。（一家人，看对方账面价值）

②非同一控制下，购买方按照发行的权益性证券等的公允价值作为初始投资成本。（两家人，看自己公允价值）

③企业合并发生的审计、法律服务、评估咨询等中介费用计入管理费用。

（2）非合并方式取得的长期股权投资（不控制）。应按现金、非现金货币性资产和权益性证券的公允价值作为初始投资成本。

（3）小企业的长期股权投资以成本计量。

借：长期股权投资［价税费］
　　应收股利
　　贷：银行存款

2. 后续计量

（1）成本法（钱，见钱做账）。

企业会计准则：投资方能够对被投资单位实施控制（子公司）的长期股权投资应当采用成本法核算。

小企业会计准则：长期股权投资采用成本法进行会计处理。

（2）权益法（权，投资方长期股权投资因被投资方所有者权益变动而变动）。

企业会计准则：投资方对重大影响（联营企业）和共同控制（合营企业）的长期股权投资采用权益法核算。

（二）账务处理

1. 企业合并形成的长期股权投资

（1）同一控制下企业合并（长期股权投资：只看别人账面，不管自己）。

①以支付现金、转让非现金资产或承担债务方式作为合并对价的账务处理：

A. 赚：

借：长期股权投资［被合并方在最终控制方合并财务报表中的净资产的账面价值的份额］
　　贷：资产（银行存款、库存商品等）
　　　　［账面价值］
　　　　负债（应付账款、应付债券等）
　　　　［账面价值］
　　　　资本公积—资本溢价

B. 亏：

借：长期股权投资［被合并方在最终控制方合并财务报表中的净资产的账面价值的份额］

资本公积——资本溢价或股本溢价

盈余公积[上一账户余额不足时]

利润分配—未分配利润[上一账户余额不足时]

　　贷：资产(银行存款、库存商品等)

　　　　　　[账面价值]

　　　　　负债(应付账款、应付债券等)

　　　　　　[账面价值]

【案例2】福喜公司和发财公司为同一母公司控制下的两家公司。2021年6月30日，福喜公司向其母公司支付100万元，取得发财公司100%的股权，并于当日控制发财公司。2021年6月30日，母公司合并报表中发财公司的净资产账面价值为80万元。假设福喜公司资本公积—股本溢价的贷方余额大于等于20万元。

合并日，福喜公司账务处理：

借：长期股权投资[发财公司在母公司合并报表净资产账面价值的份额]

　　　　　　　　　　　　　　80

　　　资本公积—股本溢价　　20

　　贷：银行存款　　　　　　100

②以发行权益性证券作为合并对价的账务处理：

A. 赚：

借：长期股权投资[被合并方在最终控制方合并财务报表中的净资产的账面价值的份额]

　　贷：股本

　　　　资本公积——资本溢价或股本溢价

B. 亏：

借：长期股权投资[被合并方在最终控制方合并财务报表中的净资产的账面价值的份额]

　　资本公积——资本溢价或股本溢价

　　盈余公积[上一账户余额不足时]

　　利润分配——未分配利润[上一账户余额不足时]

　　贷：股本

【案例3】2021年6月30日，福喜公司向其母公司发行1000万股普通股(每股面值为1元，每股公允价值为3元)，取得母公司拥有对发财公司100%的股权，并于当日起能够对发财公司实施控制。合并当日，母公司合并财务报表中的发财公司净资产账面价值为5000万元。假定福喜公司与发财公司都受母公司最终同一控制，在企业合并前采用的会计政策相同。不考虑相关税费等其他因素影响。

合并日，福喜公司账务处理：

借：长期股权投资　　　　　　5000

　　贷：股本　　　(1000×1)1000

　　　　资本公积—股本溢价　4000

(2)非同一控制下企业合并形成的长期股权投资。

①非同一控制下的控股合并中，购买方应当按照确定的企业合并成本作为长期股权投资的初始投资成本。

合并成本＝支付价款或付出资产的公允价值＋发生或承担的负债的公允价值＋发行证券的公允价值

②企业合并成本包括购买方付出的资产、发生或承担的负债、发行的权益性工具或债务性工具的公允价值之和。

③间接费用：购买方为企业合并发生的审计、法律服务、评估咨询等中介费用以及其他相关管理费用，应于发生时计入**当期损益(管理费用)**。

『注意』同一控制下企业合并与非同一控制下企业合并发生的中介费用均计入管理费用。

④购买方作为合并对价发行的权益性工具的交易费用，应当依次冲减资本公积——股本溢价、盈余公积和利润分配—未分配利润。

『注意』发行普通股为对价取得的长期股权投资，发生的发行费用均按上述规定处理，不区分同一控制下企业合并与非同一控制下企业合并。

【案例4】2021年1月1日，福喜公司以一项固定资产向乙公司投资，占乙公司注册资本的60%，属于非同一控制下企业合并。该固定资产的账面原价为8 000万元，已计提累计折旧500万元，已计提固定资产减值准备200万元，公允价值为7 600万元。不考虑其他相关税费。

福喜公司的账务处理如下：

借：固定资产清理 7 300
　　累计折旧 500
　　固定资产减值准备 200
　　　贷：固定资产 8 000
借：长期股权投资 7 600
　　　贷：固定资产清理 7 600
借：固定资产清理 300
　　　贷：资产处置损益[处置利得] 300

【案例5】福喜公司和乙公司为非同一控制下的两家独立公司。2021年6月30日福喜公司发行普通股1 000万股（每股面值1元，市场价3元）取得乙公司80%有表决权的股份，达到控制。福喜公司向证券承销机构支付股票发行相关税费200万元。假定不考虑

其他因素影响。

福喜公司账务处理：

借：长期股权投资 （1 000×3）3 000
　　　贷：股本 （1 000×1）1 000
　　　　　资本公积—股本溢价 2 000
支付发行税费
借：资本公积—股本溢价 200
　　　贷：银行存款 200

2. 以企业合并以外的方式形成长期股权投资

按照支付现金、非现金资产等的公允价值确定长期股权投资初始投资成本。

【案例6】福喜公司和发财公司为非同一控制下的两家小型有限责任公司。2021年6月30日，福喜公司支付银行存款100万元取得发财公司30%有表决权的股份。福喜公司准备长期持有。

投资日，福喜公司账务处理：

借：长期股权投资 100
　　　贷：银行存款 100

3. 成本法与权益法账务处理（表4-2）

表4-2　成本法与权益法账务处理

项目	成本法	权益法	
（1）投资时	借：长期股权投资 　贷：银行存款	投资额>所占被投资方可辨认净资产公允价值份额（两者孰高记入成本）	借：长期股权投资—投资成本[投资额] 　贷：银行存款
		投资额<所占被投资方可辨认净资产公允价值份额	借：长期股权投资—投资成本[份额] 　贷：银行存款 　　营业外收入
（2）年末，被投资方发生盈亏	不做账	盈利	借：长期股权投资—损益调整 　贷：投资收益
		亏损（非超额亏损）	借：投资收益 　贷：长期股权投资—损益调整
（3）宣告发放现金股利	借：应收股利 　贷：投资收益	借：应收股利 　贷：长期股权投资—损益调整	
（4）收到上述股利时	借：银行存款 　贷：应收股利		

续表

项目	成本法	权益法
(5) 被投资方其他综合收益变动	不做账	借：长期股权投资—其他综合收益 　　贷：其他综合收益[赚] 或反之
(6) 被投资方所有者权益其他变动	不做账	借：长期股权投资—其他权益变动 　　贷：资本公积—其他资本公积[赚] 或反之
(7) 超额亏损	不做账	借：投资收益 　　贷：长期股权投资—损益调整 　　　　长期应收款 　　　　预计负债 　　　　未入账亏损 　　　　记入备查账
(8) 减值	借：资产减值损失 　　贷：长期股权投资减值准备	
(9) 处置	借：银行存款 　　投资收益[亏] 　　长期股权投资减值准备 　　贷：长期股权投资 　　　　投资收益[赚]	三步走： 第一步： 借：银行存款 　　投资收益[亏] 　　长期股权投资减值准备 　　贷：长期股权投资—成本 　　　　—损益调整[或借方] 　　　　—其他综合收益[或借方] 　　　　—其他权益变动[或借方] 　　　　投资收益[赚] 第二步： 借：其他综合收益[赚] 　　贷：投资收益 或反之 第三步： 借：资本公积—其他资本公积[赚] 　　贷：投资收益 或反之

『提示』考生小伙伴需要重点掌握(1)—(4)，了解(5)—(9)。

【案例7】2021年1月1日福喜公司以银行存款购买乙公司股份，乙公司的所有者权益的公允价值为300万元。

资料一：

(1)若福喜公司的投资额为200万元，占乙公司股份的60%，构成非同一控制下企业合并，后续采用成本法计量。

(2)若福喜公司的投资额为90万元(100万元，80万元)，占乙公司股份的30%，达到重大影响，后续采用权益法计量。

资料二：

2021年度乙公司实现净利润100万元。

2022年3月1日，乙公司宣告发放现金股利80万元。

2022年3月8日，乙公司以银行存款支付现金股利80万元。

要求：

（1）根据资料一，分别按持股60%和30%（三种投资额情形）编制福喜公司取得乙公司股权投资时的会计分录。

（2）根据资料二，分别编制福喜公司在成本法和权益法下对乙公司2021年实现净利润、2022年宣告以及实际发放现金股利的会计分录。

福喜公司的账务处理：

（1）

项目	成本法60%	权益法30%	
2021年1月1日	借：长期股权投资 　　　　　　200 贷：银行存款　200	投资额90=所占乙公司所有者权益公允价值份额90	借：长期股权投资—投资成本 90 　贷：银行存款　　　　　90
		投资额100>所占乙公司所有者权益公允价值份额90（两者孰高记入成本）	借：长期股权投资—投资成本100 　贷：银行存款　　　　　100
		投资额80<所占乙公司所有者权益公允价值份额90	借：长期股权投资—投资成本 90 　贷：银行存款　　　　　80 　　营业外收入　　　　10

（2）

项目	成本法60%	权益法30%
2021年乙公司实现净利润	不做账	借：长期股权投资—损益调整　30 　贷：投资收益　　　　　　　30
2022年3月1日乙公司宣告发放现金股利	借：应收股利　　　　48 　贷：投资收益　　　48	借：应收股利　　　　　　　24 　贷：长期股权投资—损益调整　24
2022年3月8日乙公司实际发放现金股利	借：银行存款　　　　48 　贷：应收股利　　　48	借：银行存款　　　　　　　24 　贷：应收股利　　　　　　24

随堂小练　限时20min

一、单项选择题

1. 甲公司和A公司同属某企业集团，2022年1月1日，甲公司以其发行的普通股股票500万股（股票面值为每股1元，市价为每股5元），自其母公司处取得A公司80%的普通股权，构成同一控制下企业合并。A公司2022年1月1日相对于最终控制方的所有者权益账面价值总额为3 000万元，公允价值为3 200万元。甲公司取得A公司股份时的初始投资成本为（　）万元。

A. 500　　　　　　　　B. 2 500

C. 2 400　　　　　　　D. 2 560

2. 甲公司出资1 000万元，取得了乙公司80%的控股权，构成非同一控制下企业合并。假如购买股权时乙公司的净资产账面价值为1 500万元，公允价值为1 600万元。则甲公司确认的长期股权投资初始投资成本为（　）万元。

A. 1 000　　　　　　　B. 1 500

C. 800　　　　　　　　D. 1 200

3. 成本法下，被投资单位宣告分派现金股利时，投资企业应按享有的部分计入（　）科目。

A. 长期股权投资　　　B. 投资收益

C. 资本公积　　　　　D. 营业外收入

4. 2021 年 1 月 2 日，甲公司以银行存款 2 000 万元取得乙公司 30% 的股权，投资时乙公司可辨认净资产公允价值及账面价值的总额均为 8 000 万元。甲公司取得投资后可派人参与乙公司生产经营决策，但无法对乙公司实施控制。2021 年 5 月 9 日，乙公司宣告分配现金股利 400 万元。2021 年度，乙公司实现净利润 800 万元。不考虑所得税等因素，该项投资对甲公司 2021 年度损益的影响金额为( )万元。

A. 240 　　　　　B. 640

C. 860 　　　　　D. 400

二、多项选择题

1. 甲公司为一家小企业，2021 年 1 月 1 日从二级市场购入 A 公司 2020 年年初发行的 5 年期公司债券，实际支付价款为 1 040 万元(含已到付息期但尚未领取的利息 40 万元)，另支付交易费用 2 万元。该债券的面值为 1 000 万元，每年 1 月 5 日支付上年利息，到期还本，票面年利率为 4%。甲公司将其作为长期债券投资核算。不考虑其他因素，甲公司 2021 年进行的下列会计处理中正确的有( )。

A. 2021 年 1 月 1 日，长期债券投资入账价值为 1 002 万元

B. 2021 年 12 月 31 日，确认应收利息 40 万元

C. 2021 年 12 月 31 日，交易费用摊销金额为 0.5 万元

D. 2021 年 12 月 31 日，长期债券投资的账面价值为 1 002 万元

2. 甲公司于 2021 年 1 月 1 日投资 A 公司(非上市公司)，取得 A 公司有表决权资本的 80%，构成对 A 公司非同一控制下的企业合并，后续采用成本法计量。A 公司于

2021 年 4 月 1 日宣告分配现金股利 10 万元，2021 年实现净利润 40 万元，2022 年 4 月 1 日宣告分配现金股利 20 万元。不考虑其他因素，下列关于甲公司相关账务处理说法正确的有( )。

A. 甲公司 2021 年确认投资收益 0 元

B. 甲公司 2021 年确认投资收益 8 万元

C. 甲公司 2022 年确认投资收益 16 万元

D. 甲公司 2022 年确认投资收益 32 万元

3. 2021 年 1 月 2 日，甲公司以货币资金取得乙公司 30% 的股权，初始投资成本为 4 000 万元；当日，乙公司可辨认净资产公允价值为 14 000 万元，与其账面价值相同。甲公司取得投资后即派人参与乙公司的生产经营决策，但未能对乙公司形成控制。乙公司 2021 年实现净利润 1 000 万元。假定不考虑所得税等其他因素，2021 年甲公司下列各项与该项投资相关的会计处理中，正确的有( )。

A. 确认商誉 200 万元

B. 确认营业外收入 200 万元

C. 确认投资收益 300 万元

D. 确认资本公积 200 万元

三、判断题

1. 一般企业对债权投资后续计量时可以采用实际利率法，也可采用直线法进行处理。
( )

2. 小企业以支付现金方式取得的长期股权投资，应按购买价款和相关税费作为长期股权投资成本计量；实际支付价款中包含的已宣告但尚未发放的现金股利，作为应收项目核算。 ( )

3. 长期股权投资采用权益法核算，被投资企业实现净利润或宣告分配现金股利时，投资企业应作为投资收益处理。 ( )

随堂小练参考答案及解析

一、单项选择题

1. C 【解析】同一控制下企业合并，应该以享有被合并方相对于最终控制方而言的净资产账面价值的份额作为长期股权投资的初始投资成本。甲公司取得 A 公司股份时的初始投资成本 = 3 000×80% = 2 400（万元）。

借：长期股权投资 2 400

　　贷：股本 500

　　　　资本公积——股本溢价 1 900

2. A 【解析】非同一控制下企业合并，长期股权投资初始投资成本为支付现金、转让非现金资产等的公允价值，根据此题条件，应该为出资额 1 000 万元。

借：长期股权投资 1 000

　　贷：银行存款 1 000

3. B 【解析】成本法下，被投资单位宣告分派现金股利时，投资企业应按享有的份额确认投资收益。

借：应收股利

　　贷：投资收益

『提示』权益法下，被投资单位宣告分派现金股利，投资企业应按享有的份额冲减长期股权投资的账面价值。

借：应收股利

　　贷：长期股权投资——损益调整

4. B 【解析】该项投资对甲公司 2021 年度损益的影响金额 = （8 000×30% - 2 000）+800×30% = 640（万元）。甲公司账务处理如下：

（1）2021 年 1 月 2 日取得乙公司 30% 股权时：

借：长期股权投资—投资成本 2 000

　　贷：银行存款 2 000

初始投资成本 2 000 万元小于应享有的被投资方可辨认净资产公允价值份额 2 400 万元（8 000×30%），差额 400 万元应调整长期股权投资初始投资成本：

借：长期股权投资—投资成本 400

　　贷：营业外收入 400

（2）2021 年 5 月 9 日乙公司宣告分配现金股利时：

借：应收股利 （400×30%）120

　　贷：长期股权投资—损益调整 120

（3）2021 年度乙公司实现净利润时：

借：长期股权投资—损益调整

　　　　　　（800×30%）240

　　贷：投资收益 240

二、多项选择题

1. ABC 【解析】小企业长期债券投资相关账务处理如下：

（1）2021 年 1 月 1 日，长期债券投资入账价值 = 1 040 - 40 + 2 = 1 002（万元）。

借：长期债券投资——面值 1 000

　　　　　　　　——溢折价 2

　　应收利息 40

　　贷：银行存款 （1 040+2）1 042

（2）2021 年 1 月 5 日实际收到购买价款中包含的已到付息期但尚未领取的利息时：

借：银行存款 40

　　贷：应收利息 40

（3）2021 年 12 月 31 日，计提利息，采用直线法对取得投资时发生的交易费用摊销：

借：应收利息 （1 000×4%）40

　　贷：长期债券投资——溢折价

　　　　　　　　[2/（5-1）]0.5

　　　投资收益 39.5

2021 年 12 月 31 日长期债券投资的账面价值 = 1 002 - 0.5 = 1 001.5（万元）。

2. BC 【解析】成本法下，投资企业按照被投资单位宣告发放的现金股利或利润应享有的份额确认投资收益，即 2021 年确认投资收益金额 = 10×80% = 8（万元），2022 年确认投资收益金额 = 20×80% = 16（万元）。

成本法下被投资方单位实现净利润的，投资企业无需账务处理。

3. BC 【解析】甲公司相关会计处理如下：

2021 年 1 月 2 日：

借：长期股权投资——投资成本

（14 000×30%）4 200

　　贷：银行存款　　　　　　　　4 000

　　　　营业外收入　　　　　　　　200

2021 年 12 月 31 日：

借：长期股权投资——损益调整

（1 000×30%）300

贷：投资收益　　　　　　　　　　300

由此可知，甲公司 2021 年应确认营业外收入 200 万元，确认投资收益 300 万元。

三、判断题

1. × 【解析】一般企业对债权投资后续计量时采用实际利率法。小企业采用直线法后续计量。

2. √

3. × 【解析】权益法下被投资企业宣告分配现金股利时，投资企业应冲减长期股权投资的账面价值，不确认投资收益。

考点二　投资性房地产的核算

考点详解

一、概述（见表 4-3）

表 4-3　投资性房地产概述

项目	内容	
1. 属于投资性房地产	（1）已出租的土地使用权	
	（2）已出租的建筑物	
	（3）持有并准备增值后转让的土地使用权	
	（4）董事会或类似机构做出书面决议，明确表明将企业持有的空置建筑物用于经营出租且该意图短期内不会发生变化，即使尚未签订协议，企业也应将该空置建筑物视为投资性房地产	
2. 不属于投资性房地产	（1）持有并准备增值后转让的建筑物	
	（2）企业计划出租但尚未出租的土地使用权	
	（3）国家认定的闲置土地	
	（4）经营租入土地使用权再转租给其他单位的	
	（5）自用房地产	
	（6）作为存货的房地产	
	（7）收取租金的职工宿舍	
3. 部分出租+部分出售或部分出租+部分自用	能够单独计量和出售	出租部分确认为投资性房地产、出售部分确认为存货（自用部分确认为固定资产或无形资产）
	不能够单独计量	不确认为投资性房地产，全部确认为存货、固定资产或无形资产

【例题 1·单选题】 下列项目中，属于外购投资性房地产的是( )。

A. 企业购入的写字楼直接出租

B. 企业购入的土地准备建造办公楼

C. 企业购入的土地准备建造办公楼，之后改为持有以备增值

D. 企业购入的写字楼自用 2 年后再出租

解析 ▶ 对于企业外购的房地产，只有在购入房地产的同时开始对外出租或用于增值后转让，才能称之为外购的投资性房地产。

答案 ▶ A

【例题 2·多选题】 下列各项中，应作为投资性房地产核算的有( )。

A. 已出租的土地使用权

B. 经营租入再转租的建筑物

C. 持有并准备增值后转让的土地使用权

D. 出租给本企业职工居住的自建宿舍楼

解析 ▶ 选项 B，所有权不属于承租方，不是承租方资产。选项 D，出租给职工的自建宿舍楼，是间接为企业生产经营服务的，作为自有固定资产核算，不属于投资性房地产。

答案 ▶ AC

【例题 3·判断题】 甲公司将其自有写字楼的部分楼层以经营租赁方式对外出租，因自用部分与出租部分不能单独计量，为此甲公司将该写字楼整体确定为固定资产。( )

答案 ▶ √

【例题 4·判断题】 企业对于经营租入后再转租给其他单位的土地使用权，不能确认为投资性房地产。( )

答案 ▶ √

二、确认和计量

(一)确认(见表 4-4)

表 4-4　投资性房地产的确认

项目	内容
确认条件	经济利益很可能流入、成本能够可靠计量
确认时点	(1)已出租的土地使用权或建筑物：一般为租赁期开始日 (2)持有并准备增值后转让的土地使用权：一般为停止自用准备增值后转让的日期

(二)计量(见表 4-5)

表 4-5　投资性房地产的计量

项目	成本模式 (他的"父母"是固定资产和无形资产，所以有**折旧、有摊销、有减值、无涨跌**)	公允价值模式 (他的第一位"师父"是交易性金融资产，所以**无折旧、无摊销、无减值、有涨跌**)
1. 明细科目	无	"成本""公允价值变动"
2. 计提折旧或摊销	"其他业务成本"	无
3. 减值	"投资性房地产减值准备"	无
4. 公允价值计量	无	资产负债表日账面价值调为公允价值，确认"公允价值变动损益"
5. 租金收入	"其他业务收入"	"其他业务收入"

三、账务处理

(一)取得

1. 外购(见表4-6)

表4-6　外购方式取得的投资性房地产

成本模式	公允价值模式
借:投资性房地产 　贷:银行存款	借:投资性房地产—成本 　贷:银行存款

【案例1】3月1日,福喜公司购入一栋写字楼和土地并于当日出租给甲公司,写字楼价款2 400万元,土地价款600万元。不考虑其他因素,福喜公司账务处理如下:

(1)成本模式:

借:投资性房地产　　　　3 000

　　贷:银行存款　　　　　　　3 000

(2)公允价值模式:

借:投资性房地产—成本　3 000

　　贷:银行存款　　　　　　　3 000

2. 自行建造

按建造该资产达到预定可使用状态前所发生的必要支出,作为入账价值。

借:投资性房地产

　　贷:在建工程、银行存款等

『注意』投资性房地产建造过程中发生的非正常损失计入当期损益。

3. 自用房地产或存货转换为采用公允价值模式的投资性房地产

自用房地产或存货转换为采用公允价值模式计量的投资性房地产时,投资性房地产按照转换当日的公允价值计价,转换当日的公允价值小于原账面价值的,其差额计入公允价值变动损益;转换当日的公允价值大于原账面价值的,其差额计入其他综合收益:

借:投资性房地产[公允价值]

　　累计折旧(摊销)

　　固定资产(无形)减值准备

　　公允价值变动损益[公允价值小于账面价值的差额]

　　贷:固定资产、无形资产

其他综合收益[公允价值大于账面价值的差额]

【例题5·单选题】2022年1月1日,甲公司将自用的写字楼转换为以公允价值模式进行后续计量的投资性房地产。转换当日写字楼的账面余额为5 000万元,已计提折旧500万元,已计提固定资产减值准备400万元;公允价值为4 200万元。甲公司将该写字楼转为投资性房地产核算时的初始入账价值为( )万元。

A. 5 000　　　　B. 4 600

C. 4 200　　　　D. 4 100

解析▶自用写字楼转换为以公允模式后续计量的投资性房地产,应以转换当日写字楼的公允价值作为投资性房地产的初始入账价值。　　　　　　　　答案▶C

【例题6·多选题】企业将自用房地产转换为以公允价值模式计量的投资性房地产时,转换日公允价值与原账面价值的差额,可能影响的财务报表项目有( )。

A. 资本公积

B. 投资收益

C. 公允价值变动收益

D. 其他综合收益

解析▶企业将自用房地产转换为以公允价值模式计量的投资性房地产时,转换日公允价值与原账面价值的差额,如果是借方差额,则计入公允价值变动损益(报表项目为公允价值变动收益),如果是贷方差额,则计入其他综合收益。　　答案▶CD

(二)后续计量

1. 成本模式

有折旧、有摊销、有减值、无涨跌。

【案例2】承【案例1】福喜公司出租的写字楼和土地,每月通过银行转账收取租金20万元。写字楼价款2 400万元,使用年限20年,预计净残值为零,采用年限平均法计提折旧;土地价款600万元,使用年限50年,采用直线法计提摊销。公司采用成本模式对投资性房地产进行计量。不考虑其他因素,福喜公司账务处理如下：

（1）每月确认租金收入：

借：银行存款　　　　　　　　20

　　贷：其他业务收入　　　　　　20

（2）每月计提折旧和摊销：

每年折旧额＝2 400÷20＝120（万元）；每月折旧额＝120÷12＝10（万元）。

借：其他业务成本　　　　　　10

　　贷：投资性房地产累计折旧　　10

每年摊销额＝600÷50＝12（万元）；每月摊销额＝12÷12＝1（万元）。

借：其他业务成本　　　　　　　1

　　贷：投资性房地产累计摊销　　　1

【例题7·单选题】甲公司对投资性房地产以成本模式进行后续计量，2022年1月10日甲公司以银行存款9 600万元购入一栋写字楼并立即以经营租赁方式租出，甲公司预计该写字楼的使用寿命为40年，预计净残值为120万元。采用年限平均法计提折旧，不考虑相关税费及其他因素，2022年甲公司应对该写字楼计提的折旧金额为（　）万元。

A. 240　　　　　　B. 220

C. 217.25　　　　D. 237

解析　2022年年末计提折旧金额＝（9 600－120）/40/12×11＝217.25（万元）。

答案　C

2. 公允价值模式

无折旧、无摊销、无减值、有涨跌。

【案例3】承【案例1】当年12月31日，福喜公司购入的写字楼和土地公允价值为4 000万元；次年12月31日，该写字楼和土地公允价值为3 800万元；公司对投资性房地产采用公允价值模式计量。不考虑其他因素，福喜公司账务处理如下：

当年12月31日：

借：投资性房地产—公允价值变动

　　　　　　　　　（4 000－3 000）1 000

　　贷：公允价值变动损益　　　1 000

次年12月31日：

借：公允价值变动损益

　　　　　　　　　（4 000－3 800）200

　　贷：投资性房地产—公允价值变动

　　　　　　　　　　　　　　　　200

【例题8·单选题】企业采用公允价值模式对投资性房地产进行后续计量的，资产负债表日应将投资性房地产公允价值与其账面价值的差额计入（　）。

A. 其他综合收益

B. 公允价值变动损益

C. 资本公积

D. 资产减值损失

答案　B

（三）处置

（第二位"师父"是原材料，账务处理类似于出售原材料）

1. 成本模式

【案例4】承【案例2】10年后，福喜公司该栋写字楼出售给乙公司，合同价款为2 000万元，乙公司已用银行存款付清。假设这栋写字楼原采用成本模式计量。出售时，该栋写字楼的成本为2 400万元，已计提折旧1 200万元。不考虑相关税费等其他因素，福喜公司账务处理如下（两步走）：

第一步，确认收入：

借：银行存款　　　　　　　2 000

　　贷：其他业务收入　　　　　2 000

第二步，结转成本：

借：其他业务成本　　　　　1 200

　　投资性房地产累计折旧　1 200

　　贷：投资性房地产　　　　　2 400

出售土地分录略。

2. 公允价值模式

【案例5】承【案例3】第三年1月1日，福喜公司把该写字楼和土地出售，出售价款3 900万元，公司对投资性房地产采用公允价值模式计量。不考虑相关税费等其他因素，福喜公司账务处理如下（三步走）：

第一步，确认收入：

借：银行存款　　　　　　　3 900

　　贷：其他业务收入　　　　　3 900

第二步，结转成本：

借：其他业务成本　　　　　3 800
　　贷：投资性房地产—成本　3 000
　　　　—公允价值变动
　　　　　　　　　　　　　800

第三步，"假赚"转入成本：
借：公允价值变动损益　　　800
　　贷：其他业务成本　　　　800

【案例6】 福喜公司以公允价值模式对投资性房地产进行计量。2020年到2021年相关资料如下：

资料一：2020年3月1日，福喜公司将原作为固定资产核算的写字楼，以经营租赁的方式租给乙公司，租期18个月，当日该写字楼公允价值16 000万元，账面原值19 000万元，已计提折旧3 000万元。

资料二：2020年3月31日，福喜公司收到第一个月租金收入125万元并存入银行。12月31日，该写字楼公允价值17 000万元。

资料三：2021年9月1日，租赁期届满，福喜公司以17 500万元的价格出售该写字楼。

不考虑其他因素，福喜公司账务处理

如下：

（1）2020年3月1日出租写字楼：
借：投资性房地产—成本　16 000
　　累计折旧　　　　　　　3 000
　　贷：固定资产　　　　　19 000

（2）2020年3月31日收到租金：
借：银行存款　　　　　　　125
　　贷：其他业务收入　　　　125

（3）2020年12月31日公允价值变动：
借：投资性房地产—公允价值变动
　　　　　　　　　　　　1 000
　　贷：公允价值变动损益　1 000

（4）2021年9月1日处置写字楼：
借：银行存款　　　　　　17 500
　　贷：其他业务收入　　17 500
借：其他业务成本　　　　17 000
　　贷：投资性房地产—成本　16 000
　　　　—公允价值变动
　　　　　　　　　　　　1 000
借：公允价值变动损益　　1 000
　　贷：其他业务成本　　　1 000

随堂小练　限时30min

一、单项选择题

1. 下列各项中，属于投资性房地产的是（　）。
   A. 按国家规定确认的闲置土地
   B. 企业以经营租赁方式租出的写字楼
   C. 企业拥有并自行经营的饭店
   D. 企业持有拟增值后转让的建筑物

2. 某企业的投资性房地产采用公允价值计量模式。2022年1月1日，该企业将一项固定资产转换为投资性房地产。当日，该固定资产的账面余额为100万元，已提折旧20万元，已提减值准备10万元，公允价值为65万元。不考虑其他因素，转换日影响当期利润总额的金额是（　）万元。

A. 0　　　　　　　　B. -5
C. 15　　　　　　　 D. 35

3. 企业采用公允价值模式计量的投资性房地产，下列会计处理的表述中，正确的是（　）。
   A. 资产负债表日应该对投资性房地产进行减值测试
   B. 不需要对投资性房地产计提折旧或摊销
   C. 取得租金收入计入投资收益
   D. 资产负债表日公允价值高于其账面价值的差额计入其他综合收益

4. 2021年10月，甲公司处置一项以成本模式计量的投资性房地产，实际收到的金额为420万元，已存入银行。投资性房地产的账面余额为 1 200 万元，累计计提的折旧金额为 800 万元，计提的减值准备的金额为 120 万元。假设不考虑相关税费，则甲公司处置该项投资性房地产时产生的净收益为（　　）万元。

A. 420　　　　　　　　B. 280

C. 20　　　　　　　　 D. 140

二、多项选择题

1. 下列各项中，属于投资性房地产的有（　　）。

   A. 待出租的厂房

   B. 已出租的办公楼

   C. 经营租入后再转租的写字楼

   D. 已出租的土地使用权

2. 下列支出应计入自行建造投资性房地产成本的有（　　）。

   A. 土地开发费

   B. 建筑成本

   C. 安装成本

   D. 费用化的借款费用

3. 企业对投资性房地产采用成本模式计量的，下列会计处理中正确的有（　　）。

   A. 不需要计提折旧或摊销

   B. 资产负债表日应按公允价值调整投资性房地产的账面价值

   C. 如果出现减值迹象，则需要进行减值测试，确实发生减值的，应计提减值损失

   D. 满足一定条件时，可以改为公允价值模式计量

三、判断题

1. 企业将某项房地产部分用于出租，部分自用，如果用于出租的部分能单独计量和出售，企业应将该部分确认为投资性房地产。
   （　　）

2. 企业通常应当采用成本模式对投资性房地产进行后续计量。（　　）

3. 公允价值模式计量的投资性房地产不计提折旧或摊销，也无需进行减值测试。（　　）

四、不定项选择题

甲公司采用成本模式对投资性房地产进行计量。2019 到 2022 年相关资料如下：

资料一：2019 年 12 月 31 日，甲公司用银行存款购买新写字楼，当日以经营租赁的方式租给乙公司。租期 24 个月，购买价款 2 500 万元，预计净残值 100 万元，预计使用寿命 40 年，采用年限平均法计提折旧。

资料二：2020 年 1 月 31 日，甲公司收到第一个月租金收入 10 万元，存入银行。

资料三：2022 年 1 月 1 日，租赁期届满，甲公司以 2 700 万元的价格出售该写字楼。不考虑相关税费等其他因素。

要求：根据资料一到资料三回答下列小题。

（1）根据资料一，甲公司确认投资性房地产的成本为（　　）万元。

A. 600　　　　　　　　B. 2 400

C. 2 500　　　　　　　D. 0

（2）根据资料一，2020 年 1 月 31 日甲公司计提折旧的会计处理正确的有（　　）。

A. 借记"管理费用"5 万元

B. 借记"其他业务成本"5 万元

C. 贷记"累计折旧"5 万元

D. 贷记"投资性房地产累计折旧"5

（3）根据资料二，2020 年 1 月 31 日甲公司确认租金收入的会计处理正确的有（　　）。

A. 借记"银行存款"10 万元

B. 借记"其他应收款"10 万元

C. 贷记"其他业务收入"10 万元

D. 贷记"主营业务收入"10 万元

（4）根据资料三，2022 年 1 月 1 日甲公司处置该写字楼的会计处理正确的有（　　）。

A. 借记"银行存款"2 700 万元

B. 借记"其他业务成本"2 380 万元、借记"投资性房地产累计折旧"120 万元

C. 贷记"其他业务收入"2 700 万元

D. 贷记"投资收益"320 万元

(5)根据资料三, 2022 年 1 月 1 日甲公司出售投资性房地产引起"利润总额"增加的金额为( )万元。

A. 200   B. 300

C. 320   D. 420

随堂小练参考答案及解析

一、单项选择题

1. B 【解析】选项 A, 不属于持有并准备增值后转让的土地使用权, 不符合投资性房地产定义; 选项 C, 是自用房地产; 选项 D, 企业持有拟增值后转让的土地使用权属于投资性房地产, 但建筑物必须是已经出租的才属于投资性房地产, 因为建筑物本身没有增值空间, 增值的是土地使用权。炒房的增值空间最主要的因素是其中包含的土地使用权, 单就建筑物本身而言, 只会随着时间的流逝而老化贬值, 所以持有并准备增值后转让的建筑物不属于投资性房地产, 作为一般企业的固定资产核算(房地产开发企业, 是作为存货核算)。

2. B 【解析】自用房地产转换为采用公允价值模式计量的投资性房地产时, 投资性房地产应该按照转换当日的公允价值计量, 公允价值大于账面价值的差额计入其他综合收益, 公允价值小于账面价值的差额计入公允价值变动损益。会计分录如下:

借: 投资性房地产——成本   65

公允价值变动损益   5

累计折旧   20

固定资产减值准备   10

贷: 固定资产   100

3. B 【解析】选项 A、B, 采用公允价值模式进行后续计量的投资性房地产, 不计提折旧或摊销, 不计提减值准备; 选项 C, 取得的租金收入计入其他业务收入; 选项 D, 资产负债表日公允价值高于账面价值的差额计入公允价值变动损益。

4. D 【解析】甲公司处置投资性房地产时

产生的净收益 = 420 - (1 200 - 800 - 120) = 140(万元)。本题分录为:

借: 银行存款   420

贷: 其他业务收入   420

借: 其他业务成本   280

投资性房地产累计折旧   800

投资性房地产减值准备   120

贷: 投资性房地产   1 200

二、多项选择题

1. BD 【解析】选项 A, 待出租的建筑物不属于投资性房地产; 选项 C, 不属于投资性房地产。

2. ABC 【解析】自行建造的投资性房地产, 其成本由建造该项资产达到预定可使用状态前发生的必要支出构成, 包括土地开发费、建筑成本、安装成本、应予以资本化的借款费用等, 选项 D 不能计入建造成本中。

3. CD 【解析】选项 A, 成本模式下需要计提折旧或摊销; 选项 B, 成本模式下不确认公允价值变动。

三、判断题

1. √ 【解析】企业将某项房地产部分用于出租, 部分自用, 如果用于出租的部分能单独计量和出售, 企业应将该部分确认为投资性房地产; 这部分不能单独计量和出售的, 确认为固定资产或无形资产。

2. √ 【解析】企业通常应当采用成本模式对投资性房地产进行后续计量, 满足条件时也可采用公允价值模式计量。

3. √ 【解析】公允价值模式计量的投资性房地产不计提折旧或摊销, 也不计提减值准备。

四、不定项选择题

（1）C；（2）BD；（3）AC；（4）ABC；
（5）C。

【解析】（1）2019年12月31日甲公司购买写字楼的会计分录：

借：投资性房地产　　　　　　2 500
　　贷：银行存款　　　　　　　　2 500

（2）投资性房地产年折旧额＝（2 500－100）÷40＝60（万元）；月折旧额＝60÷12＝5（万元）。相关分录为：

借：其他业务成本　　　　　　　　5
　　贷：投资性房地产累计折旧　　　5

（3）甲公司2020年1月31日收到租金的相关会计分录：

借：银行存款　　　　　　　　　10
　　贷：其他业务收入　　　　　　　10

（4）甲公司处置该写字楼的相关会计分录：

借：银行存款　　　　　　　　2 700
　　贷：其他业务收入　　　　　　2 700

出售时已计提（2020年、2021年）的折旧额＝60×2＝120（万元）。

借：其他业务成本　　　　　　2 380
　　投资性房地产累计折旧　　120
　　贷：投资性房地产　　　　　　2 500

（5）利润总额增加金额＝其他业务收入2 700－其他业务成本2 380＝320（万元）。

考点三　固定资产的核算

考点详解

一、固定资产概述

1. 概念

固定资产，是指同时具有以下特征的有形资产：

（1）为生产商品、提供劳务、出租或经营管理而持有的。

『注意』商品：为了对外出售而持有。

（2）使用寿命超过一个会计年度。

【例题1·单选题】☆某汽车制造企业，下列情况作为固定资产核算的是（　）。

A. 正在建的生产线

B. 生产完成的汽车

C. 自用的自产汽车

D. 生产完成准备出售的汽车

解析 ▶ 固定资产是为了生产商品、提供劳务、出租或经营管理的需要，而不像存货是为了对外出售，这一特征是固定资产区别于存货等流动资产的重要标志。选项A，属于在建工程；选项B和选项D，属于库存商品。

答案 ▶ C

2. 固定资产的科目设置

（1）"工程物资""在建工程""固定资产"科目。

以上三个科目都属于资产类账户，增加在借方，减少在贷方，余额在借方。

（2）"累计折旧"属于资产备抵类账户，增加在贷方，减少在借方，余额在贷方。

（3）"固定资产清理"科目核算企业因出售、报废、毁损等原因转出的固定资产价值以及在清理过程中发生的费用等。不包括盘盈固定资产（盘盈记入"以前年度损益调整"）和盘亏固定资产（盘亏记入"待处理财产损溢"）。

（4）"固定资产减值准备"属于资产备抵类科目，增加在贷方，减少在借方，余额在贷方，同样属于此类的还有"坏账准备""存货跌价准备""无形资产减值准备"等科目。

二、外购固定资产

（一）一般纳税人外购动产的账务处理

外购的固定资产的成本包括购买价款；

进口关税、车辆购置税等相关税费；使固定资产达到预定可使用状态前所发生的可归属于该项资产的运输费、装卸费、安装费和专业人员服务费等，简称为：价+税+费。

成本不包括可以抵扣的增值税进项税额。

1. 购入不需要安装的动产（设备）

【案例1】福喜公司（一般纳税人）购入不需要安装的设备一台，价款100万元，增值税13万元，款项用银行存款支付。会计分录如下：

借：固定资产　　　　　　　　　　100
　　应交税费——应交增值税（进项税额）
　　　　　　　　　　　　　　　　　13
　　贷：银行存款　　　　　　　　113

【例题2·单选题】☆2020年4月1日，某企业购入无需安装即可使用的设备一台，价款40 000元，增值税税额5 200元，发生运费300元，增值税税额27元，均已取得增值税专用发票，全部款项以银行存款支付。不考虑其他因素，该企业购入固定资产的入账价值为（　）元。

A. 40 300　　　　　　B. 40 000

C. 45 500　　　　　　D. 45 527

解析　➤➤　固定资产的入账价值=40 000+300=40 300（元）。

会计分录：

借：固定资产　（40 000+300）40 300
　　应交税费——应交增值税（进项税额）
　　　　　　　　（5 200+27）5 227
　　贷：银行存款　　　　　　　45 527

答案　➤➤　A

2. 购入需要安装的动产（设备）

【案例2】3月1日，福喜公司（一般纳税人）购入需要安装的设备一台，价款100万元，增值税13万元，款项用银行存款支付。3月10日用银行存款支付安装费10万元，增值税0.9万元。安装设备领用原材料9万元，应付人工工资6万元。3月15日，设备达到可使用状态。会计分录如下：

三步走：

第一步，购入时：

借：在建工程　　　　　　　　　　100
　　应交税费——应交增值税（进项税额）
　　　　　　　　　　　　　　　　　13
　　贷：银行存款　　　　　　　　113

第二步，支付安装费用时：

借：在建工程　　　　　　　　　　10
　　应交税费——应交增值税（进项税额）
　　　　　　　　　　　　　　　　0.9
　　贷：银行存款　　　　　　　　10.9

耗用人工、材料时：

借：在建工程　　　　　　　　　　15
　　贷：原材料　　　　　　　　　9
　　　　应付职工薪酬　　　　　　6

第三步，安装完毕达到预定可使用状态时：

借：固定资产　　　　　　　　　　125
　　贷：在建工程　　（100+10+9+6）125

（二）一般纳税人外购不动产的账务处理

【案例3】8月1日，福喜公司（一般纳税人）购入一幢办公大楼，价款100万元，增值税9万元，款项以银行存款支付。会计分录如下：

借：固定资产　　　　　　　　　　100
　　应交税费——应交增值税（进项税额）
　　　　　　　　　　　　　　　　　9
　　贷：银行存款　　　　　　　　109

（三）小规模纳税人外购固定资产的账务处理

【案例4】小规模纳税人有喜公司购入一幢办公楼，价款50万元，增值税4.5万元，款项尚未支付。会计分录如下：

小规模纳税人购入固定资产不允许抵扣进项税额。

借：固定资产　　　　　　　　　　54.5
　　贷：应付账款　　　　　　　　54.5

（四）购入多项没有单独标价的固定资产

【案例5】8月10日，福喜公司（一般纳税人）一次性购入电脑、iPad（平板电脑）和手机，公允价值分别为1万元、0.6万元和0.9万元，还价后总成交价2万元，增值税0.26

万元，款项用银行存款支付。计算三件固定资产各自的入账价值。

【分析】（1）三件固定资产公允价值合计=1+0.6+0.9=2.5（万元）

（2）设备成本与公允价值的比例=购买价/公允价=2/2.5=0.8

（3）三件设备各自的成本：

电脑：1×0.8=0.8（万元）

iPad：0.6×0.8=0.48（万元）

手机：0.9×0.8=0.72（万元）

【例题3·判断题】企业以一笔款项购入多项没有单独标价的固定资产时，应按各项固定资产账面价值的比例对总成本进行分配，分别确定各项固定资产的成本。（ ）

解析 ▶▶ 企业以一笔款项购入多项没有单独标价的固定资产时，应按各项固定资产公允价值的比例对总成本进行分配，分别确定各项固定资产的成本。 答案 ▶▶×

三、自行建造固定资产

自行建造资产的成本包括**达到预定可使用状态(不是竣工)**前所发生的必要支出。

1. ★自营工程

【案例6】福喜公司（一般纳税人）自建办公楼一幢，具体业务如下：

（1）1月2日，购入工程物资100万元，增值税13万元，款已付（款未付）。会计分录如下：

借：工程物资　　　　　　100
　　应交税费—应交增值税(进项税额)
　　　　　　　　　　　　　13
　　　贷：银行存款/应付账款　113

（2）1月3日，领用工程物资100万元用于建造办公楼。会计分录如下：

借：在建工程　　　　　　100
　　　贷：工程物资　　　　　100

（3）1月10日，领用本企业外购原材料10万元。会计分录如下：

借：在建工程　　　　　　10
　　　贷：原材料　　　　　　10

（4）支付工程安装费30万元，增值税2.7万元。会计分录如下：

借：在建工程　　　　　　30
　　　贷：银行存款　　　　　30

同时，

借：应交税费—应交增值税(进项税额)
　　　　　　　　　　　　2.7
　　　贷：银行存款　　　　　2.7

（5）工程达到预定可使用状态。会计分录如下：

借：固定资产　　　　　　140
　　　贷：在建工程 （100+10+30)140

【例题4·单选题】☆某企业为增值税一般纳税人，销售商品适用的增值税税率为13%。2020年10月，自营建造厂房一幢，领用本企业生产的水泥一批，实际成本为100 000元，不考虑其他因素，下列各项中，该企业自营建造厂房领用自产水泥的会计处理正确的是( )。

A. 借：在建工程　　　100 000
　　　贷：工程物资　　　100 000

B. 借：在建工程　　　113 000
　　　贷：库存商品　　　100 000
　　　　应交税费—应交增值税(销项税额)
　　　　　　　　　　　　13 000

C. 借：在建工程　　　100 000
　　　贷：库存商品　　　100 000

D. 借：在建工程　　　100 000
　　　应交税费—应交增值税(进项税额转出) 13 000
　　　贷：库存商品　　　113 000

解析 ▶▶ 会计分录：

借：在建工程　　　　100 000
　　　贷：库存商品　　　100 000
　　　　　　　　　　答案 ▶▶C

2. 出包工程

【案例7】8月1日，福喜公司（一般纳税人）将一幢办公大楼的建造工程出包给有福公司（一般纳税人）承建，按发包工程进度向有福公司结算进度款100万元，增值税税额9

万元。11月11日，工程完工后，补付工程款50万元，增值税税额4.5万元。工程完工并达到预定可使用状态。会计分录如下：

(1)8月1日，按发包工程进度支付进度款时：

借：在建工程　　　　　　　100
　　应交税费——应交增值税(进项税额)
　　　　　　　　　　　　　　　9
　　贷：银行存款　　　　　　109

(2)11月11日，补付工程款时：

借：在建工程　　　　　　　50
　　应交税费——应交增值税(进项税额)
　　　　　　　　　　　　　4.5
　　贷：银行存款　　　　　54.5

(3)11月11日，工程完工并达到预定可使用状态时：

借：固定资产　　　　　　　150
　　贷：在建工程　　　　　150

四、固定资产折旧

(一)固定资产折旧概述

【案例8】福喜公司购入宝马牌拖拉机一辆，原价12万元，预计使用年限为5年，预计净残值为2万元，采用年限平均法计提折旧。使用2年后计提减值准备3万元，减值前后折旧年限、预计净残值和折旧方法均不变。计算该公司前三年的折旧额。

【分析】第一年折旧额=(12-2)/5=2(万元)

第二年折旧额=(12-2)/5=2(万元)

第三年折旧额=(12-2-4-3)/(5-2)=1(万元)

1. 影响固定资产折旧的因素
①原价。
②预计净残值。
③减值准备。
④使用寿命。

2. ★计提折旧的范围

★企业应当对所有固定资产计提折旧，但是以下情况除外：

第一，已提足折旧仍继续使用的固定资产(因为折旧已提完，无折旧可提了)；

第二，提前报废的固定资产(因为实际上固定资产已经不存在)；

第三，单独计价入账的土地(因为不知道土地的寿命)；

第四，进入改扩建状态的固定资产(因为会计账上已经转入"在建工程"，不是固定资产)。

3. ★计提折旧的时间

(1)固定资产应当按月计提折旧：当月增加，当月不提，下月开提；当月减少，当月照提，下月停提。

『链接』无形资产摊销：当月增加，当月开摊；当月减少，当月停摊。

(2)已达到预定可使用状态但尚未办理竣工决算按照暂估价入账的固定资产，以暂估价为基础计提折旧；待办理竣工决算手续后，再按照实际成本调整原来的暂估价，但不需要调整原已计提的折旧额。(调价不调折旧)

4. 使用寿命、预计净残值和折旧方法的复核

固定资产使用寿命、预计净残值和折旧方法一经确定，不得随意变更。企业至少在每年年度终了，对上述项目进行复核。

【例题5·单选题】☆下列各项中，需要计提固定资产折旧的是(　)。

A. 已提足折旧仍继续使用的固定资产

B. 季节性停产的设备

C. 更新改造中的设备

D. 单独估价入账的土地

解析▶选项ACD，不计提折旧。其中，更新改造中的设备转入在建工程核算，不计提折旧。　　　　　　答案▶B

【例题6·多选题】☆下列各项中，关于企业固定资产折旧方法的表述中，正确的有(　)。

A. 企业当月减少的固定资产当月照提折旧

B. 企业当月增加的固定资产当月开始计提折旧

C. 固定资产提足折旧后仍继续使用的不用计提折旧

D. 提前报废但未提足折旧的固定资产不再补提折旧

解析 ▶ 选项B，当月增加的固定资产当月不计提折旧，从下月起计提折旧；当月减少的固定资产当月仍计提折旧，从下月起不计提折旧。　　**答案** ▶ ACD

(二)固定资产折旧的计算方法

【案例9】 福喜公司购入宝牛牌汽车一辆，原价100万元，预计使用5年(工作量法下行驶50万公里)，预计净残值10万元。工作量法下，第一、第二、第三年分别行驶3万公里、8万公里、10万公里。请使用不同方法计算该公司的折旧。

方法一：年限平均法(直线法)

年折旧额=(原价-预计净残值)/预计使用年限=(100-10)/5=18(万元)

年折旧率=年折旧额/原价=(1-预计净残值率)/预计使用年限=18/100=18%

月折旧额=18/12=1.5(万元)

月折旧率=18%/12=1.5%

净残值率=10/100=10%

净残值率+预计使用年限×年折旧率=10%+5×18%=1

方法二：工作量法

每公里折旧额=(原价-预计净残值)/总工作量=(100-10)/50=1.8(万元/万公里)

第一年折旧额=3×1.8=5.4(万元)

第二年折旧额=8×1.8=14.4(万元)

第三年折旧额=10×1.8=18(万元)

方法三：双倍余额递减法

年折旧率=2/预计使用年限×100%=2/5=40%

『提示』 以上公式计算出的金额是不考虑残值率的直线法折旧率的两倍。

第一年折旧额=固定资产账面净值×折旧率=100/5×2=40(万元)

第二年折旧额=(100-40)/5×2=24(万元)

第三年折旧额=(100-40-24)/5×2=14.4(万元)

第四、第五年折旧额=(100-40-24-14.4-10)/2=5.8(万元)

『牢记』 **双倍余额递减法前n-2年不考虑净残值，最后两年用直线法。**

方法四：年数总和法

折旧率=尚可使用年限/预计使用年限的年数总和×100%

折旧额=(固定资产原值-预计净残值)×折旧率

第一年折旧额=(100-10)×5/(5+4+3+2+1)=90×5/15=30(万元)

第二年折旧额=90×4/15=24(万元)

第三年折旧额=90×3/15=18(万元)

第四年折旧额=90×2/15=12(万元)

第五年折旧额=90×1/15=6(万元)

『提示1』 计算时先算出最后一年的折旧额，倒数第二年、第三年、第四年、第五年分别是最后一年折旧的2倍、3倍、4倍和5倍。

『提示2』 已计提减值准备的固定资产，应当按照该项资产的账面价值(固定资产账面余额扣减累计折旧和减值准备后的金额)以及尚可使用寿命重新计算确定折旧率和折旧额。

[例题7·单选题] ☆2018年12月31日，某企业购入一台生产设备并直接投入使用。该设备的入账价值为121万元，预计净残值为1万元，预计使用寿命为4年，采用年数总和法计提折旧。不考虑其他因素，2020年该设备应计提的折旧金额为(　　)万元。

A. 36　　　　　　　B. 48

C. 36.3　　　　　　D. 30

解析 ▶ 2020年的年折旧率=3/(4+3+2+1)=30%，因此2020年该设备应计提的折旧金额=(121-1)×30%=36(万元)。　　**答案** ▶ A

【例题8·多选题】 ☆某企业2020年12月3日购入一台不需要安装的设备,原价60 000元,预计净残值3 000元,预计使用年限5年,采用年数总和法或双倍余额递减法计提折旧。不考虑其他因素,2021年12月31日该设备的账面价值分别为(　)元。

A. 48 600　　　B. 54 000

C. 41 000　　　D. 36 000

解析 ▶ 年数总和法下:该设备2021年计提折旧额=(60 000-3 000)×5/(1+2+3+4+5)=19 000(元);2021年12月31日该设备的账面价值=固定资产原值-固定资产累计折旧=60 000-19 000=41 000(元)。双倍余额递减法下:该设备2021年计提折旧额=60 000×2/5=24 000(元);2021年12月31日该设备的账面价值=60 000-24 000=36 000(元)。

答案 ▶ CD

(三)固定资产折旧的会计处理

【案例10】 2018年3月,福喜公司应计提的固定资产折旧额为20万元,其中管理部门计提折旧10万元,销售部门计提折旧4万元,生产车间计提折旧3万元,出租设备计提折旧2万元,建造厂房使用设备计提折旧1万元。会计分录如下:

借:管理费用　　　　　　　　　　10
　　销售费用　　　　　　　　　　 4
　　制造费用　　　　　　　　　　 3
　　其他业务成本　　　　　　　　 2
　　在建工程　　　　　　　　　　 1
　　　贷:累计折旧　　　　　　　 20

【例题9·单选题】 ☆下列关于企业计提固定资产折旧会计处理的表述中,不正确的是(　)。

A. 对管理部门使用的固定资产计提的折旧应计入管理费用

B. 对财务部门使用的固定资产计提的折旧应计入财务费用

C. 对生产车间使用的固定资产计提的折旧应计入制造费用

D. 对专设销售机构使用的固定资产计提

的折旧应计入销售费用

解析 ▶ 财务部门使用固定资产的折旧计入管理费用。　　　　　　　**答案** ▶ B

五、固定资产的后续支出

固定资产的后续支出主要包括更新改造支出、修理费用等。

(一)固定资产资本化后续支出的核算

★1. 固定资产的更新改造等后续支出

固定资产(汽车)如果有被替换(替换发动机)的部分,**应将被替换部分(发动机)的账面价值(不是账面余额)从该固定资产(汽车)原账面价值中扣除。**

2. 资本化支出账务处理

【案例11】 3月1日福喜公司(一般纳税人)将原价100万元(包括发动机40万元)的宝牛牌汽车更换新发动机,截至当前,汽车已计提折旧30万元,汽车更换的新发动机的不含税价款为60万元,出售旧发动机取得价款10万元,增值税1.3万元,款已收。用银行存款支付安装费1万元,增值税0.13万元。3月5日,汽车达到预定可使用状态。会计分录如下:

(1)旧设备转入"在建工程":

借:**在建工程**　　　　　　　　　70
　　累计折旧　　　　　　　　　　30
　　　贷:固定资产　　　　　　　100

『提示』如果存在"固定资产减值准备",也需要转出。

(2)旧部件被替换并出售:

旧发动机原价=40(万元)

旧发动机折旧额=40×30/100=12(万元)

旧发动机的账面价值=40-12=28(万元)

借:**营业外支出**　　　　　　　　28
　　　贷:**在建工程**　　　　　　28

旧部件出售:

借:银行存款　　　　　　　　　　11.3
　　　贷:营业外支出　　　　　　10
　　　　　应交税费——应交增值税(销项税额)　　　　　　　　　　1.3

147

不影响"在建工程"(固定资产入账价值)。

(3)可资本化的后续支出：

借：在建工程　　　　　　60

　　贷：工程物资　　　　　　60

『链接』上月新发动机购买价款60万元，增值税7.8万元，款已付。

借：工程物资　　　　　　60

　　应交税费——应交增值税(进项税额)

　　　　　　　　　　　　7.8

　　贷：银行存款　　　　67.8

(4)支付安装费：

借：在建工程　　　　　　1

　　应交税费——应交增值税(进项税额)

　　　　　　　　　　　　0.13

　　贷：银行存款　　　　1.13

(5)达到预定可使用状态时：

借：固定资产　　　　　103

　　贷：在建工程　(70-28+60+1)103

【例题10·判断题】☆企业对固定资产进行更新改造时，应当将该固定资产账面价值转入在建工程，并将被替换部件的变价收入冲减在建工程。　　　　(　)

解析 ▶ 企业对固定资产进行更新改造时，应当将该固定资产账面价值转入在建工程，被替换部件已从在建工程中拆除，其变价收入不再影响在建工程的账面价值。

答案 ▶×

(二)固定资产费用化后续支出的核算

不满足固定资产确认条件的固定资产修理费用等，应当在发生时计入当期损益。

【案例12】3月，福喜公司(一般纳税人)用银行存款支付设备日常修理费价款10万元，增值税1.3万元，其中行政管理部门7万元，销售部门2万元，出租设备1万元。会计分录如下：

借：管理费用　　　　　　7

　　销售费用　　　　　　2

　　其他业务成本　　　　1

　　应交税费——应交增值税(进项税额)

　　　　　　　　　　　　1.3

　　贷：银行存款　　　　11.3

【例题11·单选题】☆某企业为增值税一般纳税人，发生管理用设备维修费50 000元，专设销售机构专用办公设备维修费30 000元，取得的增值税专用发票上注明的增值税税额为10 400元。不考虑其他因素，下列各项中，该企业发生设备维修费的会计处理结果正确的是(　)。

A. 管理费用增加30 000元

B. 管理费用增加50 000元

C. 制造费用增加50 000元

D. 管理费用增加90 400元

解析 ▶ 管理用设备发生的修理费，应计入管理费用；专设销售机构专用办公设备维修费应计入"销售费用"，会计分录为：

借：管理费用　　　　50 000

　　销售费用　　　　30 000

　　应交税费——应交增值税(进项税额)

　　　　　　　　　　10 400

　　贷：银行存款等　　90 400

答案 ▶ B

六、固定资产的处置

主要指固定资产的出售、报废、毁损等，不包括盘盈和盘亏。

★1. 固定资产转入清理

【案例13】福喜公司(一般纳税人)将宝牛牌汽车处置，原价100万元，已计提折旧50万元，已计提减值准备30万元。会计分录如下：

借：固定资产清理　　　　20

　　累计折旧　　　　　　50

　　固定资产减值准备　　30

　　贷：固定资产　　　　100

★2. 发生的清理费用

【案例14】承接【案例13】，用银行存款支付宝牛牌汽车清理费1万元，增值税0.13万元。会计分录如下：

借：固定资产清理　　　　1

　　应交税费——应交增值税(进项税额)

　　　　　　　　　　　　0.13

贷：银行存款　　　　　　1.13

★3. 出售收入和材料等

【案例15】承接【案例14】，销售宝牛牌汽车收到价款10万元(30万元)，增值税1.3万元(3.9万元)，款项已存入银行。会计分录如下：

会计分录	售价10万元	售价30万元
借：银行存款	11.3	33.9
贷：固定资产清理	10	30
应交税费—应交增值税(销项税额)	1.3	3.9

『注意』如果处置时存在残料，会计处理为：

借：原材料

　贷：固定资产清理

★4. 保险赔偿

借：其他应收款

　贷：固定资产清理

5. 清理净损益

(1)出售、转让产生的利得或损失记入"资产处置损益"。

①净损失。

【案例16】承接【案例13】~【案例15】，结转处置净损失。会计分录如下：

假设出售价款为10万元。

借：资产处置损益　　　　11

　贷：固定资产清理　(20+1-10)11

结平"固定资产清理"账户即可算出净损失。

②净收益。

【案例17】承接【案例13】~【案例15】，结转处置利得。会计分录如下：

假设出售价款为30万元。

借：固定资产清理　(30-20-1)9

　贷：资产处置损益　　　　9

(2)报废或因自然灾害导致的毁损损失记入"营业外支出"(净损失)。

【案例18】承接【案例13】和【案例14】，固定资产丧失功能报废，结转处置净损失。会计分录如下：

借：营业外支出　　　　　21

　贷：固定资产清理　(20+1)21

【例题12·判断题】☆企业报废的固定资产清理完毕，应将"固定资产清理"科目的余额转入"资产处置损益"科目。　　( )

解析 ▶▶ 企业报废的固定资产清理完毕，应将"固定资产清理"科目的余额转入"营业外支出"或"营业外收入"科目。　答案 ▶×

七、固定资产清查

1. 固定资产盘亏

【案例19】今年情人节，福喜公司(一般纳税人)购买X手机给CFO(财务总监)游喜福使用，价款1万元，进项税额0.13万元，后来手机盘亏，该手机已计提折旧0.1万元。报经领导批准后，手机损失的一半由游喜福赔偿。会计分录如下：

(1)盘亏时：

借：待处理财产损溢　　　0.9

　　累计折旧　　　　　　0.1

　贷：固定资产　　　　　　1

(2)转出不可抵扣的进项税额：

借：待处理财产损溢　　　0.117

　贷：应交税费—应交增值税(进项税额转出)　(0.13×90%)0.117

『提示』情人节，公司购买固定资产时已抵扣进项税额0.13万元；固定资产已计提折旧0.1万元，占原价的10%，还有90%的折旧未计提，此时，固定资产盘亏，按规定，应当转出90%的进项税额。

(3)经领导批准后处理时：

借：其他应收款　　　　　0.508 5

　　营业外支出　　　　　0.508 5

　贷：待处理财产损溢(0.9+0.117)1.017

2. 固定资产盘盈

盘盈的固定资产，作为前期差错处理。

企业应按重置成本确定固定资产的入账价值。

【案例20】 福喜公司盘盈一部手机，确定为去年购入的手机，未入账，该手机重置成本为1万元。假定福喜公司按净利润的10%提取法定盈余公积，不考虑相关税费及其他因素的影响。会计分录如下：

(1) 盘盈固定资产时：

借：固定资产　　　　　　　　　　1

　　贷：以前年度损益调整　　　　　1

(2) 结转为留存收益时：

借：以前年度损益调整　　　　　　1

　　贷：盈余公积—法定盈余公积

　　　　　　　　　　　　(1×10%)0.1

　　　　利润分配—未分配利润　0.9

【例题13·多选题】 ☆某公司年末进行固定资产清查时，发现上年购入的一台设备未入账，其重置成本为10 000元，该公司按净利润的10%提取法定盈余公积。不考虑其他因素，下列各项中，该设备盘盈的会计处理正确的有(　)。

A. 借：以前年度损益调整　10 000

　　　贷：盈余公积—法定盈余公积

　　　　　　　　　　　　　　　1 000

　　　　利润分配—未分配利润

　　　　　　　　　　　　　　　9 000

B. 借：待处理财产损溢　　10 000

　　　贷：营业外收入　　　10 000

C. 借：固定资产　　　　　10 000

　　　贷：以前年度损益调整　10 000

D. 借：固定资产　　　　　10 000

　　　贷：待处理财产损溢　10 000

解析▶ 会计分录：

借：固定资产　　　　　　10 000

　　贷：以前年度损益调整　　10 000

借：以前年度损益调整　　10 000

　　贷：盈余公积—法定盈余公积

　　　　　　(10 000×10%)1 000

　　　　利润分配—未分配利润　9 000

答案▶ AC

【例题14·多选题】 ☆下列各项中，企

业不通过"待处理财产损溢"科目核算的业务有(　)。

A. 固定资产报废

B. 固定资产减值

C. 固定资产盘盈

D. 固定资产盘亏

解析▶ 选项A，通过"固定资产清理"科目核算；

选项B，会计分录：

借：资产减值损失

　　贷：固定资产减值准备

选项C，通过"以前年度损益调整"科目核算。　　　　　　　　答案▶ ABC

八、固定资产减值

1. 固定资产减值金额的计量

资产负债表日，固定资产的可收回金额低于账面价值的，企业应当将其差额确认为减值损失，计入当期损益(资产减值损失)，同时计提固定资产减值准备。

2. ★固定资产减值的核算

【案例21】 12月31日，福喜公司的手机出现减值迹象，经计算，可收回金额合计为0.8万元，账面价值为0.95万元，以前年度未对该手机计提过减值准备。会计分录如下：

借：资产减值损失　　　　　　　0.15

　　贷：固定资产减值准备　　　　0.15

『提示』 固定资产减值损失一经确认，在以后会计期间不得转回。

『链接』 初级考试掌握能转回的准备：坏(坏账准备)、蠢(存货跌价准备)。其他准备一般不能转回，包括固定资产减值准备和无形资产减值准备等。

【例题15·多选题】 ☆下列各项中，企业对固定资产会计处理表述正确的有(　)。

A. 固定资产减值损失一经确认，在以后会计期间不得转回

B. 达到预定可使用状态但尚未办理竣工决算的固定资产按估计价值计提折旧

C. 专设销售机构固定资产的日常维护费

用应计入管理费用

D. 报废的固定资产，报废当月仍应计提折旧

解析 ▶ 选项 C，专设销售机构固定资产

的日常维护费用应计入销售费用。

答案 ▶ ABD

福喜总结 库存现金、存货和固定资产盘盈盘亏的账务处理★★

项目	盘盈（现金称溢余）	盘亏（现金称短缺）
库存现金	借：库存现金 　　贷：待处理财产损溢 借：待处理财产损溢 　　贷：其他应付款 　　　**营业外收入[无法查明原因]** （2021 年、2020 年、2019 年、2018 年、2017 年单选题）	借：待处理财产损溢 　　贷：库存现金 借：其他应收款 　　**管理费用[无法查明原因]** 　　贷：待处理财产损溢 （2021 年、2018 年、2017 年单选题）
存货	借：原材料等 　　贷：待处理财产损溢 借：待处理财产损溢 　　**贷：管理费用** （2020 年判断题，2021 年单选题）	借：待处理财产损溢 　　贷：原材料等 　　　应交税费—应交增值税（进项税额转出）[自然灾害造成的盘亏不需要转出] 借：原材料[收回残料] 　　其他应收款[应收取有关人员或保险公司赔款] 　　**管理费用[管理不善]** 　　**营业外支出[非常损失]** 　　贷：待处理财产损溢 （2020 年、2019 年、2017 年判断题，2020 年单选题）
固定资产	**按前期差错处理** 借：固定资产[重置成本] 　　**贷：以前年度损益调整** 借：以前年度损益调整 　　贷：应交税费—应交所得税 借：以前年度损益调整 　　贷：盈余公积 　　　利润分配—未分配利润 （2020 年多选题、判断题，2018 年单选题）	**借：待处理财产损溢** 　　累计折旧 　　固定资产减值准备 　　贷：固定资产 借：**营业外支出** 　　贷：待处理财产损溢 （2020 年单选题）

九、使用权资产的账务处理

（一）概述

使用权资产，是指承租人可在租赁期内使用租赁资产的权利。

短期租赁，是指在租赁期开始日，租赁期不超过 12 个月的租赁。

低价值资产租赁，是指单项租赁资产为全新资产时价值较低的租赁（通常情况下，资产全新状态下的价值低于 4 万元）。

对于短期租赁和低价值资产租赁，承租

人可以选择不确认使用权资产和租赁负债。

（二）科目设置

（1）"使用权资产"科目，核算承租人持有的使用权资产的原价，其核算类似于固定资产科目。

（2）"使用权资产累计折旧"科目，是"使用权资产"科目的备抵科目，其核算类似于累计折旧科目。

（3）"租赁负债"科目，核算承租人尚未支付的租赁付款额的现值。

（三）初始计量

1. 在租赁期开始日，承租人应当按照成本对使用权资产进行初始计量。该成本包括下列四项：

（1）租赁负债的初始计量金额。

（2）在租赁期开始日或之前支付的租赁付款额；存在租赁激励的，应**扣除已享受的租赁激励**相关金额。

租赁激励：是指出租人为达成租赁向承租人提供的优惠，包括出租人向承租人支付的与租赁有关的款项、出租人为承租人偿付或承担的成本等。

（3）承租人发生的初始直接费用。

初始直接费用：是指为达成租赁所发生的增量成本（不取得该租赁，则不会发生，如佣金、印花税等）。

（4）承租人为拆卸及移除租赁资产、复原租赁资产所在场地或将租赁资产恢复至租赁条款约定状态预计将发生的成本。

2. 一般账务处理

借：使用权资产[**尚未支付的租赁付款额的现值**+扣除租赁激励的预付租赁付款额+初始直接费用+租赁结束后复原成本等的现值]

租赁负债—未确认融资费用[差额]

 贷：租赁负债—租赁付款额[尚未支付的租赁付款额]

  预付账款[租赁期开始日之前支付的租赁付款额，扣除已享受的租赁激励]

  银行存款[初始直接费用]

  预计负债[预计将发生的为拆卸及移除租赁资产、复原租赁资产所在场地或将租赁资产恢复至租赁条款约定状态等成本的现值]

【案例1】承租人福喜公司就某栋建筑物的某一层楼与出租人乙公司签订了为期10年的租赁协议，并拥有5年的续租选择权，将其用作管理用办公楼。有关资料如下：

（1）初始租赁期内的不含税租金为每年50 000元，续租期间为每年55 000元，所有款项应于每年年末支付；

（2）为获得该项租赁，福喜公司发生的初始直接费用为20 000元，其中，15 000元为向该楼层前任租户支付的款项，5 000元为向促成此租赁交易的房地产中介支付的佣金；

（3）作为对福喜公司的激励，乙公司同意补偿福喜公司5 000元的佣金；

（4）在租赁期开始日，福喜公司评估后认为，不能合理确定将行使续租选择权，因此，将租赁期确定为10年；

（5）福喜公司无法确定租赁内含利率，其增量借款利率为每年5%，该利率反映的是福喜公司以类似抵押条件借入期限为10年、与使用权资产等值的相同币种的借款而必须支付的利率。

为简化处理，假设不考虑相关税费影响。已知（P/A，5%，10）= 7.721 7。

承租人福喜公司的会计处理如下：

第一步，计算租赁期开始日租赁付款额的现值，并确认租赁负债和使用权资产。

在租赁期开始日，福喜公司以10年租金（每年50 000元）按5%的年利率折现后的现值计量租赁负债。计算租赁付款额现值的过程如下：

10期租赁付款额=50 000×10=500 000（元）；

租赁负债=10期租赁付款额的现值=50 000×（P/A，5%，10）= 386 085（元）；

未确认融资费用=10期租赁付款额-10期租赁付款额的现值=500 000-386 085=113 915（元）。

借：使用权资产   386 085

 租赁负债—未确认融资费用

         113 915

 贷：租赁负债—租赁付款额 500 000

第二步，将初始直接费用计入使用权资产的初始成本。

借：使用权资产   20 000

 贷：银行存款   20 000

第三步，将已收的租赁激励相关全额从使用权资产入账价值中扣除。

借：银行存款　　　　　　　　5 000
　　贷：使用权资产　　　　　　　　 5 000

（四）后续计量

1. 折旧、减值

使用权资产计提折旧和减值参照固定资产有关折旧和减值规定。

承租人能否合理确定租赁期届满时取得租赁资产所有权的：

（1）如果能，在租赁资产剩余使用寿命内计提折旧。

（2）如果不能，在租赁期与租赁资产剩余使用寿命两者**孰短**的期间内计提折旧。

2. 折现率选择

首选租赁内含利率作为折现率；再选承租人增量借款利率作为折现率。

【案例2】 承接【案例1】福喜公司每年年末支付租金50 000元，采用直线法计提折旧。

支付第1年租金时：

借：租赁负债—租赁付款额　50 000
　　贷：银行存款　　　　　　　　50 000
借：财务费用
　　　（386 085×5%）19 304.25
　　贷：租赁负债—未确认融资费用
　　　　　　　　　　　　　　19 304.25

年折旧额＝386 085÷10＝38 608.5（元）。

借：管理费用　　　　　　　38 608.5
　　贷：使用权资产累计折旧　38 608.5

【拓展】 假设有购买选择权。如果5年后，福喜公司行使购买选择权，一般账务处理如下：

借：固定资产
　　租赁负债—租赁付款额
　　使用权资产累计折旧
　　贷：使用权资产
　　　　租赁负债—未确认融资费用
　　　　银行存款

此处的金额不用掌握，考试一般不考，简单了解即可。

随堂小练　限时35min

一、百考多选题

下列关于固定资产后续支出和处置的表述，不正确的有（　　）。

A. 某企业对一条生产线进行改扩建，该生产线原价100万元，已计提折旧40万元，改扩建生产线发生相关支出50万元，被替换部分的**账面价值**20万元，满足固定资产确认条件，则改扩建后生产线的入账价值为90万元

B. 某企业对一条生产线进行改扩建，该生产线原价100万元，已计提折旧40万元，改扩建生产线发生相关支出50万元，被替换部分的**账面原值**20万元，满足固定资产确认条件，则改扩建后生产线的入账价值为90万元

C. 企业发生固定资产改扩建支出，应计入相应在建工程成本；影响固定资产清理净损益的有变价收入、固定资产账面价值和清理过程中耗用的材料成本

D. 管理部门设备的日常修理费记入"管理费用"科目，销售部门设备的日常修理费记入"销售费用"科目，出租设备的日常修理费记入"管理费用"科目

二、单项选择题

1. 下列各项中，制造业企业应作为固定资产核算的是（　　）。

A. 为建造厂房库存的工程物资

B. 正在建设中的生产线

C. 行政管理部门使用的汽车

D. 生产完工准备出售的产品

2. 下列各项中，关于企业固定资产折旧方法的表述正确的是( )。

A. 年数总和法计算的固定资产年折旧额逐年递增

B. 工作量法不需要考虑固定资产的预计净残值

C. 年限平均法需要考虑固定资产的预计净残值

D. 双倍余额递减法计算的固定资产年折旧额每年相等

3. ☆某企业对一条生产线进行改扩建，该生产线原价 1 000 万元，已计提折旧 300 万元，改扩建生产线发生相关支出 800 万元，满足固定资产确认条件，则改扩建后生产线的入账价值为( )万元。

A. 800　　　　　　B. 1 500

C. 1 800　　　　　D. 1 000

4. 下列各项固定资产中，应该将折旧金额直接记入"管理费用"科目的是( )。

A. 研发部门用于技术开发的机器设备

B. 生产车间闲置的固定资产

C. 已提足折旧仍在使用的机器设备

D. 短期出租的机器设备

5. ☆下列各项中，企业处置报废毁损固定资产时，通过"固定资产清理"科目借方核算的是( )。

A. 收到的变价收入

B. 结转报废净损失

C. 应收过失人赔偿款

D. 固定资产的账面价值

6. 下列关于固定资产的后续支出说法正确的是( )。

A. 固定资产的后续支出，均应当计入固定资产成本

B. 固定资产的更新改造中，如有被替换的部分，应同时将被替换部分的账面余额从该固定资产原账面价值中扣除

C. 企业行政管理部门发生的不可资本化的固定资产日常修理费用，计入制造费用

D. 企业专设销售机构发生的不可资本化的后续支出，计入销售费用

7. ☆企业在财产清查中盘盈一台设备，下列各项中，根据该设备的重置成本应贷记的会计科目是( )。

A. 固定资产清理

B. 以前年度损益调整

C. 待处理财产损溢

D. 营业外收入

8. 甲公司于 2021 年 1 月 1 日从乙公司租入一台设备作为使用权资产核算，租赁期限为 3 年，设备租金为每年 40 万元，于每年年末支付。甲公司为获得该设备向其前任租户支付款项 2.5 万元，向促成此项交易的中介支付佣金手续费等 0.5 万元。作为对甲公司的激励，乙公司向甲公司补偿了 0.5 万元佣金。假定不考虑其他因素，租赁内含利率为 7%，[(P/A，7%，3) = 2.624 3；(P/F，7%，3) = 0.816 3]，甲公司为此项租赁行为确认的使用权资产金额为( )万元。

A. 107. 472　　　　B. 107. 742

C. 104. 97　　　　　D. 120

三、多项选择题

1. ☆某企业为增值税一般纳税人，自营建造一幢厂房。下列各项中，应计入该厂房成本的有( )。

A. 领用工程物资的成本

B. 领用本企业自产产品的成本

C. 购买工程物资支付的增值税

D. 确认工程人员的薪酬

2. ☆下列各项中，企业需要计提折旧的有( )。

A. 非生产经营用的中央空调设施

B. 上月已达到预定可使用状态但尚未办理竣工决算的办公大楼

C. 日常维修期间停工的生产设备

D. 已提足折旧继续使用的生产线

3. ☆下列各项中，影响固定资产折旧的主要因素有( )。

A. 折旧的年限

B. 固定资产的原价

C. 固定资产的预计净残值

D. 已计提的固定资产减值准备

4. ☆2019 年 11 月 21 日，某公司购入一项固定资产，于当月交付使用。该固定资产原值 500 万元，预计使用年限 5 年，预计净残值 5 万元。按年数总和法或双倍余额递减法计提折旧。不考虑其他因素，2019 年该项固定资产应计提的折旧额分别为（　）万元。

A. 8.25　　　　　B. 13.75

C. 16.5　　　　　D. 16.67

5. ☆下列各项中，会引起固定资产账面价值减少的有（　）。

A. 固定资产计提折旧

B. 固定资产发生减值损失

C. 固定资产发生报废毁损

D. 盘亏固定资产

6. 下列关于固定资产会计处理的表述，正确的有（　）。

A. 固定资产折旧方法一经确定不得改变

B. 固定资产减值损失一经确认在以后会计期间不得转回

C. 季节性停用的固定资产不停止计提折旧

D. 自行建造的固定资产应自办理竣工决算时开始计提折旧

四、判断题

1. 固定资产的各组成部分具有不同使用寿命、适用不同折旧率的，应当分别将各组成部分确认为单项固定资产。（　）

2. ☆已达到预定可使用状态但尚未办理竣工决算的固定资产应计提折旧。（　）

3. ☆符合资本化确认条件的固定资产更新改造支出，应在发生时通过"在建工程"科目核算。（　）

4. ☆企业在财产清查中盘盈固定资产的重置成本，应通过"营业外收入"科目核算。（　）

5. ☆固定资产在资产负债表日存在可能发生减值的迹象时，其可收回金额低于账面价值的，企业应当将该固定资产的账面价值减记至可收回金额。（　）

五、不定项选择题

☆某企业为增值税一般纳税人，2020 年发生固定资产相关业务如下：

(1)2 月 28 日，购入一台不需要安装的 M 设备，支付设备价款 122 万元，增值税税额为 15.86 万元。另支付设备运输费 3 万元，增值税税额为 0.27 万元，已取得购入设备及运输费的增值税专用发票，全部款项以银行存款支付。当日，M 设备交由行政管理部门使用，预计使用寿命为 10 年，预计净残值率为 4%，采用年限平均法计提折旧。

(2)10 月 5 日，对 M 设备进行日常修理，从仓库领用维修材料 0.5 万元，另支付修理费 2 万元，增值税专用发票上注明的增值税税额为 0.26 万元，全部款项以银行存款支付。

(3)12 月 15 日，M 设备因自然灾害发生毁损，清理过程中取得报废残值变价收入 9 万元，增值税专用发票上注明的增值税税额为 1.17 万元，全部款项已收到并存入银行，M 设备未发生资产减值。12 月 31 日，结转 M 设备的清理净损益。

要求：根据上述资料，不考虑其他因素，分析回答下列小题。（答案中的金额单位用万元表示）

(1)根据资料(1)，M 设备的入账价值是（　）万元。

A. 137.86　　　　B. 122

C. 125　　　　　D. 141.13

(2)根据资料(1)，下列各项中，M 设备计提折旧的会计处理表述正确的是（　）。

A. 月折旧额为 1 万元

B. 预计净残值为 4.88 万元

C. 年折旧率为 9.6%

D. 计提的折旧额应计入管理费用

(3)根据资料(2)，下列各项中，M设备日常维修的会计处理正确的是(　　)。

A. 支付维修费及其增值税时：

借：管理费用　　　　　　　　　2

　　应交税费—应交增值税(进项税额)

　　　　　　　　　　　　　　　0.26

　　　贷：银行存款　　　　　　2.26

B. 支付维修费及其增值税时：

借：在建工程　　　　　　　　　2

　　应交税费—应交增值税(进项税额)

　　　　　　　　　　　　　　　0.26

　　　贷：银行存款　　　　　　2.26

C. 领用维修材料时：

借：在建工程　　　　　　　　　0.5

　　贷：原材料　　　　　　　　0.5

D. 领用维修材料时：

借：管理费用　　　　　　　　　0.5

　　贷：原材料　　　　　　　　0.5

(4)根据资料(1)至(3)，下列各项中，M设备毁损的相关会计处理结果正确的是(　　)。

A. 结转毁损净损失时，借记"营业外支出"科目

B. 收到报废残值变价收入时，贷记"固定资产清理"科目

C. 将毁损设备转入清理时，借记"固定资产清理"科目

D. 结转毁损净损失时，借记"资产处置损益"科目

(5)根据资料(1)至(3)，M设备相关业务导致企业2020年利润总额减少的金额是(　　)万元。

A. 108.5　　　　　B. 106

C. 116　　　　　　D. 118.5

随堂小练参考答案及解析

一、百考多选题

BCD　【解析】选项B，入账价值=(100-40)-(20-20×40/100)+50=98(万元)；选项C，企业发生固定资产改扩建支出且符合资本化条件的，应计入相应在建工程成本；选项D，出租设备的日常修理费记入"其他业务成本"科目。

二、单项选择题

1. C　【解析】选项A，通过"工程物资"科目核算；选项B，通过"在建工程"科目核算；选项D，通过"库存商品"科目核算。

2. C　【解析】选项A，年数总和法计算的固定资产折旧额逐年递减；选项B，工作量法需要考虑固定资产的预计净残值；选项D，除了折旧的最后两年外，双倍余额递减法计算的固定资产年折旧额逐年递减。

3. B　【解析】改扩建后固定资产的入账价值

=1 000-300+800=1 500(万元)。

4. B　【解析】选项A，记入"研发支出"科目；选项C，不再计提折旧；选项D，记入"其他业务成本"科目。

5. D　【解析】会计分录：

选项A，收回残料变价收入时：

借：银行存款

　　贷：固定资产清理

　　　　应交税费—应交增值税(销项税额)

选项B，结转报废固定资产发生的净损失时：

借：营业外支出

　　贷：固定资产清理

选项C，应收过失人的赔偿：

借：其他应收款

　　贷：固定资产清理

6. D　【解析】选项A，固定资产的后续支出，只有满足资本化条件的才能计入固定资产成本；选项B，应当将被替换部分的

账面价值从该固定资产原账面价值中扣除；选项C，应当计入管理费用。

7. B 【解析】盘盈固定资产应作为重要的前期差错进行会计处理，应通过"以前年度损益调整"科目进行核算。

会计分录为：

借：固定资产

　　贷：以前年度损益调整

8. A 【解析】使用权资产的入账金额=40×(P/A，7%，3)+2.5+0.5-0.5=40×2.624 3+2.5+0.5-0.5=107.472(万元)。

账务处理如下：

借：使用权资产　　　　　　104.972

　　租赁负债—未确认融资费用

　　　　　　　　　　　　　 15.028

　　贷：租赁负债—租赁付款额

　　　　　　　　　　　(40×3)120

借：使用权资产　　　(0.5+2.5)3

　　贷：银行存款　　　　　　　　3

借：银行存款　　　　　　　　0.5

　　贷：使用权资产　　　　　　0.5

三、多项选择题

1. ABD 【解析】选项C，增值税一般纳税人购买工程物资支付的增值税可以抵扣，不计入成本。

2. ABC 【解析】选项ABC，均需要计提折旧。

3. ABCD 【解析】在计算固定资产折旧时，应考虑的因素有：固定资产的原价、固定资产的预计净残值、固定资产的使用寿命，如果固定资产发生减值，还需要考虑固定资产的减值准备。

4. BD 【解析】年数总和法：折旧额=(500-5)×5÷(1+2+3+4+5)÷12=13.75(万元)。双倍余额递减法：折旧额=500×2÷5÷12=16.67(万元)。

5. ABCD 【解析】固定资产账面价值=固定资产的原价-计提的减值准备-计提的累计折旧。

6. BC 【解析】选项A，固定资产的折旧方法一经确定不得随意变更，与固定资产有关的经济利益预期实现方式有重大变更的，应当改变固定资产的折旧方法；选项D，应在达到预定可使用状态时，按照估计价值确定其成本，并从下月开始计提折旧。

四、判断题

1. √

2. √

3. √

4. × 【解析】盘盈的固定资产，应按重置成本确定其入账价值，借记"固定资产"科目，贷记"以前年度损益调整"科目。

5. √

五、不定项选择题

(1)C；(2)ACD；(3)AD；(4)ABC；(5)D

【解析】

(1)M设备的入账价值=122+3=125(万元)。

资料(1)会计分录：

借：固定资产　　　　　　(122+3)125

　　应交税费—应交增值税(进项税额)

　　　　　　　　　　(15.86+0.27)16.13

　　贷：银行存款　　　　　　　141.13

(2)选项A，月折旧额=125×(1-4%)÷10÷12=1(万元)；选项B，预计净残值=固定资产入账价值×预计净残值率=125×4%=5(万元)；选项C，年折旧率=(1-预计净残值率)÷预计使用寿命×100%=(1-4%)÷10×100%=9.6%；选项D，因M设备由行政管理部门使用，所以其计提的折旧额计入管理费用。

计提M设备每月折旧额会计分录：

借：管理费用　　　　　　　　　1

　　贷：累计折旧　　　　　　　　1

(3)资料(2)会计分录：

领用维修材料时：

借：管理费用 0.5

　　贷：原材料 0.5

支付维修费及其增值税时：

借：管理费用 2

　　应交税费——应交增值税(进项税额)

　　　　　　　　　　0.26

　　贷：银行存款 2.26

(4)因 M 设备 2 月份购入，所以从 3 月开始计提折旧，至 12 月共计提 10 个月的折旧，折旧总额 = 125×(1-4%)÷10÷12×10 = 10(万元)。

资料(3)会计分录：

结转 M 设备账面价值：

借：固定资产清理 115

　　累计折旧 10

　　贷：固定资产 125

取得报废残值变价收入：

借：银行存款 10.17

　　贷：固定资产清理 9

　　　　应交税费——应交增值税(销项税额) 1.17

结转毁损净损失：

借：营业外支出 106

　　贷：固定资产清理 (115-9)106

(5)根据资料(1)和(3)确认固定资产折旧总额 = 10(万元)，计入管理费用；根据资料(2)确认管理费用 = 0.5+2 = 2.5(万元)；根据资料(3)确认营业外支出 106 万元，所以利润总额减少额 = 10 + 2.5 + 106 = 118.5(万元)。

考点四　生产性生物资产的核算

一、概念

生产性生物资产，是指为产出农产品、提供劳务或出租等目的而持有的生物资产，包括经济林、薪炭林、产畜和役畜等。

二、计量

1. 外购生物资产的成本，包括购买价款、相关税费、运输费、保险费以及可直接归属于购买该资产的其他支出。

2. 自行营造或繁殖的生产性生物资产的成本，应当按照下列规定确定：

(1)自行营造的林木类生产性生物资产的成本，包括达到预定生产经营目的前发生的造林费、抚育费、营林设施费、良种试验费、调查设计费和应分摊的间接费用等必要支出。

(2)自行繁殖的产畜和役畜的成本，包括达到预定生产经营目的(成龄)前发生的饲料费、人工费和应分摊的间接费用等必要支出。达到预定生产经营目的，是指生产性生物资产进入正常生产期，可以多年连续稳定产出农产品、提供劳务或出租。

3. 因择伐、间伐或抚育更新性质采伐而补植林木类生物资产发生的后续支出，应当计入林木类生物资产的成本。

『注意』生物资产在郁闭或达到预定生产经营目的后发生的管护、饲养费用等后续支出，应当计入当期损益。

三、科目设置

与固定资产类似，设置"生产性生物资产"和"生产性生物资产累计折旧"等科目。

(1)"生产性生物资产"科目设置"未成熟生产性生物资产"和"成熟生产性生物资产"明细科目，核算生产性生物资产的原价(账面余额)。该科目的核算与固定资产科目类似。

(2)"生产性生物资产累计折旧"科目核算成熟生产性生物资产的累计折旧。该科目的核算与累计折旧科目类似。

四、账务处理

(一)增加

1. 企业外购的生产性生物资产

借：生产性生物资产

应交税费——应交增值税(进项税额)

　　贷：银行存款、应付票据等

2. 自行营造的林木类生产性生物资产

借：生产性生物资——未成熟生产性生物资产[达到预定生产经营目的前发生的必要支出]

　　贷：银行存款、原材料、累计折旧等

3. 自行繁育的产畜(如奶牛)和役畜(如骡子)

借：生产性生物资产——未成熟生产性生物资产[达到预定生产经营目的前发生的必要支出]

　　贷：原材料、银行存款等

4. 未成熟生产性生物资产达到预定生产经营目的时

借：生产性生物资产——成熟生产性生物资产

　　贷：生产性生物资产——未成熟生产性生物资产

【案例】福喜公司自2016年初开始自行营造100亩苹果树,当年发生种苗费100 000元,平整土地和定植所需机械作业费(折旧费)60 000元,营造当年发生肥料及农药费80 000元、人员工资70 000元。该苹果树达到正常生产期为6年,从种植后至2021年年末,每年发生管护费用10 000元。假定不考虑相关税费等其他因素。

福喜公司应编制如下会计分录:

(1)2016年:

借：生产性生物资产—未成熟生产性生物资产　　　　　　310 000

　　贷：原材料—种苗　　　　　100 000

　　　　　—肥料及农药　　　80 000

　　　应付职工薪酬　　　　　70 000

　　　累计折旧　　　　　　　60 000

(2)2016年-2021年:

借：生产性生物资产——未成熟生产性生物资产　　　　　10 000

　　贷：银行存款　　　　　　10 000

(3)2021年末,苹果树的成本=310 000+

10 000×6=370 000(元)。

借：生产性生物资产——成熟生产性生物资产　　　　　　370 000

　　贷：生产性生物资产——未成熟生产性生物资产　　　　370 000

5. 育肥畜与产畜或役畜的转化

(1)育肥畜(发育成熟的奶牛)转化为产畜(可以产奶的奶牛)或役畜:

借：生产性生物资产

　　贷：消耗性生物资产

(2)产畜或役畜淘汰(可以产奶的奶牛)为育肥畜(老了,没奶了,吃肉吧):

借：消耗性生物资产

　　生产性生物资产累计折旧

　　贷：生产性生物资产

6. 林木类生产性生物资产的补植

(1)资本化支出(形成资产):

借：生产性生物资产——未成熟生产性生物资产

　　贷：原材料、应付职工薪酬、银行存款等

(2)费用化支出(发生的管护、饲养费用等后续支出):

借：管理费用

　　贷：原材料、应付职工薪酬、银行存款等

(二)折旧

(1)生产性生物资产达到预定生产经营目的,应当按期计提折旧。

(2)折旧方法:年限平均法、工作量法、产量法等。

(3)使用寿命、预计净残值和折旧方法:

①一经确定,不得随意变更;

②企业至少应当于每年年度终了对其进行复核。如果有重大改变的,应作为会计估计变更处理。

(三)减值

企业至少应当于每年年度终了对生产性生物资产进行检查,有确凿证据表明其可收回金额低于其账面价值的,应当做如下处理:

借：资产减值损失

　　贷：生产性生物资产减值准备

该资产**减值准备一经计提，不得转回**。

（四）成本结转方法

企业应采用加权平均法，个别计价法、蓄积量比例法、轮伐期年限法等，将生产性生物资产账面价值结转为农产品成本。

（五）公允价值计量的生物资产

生物资产**通常按照成本**计量，但有确凿证据表明其公允价值能够持续可靠取得的除外。采用公允价值计量的生物资产，应当同时满足下列条件：

（1）生物资产有活跃的交易市场，即该生物资产能够在交易市场中直接交易。

（2）能够从交易市场上取得同类或类似生物资产的市场价格及其他相关信息，从而对生物资产的公允价值做出合理估计。

随堂小练　限时5min

一、单项选择题

1. 甲公司自2016年初开始自行营造100公顷经济林，当年发生种苗费10万元，为平整土地发生设备折旧费5万元；假定该经济林自营造开始正常生产周期为6年，各年均匀发生化肥及农药费4万元、人工费3万元。假定不考虑相关税费等其他因素。2021年年末甲公司自行营造的该生产性生物资产达到预定生产经营目的。假定不考虑相关税费等其他因素，甲公司生产性生物资产成本总额为（　）万元。

　A. 57　　　　　　B. 22

　C. 15　　　　　　D. 52

2. 下列属于生产性生物资产的是（　）。

　A. 薪炭林　　　　B. 经济林

　C. 存栏待售的牲畜　D. 役畜

二、多项选择题

下列关于生产性生物资产的表述正确的有（　）。

　A. 企业对达到预定生产经营目的的生产性生物资产，应当按期计提折旧，并根据用途分别计入相关资产的成本或当期损益

　B. 生产性生物资产的使用寿命、预计净残值和折旧方法一经确定，不得变更

　C. 企业至少应当于每年年度终了对生产性生物资产的使用寿命、预计净残值和折旧方法进行复核

　D. 生产性生物资产减值准备一经计提，日后期间不得转回

三、判断题

1. 生物资产在郁闭或达到预定生产经营目的后发生的管护、饲养费用等后续支出，应当计入当期损益。　　　（　）

2. 生物资产一般应当按照成本进行计量，但有确凿证据表明生物资产的公允价值能够持续可靠取得的，应当对生物资产采用公允价值计量。　　　（　）

随堂小练参考答案及解析

一、单项选择题

1. A 【解析】甲公司生产性生物资产成本总额＝10+5+（4+3）×6=57（万元）。

2. C 【解析】选项C，属于消耗性生物资产。

二、多项选择题

ACD 【解析】选项B，生产性生物资产的使用寿命、预计净残值和折旧方法一经确定，不得随意变更。

三、判断题

1. √
2. √

考点五 无形资产和长期待摊费用的核算

 考点详解

一、概述

1. 无形资产的定义和特征

（1）定义：无形资产，是指企业拥有或者控制的没有实物形态的可辨认非货币性资产。

（2）特征：①企业拥有或控制，并能为企业带来未来经济利益。②不具有实物形态。③具有可辨认性。④属于非货币性长期资产。

『提示』商誉的存在无法与企业自身分离，不具有可辨认性。无形资产的使用年限在一年以上。

2. ★无形资产的内容

（1）专利权；（2）非专利技术（技术秘密，如家传秘方）；（3）商标权；（4）著作权；（5）土地使用权；（6）特许权（经营特许权、专营权）。

二、账务处理

（一）账户设置

"无形资产"：属于资产类科目，增加在借方，减少在贷方，余额在借方。

"累计摊销""无形资产减值准备"：属于资产类备抵科目，增加在贷方，减少在借方，余额在贷方。

（二）无形资产的取得

1. 外购

【案例1】福喜公司（一般纳税人）购入一项专利权，价款100万元，增值税6万元，以银行存款支付。会计分录如下：

借：无形资产　　　　　　　　　　　100
　　应交税费—应交增值税（进项税额）
　　　　　　　　　　　　　　　　　　6
　　贷：银行存款　　　　　　　　　106

2. 自行研发

（1）企业内部研发支出分为研究阶段支出和开发阶段支出。

（2）研发支出账务处理流程见图4-1。

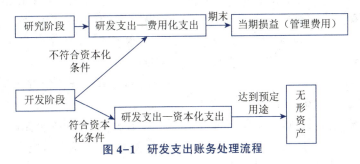

图4-1 研发支出账务处理流程

【案例2】6月1日，福喜公司（一般纳税人）开始自行研发一项非专利技术，6月30日前发生研究支出100万元，其中领用原材料30万元，应付人工工资20万元，以银行存款支付给有福公司研发费，取得增值税专用发票价款50万元，增值税税额3万元。从7月1日起，开始进入开发阶段，当日领用原材料100万元，应付人工工资150万元，以银行存款支付给有福公司研发费，取得增值税专用发票价款50万元，增值税税额3万

元，全部满足资本化条件。9月30日，无形资产达到预定可使用状态。会计分录如下：

①研究阶段支出：

借：研发支出—费用化支出　　　100
　　应交税费—应交增值税(进项税额)
　　　　　　　　　　　　　　　　　3
　　　贷：原材料　　　　　　　　　30
　　　　　应付职工薪酬　　　　　　20
　　　　　银行存款　　　　　　　　53

★②6月30日，期(月)末：

借：管理费用—研发费用　　　　　100
　　　贷：研发支出—费用化支出　　100

『提示』该管理费用在填制利润表时，记入利润表的"研发费用"项目，而非"管理费用"项目。(2020年单选题)

③发生满足资本化条件的研发支出(开发阶段)：

借：研发支出—资本化支出　　　300
　　应交税费—应交增值税(进项税额)
　　　　　　　　　　　　　　　　　3
　　　贷：原材料　　　　　　　　100
　　　　　应付职工薪酬　　　　　150
　　　　　银行存款　　　　　　　53

★④9月30日，满足资本化条件的研究开发项目达到预定用途形成无形资产的：

借：无形资产　　　　　　　　　300
　　　贷：研发支出—资本化支出　300

『提示』如果无法可靠区分研究阶段的支出和开发阶段的支出，应将其发生的研发支出全部费用化，计入当期损益(管理费用)。

【例题1·多选题】☆下列各项中，应计入企业自行研究开发专利权入账价值的有( )。

A. 专利权申请过程中发生的专利登记费

B. 专利权申请过程中发生的律师费

C. 满足资本化条件的专利研发支出

D. 无法可靠区分研究阶段和开发阶段的专利研发支出

解析 ▶ 选项D，企业如果无法可靠区分

研究阶段的支出和开发阶段的支出，应将发生的研发支出全部费用化，计入当期损益，记入"管理费用"科目的借方。　答案 ▶ ABC

【例题2·多选题】☆2021年3月1日，某企业开始自行研发一项非专利技术，2021年12月31日研发成功并达到预定可使用状态。该非专利技术研究阶段累计支出为500万元(均不符合资本化条件)，开发阶段的累计支出为800万元(其中不符合资本化条件的支出为400万元)，不考虑其他因素，企业该业务计入无形资产和管理费用的金额分别为( )万元。

A. 400　　　　　　　　B. 500

C. 800　　　　　　　　D. 900

解析 ▶ 计入管理费用的金额＝500＋400＝900万元；计入无形资产的金额＝400万元。

答案 ▶ AD

(三)无形资产的摊销

1. 范围

(1)使用寿命有限的无形资产，持有期间应进行摊销。

(2)使用寿命不确定的无形资产，持有期间不应摊销。

2. 时间和方法

(1)使用寿命有限的无形资产，通常其残值应当视为零。

(2)对于使用寿命有限的无形资产：当月增加，当月开摊；当月减少，当月停摊。

『链接』固定资产折旧时间：滞后一个月。

(3)无形资产摊销方法包括直线法、生产总量法等。

『链接』固定资产折旧方法：直线法、工作量法、双倍余额递减法、年数总和法。

3. 核算

企业应当按月对无形资产进行摊销。

【案例3】10月，福喜公司对自行研发的专利权进行摊销，该专利权成本为300万元，法律规定受益年限为10年。每月摊销金额中，管理部门占50%，出租占30%，车间管理部门占20%。

【分析】年摊销额=300÷10=30（万元）

月摊销额=30÷12=2.5（万元）

会计分录如下：

借：管理费用　　　（2.5×50%）1.25

　　其他业务成本　（2.5×30%）0.75

　　制造费用　　　（2.5×20%）0.5

　　　贷：累计摊销　　　　　　　2.5

『提示』该管理费用在填制利润表时，记入利润表的"研发费用"项目，而非"管理费用"项目。（2020年单选题）

【例题3·多选题】☆下列各项中，关于企业无形资产摊销的会计处理表述正确的有（　　）。

A. 使用寿命有限的无形资产，处置当月继续摊销

B. 使用寿命不确定的无形资产，按照估计寿命进行摊销

C. 使用寿命有限的无形资产，达到预定用途的当月起开始摊销

D. 出租的无形资产，其摊销金额计入其他业务成本

解析▶选项A，无形资产自可供使用（即其达到预定用途）当月起开始摊销，处置当月不再摊销；选项B，使用寿命不确定的无形资产不应摊销。　　答案▶CD

【例题4·单选题】☆甲公司内部研究开发一项管理用的专利技术，2021年研究阶段发生研究费用100万元；开发阶段，符合资本化条件之前支付的开发人员工资20万元，计提专项设备折旧金额为10万元，领用原材料20万元；符合资本化条件后，支付开发人员工资50万元，计提专项设备折旧金额为30万元，领用的原材料价值为40万元，2021年11月1日达到预定可使用状态，预计使用年限是10年，预计净残值是零，按照直线法计提摊销。假定不考虑其他因素，甲公司因该专利技术计入2021年利润表"研发费用"项目的金额为（　　）万元。

A. 102　　　　　　　B. 152

C. 2　　　　　　　　D. 150

解析▶甲公司无形资产入账价值=50+30+40=120（万元）。2021年应计提的折旧金额=120/10/12×2=2（万元）。"研发费用"项目应根据"管理费用"科目下的"研发费用"明细科目的发生额以及"管理费用"科目下"无形资产摊销"明细科目的发生额分析填列，所以甲公司因该专利技术计入2021年利润表"研发费用"项目的金额为100+（20+10+20）+2=152（万元）。　　答案▶B

（四）无形资产的处置

1. 出售

出售产生的利得或损失记入"**资产处置损益**"科目。

（1）出售产生的利得。

【案例4】福喜公司（一般纳税人）出售一项商标权，商品成本100万元，已摊销50万元，已计提减值准备30万元，出售价款100万元，增值税6万元，款已收并存入银行。

会计分录如下：

借：累计摊销　　　　　　　　　　50

　　无形资产减值准备　　　　　　30

　　银行存款　　　　　（100+6）106

　　　贷：无形资产　　　　　　　100

　　　　　应交税费——应交增值税（销项税额）　　　　　　　　　　　　6

　　　　　资产处置损益（赚）

　　　　　　［100-（100-50-30）］80

（2）出售产生的损失。

【案例5】承接【案例4】，如果福喜公司出售商标权取得的价款为10万元，增值税0.6万元，款已收并存入银行。会计分录如下：

借：累计摊销　　　　　　　　　　50

　　无形资产减值准备　　　　　　30

　　银行存款　　　　　（10+0.6）10.6

　　资产处置损益（亏）

　　　　　［（100-50-30）-10］10

　　贷：无形资产　　　　　　　　100

　　　　应交税费——应交增值税（销项税

额) 0.6

2. 报废

报废的损失记入"**营业外支出**"科目。

【**案例6**】承接【案例4】，福喜公司报废上述商标权。会计分录如下：（不考虑增值税）

借：累计摊销 50
　　无形资产减值准备 30
　　营业外支出（亏） 20
　　贷：无形资产 100

【**例题5·判断题**】☆企业出售无形资产，应将取得的价款扣除无形资产账面价值及出售相关税费后的差额记入"营业外支出"科目。 （ ）

解析▶企业出售无形资产，应将取得的价款扣除无形资产账面价值及出售相关税费后的差额记入"资产处置损益"科目。

答案▶×

【**例题6·单选题**】☆某企业为增值税一般纳税人，转让一项专利权，开具增值税专用发票上注明价款为15万元，增值税税额为0.9万元。该专利权初始入账成本为40万元，已累计摊销15万元，已计提减值准备4万元。不考虑其他因素，转让该项专利权应确认的净损失为（ ）万元。

A. 10　　　　　B. 5.1
C. 6　　　　　D. 6.9

解析▶无形资产账面价值＝40－15－4＝21（万元）；转让该项专利权应确认的净损失＝21－15＝6（万元）。

会计分录：

借：银行存款 15.9
　　累计摊销 15
　　无形资产减值准备 4
　　资产处置损益 6
　　贷：无形资产 40
　　　　应交税费——应交增值税（销项税额） 0.9

答案▶C

（五）无形资产的减值

在资产负债表日，无形资产的可收回金额低于账面价值时：

借：资产减值损失
　　贷：无形资产减值准备

★无形资产减值损失在以后会计期间**不得转回**。

【**例题7·判断题**】☆企业确认的无形资产减值损失应计入信用减值损失。 （ ）

解析▶无形资产发生减值应记入"资产减值损失"科目。企业按照应减记的金额，借记"资产减值损失——无形资产减值损失"科目，贷记"无形资产减值准备"科目。

答案▶×

三、长期待摊费用

长期待摊费用是指企业已经发生但应由本期和以后各期负担的分摊期限在**1年以上**的各项费用，例如，企业租入使用权资产的改良支出。

"长期待摊费用"属于资产类科目，增加在借方，减少在贷方，期末余额在借方。

【**例题8·单选题**】☆下列各项中，属于长期待摊费用的是（ ）。

A. 租入的使用权资产发生的改良支出
B. 自有固定资产的改良支出
C. 管理部门固定资产的日常修理费
D. 生产设备的折旧费

解析▶长期待摊费用是指企业已经发生但应由本期和以后各期负担的分摊期限在一年以上的各项费用，如以租赁方式租入的使用权资产发生的改良支出等。选项B，要先转入在建工程，改良完工之后，转入固定资产；选项C，属于管理费用；选项D，属于制造费用。 **答案**▶A

【**案例7**】3月，福喜公司（一般纳税人）对以非短期租赁方式租入的办公楼进行装修，支出如下：领用生产用材料50万元，相关增值税税额为6.5万元；有关人员工资22万元。6月底，装修结束。7月，办公楼开始投入使用，管理部门和销售部门各占50%，预计租赁6年。会计分录如下：

（1）领用原材料：

借：长期待摊费用　　　　50

　　贷：原材料　　　　　　　50

（2）确认人员工资：

借：长期待摊费用　　　　22

　　贷：应付职工薪酬　　　　22

（3）7月，摊销时：

每年应摊销的装修支出 =（50+22）÷6 = 12（万元）

每月应摊销的装修支出 = 12÷12 = 1（万元）

借：管理费用　　　　　　0.5

　　销售费用　　　　　　0.5

　　贷：长期待摊费用　　　　1

福喜总结　固定资产折旧与无形资产摊销★★

项目	固定资产折旧	无形资产摊销
摊销时间	当月增加，当月不提，下月开提；当月减少，当月照提，下月停提（2018年判断题）	当月增加，当月开摊；当月减少，当月停摊
摊销方法	年限平均法（直线法）、工作量法、**双倍余额递减法**（2018年单选题）、年数总和法（2018年单选题）	直线法、生产总量法
核算（2018年、2017年多选题）	借：在建工程　其他业务成本[出租]　制造费用[车间]　销售费用[销售部门]　管理费用[管理部门（含财务部门）]　研发支出[研发无形资产]　贷：累计折旧	借：管理费用[企业自用]　其他业务成本[出租]　制造费用[车间使用]　贷：累计摊销

随堂小练　限时20min

一、百考多选题

下列关于无形资产和其他资产的表述，不正确的有（　　）。

A. 除房地产企业以外的企业单独取得的土地使用权，应将取得时发生的支出资本化作为无形资产成本；以租赁方式租入的使用权资产发生的改良支出计入长期待摊费用

B. 甲公司为增值税一般纳税人，2020年1月5日以2 800万元购入一项专利权，另支付相关税费200万元。为推广由该专利权生产的产品，甲公司发生广告宣传费100万元。该专利权预计使用5年，预计净残值为零，采用直线法摊销。假设不考虑其他因素，2020年12月31日该专利权的账面价值为2 480万元；2019年7月1日，乙企业开始自行研发一项非专利技术，2020年1月1日研发成功并达到预定可使用状态。该非专利技术研究阶段累计支出为500万元（均不符合资本化条件），开发阶段的累计支出为1 000万元（其中不符合资本化条件的支出为200万元），不考虑其他因素，企业该非专利技术计入管理费用的金额为500万元，无形资产入账价值为1 000万元

C. 企业无法可靠区分研究阶段和开发阶段支出的，应将其所发生的研发支出全部资本化计入无形资产成本；使用寿命有限的无形资产，如无法可靠确定预期经济利益实现的方式，应采用直线法摊销；使用寿命不确定的无形资产不应进行摊销，无形资产的摊销方法应反映其经济利益的预期实现方式，各种无形资产的摊销额应全部计入当期损益

D. 2020年9月1日，丙工业企业转让一

项专利权，该专利权成本为 50 000 元，累计摊销 20 000 元，无形资产减值准备 5 000 元，取得转让价款为 30 000 元。不考虑其他因素，则转让专利权使企业"其他业务收入"增加 5 000 元；预期不能给企业带来经济利益的专利权应终止确认无形资产，无形资产减值损失确认后不能转回；租出无形资产的摊销额，应计入其他业务成本；出售无形资产形成的净损失应计入资产处置损益

二、单项选择题

1. ☆下列各项中，关于企业无形资产摊销的表述不正确的是（　　）。

A. 行政管理用无形资产的摊销额计入管理费用

B. 使用寿命不确定的无形资产不进行摊销

C. 无形资产摊销方法应反映其经济利益的预期实现方式

D. 使用寿命有限的无形资产处置当月应进行摊销

2. ☆2019 年 1 月 1 日，甲公司将其一项专利技术出租，每月不含税租金 10 万元，租赁期 2 年。该无形资产是 2016 年 3 月 31 日研发成功并达到预定可使用状态，成本为 300 万元，预计使用年限为 10 年，预计净残值为零，采用直线法摊销。不考虑其他因素，该项业务对甲公司 2019 年度损益的影响金额为（　　）万元。

A. 120　　　　　　B. 90

C. 150　　　　　　D. 300

3. ☆下列各项中，企业自行研发无形资产发生的无法可靠区分研究开发阶段的支出，期末应转入的会计科目是（　　）。

A. 制造费用　　　B. 管理费用

C. 无形资产　　　D. 其他业务成本

4. ☆企业转让无形资产所有权发生的净损益应记入的会计科目是（　　）。

A. 财务费用

B. 管理费用

C. 其他业务成本

D. 资产处置损益

5. ☆甲公司为增值税一般纳税人，现将一项专利权转让给乙公司，开具的增值税专用发票上注明的价款为 40 万元，增值税税额为 2.4 万元。该专利权成本为 30 万元，已累计摊销 15 万元。不考虑其他因素，转让该项专利权应确认的处置净损益为（　　）万元。

A. 12.4　　　　　　B. 27.4

C. 10　　　　　　　D. 25

6. ☆企业出租无形资产使用权的收入应计入（　　）。

A. 营业外收入　　　B. 资产处置损益

C. 其他业务收入　　D. 投资收益

7. ☆某企业自行研究开发一项管理用技术，2020 年共发生研发支出 450 万元。其中，研究阶段发生职工薪酬 100 万元，专用设备折旧费用 50 万元；开发阶段满足资本化条件的支出 300 万元，取得增值税专用发票上注明的增值税税额为 39 万元。10 月 1 日开发阶段结束，达到预定用途并形成无形资产。该无形资产预计使用 5 年，预计净残值为零，按直线法摊销。假设不考虑其他因素，企业在填制 2020 年度资产负债表和利润表时，下列表述正确的是（　　）。

A. 利润表中"管理费用"项目金额为 150 万元；资产负债表中"无形资产"项目金额为 300 万元

B. 利润表中"研发费用"项目金额为 150 万元；资产负债表中"无形资产"项目金额为 285 万元

C. 利润表中"管理费用"项目金额为 165 万元；资产负债表中"无形资产"项目金额为 300 万元

D. 利润表中"研发费用"项目金额为 165 万元；资产负债表中"无形资产"项目金额为 285 万元

8. ☆下列各项中，企业应通过"长期待摊费用"科目核算的是（　）。

A. 行政管理部门电子设备的日常维修费

B. 租入使用权资产的改良支出

C. 成本模式计量的投资性房地产的折旧费

D. 专设销售机构的房屋装修费

三、多项选择题

1. ☆下列各项中，关于自行研发无形资产业务的会计处理表述正确的有（　）。

A. 满足资本化条件的研发支出达到预定用途，应转入"无形资产"科目的借方

B. 不满足资本化条件的研发支出，期末应转入"管理费用"科目的借方

C. 满足资本化条件的研发支出，应记入"研发支出—费用化支出"科目的借方

D. 不满足资本化条件的研发支出，应记入"研发支出—资本化支出"科目的借方

2. ☆下列各项中，关于制造业企业计提无形资产摊销的会计处理表述正确的有（　）。

A. 使用寿命有限的无形资产处置当月不再摊销

B. 财务软件的摊销额计入管理费用

C. 管理用特许权的摊销额计入管理费用

D. 对外出租专利技术的摊销额计入其他业务成本

3. ☆下列各项中，关于无形资产会计处理的表述正确的有（　）。

A. 预期不能给企业带来经济利益的专利权应终止确认无形资产

B. 无形资产减值损失确认后不能转回

C. 出售无形资产形成的净损失应计入资产处置损益

D. 使用寿命不确定的无形资产不应摊销

4. ☆某公司为增值税一般纳税人，2017 年 1 月 4 日购入一项无形资产，取得的增值税专用发票注明价款为 880 万元，增值税税额为 52.8 万元。该无形资产使用年限为 5 年，按年进行摊销，预计残值为零。下列关于该项无形资产的会计处理中正确的有（　）。

A. 2017 年 1 月 4 日取得该无形资产的成本为 880 万元。

B. 该项无形资产自 2017 年 2 月起开始摊销

C. 该无形资产的应计摊销额为 932.8 万元

D. 2017 年 12 月 31 日，该无形资产的累计摊销额为 176 万元

5. ☆下列各项中，企业计提的资产减值准备在以后期间不得转回的有（　）。

A. 坏账准备

B. 无形资产减值准备

C. 固定资产减值准备

D. 存货跌价准备

四、判断题

1. ☆企业研究开发的非专利技术用于出租，计提的摊销额应计入营业外支出核算。
（　）

2. ☆使用寿命不确定的无形资产，不应计提摊销。　（　）

3. 企业开发阶段发生的支出应全部资本化，计入无形资产成本。　（　）

4. ☆长期待摊费用是指企业已经发生但应由本期和以后各期负担的分摊期限在一年以上的各项费用。　（　）

5. ☆企业租入的固定资产发生的维修费，后续期间摊销期限超过一年的，应通过"长期待摊费用"科目核算。　（　）

随堂小练参考答案及解析

一、百考多选题

BCD 【解析】选项 B，2020 年 12 月 31 日该专利权的账面价值＝购入时的入账价值－累计摊销＝（2 800＋200）－（2 800＋200）/5＝2 400（万元）；乙企业该非专利技术计入管理费用的金额为 700（500＋200）万元，无形资产入账价值为 800（1 000－200）万元；选项 C，企业无法可靠区分研究阶段和开发阶段支出的，应将其所发生的研发支出全部费用化，计入当期损益（管理费用）；无形资产的摊销额应根据受益对象，计入不同的科目中。例如某项无形资产用于生产产品等，其摊销金额应当计入相关资产成本；选项 D，转让专利权使企业"资产处置损益"增加5 000 元。

二、单项选择题

1. D 【解析】选项 D，无形资产自可供使用（其达到预定用途）当月起开始摊销，处置当月不再摊销。

2. B 【解析】会计分录：
   每月租金收入：
   借：银行存款　　　　　　　　10.6
   　　贷：其他业务收入　　　　　　10
   　　　　应交税费——应交增值税(销项税额)　　　　　　　　0.6
   每月计提摊销：
   借：其他业务成本　（300÷10÷12）2.5
   　　贷：累计摊销　　　　　　　　2.5
   2019 年度损益的影响金额＝10×12－2.5×12＝90（万元）。

3. B 【解析】企业如果无法可靠区分研究阶段支出和开发阶段的支出，应将发生的研发支出全部费用化，计入当期损益，记入"管理费用"科目的借方。

4. D 【解析】企业转让无形资产所有权（即出售无形资产）发生的净损益应记入"资产处置损益"科目。

5. D 【解析】会计分录：
   借：银行存款等　　　　　　　42.4
   　　累计摊销　　　　　　　　　15
   　　贷：无形资产　　　　　　　　30
   　　　　应交税费——应交增值税(销项税额)　　　　　　　　　2.4
   　　　　资产处置损益　　　　　　25

6. C 【解析】会计分录：
   借：银行存款
   　　贷：其他业务收入
   　　　　应交税费——应交增值税(销项税额)

7. D 【解析】研究阶段的支出 150 万元应记入"管理费用—研发费用"科目，填入利润表中的"研发费用"项目。开发阶段满足资本化条件的支出 300 万元确认为无形资产。2020 年度，无形资产应计提摊销 15 万元（300/5×3/12），会计处理为：借记"管理费用"15 万元；贷记"累计摊销"15 万元，借方的"管理费用"15 万元也应填入利润表中的"研发费用"项目。所以，利润表中的"研发费用"项目金额＝150＋15＝165（万元）；资产负债表中"无形资产"项目金额＝300－15＝285（万元）。

8. B 【解析】长期待摊费用是指企业已经发生但应由本期和以后各期负担的分摊期限在一年以上的各项费用，如以租赁方式租入的使用权资产发生的改良支出等。选项 A，计入管理费用；选项 C，计入其他业务成本；选项 D，计入销售费用。

三、多项选择题

1. AB 【解析】选项 CD，满足资本化条件的研发支出，应记入"研发支出—资本化支出"科目的借方；不满足资本化条件的研发支出，应记入"研发支出—费用化支出"科目的借方。

2. ABCD

3. ABCD

4. AD　【解析】选项 B，无形资产当月购入，当月摊销，所以从 2017 年 1 月开始摊销；选项 C，无形资产入账价值＝880（万元），因预计净残值为零，所以应计提的摊销总额为 880 万元；选项 D，2017 年 12 月 31 日累计摊销额＝880/5＝176（万元）。

5. BC　【解析】坏账准备和存货跌价准备在以后期间可以转回。

四、判断题

1. ×　【解析】出租的无形资产的租金收入计入其他业务收入，对应计提的摊销额计入其他业务成本。

2. √

3. ×　【解析】开发阶段的支出还要区分费用化与资本化，不满足资本化条件的计入研发支出—费用化支出，期末转入管理费用。

4. √

5. √　【解析】长期待摊费用是指企业已经发生但应由本期和以后各期负担的分摊期限在一年以上的各项费用，如以租赁方式租入的使用权资产发生的改良支出等。

 同步训练 限时 80 分钟

 扫我做试题

一、单项选择题

1. 甲公司为一家小企业，该公司于 2021 年 1 月 1 日购入乙公司债券，支付的购买价款为 420 000 元（含已到付息期但尚未领取的利息 20 000 元），另支付交易费用 10 000 元。该债券的面值为 400 000 元，剩余期限为 2 年，票面年利率为 5%，按年付息，每年 1 月 2 日支付上年利息。该债券的合同现金流量特征仅为本金和以未偿付本金额为基础的利息的支付。甲公司拟长期持有直至其到期，并将其分录为长期债券投资。不考虑其他因素，则甲公司在 2021 年因该项投资应确认的损益为（　）元。

　A. 20 000　　　　B. 15 000
　C. 25 000　　　　D. 5 000

2. 甲公司对 B 公司进行投资，持股比例为 70%。截至 2020 年年末该项长期股权投资

账户余额为 650 万元，2021 年年末该项投资的减值准备余额为 20 万元，B 公司 2021 年发生亏损 1 000 万元。2021 年年末甲公司"长期股权投资"的账面价值应为（　）万元。

　A. 0　　　　　　B. 630
　C. 20　　　　　D. −20

3. 下列关于长期股权投资成本法核算的表述中，错误的是（　）。

　A. 被投资方实现净利润时，投资方不应按持股比例确认投资收益

　B. 投资方所付购买价款中包含的已经宣告但尚未发放的现金股利应单独确认为应收股利

　C. 在持有期间，被投资方宣告分配现金股利的，投资方应按持股比例确认投资收益

　D. 采用成本法核算的长期股权投资不得

计提减值准备

4. 企业处置一项采用权益法核算的长期股权投资，收到银行存款 350 万元。当日该长期股权投资各明细科目的金额为：投资成本 200 万元，损益调整借方 100 万元，其他权益变动借方 20 万元。不考虑其他因素，则处置该项投资应确认投资收益为（　　）万元。

A. 350　　　　　　B. 320

C. 30　　　　　　D. 50

5. 将自用房地产转为公允价值模式计量的投资性房地产时，公允价值大于其账面价值的差额应计入（　　）。

A. 营业外收入　　B. 公允价值变动损益

C. 投资收益　　　D. 其他综合收益

6. 某企业投资性房地产采用成本模式计量。2021 年 1 月 15 日购入一幢建筑物用于出租。该建筑物的成本为 270 万元，预计使用年限为 20 年，预计净残值为 30 万元。采用直线法计提折旧。不考虑其他因素，则 2021 年应该计提的折旧额为（　　）万元。

A. 12　　　　　　B. 20

C. 11　　　　　　D. 10

7. 某企业投资性房地产采用公允价值模式计量。2021 年 1 月 1 日，该企业购入一幢建筑物并于当日对外出租。该建筑物的成本为 510 万元，用银行存款支付。建筑物预计使用年限为 20 年，预计净残值为 10 万元。2021 年 6 月 30 日，该建筑物的公允价值为 508 万元。不考虑其他因素，则该企业在 2021 年 6 月 30 日应做的会计处理为（　　）。

A. 借：其他业务成本　　　　12.5

　　　贷：投资性房地累计折旧　12.5

B. 借：管理费用　　　　　　12.5

　　　贷：投资性房地累计折旧　12.5

C. 借：投资性房地产—公允价值变动

　　　　　　　　　　　　　　2

　　　贷：公允价值变动损益　　2

D. 借：公允价值变动损益　　2

　　　贷：投资性房地产—公允价值变动

　　　　　　　　　　　　　　2

8. 甲公司对投资性房地产采用成本模式进行后续计量。2021 年 6 月 30 日，甲公司处置了其持有的一项投资性房地产，取得价款 5 000 万元。该项投资性房地产原值为 6 000 万元，于 2010 年 12 月 31 日取得，预计使用年限为 50 年，预计净残值为 0，采用直线法计提折旧。该项投资性房地产在持有期间未发生减值。假定不考虑相关税费，甲公司因处置该项投资性房地产应确认的处置损益的金额为（　　）万元。

A. 260　　　　　　B. 10

C. 140　　　　　　D. 110

9. 下列关于生产性生物资产会计处理的表述中，不正确的是（　　）。

A. 企业至少应于每年年度终了对生产性生物资产进行检查，以确定其是否发生了减值

B. 生产性生物资产通常按照成本计量，但满足相关条件时，也可采用公允价值计量

C. 生产性生物资产折旧方法等发生变更的，应作为会计政策变更处理

D. 以经营出租为目的而持有的生物资产，属于生产性生物资产

10. 甲公司于 2022 年 1 月 1 日从乙公司租入一台设备，租赁期限为 3 年，设备租金为每年 40 万元，于每年年末支付。为租入该项设备发生的初始直接费用为 1 万元，假定不考虑其他支出。租赁内含利率为 7%，[（P/A，7%，3）= 2.624 3；（P/F，7%，3）= 0.816 3]。甲公司为此项租赁行为确认的使用权资产金额为（　　）万元。

A. 105.97　　　　　B. 107

C. 104.97　　　　　D. 120

11. 某企业将自产的一批应税消费品用于房屋建造。该批消费品成本为 1 500 万元，计税价格为 2 500 万元，适用的增值税税

率为13%，消费税税率为10%。则计入在建工程成本的金额为( )万元。

A. 1 750　　　　B. 1 925

C. 2 175　　　　D. 3 175

12. 某企业2021年购入一台需要安装的生产经营用设备，取得的增值税发票上注明的设备买价为50 000元(不含税)，增值税额为6 500元，支付的运输费为1 500元(不含税)，设备安装时领用工程用材料价值1 000元(不含税)，购进该批工程用材料的增值税为130元。根据税法相关规定，与该固定资产有关的增值税可以抵扣，则该固定资产的成本为( )元。

A. 52 500　　　　B. 60 000

C. 61 000　　　　D. 52 660

13. ☆下列各项中，关于无形资产的表述不正确的是( )。

A. 使用寿命不确定的无形资产不应进行摊销

B. 无形资产的摊销方法应反映其经济利益的预期实现方式

C. 各种无形资产的摊销额应全部计入当期损益

D. 使用寿命有限的无形资产自可供使用当月起开始摊销

14. 某企业2015年1月1日购入一项专利权，实际支付价款为100万元，按10年采用直线法摊销，无残值。2016年年末，该无形资产的可收回金额为60万元。2017年1月1日，对无形资产的使用寿命和摊销方法进行复核，该无形资产的尚可使用年限为5年，摊销方法仍采用直线法，预计净残值仍为零。该专利权2017年应摊销的金额为( )万元。

A. 16　　　　B. 20

C. 12　　　　D. 10

15. ☆某企业(为增值税一般纳税人)出售一项专利权，开具的增值税专用发票上注明的价款为20万元，增值税税额为1.2

万元，款项已收，该专利权的账面原价为80万元，已累计摊销56万元，未计提减值准备。不考虑其他因素，该企业出售专利权应确认的资产处置收益为( )万元。

A. -5.2　　　　B. -4

C. 20　　　　D. -60

16. ☆2018年12月初，甲企业"长期待摊费用"科目借方余额为4 000元，当月借方发生额为3 000元，贷方发生额为2 000元。不考虑其他因素，甲企业2018年年末长期待摊费用的科目余额为( )。

A. 借方5 000元　　B. 贷方5 000元

C. 借方3 000元　　D. 贷方3 000元

17. ☆下列各项中，属于长期待摊费用的是( )。

A. 租入使用权资产的改良支出

B. 自有固定资产改良支出

C. 固定资产日常修理费

D. 房屋建筑物的折旧费

二、多项选择题

1. 下列项目中，不应作为长期股权投资采用成本法核算的有( )。

A. 对子公司的投资

B. 对联营企业的投资

C. 对合营企业的投资

D. 投资企业对被投资单位不具有控制、共同控制或重大影响的投资

2. 下列各项中，可能计入投资收益的有( )。

A. 期末，长期股权投资账面价值大于其可收回金额

B. 处置采用权益法核算的长期股权投资时所结转的相关其他综合收益(因被投资方持有的其他债权投资发生公允价值变动而按投资方持股比例确认的)

C. 长期股权投资采用权益法核算时，被投资方宣告分派的现金股利

D. 长期股权投资采用成本法核算时，被

投资方宣告分派的现金股利

3. 下列有关长期股权投资初始计量的表述中，正确的有( )。

A. 在同一控制下的企业合并中，投资方所取得的长期股权投资应按取得被合并方所有者权益在最终控制方合并财务报表中的账面价值的份额作为初始投资成本计量

B. 在同一控制下企业合并中，投资方以发行权益性证券作为合并对价的，为发行权益性证券发生的费用，应从发行溢价中扣除，溢价不足扣减的，应依次冲减盈余公积和未分配利润

C. 在非同一控制下企业合并中，投资方为企业合并所发生的审计、法律服务费等中介费用应计入初始投资成本

D. 在非同一控制下企业合并中，购买方以发行权益性证券作为合并对价的，应以所发行权益性证券的公允价值作为长期股权投资的初始投资成本

4. 下列项目中，一般属于投资性房地产的有( )。

A. 已出租的房屋建筑物

B. 已出租的土地使用权

C. 制造业企业持有并准备增值后出售的土地使用权

D. 持有并准备增值后转让的建筑物

5. 下列关于投资性房地产核算的表述中，错误的有( )。

A. 采用公允价值模式计量的投资性房地产，公允价值的变动金额应计入其他综合收益

B. 采用公允价值模式计量的投资性房地产，在初始计量时应采用实际成本核算

C. 采用成本模式计量的投资性房地产不需要确认减值损失

D. 同一企业只能采用一种模式对投资性房地产进行后续计量

6. 关于投资性房地产的后续计量，下列说法正确的有( )。

A. 采用公允价值模式计量的投资性房地产

产，不计提折旧或摊销

B. 已采用公允价值模式计量的投资性房地产，不得从公允价值模式转为成本模式

C. 已经采用成本模式计量的投资性房地产，符合相关条件时可以转为采用公允价值模式计量

D. 投资性房地产不可以由成本模式转换为公允价值模式

7. 下列各项中，应计入生产性生物资产成本的有( )。

A. 外购生产性生物资产发生的购买价款

B. 外购生产性生物资产发生的相关税费

C. 生产性生物资产郁闭后发生的管护费

D. 自行营造的林木类生产性生物资产达到预定生产经营目的前发生的造林费

8. 承租人在发生的下列支出中，构成使用权资产成本的有( )。

A. 租赁负债的初始计量金额

B. 承租人发生的初始直接费用

C. 在租赁期开始日或之前支付的租赁付款额

D. 承租人预计将要发生的恢复成本

9. 下列各项中，企业应计提折旧的资产有( )。

A. 日常维修停用的设备

B. 已达到预定可使用状态但尚未办理竣工决算的办公楼

C. 已提足折旧仍继续使用的厂房

D. 单独计价入账的土地

10. ☆2016年12月20日，某企业购入一台设备，其原价为2 000万元，预计使用年限5年，预计净残值5万元，采用双倍余额递减法计提折旧。下列各项中，该企业采用双倍余额递减法计提折旧的结果表述正确的有( )。

A. 应计折旧总额为1 995万元

B. 2017年折旧额为665万元

C. 年折旧率为33%

D. 2017年折旧额为800万元

11. ☆下列各项中，企业摊销管理用的无形

资产应计入的会计科目有( )。

 A. 制造费用 B. 其他业务成本

 C. 管理费用 D. 累计摊销

12. 下列各项中,一定会引起无形资产账面价值发生增减变动的有( )。

 A. 对无形资产计提减值准备

 B. 发生无形资产后续支出

 C. 摊销无形资产

 D. 转让无形资产所有权

三、判断题

1. 小企业无法收回的长期债券投资损失应当于实际发生时计入信用减值损失,同时冲减长期债券投资账面余额。( )

2. 企业为企业合并发生的审计、法律服务、评估费等中介费用应计入长期股权投资的初始投资成本。( )

3. 在同一控制下的企业合并中,投资方以固定资产作为对价取得长期股权投资的,应按照所付对价的账面价值作为该项长期股权投资的初始投资成本。( )

4. 权益法下,长期股权投资的初始投资成本小于投资时应享有被投资单位可辨认净资产公允价值份额的,应按其差额,借记"长期股权投资"科目,货记"投资收益"科目。( )

5. 投资性房地产的可收回金额低于其账面价值的,都应计提资产减值损失。( )

6. 处置投资性房地产时,应将其售价与账面价值的差额计入投资收益。( )

7. 自行建造投资性房地产过程中发生的非正常损失,应当计入投资性房地产的成本。( )

8. 达到预定生产经营目的的生产性生物资产应按期计提折旧,并将其计入当期损益。( )

9. ☆企业自行建造固定资产过程中,所使用自有设备计提的折旧应计入在建工程成本。( )

10. ☆企业自行建造的固定资产应当以建造该

固定资产达到预定可使用状态前所发生的必要支出作为固定资产的成本。( )

11. ☆企业当月新增加的固定资产,当月不计提折旧,自下月起计提折旧;当月减少的固定资产,当月仍计提折旧。( )

12. 固定资产发生的更新改造支出、房屋装修费用等,符合固定资产确认条件的,应当计入固定资产成本,同时将被替换部分的账面价值扣除。( )

13. 固定资产日常修理支出不增加固定资产价值;固定资产改扩建支出都应当增加固定资产价值。( )

14. ☆企业盘盈的固定资产,按管理权限报经批准前,应先通过"待处理财产损溢"科目核算。( )

15. ☆自行开发并形成使用寿命有限的无形资产,应当自达到预定用途的当月开始摊销。( )

16. ☆企业以租赁方式租入只有使用权的办公楼供销售部门使用,对该资产进行改良发生的支出应直接计入固定资产的成本。( )

四、不定项选择题

1. 甲公司 2019 年至 2022 年与投资有关的资料如下:

(1)2019 年 1 月 1 日,甲公司支付价款 3 000 万元购买丙公司所持有的 A 公司 40% 的股权,当日办妥股权过户手续。甲公司取得上述股权后对 A 公司财务和经营政策有重大影响。2019 年 1 月 1 日,A 公司可辨认资产公允价值为 10 000 万元(与账面价值相等)。

(2)2019 年 3 月 20 日,A 公司宣告发放现金股利 500 万元,并于 2019 年 4 月 20 日实际发放。2019 年度 A 公司实现净利润 600 万元。

(3)2020 年度,A 公司共发生亏损 1 100 万元,因持有其他债权投资而导致其他综合收益净增加 300 万元。

2020 年 12 月 31 日，因出现减值迹象，甲公司对该项长期股权投资进行减值测试，预计该长期股权投资的可收回金额为 3 650 万元。

（4）2021 年度，A 公司实现净利润 900 万元。

（5）2022 年 1 月 1 日，甲公司与 C 公司签订协议，将 A 公司 40% 的股权全部转让给 C 公司，股权转让的总价款为 4 500 万元。假定甲公司与 A 公司采用的会计期间、会计政策相同；除上述交易或事项外，甲公司、A 公司未发生导致其所有者权益变动的其他交易或事项。

要求：根据上述资料，不考虑其他因素，分析回答下列小题。（答案中的金额单位用万元表示）

（1）2019 年 1 月 1 日，甲公司所取得的对 A 公司长期股权投资的入账价值为（　）万元。

A. 3 000　　　　　B. 10 000

C. 4 000　　　　　D. 2 000

（2）甲公司对 A 公司长期股权投资在 2019 年 12 月 31 日的账面价值为（　）万元。

A. 4 040　　　　　B. 4 050

C. 4 355　　　　　D. 4 567

（3）2020 年 12 月 31 日，针对 A 公司所确认的其他综合收益，甲公司应做的会计处理为（　）。

A. 调增长期股权投资 120 万元

B. 确认投资收益 120 万元

C. 确认其他综合收益 120 万元

D. 确认其他债权投资 120 万元

（4）2020 年 12 月 31 日，甲公司对 A 公司长期股权投资计提减值准备的金额为（　）万元。

A. 610　　　　　B. 600

C. 390　　　　　D. 70

（5）2022 年甲公司转让对 A 公司的长期股权投资确认投资收益的金额为（　）万元。

A. 970　　　　　B. 850

C. 730　　　　　D. 610

2. 甲公司 2021 年至 2026 年发生以下交易或事项：

（1）2021 年 12 月 20 日，甲公司在外地购入一栋办公楼，买价为 2 300 万元，另支付契税等相关必要支出 100 万元，发生相关人员差旅费 10 万元。该栋办公楼的尚可使用年限为 30 年，预计净残值为 0，采用直线法计提折旧。该办公楼的建筑面积共计 2 000 平方米。

（2）2024 年 6 月 30 日，甲公司与租赁方签订租赁合同将该自用办公楼整体对外出租。合同签订日为租赁期开始日，租赁期为 1.5 年，年租金 200 万元，每半年支付一次。甲公司管理层认为，该办公楼地处市中心，租售便利，且市场价格容易取得，所以对该投资性房产采用公允价值模式计量。2024 年 6 月 30 日，市场价格为每平方米（建筑面积，下同）1.5 万元。

（3）2024 年 12 月 31 日，该办公楼市场价格为每平方米 1.65 万元。

（4）2025 年 12 月 31 日，该办公楼市场价格为每平方米 1.7 万元。

（5）2026 年 1 月 1 日，甲公司出售该办公楼，售价为每平方米 1.7 万元。

假定甲公司不存在其他投资性房地产。

要求：根据上述资料，不考虑其他因素，分析回答下列小题。（答案中的金额单位用万元表示）

（1）2021 年 12 月 20 日，甲公司取得的该项办公楼的入账价值为（　）万元。

A. 2 300　　　　　B. 2 200

C. 2 400　　　　　D. 2 410

（2）2024 年出租办公楼时对所有者权益的影响金额为（　）万元。

A. 0　　　　　B. 600

C. 760　　　　　D. 800

（3）上述交易或事项对甲公司 2024 年度营业利润的影响金额是（　）万元。

A. 400　　　　　B. 320

C. 360　　　　　　　　D. 440

(4)该项投资性房地产在 2025 年 12 月 31 日的账面价值为( )万元。

A. 2 400　　　　　　　B. 3 000

C. 3 300　　　　　　　D. 3 400

(5)甲公司 2026 年处置该项投资性房地产对损益的影响金额为( )万元。

A. 3 400　　　　　　　B. 1 400

C. 1 200　　　　　　　D. 800

3. ☆某公司为增值税一般纳税人,采用年限平均法计提固定资产折旧,2020 年该公司中央冷却系统压缩机老化,公司决定给予更新。有关经济业务或事项如下:

(1)3 月 3 日,停止使用中央冷却系统,更新改造工程开工。该系统原价(含压缩机)2 400 万元,预计使用年限为 20 年,预计净残值为 0,已计提 122 个月折旧,累计折旧金额 1 220 万元(含本月应计提折旧),未计提减值准备。不单独计价核算的压缩机原值为 480 万元。

(2)3 月 10 日,购入新压缩机作为工程物资入账,取得的增值税专用发票上注明的价款为 600 万元,增值税税额为 78 万元;支付运费,取得的增值税专用发票上注明的运输费为 10 万元,增值税税额为 0.9 万元,全部款项以银行存款付讫。3 月 15 日,工程安装新的压缩机,替换下的旧压缩机报废且无残值收入;同日,工程领用原材料一批,该材料成本为 30 万元,相关增值税专用发票上注明的增值税税额为 3.9 万元,该批材料市场价格(不含增值税)34 万元。

(3)4 月 2 日,以银行存款支付工程安装费,取得的增值税专用发票上注明的安装费为 36 万元,增值税税额为 3.24 万元;同日,工程完工达到预定可使用状态并交付使用。

要求:根据上述资料,不考虑其他因素,分析回答下列小题。(答案中的金额单位用万元表示)

(1)根据资料(1),下列各项中,中央冷却系统停止使用转入更新改造的会计处理正确的是( )。

A. 借记"累计折旧"科目 1 220 万元

B. 借记"固定资产清理"科目 1 210 万元

C. 贷记"固定资产"科目 2 400 万元

D. 借记"在建工程"科目 1 180 万元

(2)根据资料(1)和(2),下列各项中,终止确认旧压缩机的会计处理正确的是( )。

A. 贷记"在建工程"科目 236 万元

B. 借记"固定资产清理"科目 244 万元

C. 借记"营业外支出"科目 236 万元

D. 贷记"固定资产"科目 480 万元

(3)根据资料(1)和(2),下列各项中,更新改造过程中安装新压缩机和领用原材料的会计处理正确的是( )。

A. 领用原材料时:

借:在建工程　　　　　　　　30

　　贷:原材料　　　　　　　　　30

B. 领用原材料时:

借:在建工程　　　　　　　　33.9

　　贷:原材料　　　　　　　　　30

　　　　应交税费—应交增值税(进项税额转出)　　　　　　　3.9

C. 领原材料时:

借:在建工程　　　　　　　　34

　　应交税费—应交增值税(进项税额)　　　　　　　　　4.42

　　贷:原材料　　　　　　　　38.42

D. 安装压缩机时:

借:在建工程　　　　　　　　610

　　贷:工程物资　　　　　　　610

(4)根据资料(3),下列各项中,支付工程安装费的会计处理正确的是( )。

A. 借记"在建工程"科目 39.24 万元

B. 贷记"银行存款"科目 39.24 万元

C. 借记"应交税费—应交增值税(进项税额)"科目 3.24 万元

D. 借记"在建工程"科目 36 万元

(5)根据资料(1)至(3),中央冷却系统更新改造后的入账价值是( )万元。

A. 1 856 　　　　B. 1 620

C. 1 698.9 　　　D. 1 584

4. ☆甲公司为制造业企业，属于增值税一般纳税人，2020年发生与无形资产相关的经济业务如下：

(1)1月10日，开始研发一项行政管理用非专利技术。1月份发生研发支出50 000元，支付增值税税额6 500元；2月份发生研发支出30 000元，支付增值税税额3 900元，相关支出均不符合资本化条件。2月末，经测试该项研发活动完成了研究阶段。

(2)3月1日，研发活动进入开发阶段，陆续发生研发人员薪酬600 000元，支付其他研发费用300 000元，支付增值税39 000元，相关支出已取得增值税专用发票，均符合资本化条件。

(3)7月1日，研发活动结束，经测试该研究项目达到预定技术标准，形成一项非专利技术并投入使用。该项非专利技术预计使用年限为5年，采用直线法摊销。

(4)12月1日，将上述非专利技术出租给乙公司，双方约定的租赁期限为一年。月末，甲公司收取当月租金30 000元，增值税税额1 800元，全部款项已存入银行。

要求：根据上述资料，不考虑其他因素，分析回答下列小题。(答案中的金额单位用元表示)

(1)根据资料(1)，下列各项中，关于甲公司研发支出会计科目的处理正确的是( )。

A. 2月发生研发支出时，借记"研发支出—资本化支出"科目30 000元

B. 1月发生研发支出时，借记"管理费用"科目50 000元

C. 2月末结转"研发支出—费用化支出"时，借记"管理费用"科目30 000元

D. 1月发生研发支出时，借记"研发支出—费用化支出"科目50 000元

(2)根据资料(1)至(3)，下列各项中，甲公司非专利技术的入账价值是( )元。

A. 900 000 　　　B. 680 000

C. 980 000 　　　D. 939 000

(3)根据资料(1)至(3)，下列各项中，关于甲公司非专利技术摊销的会计处理表述正确的是( )。

A. 每月摊销额计入管理费用

B. 自2020年7月开始摊销

C. 自2020年8月开始摊销

D. 每月摊销额为15 000元

(4)根据资料(1)至(4)，下列各项中，甲公司12月出租非专利技术的会计处理正确的是( )。

A. 摊销非专利技术成本时：

借：营业外支出　　　　15 000

　　贷：累计摊销　　　　　　15 000

B. 收取租金时：

借：银行存款　　　　　31 800

　　贷：营业外收入　　　　　30 000

　　　　应交税费—应交增值税(销项税额)

　　　　　　　　　　　　　　　1 800

C. 收取租金时：

借：银行存款　　　　　31 800

　　贷：其他业务收入　　　　30 000

　　　　应交税费—应交增值税(销项税额)

　　　　　　　　　　　　　　　1 800

D. 摊销非专利技术成本时：

借：其他业务成本　　　15 000

　　贷：累计摊销　　　　　　15 000

(5)根据资料(1)至(4)，下列各项中，上述业务对甲公司2020年度营业利润的影响正确的是( )。

A. 减少60 000元

B. 增加15 000元

C. 减少170 000元

D. 减少140 000元

📋 同步训练参考答案及解析

一、单项选择题

1. B 【解析】甲公司该项长期债券投资的入账价值＝420 000－20 000＋10 000＝410 000（元），购买价款中包含的已到付息期但尚未领取的利息 20 000 元，应计入应收利息。在 2021 年年末，甲公司应编制的分录如下：

借：应收利息　（400 000×5%）20 000
　　贷：投资收益　　　　　　　　 15 000
　　　　长期债券投资—溢折价
　　　　　　　　　　　（10 000/2）5 000

2. B 【解析】被投资单位发生亏损时，成本法下投资企业不需做账务处理。2021 年年末长期股权投资的账面价值＝650－20＝630（万元）。

3. D 【解析】在资产负债表日，长期股权投资发生减值的，企业应当借记"资产减值损失"，贷记"长期股权投资减值准备"。

4. D 【解析】处置该项投资应确认投资收益＝350－（200＋100＋20）＋20（资本公积转入）＝50（万元）。

借：银行存款　　　　　　　　　 350
　　贷：长期股权投资—投资成本　 200
　　　　　　　　　　—损益调整　 100
　　　　　　　　　　—其他权益变动 20
　　　　　　投资收益　　　　　　　30
借：资本公积—其他资本公积　　　 20
　　贷：投资收益　　　　　　　　　 20

5. D 【解析】将自用房地产转为公允价值模式计量的投资性房地产时，公允价值大于其账面价值的差额应计入其他综合收益，公允价值小于其账面价值的，则差额计入公允价值变动损益。

6. C 【解析】购入的作为投资性房地产的建筑物采用成本模式计量时，其会计处理同固定资产，当月增加，当月不计提折旧。所以 2021 年应该计提折旧的时间为 11 个

月。2021 年计提折旧＝（270－30）÷20×11/12＝11（万元）。

7. D 【解析】投资性房地产采用公允价值模式计量，不计提折旧；在资产负债表日，投资性房地产的公允价值高于其账面余额的差额，借记"投资性房地产—公允价值变动"科目，贷记"公允价值变动损益"科目；公允价值低于其账面余额的差额做相反的会计分录。

8. A 【解析】至处置时该项投资性房地产计提的折旧金额＝6 000/50×10.5＝1 260（万元），则甲公司应确认的处置损益＝5 000－（6 000－1 260）＝260（万元）。

借：银行存款　　　　　　　　 5 000
　　贷：其他业务收入　　　　　　 5 000
借：其他业务成本　　　　　　 4 740
　　投资性房地产累计折旧　 1 260
　　贷：投资性房地产　　　　　　 6 000

9. C 【解析】生产性生物资产折旧方法等发生变更的，应作为会计估计变更处理。

10. A 【解析】使用权资产的入账金额＝40×（P/A，7%，3）＋1＝40×2.624 3＋1≈105.97（万元）。账务处理如下：

借：使用权资产　　　　　　　 105.97
　　租赁负债—未确认融资费用
　　　　　　　　　　　　　　　 15.03
　　贷：租赁负债—租赁付款额
　　　　　　　　　　　　（40×3）120
　　　　　　银行存款　　　　　　　　 1

11. A 【解析】企业将自产产品用于购建不动产，应按照产品成本进行结转，不确认收入，不交增值税，所以在建工程成本的金额＝1 500＋2 500（计税价格）×10%＝1 750（万元）。

相关会计分录：

借：在建工程　　　　　　　　 1 750
　　贷：库存商品　　　　　　　　 1 500
　　　　应交税费—应交消费税　　 250

12. A 【解析】该固定资产的成本 = 50 000+
1 500+1 000 = 52 500（元）。

13. C 【解析】各种无形资产的摊销额应根据受益对象计入不同的科目中。例如企业管理用的无形资产，其摊销金额计入管理费用；用于生产产品的无形资产，其摊销金额应当计入相关资产成本。

14. C 【解析】2016 年年末，应计提的减值准备的金额 = 100−100/10×2−60 = 20（万元），此时账面价值为 60 万元，应该以此为基数计算以后 5 年的摊销额，因此 2017 年计提的摊销额 = 60/5 = 12（万元）。

15. B 【解析】该企业出售专利权应确认的资产处置收益 = 20−（80−56）= −4（万元）。

16. A 【解析】"长期待摊费用"科目期末余额 = 期初借方余额+本期借方发生额−本期贷方发生额 = 4 000+3 000−2 000 = 5 000（元）。

17. A 【解析】选项 B，要先转入在建工程，改良完工之后，转入固定资产；选项 C，计入管理费用等；选项 D，计入制造费用或管理费用等。

二、多项选择题

1. BCD 【解析】选项 BC，应作为长期股权投资采用权益法核算；选项 D，一般应按照金融工具相关准则作为金融资产核算。

2. BD 【解析】选项 A，计入资产减值损失，选项 C，应冲减长期股权投资的账面价值。

3. ABD 【解析】选项 C，在非同一控制下企业合并中，投资方为企业合并所发生的审计、法律服务费等中介费用应计入管理费用。

4. ABC 【解析】选项 D，对于一般企业来说，一般应作为固定资产核算，对于房地产企业来说，一般作为存货处理。

5. AC 【解析】选项 A，应计入公允价值变动损益；选项 C，采用成本模式计量的投资性房地产发生减值时需要确认减值损失。

6. ABC 【解析】选项 D，符合相关条件时，企业对投资性房地产可以由成本模式转换为公允价值模式，并作为会计政策变更进行处理。

7. ABD 【解析】选项 C，生产性生物资产郁闭后发生的管护费应计入当期损益。

8. ABCD 【解析】使用权资产应当按照成本进行初始计量。该成本包括：①租赁负债的初始计量金额；②在租赁期开始日或之前支付的租赁付款额，存在租赁激励的，扣除已享受的租赁激励相关金额；③承租人发生的初始直接费用；④承租人为拆卸及移除租赁资产、复原租赁资产所在场地或将租赁资产恢复至租赁条款约定状态预计将发生的成本。

9. AB 【解析】选项 C，固定资产提足折旧后，不论能否继续使用，均不再计提折旧；选项 D，单独计价入账的土地，不计提折旧。

10. AD 【解析】选项 A，应计提折旧总额 = 固定资产原值−预计净残值 = 2 000−5 = 1 995（万元）；选项 C，因为采用双倍余额递减法，所以年折旧率 = 2/5×100% = 40%；选项 BD，因为采用双倍余额递减法，所以前几年计提折旧额时，不考虑预计净残值，只有最后两年考虑预计净残值，因此 2017 年折旧额 = 2 000×40% = 800（万元）。

11. CD 【解析】会计分录：
借：管理费用
　　贷：累计摊销

12. ACD 【解析】无形资产后续支出，一般应在发生时计入当期损益。

三、判断题

1. × 【解析】小企业无法收回的长期债券投资损失应当于实际发生时计入营业外支出，同时冲减长期债券投资账面余额。

2. × 【解析】企业为企业合并发生的审计、

法律服务、评估费等中介费用应计入管理费用。

3. ×　【解析】此种情况下，投资方应以取得被合并方所有者权益在**最终控制方合并财务报表中的账面价值的份额**作为长期股权投资的初始投资成本。

4. ×　【解析】权益法下，长期股权投资的初始投资成本**小于**投资时应享有被投资单位可辨认净资产公允价值份额的，应按其差额，借记"长期股权投资"科目，贷记"**营业外收入**"科目。

5. ×　【解析】采用公允价值模式计量的投资性房地产，不应计提资产减值损失。

6. ×　【解析】处置投资性房地产时，应按其售价确认其他业务收入，并将其账面价值转入其他业务成本。

7. ×　【解析】自行建造投资性房地产过程中发生的非正常损失，应当计入当期损益。

8. ×　【解析】达到预定生产经营目的的生产性生物资产所提折旧，应按用途计入相关资产的成本或当期损益。

9. √　【解析】企业自行建造固定资产过程中使用的固定资产，其计提的折旧应计入在建工程成本。

10. √

11. √

12. √

13. ×　【解析】固定资产改扩建支出要注意是否符合资本化条件，若不符合资本化条件的应费用化并计入当期损益，不影响固定资产价值。

14. ×　【解析】企业在财产清查中**盘盈的固定资产**，在按管理权限报经批准前，应先通过"**以前年度损益调整**"科目核算。

15. √

16. ×　【解析】应计入长期待摊费用。

四、不定项选择题

1. (1) C；(2) A；(3) AC；(4) D；(5) D。
   【解析】(1) 2019 年 1 月 1 日的相关会计

分录为：
借：长期股权投资—投资成本　3 000
　　贷：银行存款　　　　　　　　　3 000
应享有 A 公司可辨认净资产公允价值的份额 = 10 000×40% = 4 000（万元），大于长期股权投资的初始投资成本，应按差额调整长期股权投资：
借：长期股权投资—投资成本　1 000
　　贷：营业外收入　　　　　　　　1 000

(2) 2019 年 12 月 31 日，甲公司对 A 公司长期股权投资的账面价值 = 4 000 - 500×40% + 600×40% = 4 040（万元）。

2019 年 3 月 20 日至 2019 年年末，相关会计分录如下：
借：应收股利　　　　　（500×40%）200
　　贷：长期股权投资—损益调整　　200
借：银行存款　　　　　　　　　　200
　　贷：应收股利　　　　　　　　　200
借：长期股权投资—损益调整
　　　　　　　　　　　（600×40%）240
　　贷：投资收益　　　　　　　　　240

(3) 相关会计分录如下：
借：长期股权投资—其他综合收益
　　　　　　　　　　　（300×40%）120
　　贷：其他综合收益　　　　　　　120

(4) 2020 年 12 月 31 日甲公司对 A 公司长期股权投资的账面余额 = 4 040 + 120 - 1 100×40% = 3 720（万元）；可收回价值为 3 650 万元，因此应提取减值准备 = 3 720 - 3 650 = 70（万元）。

甲公司在 2020 年 12 月 31 日的相关会计分录如下（甲公司因 A 公司其他综合收益发生变动的分录在上一小题的解析）：
借：投资收益　　　　　（1 100×40%）440
　　贷：长期股权投资—损益调整　　440
借：资产减值损失　　　　　　　　70
　　贷：长期股权投资减值准备　　　70

(5) 转让 B 公司股权确认投资收益的金额 = 4 500 - (3 650 + 900×40%) + 300×40% = 610（万元）。

2021年：

借：长期股权投资—损益调整

（900×40%）360

贷：投资收益 360

2022年初，长期股权投资的明细科目是：投资成本借方额为4 000万元，利息调整借方额=−200+240−440+360=−40（万元），即贷方额为40万元，其他综合收益借方额120万元。

借：银行存款 4 500

长期股权投资减值准备 70

长期股权投资—损益调整 40

贷：长期股权投资—投资成本 4 000

—其他综合收益

120

投资收益 490

借：其他综合收益 120

贷：投资收益 120

2. （1）C；（2）D；（3）C；（4）D；（5）D。

【解析】

（1）甲公司取得的该项办公楼的入账价值=2 300+100=2 400（万元）。

（2）转换前的账面价值=2 400−2 400/30×2.5=2 200（万元），公允价值为3 000万元，转换资产的公允价值大于账面价值，公允价值与账面价值之间的差额800万元应该计入其他综合收益。

（3）2024年1—6月，甲公司应对该房地产计提的折旧=2 400/30×6/12=40（万元）；

借：管理费用 40

贷：累计折旧 40

2024年6月30日：

借：投资性房地产—成本 3 000

累计折旧 200

贷：固定资产 2 400

其他综合收益 800

2024年末，该项投资性房地产公允价值变动=（1.65−1.5）×2 000=300（万元）（上升）。

借：投资性房地产—公允价值变动

300

贷：公允价值变动损益 300

确认租金收入100万元：

借：银行存款 100

贷：其他业务收入 100

因此，2024年度该项投资性房地产对营业利润的影响金额=−40+300+100=360（万元）。

（4）2025年12月31日采用公允价值模式计量的投资性房地产的账面价值=1.7×2 000=3 400（万元）。

（5）2025年末，该项投资性房地产公允价值变动=（1.7−1.65）×2 000=100（万元）（上升）。

2026年1月1日，该项投资性房地产的处置净损益=1.7×2 000−1.7×2 000+800（转换时确认的其他综合收益）=800（万元）。

3. （1）ACD；（2）AC；（3）AD；（4）BCD；（5）B。

【解析】

（1）资料（1）会计分录：

3月3日，将固定资产转入在建工程：

借：在建工程 1 180

累计折旧 1 220

贷：固定资产 2 400

（2）旧压缩机的账面价值=旧压缩机的原值−旧压缩机的累计折旧=480−480/2 400×1 220=236（万元）。

资料（2）会计分录：

终止确认旧压缩机的账面价值：

借：营业外支出 236

贷：在建工程 236

（3）资料（2）会计分录：

3月10日，购入新压缩机：

借：工程物资 （600+10）610

应交税费—应交增值税（进项税额）

（78+0.9）78.9

贷：银行存款 688.9

3月15日，安装新压缩机：

借：在建工程 610

贷：工程物资 610

领用原材料：

借：在建工程　　　　　　　　　30

　　贷：原材料　　　　　　　　　　　30

（4）支付工程安装费计入在建工程，增值税可以抵扣不计入在建工程。

资料（3）会计分录：

4月2日，支付工程安装费：

借：在建工程　　　　　　　　　36

　　应交税费—应交增值税（进项税额）

　　　　　　　　　　　　　　3.24

　　贷：银行存款　　　　　　　39.24

工程完工：

借：固定资产　　　　　　　　1 620

　　贷：在建工程

　　　（1 180+610-236+30+36）1 620

（5）更新改造后的入账价值=1 180（账面价值转入在建工程）-236（被替换的压缩机）+610（新压缩机）+30（领用原材料）+36（工程安装费）=1 620（万元）。

4.（1）CD；（2）A；（3）ABD；（4）CD；（5）D。

【解析】

（1）资料（1）会计分录：

1月发生研究支出时：

借：研发支出—费用化支出　　50 000

　　应交税费—应交增值税（进项税额）

　　　　　　　　　　　　　　6 500

　　贷：银行存款等　　　　　56 500

1月末，结转研究阶段支出时：

借：管理费用　　　　　　　　50 000

　　贷：研发支出—费用化支出　　50 000

2月发生研究支出时：

借：研发支出—费用化支出　　30 000

　　应交税费—应交增值税（进项税额）

　　　　　　　　　　　　　　3 900

　　贷：银行存款等　　　　　33 900

2月末，结转研究阶段支出时：

借：管理费用　　　　　　　　30 000

　　贷：研发支出—费用化支出　　30 000

（2）甲公司非专利技术的入账价值=600 000+300 000=900 000（元）。

资料（2）会计分录：

借：研发支出—资本化支出

　　　（600 000+300 000）900 000

　　应交税费—应交增值税（进项税额）

　　　　　　　　　　　　　　39 000

　　贷：应付职工薪酬　　　　600 000

　　　　银行存款　　　　　　339 000

资料（3）会计分录：

借：无形资产　　　　　　　　900 000

　　贷：研发支出—资本化支出　900 000

（3）选项A，行政管理用非专利技术，每月摊销额计入管理费用；选项BC，7月1日达到预定用途，无形资产当月增加，当月开始摊销，即2020年7月开始摊销；选项D，每月摊销额=900 000/5×1/12=15 000（元）。

7月至11月份每月摊销额非专利技术时：

借：管理费用　　　　　　　　15 000

　　贷：累计摊销　　　　　　　15 000

（4）资料（4）会计分录：

12月份摊销非专利技术时：

借：其他业务成本　　　　　　15 000

　　贷：累计摊销　　　　　　　15 000

12月份收取租金时：

借：银行存款　　　　　　　　31 800

　　贷：其他业务收入　　　　30 000

　　　　应交税费—应交增值税（销项税额）　　　　　　　　　　1 800

（5）对甲公司2020年度营业利润的影响=（-50 000-30 000）[资料（1）费用化的研发支出]-15 000×5（7月至11月份无形资产的摊销额）+（30 000-15 000）[资料（4）出租的租金收入和12月无形资产摊销额]=-140 000（元）。

第五章 负　债

本章是《初级会计实务》中比较重要的一章，题型覆盖单选题、多选题、判断题，应付职工薪酬特别喜欢考核不定项选择题。历年考试情况为2021年11分，2020年13分，2019年9分，2018年8分，预计2022年考试分数在14分左右。

📈 **近年考点直击**

考点	主要考查题型	考频指数	考查角度
短期借款的核算	单选题	★★	短期借款利息费用的核算
应付账款	单选题、判断题、不定项选择题	★★★	应付账款的一般处理及转销的核算
应付票据	单选题	★	应付票据的转销
应付职工薪酬的核算	单选题、多选题、判断题、不定项选择题	★★★	应付职工薪酬的内容、货币性职工福利、非货币性职工福利
应交税费的核算	单选题、判断题	★★★	应交消费税和城市维护建设税等的核算、一般纳税人的处理

📋 **2022 年考试变化**

本章变动较大。主要变动为新增非流动负债的相关内容，具体涉及长期借款和长期应付款的核算；新增辞退后福利等的核算；删除应付账款部分涉及现金折扣的内容。

【案例导入】

甲对乙说：老师，我想找一位有钱的男朋友，请你帮忙介绍一位呗。

乙：有钱的？

甲：是。

乙：怎样才算有钱的？对了，消费税交得多的男生一定有钱。你知道哪些情况要交消费税吗(消费税的税目有哪些)？

甲：我只知道奢侈品要交消费税。

乙：请听我讲个有钱的男女朋友从约会到结婚的故事，你就知道哪些情况要交消费税了。

(1)平时生活时。

有钱男：喜欢抽烟(烟)、喝酒(酒)。(酒精不需要缴纳消费税)

有钱女：喜欢化妆(高档化妆品)、佩戴金银首饰(贵重首饰及珠宝玉石)。

(2)约会时。

周末早上，钱塘江江景房小区门口，她在等他来。有钱女想：他会开车(小汽车)来接我吗? 太堵了, 骑摩托车(摩托车)不堵。这里是江边, 最好是开游艇(游艇)来接我, 怎么这个点还不到啊, 是不是加油(成品油)去了? 他说带我去打高尔夫球(高尔夫球及球具), 那打球时, 他的劳力士手表(高档手表)怎么办呢?

有钱男终于来了, 上车, 打高尔夫球去。

(3)结婚时。

有情人终成眷属。结婚当天, 酒席开始前先放鞭炮(鞭炮及焰火), 然后开始吃饭, 主持人拿着话筒(里面有电池)向亲朋好友说着唱着, 宾客们拿着一次性筷子(木制一次性筷子)用餐。用餐后, 新郎新娘步入洞房, 地面是实木地板(实木地板), 今天真累, 新郎新娘躺在床上, 看到了涂了颜色(涂料)的天花板。

懂了吗, 什么是有钱人?

甲: 我懂了, 我来总结一下, 以下情况交消费税:

(1)男: 烟、酒。

(2)女: 高档化妆品、贵重首饰及珠宝玉石。

(3)恋爱: 小汽车、摩托车、游艇、成品油、高尔夫球及球具、高档手表。

(4)结婚: 鞭炮及焰火、电池、木制一次性筷子、实木地板、涂料。

乙: 完全正确。

考点一 短期借款的核算

考点详解

一、负债概述

一般情况下, 负债按流动性(还债日期的远近)分为: 流动(短期)负债(≤1 年)和非流动(长期)负债(>1 年)。

流动负债包括: 短期借款、应付及预收款项、合同负债、应交税费和其他应付款等。

非流动负债包括: 长期借款、长期应付款、应付债券和递延收益等。

『提示』一般: "应付和应交"开头的是流动(短期)负债; 特殊情况是"应付债券"属于非流动(长期)负债, 如国债多数为 3 年期、5 年期。

【例题1·多选题】以下属于资产负债表中流动负债的有( )。

A. 合同负债　　B. 递延收益

C. 应付股利　　D. 应付债券

解析 ▶ 选项 B、D 属于非流动负债。

答案 ▶ AC

二、短期借款概述

短期借款: 期限≤1 年的借款(一般情况下);

长期借款: 期限>1 年的借款。

三、短期借款的账务处理

【案例】福喜公司有关短期借款的账务处理如下。

1. 借入短期借款

福喜公司于 4 月 1 日借入期限为 6 个月的短期借款, 金额为 100 万元。会计分录如下:

借: 银行存款　　　　　　　100

　　贷: 短期借款　　　　　　　　100

2. 月末, 预提利息

(1)4 月末计提利息, 假设年利率6%(月利率 6%/12=0.5%), 会计分录如下:

借: 财务费用　　(100×0.5%)0.5

　　贷: 应付利息　　　　　　　　0.5

(2)5月末计提利息同4月。

3. 银行规定, 按季(春季末、夏季末、秋季末、冬季末)支付利息

(1)6月末(季末)支付当月利息, 会计分录如下:

借: 财务费用　　　　　0.5
　　贷: 银行存款　　　　　0.5

(2)6月末支付前2个月计提的利息, 会计分录如下:

借: 应付利息　　(0.5+0.5)1
　　贷: 银行存款　　　　　1

(3)7月末、8月末计提利息的会计处理同4月, 9月末(季末)归还利息的账务处理同6月末。

4. 短期借款到期偿还本金(还本)

9月底归还本金, 会计分录如下:

借: 短期借款　　　　　100
　　贷: 银行存款　　　　　100

『提示』利息不采用预提时的处理。如果短期借款利息是**按月支付**, 或者**利息数额不大**的, 可以不采用预提的方法, 而在实际支付或收到银行的计息通知时:

借: 财务费用
　　贷: 银行存款

【例题2·多选题】☆4月1日, 某企业向银行借入期限为6个月的经营使用借款200万元, 年利率为6%, 到期还本、按月计提利息、按季支付。下列各项中, 关于4月30日和6月30日该企业计提和归还借款利息的会计处理正确的是(　　)。

A. 借: 财务费用　　　　　1
　　　贷: 应付利息　　　　　1

B. 借: 财务费用　　　　　1
　　　应付利息　　　　　2
　　　贷: 银行存款　　　　　3

C. 借: 财务费用　　　　　3
　　　贷: 银行存款　　　　　3

D. 借: 财务费用　　　　　3
　　　贷: 应付利息　　　　　3

解析 ▶ 会计分录:

借入短期借款时:

借: 银行存款　　　　　200
　　贷: 短期借款　　　　　200

4月30日和5月31日计提利息时:

借: 财务费用　　　　　1
　　贷: 应付利息　(200×6%÷12)1

6月30日归还本季利息时:

借: 财务费用　　　　　1
　　应付利息　　　　　2
　　贷: 银行存款　　　　　3

答案 ▶ AB

福喜总结 短期借款★

项目	账务处理
借款取得时(2020年单选题)	借: 银行存款 　　贷: 短期借款 『提示』借款期限≤1年
月末计提利息时(2020年、2017年单选题)	借: 财务费用 　　贷: 应付利息
月末支付利息时	借: 财务费用 　　贷: 银行存款
季末实际支付时(2017年单选题)	借: 应付利息 　　财务费用 　　贷: 银行存款
不计提/预提利息 (2018年判断题)	利息数额不大不计提/预提利息, 月末支付利息时 借: 财务费用 　　贷: 银行存款

续表

项目	账务处理
偿还本金时	借：短期借款 贷：银行存款

随堂小练 限时5min

一、单项选择题

☆2020年7月1日，某企业向银行借入生产经营用短期借款200万元，期限为6个月，年利率为4.5%，本金到期一次归还，利息按月计提、按季度支付。不考虑其他因素，下列各项中，该企业9月30日支付利息的会计处理正确的是( )。

A. 借：财务费用　　　　　22 500
　　贷：银行存款　　　　　　22 500

B. 借：财务费用　　　　　7 500
　　　应付利息　　　　　15 000
　　　贷：银行存款　　　　　22 500

C. 借：财务费用　　　　　7 500
　　　短期借款　　　　　15 000
　　　贷：银行存款　　　　　22 500

D. 借：短期借款　　　　　22 500
　　贷：银行存款　　　　　　22 500

二、多项选择题

☆下列各项中，关于制造业企业预提短期借款利息的会计科目处理正确的有( )。
A. 贷记"应付账款"科目
B. 借记"制造费用"科目
C. 贷记"应付利息"科目
D. 借记"财务费用"科目

三、判断题

短期借款利息金额不大的情况下也必须计提，不能在实际支付时直接计入当期损益。　　　　　　　　　　( )

随堂小练参考答案及解析

一、单项选择题

B 【解析】利息按月计提，因此7月末，计提当月的应付利息：
借：财务费用
　　　(2 000 000×4.5%÷12)7 500
　　贷：应付利息　　　　　　7 500
8月末计提当月的应付利息的处理与7月相同。
9月末，支付该季度短期借款利息时：
借：财务费用(9月利息)　　7 500
　　应付利息(7月和8月利息) 15 000

　　贷：银行存款　　　　　22 500

二、多项选择题

CD 【解析】会计分录：
借：财务费用
　　贷：应付利息

三、判断题

× 【解析】短期借款利息金额不大的情况下可以不计提，在实际支付时直接计入当期损益。

考点二　应付及预收款项的核算

考点详解

一、应付票据

(一)概述

应付票据是企业购买材料、商品和接受劳务供应等开出、承兑的商业汇票，包括**商业承兑汇票和银行承兑汇票**。

『链接』出票方：应付票据；持票人：应收票据。我国商业汇票的付款期限：纸质≤6个月，电子≤1年。

(二)应付票据的核算

1. 开出商业汇票时

【案例1】 福喜公司购买材料或商品100万元，取得增值税专用发票上注明的增值税税额为13万元，开出商业承兑汇票或银行承兑汇票。会计分录如下：

借：材料采购/在途物资/原材料/库存商品等　　　　　　　　　100
　　应交税费——应交增值税(进项税额)
　　　　　　　　　　　　　　　　13
　　贷：应付票据　　　　　　　　113

2. 企业支付银行承兑汇票手续费

【案例2】 福喜公司支付不含税银行承兑汇票手续费0.1万元，取得增值税专用发票上注明的增值税税额为0.006万元，用银行存款支付。会计分录如下：

借：财务费用　　　　　　　　　　0.1
　　应交税费——应交增值税(进项税额)
　　　　　　　　　　　　　　0.006
　　贷：银行存款　　　　　　　0.106

3. 到期，企业付款

【案例3】 福喜公司支付上述票据款项。会计分录如下：

借：应付票据　　　　　　　　　　113
　　贷：银行存款　　　　　　　　113

4. 商业汇票到期，如果企业无力支付票款

(1)如果是商业承兑汇票。

【案例4】 福喜公司无力支付上述商业承兑票据款项。会计分录如下：

借：应付票据　　　　　　　　　　113
　　贷：应付账款　　　　　　　　113

(2)如果是银行承兑汇票。

【案例5】 福喜公司无力支付上述银行承兑票据款项。会计分录如下：

借：应付票据　　　　　　　　　　113
　　贷：短期借款　　　　　　　　113

『提示』此处怎么理解记入"短期借款"科目，票据到期时银行有义务暂时帮企业还款给持票人，企业现在欠银行的借款，银行希望企业马上还，故期限较短，所以记入"短期借款"科目。

【例题1·多选题】 ☆1月11日某企业购入原材料一批，可以开出面值为226 000元，期限为3个月的不带息的商业承兑汇票(银行承兑汇票)。4月11日该企业无力支付汇票票款时，下列会计处理正确的有(　　)。

A. 如果是银行承兑汇票：
借：应付票据　　　　　　226 000
　　贷：短期借款　　　　　　226 000

B. 如果是银行承兑汇票：
借：应付票据　　　　　　226 000
　　贷：应付账款　　　　　　226 000

C. 如果是商业承兑汇票：
借：应付票据　　　　　　226 000
　　贷：应付账款　　　　　　226 000

D. 如果是商业承兑汇票：
借：应付票据　　　　　　226 000
　　贷：短期借款　　　　　　226 000

解析 银行承兑汇票到期企业无力兑付时，应将"应付票据"转为"短期借款"；商业承兑汇票到期企业无力兑付时，应将"应付票据"

转为"应付账款",故答案选 AC。　**答案 ▶ AC**

二、应付账款

(一)概述

应付账款是指企业因购买材料、商品或接受劳务供应等经营活动应支付的款项。

购买方会计分录	销售方会计分录
借:材料采购/在途物资/原材料/库存商品等　100 　　应交税费—应交增值税(进项税额)　13 　贷:应付账款　113	确认收入: 借:应收账款　113 　贷:主营业务收入　100 　　　应交税费—应交增值税(销项税额)　13
	结转成本: 借:主营业务成本　80 　贷:库存商品　80

2. 接受劳务(如修理),应付未付款项

【案例7】福喜公司接受修理劳务应支付款项100万元,取得增值税专用发票注明的增值税税额为13万元。会计分录如下:

借:管理费用/销售费用/其他业务成本等
　　　　　　　　100
　　应交税费—应交增值税(进项税额)
　　　　　　　　13
　　　贷:应付账款　　113

『注意』行政管理部门的修理费记入"管理费用"科目,销售部门发生的修理费记入"销售费用"科目,出租设备的修理费记入"其他业务成本"科目。

3. 偿还应付账款时

【案例8】福喜公司用银行存款偿还上述应付账款。会计分录如下:

借:应付账款　　113
　　贷:银行存款　　113

【案例9】福喜公司开出商业汇票抵付上述应付账款。会计分录如下:

借:应付账款　　113
　　贷:应付票据　　113

4. 实务中,企业外购动力、燃气等

(1)在每月付款时先作暂付款处理。

【案例10】福喜公司本月预付电费1万

(二)应付账款发生、偿还

1. 购入材料、商品等,款项尚未支付

【案例6】3月1日,甲公司销售产品给福喜公司,价款100万元,增值税专用发票注明的增值税税额为13万元,成本80万元,款项尚未支付。买卖双方的会计分录如下:

元,取得增值税专用发票注明的增值税税额为0.13万元。会计分录如下:

借:应付账款[具有预付账款性质]
　　　　　　　　1
　　应交税费—应交增值税(进项税额)
　　　　　　　　0.13
　　　贷:银行存款　　1.13

(2)月末按照外购动力的用途分摊。

【案例11】接【案例10】,福喜公司月末实际应付电费1万元,车间直接生产用电占50%,车间间接用电占30%,管理部门用电占20%。会计分录如下:

借:生产成本　　0.5
　　制造费用　　0.3
　　管理费用　　0.2
　　贷:应付账款　　1

(三)应付账款转销

【案例12】福喜公司转销无法支付的应付账款20万元。会计分录如下:

借:应付账款　　20
　　贷:营业外收入　　20

【例题2·单选题】☆结转确实无法支付的应付账款,账面余额转入(　　)。

A. 管理费用

B. 财务费用

C. 其他业务收入

D. 营业外收入

解析 ▶ 转销确实无法支付的应付账款，属于企业的利得，应计入营业外收入。

答案 ▶ D

三、预收账款

在非收入准则核算范围内（如租赁准则、金融工具准则等），预收账款是指企业按照合同规定预收的款项（如预收到客户的租金）。

『链接』收入准则核算预收款使用"合同负债"科目。

"合同负债"科目核算企业已收或应收客户对价而向客户转让商品的义务。

非收入准则（以租赁为例）预收款的账务处理：

1. 预收租赁款时

【案例13】福喜公司与甲公司签订租赁（非主营业务）设备合同，租期3个月，不含税租金每月5万元，签订合同日，预收甲公司的租赁款10万元及相应的增值税款，并开具增值税专用发票，增值税税率为13%，租赁期满，租金多退少补。

第一步，预收时：

借：银行存款　　　　11.3

　　贷：预收账款　　　　　　10

　　　　应交税费—应交增值税（销项税额）　　　　　　1.3

★2. 确认租金收入时

【案例14】承【案例13】福喜公司向甲公司出租设备一台，每月不含税租金5万元，设备每月应计提折旧4万元。

第二步，月末确认收入结转成本时：

借：预收账款　　　　5

　　贷：其他业务收入　　　　5

同时，

借：其他业务成本　　　　4

　　贷：累计折旧　　　　4

3. 多退少补

【案例15】承接【案例13】【案例14】，收

到租金余款及增值税款。

第三步，多退少补时：

借：银行存款　　　　5.65(倒挤)

　　贷：预收账款　　　　　5

　　　　应交税费—应交增值税（销项税额）　　　　0.65

预收账款情况不多的企业，可以不设"预收账款"科目，通过"应收账款"科目核算。

【例题3·判断题】 ☆某企业在销售货物过程中，预收货款较少，不单独设立"预收账款"科目的，可通过"应收账款"科目核算。（　）

解析 ▶ 预收货款业务不多的企业，可以不单独设置"预收账款"科目，其所发生的预收货款，可通过"应收账款"科目核算。

答案 ▶ √

四、应付利息

应付利息核算企业按照合同约定应支付的利息，包括预提短期借款利息、分期付息到期还本的长期借款、企业债券等应支付的利息。

『链接』我们回顾一下短期借款的借入、利息计提、付息、还本的会计分录。

1. 利息预提（计提）时

【案例16】福喜公司1月1日借入6个月的借款100万元，年利率6%，按月预提利息，按季支付利息，1月末、2月末计提利息时的会计分录如下：

借：财务费用　(100×6%/12)0.5

　　贷：应付利息　　　　0.5

2. 实际支付时

【案例17】承上例，福喜公司3月末支付第一季利息。会计分录如下：

借：应付利息[归还前2个月利息]　　　　　　　　1

　　财务费用[本月利息]　　0.5

　　贷：银行存款　　　　1.5

【例题4·多选题】 ☆下列各项中，关于

"应付利息"科目表述正确的有( )。

A. 企业开出银行承兑汇票支付银行手续费，应记入"应付利息"科目借方

B. "应付利息"科目期末贷方余额反映企业应付未付的利息

C. 按照短期借款合同约定计提的应付利息，应记入"应付利息"科目借方

D. 企业支付已经预提的利息，应记入"应付利息"科目借方

解析 ▶ 选项A，应记入"财务费用"科目借方；选项C，应记入"应付利息"科目贷方。

答案 ▶ BD

五、应付股利（现金股利）

应付股利是企业股东大会等机构审批的利润分配方案确定分配给股东的现金股利或利润，白话叫作分红。

账务处理，两步走：

1. 第一步，宣告分配现金股利时

【案例18】3月1日，福喜公司宣告分配现金股利100万元。会计分录如下：

借：利润分配——应付现金股利或利润

100

　　贷：应付股利　　　　　　100

2. 第二步，实际支付现金股利时

【案例19】3月8日，福喜公司实际支付现金股利100万元。

借：应付股利　　　　　　100

　　贷：银行存款　　　　　　100

『提示』企业分配股票股利是企业给股东分配股票，不是分红，因此该业务不通过"应付股利"项目核算，其账务处理为：

借：利润分配

　　贷：股本

【例题5·多选题】☆下列各项中，关于现金股利的会计处理正确的有( )。

A. 计提现金股利时企业流动负债增加

B. 发放现金股利时企业所有者权益减少

C. 发放现金股利时企业资产减少

D. 计提现金股利时企业所有者权益增加

解析 ▶ 选项A，计提现金股利时，贷方为负债类科目中的流动负债，表示企业流动负债增加；选项B，发放现金股利时，不涉及所有者权益类科目，不影响所有者权益的金额；选项C，发放现金股利时，贷记资产类科目，表示企业资产减少；选项D，计提现金股利时，借记所有者权益类科目，表示企业所有者权益减少。

会计分录：

计提现金股利时：

借：利润分配——应付现金股利或利润

　　贷：应付股利

发放现金股利时：

借：应付股利

　　贷：银行存款

答案 ▶ AC

【例题6·判断题】☆企业董事会通过的利润分配方案中拟分配的现金股利，不需要进行账务处理。 ( )

解析 ▶ 企业董事会或类似机构通过的利润分配方案中拟分配的现金股利或利润，不需要进行账务处理，但应在附注中披露。

答案 ▶ √

六、其他应付款

其他应付款包括应付短期租赁固定资产和低价值资产租赁的租金、应付租入包装物租金、出租和出借包装物收取的客户押金以及存入保证金等。

【案例20】福喜公司在1月1日的时候，出借一批包装物，收取现金押金1万元。在当年3月31日的时候，收到出借的包装物，包装物完好，无破损。会计分录如下：

(1)收到押金时：

借：库存现金　　　　　　1

　　贷：其他应付款　　　　　　1

(2)退还押金时：

借：其他应付款　　　　　　1

　　贷：库存现金　　　　　　1

【例题7·多选题】☆下列各项中，计入

其他应付款的有( )。

    A. 根据法院判决应支付的合同违约金

    B. 租入包装物应支付的租金

    C. 根据购销合同预收的货款

    D. 租入包装物支付的押金

解析 选项A，

    借：营业外支出

        贷：其他应付款

    选项B，

    借：管理费用/销售费用等

        贷：其他应付款

选项C，

    借：银行存款

        贷：合同负债

选项D，

    借：其他应收款

        贷：银行存款

出租方：

    借：银行存款

        贷：其他应付款

答案 AB

福喜总结 应收账款与应付账款 ★★★

应收账款	债权人A(收款方)	应付账款	债务人B(付款方)
内容	销售价款、代垫运杂费、销项税	内容	买价、运杂费、进项税

(1)销售	借：应收账款
	  贷：主营业务收入
	    应交税费—应交增值税
	    (销项税额)
	借：主营业务成本
	  贷：库存商品
		(1)采购	借：原材料/库存商品
			    应交税费—应交增值税(进项税额)
			  贷：应付账款

	『提示』商业折扣：直接扣除后确认收入		

(2)到期收回	借：银行存款
	  贷：应收账款
		(2)到期付款	借：应付账款
			  贷：银行存款

(3)垫付包装费、运杂费	借：应收账款
	  贷：银行存款
		★(3)企业转销无法支付的应付账款
		借：应付账款
		  贷：营业外收入	

(4)到期收到承兑的商业汇票	借：应收票据 贷：应收账款		

随堂小练 限时10min

一、百考多选题

下列关于应付票据、应付利息、预收账款的表述中，正确的有( )。

A. 计提借款利息时，贷记"应付利息"，借记的科目可能是"在建工程、财务费用、研发支出"

B. 如果企业不设"预收账款"科目，应将租赁业务中预收的款项记入"应收账款"科目的借方

C. 企业支付银行承兑汇票手续费，记入"财务费用"的借方

D. 应付银行承兑汇票到期，如企业无力支付票款应编制如下分录：

借：应付票据

  贷：应付账款

应付商业承兑汇票到期，如企业无力支付票款应编制如下分录：

借：应付票据

  贷：应付账款

二、单项选择题

1. ☆下列各项中，通过"其他应付款"科目核算的是（　）。
   A. 应付采购材料的价款
   B. 确认应交的教育费附加
   C. 收到租出包装物的押金
   D. 确认应付的职工福利费

2. ☆下列各项中，应通过"应付票据"会计科目核算的是（　）。
   A. 用银行本票购买办公用品
   B. 用商业汇票购买原材料
   C. 用转账支票购买固定资产
   D. 用银行汇票购买周转材料

三、多项选择题

1. ☆下列各项中，关于应付账款的会计处理表述正确的有（　）。
   A. 确定无法偿还的应付账款，应按其账面余额计入其他业务收入
   B. 购入材料确认的应付账款，是扣除商业折扣之后的金额
   C. 应付账款的入账金额中包含购入原材料的不含税买价和对应的增值税税额
   D. 开出商业汇票抵付所欠货款时，将应付账款转作应付票据

2. ☆下列各项中，应通过"其他应付款"科目核算的有（　）。
   A. 预先收取的出借包装物押金
   B. 应付的租入包装物租金
   C. 应付的材料采购运费
   D. 应付的短期借款利息

3. ☆下列各项中，企业对于已到期而无力支付票款的商业承兑汇票的会计处理表述正确的有（　）。
   A. 贷记"短期借款"科目
   B. 贷记"应付账款"科目
   C. 贷记"营业外收入"科目
   D. 借记"应付票据"科目

四、判断题

1. ☆某企业预收货款较少，不单独设立预收账款科目的，可通过应收账款科目核算。（　）

2. ☆企业应将因债权单位撤销而无法清偿的应付账款的账面余额计入营业外收入。（　）

3. ☆某股份有限公司根据股东大会审议批准的利润分配方案确认的应付现金股利，应贷记应付股利。（　）

4. ☆企业宣告分配的股票股利应该通过"应付股利"科目核算。（　）

随堂小练参考答案及解析

一、百考多选题

AC 【解析】选项 B，如果企业不设"预收账款"科目，应将租赁业务中预收的款项记入"应收账款"科目的贷方。选项 D，应付银行承兑汇票到期，如企业无力支付票款，应编制如下分录：

借：应付票据
    贷：短期借款

二、单项选择题

1. C 【解析】选项 A，计入应付账款；选项 B，计入应交税费—应交教育费附加；选项 D，计入应付职工薪酬。

2. B 【解析】选项 AD，通过"其他货币资金"科目核算；选项 C，通过"银行存款"科目核算。

三、多项选择题

1. BCD 【解析】选项 A，企业转销确实无

法支付的应付账款，按其账面余额计入营业外收入。

2. AB 【解析】选项 C，计入应付账款；选项 D，计入应付利息。

3. BD 【解析】应付商业承兑汇票到期，如企业无力支付票款，企业应将应付票据按账面余额转作应付账款，借记"应付票据"科目，贷记"应付账款"科目。

四、判断题

1. √

2. √

3. √ 【解析】企业根据股东大会或类似机构审议批准的利润分配方案，确认应付给投资者的现金股利或利润时，借记"利润分配——应付现金股利或利润"，贷记"应付股利"。

4. × 【解析】企业宣告分配股票股利时，不做账务处理，不通过"应付股利"科目核算。

考点三　应付职工薪酬的核算

考点详解

一、内容

职工薪酬的内容：短期薪酬、离职后福利、辞退福利和其他长期职工福利。

（一）短期薪酬

短期薪酬，是指企业在职工提供相关服务的年度报告期间结束后 12 个月内需要全部予以支付的职工薪酬。

短期薪酬具体包括：

(1)职工工资、奖金、津贴和补贴；

(2)职工福利费；

(3)医疗保险费和工伤保险费等社会保险费(不包括：养老保险和失业保险)；

(4)住房公积金；

(5)工会经费和职工教育经费；

(6)短期带薪缺勤；

(7)短期利润分享计划；

(8)其他短期薪酬。

（二）离职后福利

离职后福利，是指企业为获得职工提供的服务而在职工退休或与企业解除劳动关系后，提供的各种形式的报酬和福利，短期薪酬和辞退福利除外。

离职后福利计划分类为设定提存计划和设定受益计划。设定提存计划，是指向独立的基金缴存固定费用后，企业不再承担进一步支付义务的离职后福利计划；如养老保险和失业保险。

（三）辞退福利

辞退福利，是指企业在职工劳动合同到期之前解除与职工的劳动关系，或者为鼓励职工自愿接受裁减而给予职工的补偿。

（四）其他长期职工福利

其他长期职工福利，包括长期带薪缺勤、长期残疾福利、长期利润分享计划等。

【例题 1 · 单选题】☆下列各项中，不属于职工福利费用的是( )。

A. 抚恤费

B. 企业向职工发放的奖金

C. 丧葬补助费

D. 防暑降温费

解析 ▶ 职工福利费是指企业向职工提供的生活困难补助、丧葬补助费、抚恤费、职工异地安家费、防暑降温费等职工福利支出。

答案 ▶ B

【例题 2 · 多选题】☆下列各项中，属于企业职工短期薪酬的有( )。

A. 为鼓励员工自愿接受裁减而给予职工

的补偿

　　B. 向职工提供的生活困难补助

　　C. 按照短期奖金计划向职工发放的奖金

　　D. 向在企业任职的独立董事支付的津贴

　　解析 ▶ 选项 A，属于辞退福利。

答案 ▶ BCD

【例题3·单选题】某公司与其负责人达成销售协议：如果 2 年后利润达到 1 千万元，则其可取得的薪酬为利润的 5%。不考其他因素，则该公司向负责人提供的薪酬的类别是(　　)。

　　A. 短期薪酬

　　B. 利润分享计划

　　C. 离职后福利

　　D. 长期带薪缺勤

答案 ▶ B

二、货币性短期薪酬的核算

1. 职工工资、奖金、津贴和补贴的处理

【案例1】3 月底，福喜公司计提工资总额 1 000 万元，其中管理人员 100 万元，车间生产工人 200 万元，车间管理人员 300 万元，销售人员 400 万元。会计分录如下：

借：管理费用　　　　　　　100
　　生产成本　　　　　　　200
　　制造费用　　　　　　　300
　　销售费用　　　　　　　400
　　贷：应付职工薪酬—工资　1 000

【案例2】承【案例1】，4 月初，支付工资，其中代扣垫付职工款项(房租、医药费)为 1 万元，代扣个人所得税 20 万元。会计分录如下：

借：应付职工薪酬—工资　　1 000
　　贷：其他应收款[扣还代垫的各种
　　　　款项]　　　　　　　　1
　　　　应交税费—应交个人所得税
　　　　[代扣个人所得税]　　20
　　　　银行存款/库存现金[倒挤]979

『提示』以前企业代垫职工款项(房租、医药费)或借给职工款项 1 万元时：

借：其他应收款　　　　　　　1
　　贷：银行存款/库存现金　　1

2. 职工福利费的处理

【案例3】承【案例1】3 月，福喜公司按工资的 10% 给付食堂补贴。会计分录如下：

借：管理费用　　　(100×10%)10
　　生产成本　　　(200×10%)20
　　制造费用　　　(300×10%)30
　　销售费用　　　(400×10%)40
　　贷：应付职工薪酬—职工福利费100

【案例4】承【案例3】，4 月，福喜公司支付 100 万元补贴给食堂。会计分录如下：

借：应付职工薪酬—职工福利费100
　　贷：银行存款　　　　　　　100

3. 国家规定计提标准的职工薪酬的处理

(1)按规定计提的工会经费和职工教育经费。

【案例5】承【案例1】，3 月，福喜公司分别按照工资总额的 2% 和 8% 计提工会经费和职工教育经费。会计分录如下：

借：管理费用　　　　　　　　10
　　生产成本　　　　　　　　20
　　制造费用　　　　　　　　30
　　销售费用　　　　　　　　40
　　贷：应付职工薪酬—工会经费　20
　　　　　　　　　　—职工教育经费
　　　　　　　　　　　　　　80

(2)按规定计提的社会保险费和住房公积金。

对于社会保险费中(医疗保险费、工伤保险费)和住房公积金，企业需区分企业为职工缴存和职工个人缴存两部分进行处理。

【案例6】承【案例5】，3 月，福喜公司按照规定，计算由企业承担的社会保险费(医疗保险费、工伤保险费)120 万元和住房公积金 110 万元。公司从应付职工薪酬中代扣个人承担的社会保险费(医疗保险费、工伤保险费)30 万元和住房公积金 110 万元。会计分录如下：

企业计提其为职工缴存的社会保险费和

住房公积金时：

借：管理费用 23
　　生产成本 46
　　制造费用 69
　　销售费用 92
　　贷：应付职工薪酬——社会保险费 120
　　　　　　　　　　　——住房公积金 110

对于职工个人承担（缴存）的社会保险费和住房公积金，应从职工工资中代扣代缴：

借：应付职工薪酬——工资 140
　　贷：其他应付款——社会保险费 30
　　　　　　　　　　——住房公积金 110

注意，社会保险费还包括养老保险费和失业保险费，这属于离职后福利，不属于短期薪酬。

4. 短期带薪缺勤的处理

（1）累积带薪缺勤，是指带薪权利可以结转下期的带薪缺勤，本期尚未用完的带薪缺勤权利可以在未来期间使用。企业应当在职工提供了服务从而增加了其未来享有的带薪缺勤权利的当期：

借：管理费用等
　　贷：应付职工薪酬——带薪缺勤——短期带薪缺勤——累积带薪缺勤

【案例7】福喜公司共有100名职工，每个职工享受5天的带薪年休假，未使用的年休假可结转下年，2020年企业10名部门经理每人只使用了3天的年休假，预计在2021年上述部门经理每人平均享受7天的年休假，工资为平均每人每天0.05万元，企业为此应确认1万元（0.05万元×2天×10）的薪酬。会计分录如下：

借：管理费用 1
　　贷：应付职工薪酬——带薪缺勤——短期带薪缺勤——累积带薪缺勤 1

（2）非累积带薪缺勤，是指带薪权利不能结转下期的带薪缺勤，本期尚未用完的带薪缺勤权利将予以取消，并且职工离开企业时也无权获得现金支付。

我国企业职工休婚假、产假、丧假、探亲假、病假期间的工资通常属于非累积带薪缺勤。

企业确认职工享有的与非累积带薪缺勤权利相关的薪酬，视同职工出勤确认当期损益或相关资产成本，不必额外作相应的账务处理。

【例题4·判断题】☆某企业职工张某经批准获得探亲假5天，企业确认为非累积带薪缺勤，该企业应当在其休假期间确认与非累积带薪缺勤相关的职工薪酬。　　（　）
答案 ▶ √

三、非货币性短期薪酬的核算

1. 非货币性职工薪酬主要内容

（1）企业以其自产产品发放给职工。

（2）将企业拥有的房屋等资产无偿提供给职工使用。

（3）租赁住房等资产供职工无偿使用。

2. 企业以其自产产品发放给职工

【案例8】甲生产企业今年春节给职工每人发一部自产手机作为非货币性福利，每部售价1万元，成本0.8万元，增值税税率为13%，企业共有职工100名，其中管理人员10名，车间生产工人20名，车间管理人员30名，销售人员40名。会计分录如下：

分三步走：

第一步，确认收入。

借：应付职工薪酬——非货币性福利 113
　　贷：主营业务收入 100
　　　　应交税费——应交增值税（销项税额） 13

第二步，结转产品成本。

借：主营业务成本 80
　　贷：库存商品 80

第三步，确认应付职工薪酬。

借：管理费用 （113×10%）11.3
　　生产成本 （113×20%）22.6
　　制造费用 （113×30%）33.9
　　销售费用 （113×40%）45.2
　　贷：应付职工薪酬——非货币性福利 113

【例题5·单选题】☆某企业将自产的一批产品作为非货币性福利发放给车间的生产工人,该批产品不含税售价为50 000元,适用的增值税税率为13%,成本为35 000元。下列各项中,该企业发放该项非货币性福利应计入生产成本的金额为(　)元。

A. 43 500　　　　B. 35 000

C. 56 500　　　　D. 50 000

解析 ▶ 应计入生产成本的金额＝50 000×(1+13%)＝56 500(元)。

会计分录为:

确认非货币性福利时:

借:生产成本

　　(50 000+50 000×13%)56 500

　　贷:应付职工薪酬　　　　　56 500

发放非货币性福利时:

借:应付职工薪酬　　　　　　56 500

　　贷:主营业务收入　　　　　50 000

　　　　应交税费——应交增值税(销项税额)　　　(50 000×13%)6 500

借:主营业务成本　　　　　　35 000

　　贷:库存商品　　　　　　　35 000

答案 ▶ C

3. 企业将拥有的房屋等资产无偿提供给职工使用

【案例9】甲企业配备小汽车给员工使用,每月折旧10万元,其中管理人员占10%,车间生产工人占20%,车间管理人员占30%,销售人员占40%。

【分析】先做企业自用,中间再插入"应付职工薪酬"。会计分录如下:

借:管理费用　　　　　(10×10%)1

　　生产成本　　　　　(10×20%)2

　　制造费用　　　　　(10×30%)3

　　销售费用　　　　　(10×40%)4

　　贷:应付职工薪酬——非货币性福利

　　　　　　　　　　　　　　　　10

同时,

借:应付职工薪酬——非货币性福利

　　　　　　　　　　　　　　　　10

　　贷:累计折旧　　　　　　　　10

4. 租赁住房等资产供职工无偿使用

【案例10】甲企业给员工租赁住房,每月房租10万元,其中管理人员占10%、车间生产工人占20%、车间管理人员占30%、销售人员占40%。(不考虑增值税)

【分析】先做企业自用,中间再插入"应付职工薪酬",会计分录如下:

(1)确认应付职工薪酬时:

借:管理费用　　　　　(10×10%)1

　　生产成本　　　　　(10×20%)2

　　制造费用　　　　　(10×30%)3

　　销售费用　　　　　(10×40%)4

　　贷:应付职工薪酬——非货币性福利

　　　　　　　　　　　　　　　　10

(2)支付房租时:

借:应付职工薪酬——非货币性福利 10

　　贷:银行存款　　　　　　　　10

【例题6·单选题】☆某企业临时租赁一套租期为12个月的公寓供总部高级经理免费使用。下列各项中,关于企业确认该项非货币性福利会计处理表述正确的是(　)。

A. 借记"营业外支出"科目,贷记"应付职工薪酬"科目

B. 借记"管理费用"科目,贷记"应付职工薪酬"科目

C. 借记"销售费用"科目,贷记"应付职工薪酬"科目

D. 借记"其他业务成本"科目,贷记"应付职工薪酬"科目

解析 ▶ 企业确认该项非货币性福利会计分录:

借:管理费用

　　贷:应付职工薪酬

答案 ▶ B

四、设定提存计划(离职后福利)

对于设定提存计划(**养老保险**等),企业应当根据在资产负债表日为换取职工在会计期间提供的服务而应向单独主体缴存的提存

金，确认为应付职工薪酬，并计入当期损益或相关资产成本。

【案例11】承【案例1】，3月，企业分别按照工资总额的20%计提基本养老保险费。会计分录如下：

借：管理费用　　　　　　　20
　　生产成本　　　　　　　40
　　制造费用　　　　　　　60
　　销售费用　　　　　　　80
　　贷：应付职工薪酬——设定提存计
　　　　划——基本养老保险费　200

【例题7·判断题】☆对于设定提存计划，企业应当根据在资产负债表日为换取职工在会计期间提供的服务而应向单独主体缴存的提存金，确认为应付职工薪酬。（　　）

答案 ▶√

五、辞退福利

企业确定辞退福利的时点为"企业不能单方面撤回因解除劳动关系或裁减所提供的辞退福利时"和"企业确认涉及支付辞退福利的重组相关的成本或费用时"的两者孰早日，会计处理为：

借：管理费用［不区分收益对象］
　　贷：应付职工薪酬——辞退福利

【例题8·判断题】企业因辞退员工而给予的补偿，应根据受益对象，分别计入当期损益或资产成本。（　　）

解析 ▶企业因辞退员工而给予的补偿，不区分受益对象，全部计入管理费用。

答案 ▶×

福喜总结 应付职工薪酬的内容 ★

项目		内容（2020年、2019年、2018年、2016年单选题或多选题）
短期薪酬		年度报告期间结束后12个月内需要全部予以支付的职工薪酬
		（1）职工工资、奖金、津贴和补贴
		（2）职工福利费
		（3）医疗保险费和工伤保险费等社会保险费
		（4）住房公积金
		（5）工会经费和职工教育经费
		（6）短期带薪缺勤
		（7）短期利润分享计划
		（8）其他短期薪酬
长期薪酬	离职后福利	设定提存计划和设定受益计划
	辞退福利	劳动合同到期之前解除劳动关系给予职工的补偿（2018年判断题）
	其他长期职工福利	长期带薪缺勤、长期残疾福利、长期利润分享计划

随堂小练 限时20min

一、百考多选题

下列关于应付职工薪酬的表述中，不正确的有（　　）。

A. 企业从工资中扣回代垫职工家属医药费，代扣个人所得税时的会计分录：

借：应付职工薪酬
　　贷：其他应收款——职工家属医药费
　　　　应交税费——应交个人所得税

B. 甲公司为6G手机生产企业，共有职工100名，其中70名为直接参加生产的职工，30名为总部管理人员。某年12月，甲公司以其生产的每台成本为 5 000 元的手机作为春节福利发放给公司每名职工。该手机市场售价为每台 6 000 元，甲公司适用的增值税税率为 13%。假定不考虑其他因素，该公司应确认的应付职工薪酬为 60 万元，管理费用为 18 万元，主营业务收入为 60 万元，主营业务成本为 50 万元

C. 甲公司为副总裁以上高级管理人员每人租赁一套住房，月租金共 100 000 元，确认提供住房的非货币性福利：

借：管理费用　　　　　　　100 000
　　贷：银行存款　　　　　　　100 000

D. 对于设定提存计划，企业应当根据在资产负债表日为换取职工在会计期间提供的服务而应向单独主体缴存的提存金，确认为应付职工薪酬

二、单项选择题

1. ☆下列各项中，不属于企业职工薪酬组成内容的是(　　)。
   A. 为职工代扣代缴的个人所得税
   B. 根据设定提存计划计提应向单独主体缴存的提存金
   C. 按国家规定标准提取的职工教育经费
   D. 为鼓励职工自愿接受裁减而给予职工的补偿

2. ☆某企业计提生产车间管理人员基本养老保险费 120 000 元。下列各项中，关于该事项的会计处理正确的是(　　)。
   A. 借：管理费用　　　　　　120 000
   　　　贷：应付职工薪酬—设定提存计划—基本养老保险费　120 000
   B. 借：制造费用　　　　　　120 000
   　　　贷：应付职工薪酬—设定提存计划—基本养老保险费　120 000
   C. 借：制造费用　　　　　　120 000
   　　　贷：银行存款　　　　　　120 000
   D. 借：制造费用　　　　　　120 000
   　　　贷：其他应付款　　　　　120 000

3. ☆2013 年 10 月，某企业将自产的 300 台空调作为福利发放给职工，每台成本为 0.18 万元，市场售价为 0.2 万元(不含增值税)，该企业适用的增值税税率为 13%，假定不考虑其他因素，该企业由此而贷记"应付职工薪酬"科目的金额为(　　)万元。
   A. 67.8　　　　　　B. 63.18
   C. 54　　　　　　　D. 60

三、多项选择题

1. ☆下列各项中，属于企业"应付职工薪酬"科目核算内容的有(　　)。
   A. 已订立劳动合同的临时职工的工资
   B. 正式任命并聘请的董事会成员的薪酬
   C. 与劳务中介公司签订合同而向企业提供服务的人员工资
   D. 已订立劳动合同的全职职工的奖金

2. ☆下列各项中，关于企业非货币性职工薪酬的会计处理表述正确的有(　　)。
   A. 难以认定受益对象的非货币性福利，应当直接计入当期损益
   B. 企业租赁汽车供高级管理人员无偿使用，应当将每期应付的租金计入管理费用
   C. 企业以自产产品作为非货币性福利发放给销售人员，应当按照产品的实际成本计入销售费用
   D. 企业将自有房屋无偿提供给生产工人使用，应当按照该住房的公允价值计入生产成本

3. 下列项目中，属于短期薪酬的有(　　)。
   A. 职工福利费　　　B. 住房公积金
   C. 离职后福利　　　D. 辞退福利

4. 某企业管理层于 2021 年 11 月 1 日决定关闭某车间，为此制定了一项职工没有选择权的辞退计划，拟辞退生产工人 150 人、总部管理人员 15 人，并于 2022 年 1 月 1 日执行，辞退补偿为生产工人每人 2.5 万元、总部管理人员每人 45 万元。该计划已获董事会批准，并已通知相关职工本人。不考虑其他因素，该企业针对上述事项应在 2021 年做的会计处理有(　　)。

A. 借记"管理费用"科目 675 万元

B. 借记"生产成本"科目 375 万元

C. 借记"管理费用"科目 1 050 万元

D. 贷记"应付职工薪酬"科目 1 050 万元

四、判断题

1. ☆企业将自有房屋无偿提供给销售人员使用，每月将分摊的折旧费计入销售费用，并确认应付职工薪酬。　　（　　）

2. ☆企业以自产的产品作为非货币性福利发放给职工，应以账面价值计量该项非货币性福利。　　（　　）

3. ☆企业应在职工发生实际缺勤的会计期间确认与累积带薪缺勤相关的应付职工薪酬。　　（　　）

4. ☆企业提前解除与职工签订的劳动合同而给予职工的补偿金额，应确认为应付职工薪酬。　　（　　）

5. ☆资产负债表日企业按工资总额的一定比例计提的基本养老保险属于设定提存计划，应确认为应付职工薪酬。　　（　　）

6. 企业确定辞退福利的时点为"企业不能单方面撤回因解除劳动关系或裁减所提供的辞退福利时"和"企业确认涉及支付辞退福利的重组相关的成本或费用时"的两者孰早日。　　（　　）

五、不定项选择题

☆某企业为增值税一般纳税人，每月月初发放上月工资。2020 年 12 月初"应付职工薪酬—工资"科目的贷方余额为 320 万元。12 月该企业发生有关职工薪酬业务如下：

(1) 7 日，结算并发放上月应付职工薪酬 320 万元，其中代扣职工个人应缴纳的住房公积金 25 万元，代扣职工个人应缴纳的社会保险费 30 万元（不含基本养老保险和失业保险），通过银行转账发放货币性职工薪酬 265 万元。

(2) 28 日，以其生产的一批取暖器作为非货币性福利发放给行政管理人员，该批取暖器的生产成本为 25 万元，市场不含税售价为 40 万元，企业销售取暖器适用的增值税税率为 13%。

(3) 31 日，计提专设销售机构主管人员免费使用汽车的折旧费 1 万元，计提车间管理人员免费使用汽车的折旧费 4 万元。

(4) 31 日，分配本月货币性职工薪酬 300 万元，其中车间生产工人 140 万元，车间管理人员 50 万元，行政管理人员 60 万元，专设销售机构人员 50 万元。

要求：根据上述资料，不考虑其他因素，分析回答下列小题。（答案中的金额单位用万元表示）

(1) 根据期初资料和资料 (1)，下列各项中，该企业结算并发放职工薪酬的会计科目处理正确的是（　　）。

A. 代扣职工个人应缴纳的住房公积金时，贷记"其他应付款—住房公积金"科目 25 万元

B. 代扣职工个人应缴纳的社会保险费时，贷记"应付职工薪酬—社会保险费"科目 30 万元

C. 结算并发放上月的应付职工薪酬时，借记"应付职工薪酬—工资"科目 320 万元

D. 通过银行转账发放货币性职工薪酬时，贷记"银行存款"科目 265 万元

(2) 根据资料 (2)，下列各项中，关于企业非货币性福利的会计处理正确的是（　　）。

A. 将非货币性福利确认为费用时：

借：管理费用　　　　　　　　25

　　贷：应付职工薪酬—非货币性福利 25

B. 发放非货币性福利时：

借：应付职工薪酬—非货币性福利

　　　　　　　　　　　　　45.2

　　贷：主营业务收入　　　　40

　　　　应交税费—应交增值税（销项税额）

　　　　　　　　　　　　　5.2

C. 发放非货币性福利时：

借：应付职工薪酬—非货币性福利 25

贷：库存商品　　　　　　　　25

D. 将非货币性福利确认为费用时：

借：管理费用　　　　　　　　45.2

　　贷：应付职工薪酬——非货币性福利

　　　　　　　　　　　　　　45.2

（3）根据资料（3），下列各项中，关于企业非货币性福利的会计处理正确的是（　　）。

A. 确认制造费用 4 万元

B. 确认管理费用 5 万元

C. 确认销售费用 1 万元

D. 确认管理费用 1 万元

（4）根据资料（4），下列各项中，分配本月货币性职工薪酬的会计处理正确的是（　　）。

A. 行政管理人员薪酬 60 万元应计入管理费用

B. 车间生产工人薪酬 140 万元应计入生产成本

C. 专设销售机构人员薪酬 50 万元应计入销售费用

D. 车间管理人员薪酬 50 万元应计入管理费用

（5）根据期初资料、资料（1）至（4），该企业 2020 年 12 月 31 日资产负债表中"应付职工薪酬"项目"期末余额"栏应填列的金额为（　　）万元。

A. 350.2　　　　　　B. 305

C. 380.2　　　　　　D. 300

随堂小练参考答案及解析

一、百考多选题

BC　【解析】选项 B，该公司应确认的应付职工薪酬为 67.8 万元，管理费用为 20.34 万元，主营业务收入为 60 万元，主营业务成本为 50 万元。选项 C，该公司的会计分录为：

借：管理费用　　　　　　100 000

　　贷：应付职工薪酬——非货币性福利

　　　　　　　　　　　　100 000

二、单项选择题

1. A　【解析】为职工代扣代缴的个人所得税，计入应交税费——应交个人所得税，不属于职工薪酬的组成部分，企业只是承担了代扣代缴的义务。

2. B　【解析】计提生产车间管理人员的养老保险费：

借：制造费用　　　　　　120 000

　　贷：应付职工薪酬——设定提存计划——

　　　　基本养老保险费　　120 000

3. A　【解析】应确认的应付职工薪酬 $= 0.2 \times 300 + 0.2 \times 300 \times 13\% = 67.8$（万元）。

三、多项选择题

1. ABCD

2. AB　【解析】选项 C，企业以其自产产品作为非货币性福利发放给销售人员，应当按照该产品的含税公允价值计入销售费用；选项 D，企业将拥有的房屋无偿提供给生产工人使用，应当按照该住房每期应计提的折旧计入生产成本。

3. AB　【解析】选项 C、D 属于职工薪酬，但不属于短期薪酬的范围。

4. CD　【解析】辞退福利，不需要根据职工提供服务的受益对象来划分，应全部计入管理费用，计入管理费用的金额 $= 150 \times 2.5 + 15 \times 45 = 1 050$（万元），会计分录为：

借：管理费用　　　　　　　1 050

　　贷：应付职工薪酬——辞退福利　1 050

四、判断题

1. √　【解析】会计分录：

借：销售费用

　　贷：应付职工薪酬

借：应付职工薪酬

贷：累计折旧

2. × 【解析】企业以其自产产品作为非货币性福利发放给职工的，应以产品的含税公允价值计量该项非货币性福利。

3. × 【解析】企业应当在职工提供了服务从而增加了其未来享有的带薪缺勤权利的当期确认与累积带薪缺勤相关的应付职工薪酬。

4. √

5. √

6. √

五、不定项选择题

（1）ACD；（2）BD；（3）AC；（4）ABC；

（5）D。

【解析】（1）资料（1）会计分录：

借：应付职工薪酬——工资　　　320

　　贷：银行存款　　　　　　　　265

　　　　其他应付款——住房公积金　25

　　　　　　　　——社会保险费　　30

（2）资料（2）会计分录：

将非货币性福利确认为费用时：

借：管理费用　（40+40×13%）45.2

　　贷：应付职工薪酬——非货币性福利

　　　　　　　　　　　　　　　45.2

发放非货币性福利时：

借：应付职工薪酬——非货币性福利

　　　　　　　　　　　　　　　45.2

贷：主营业务收入　　　　　　　40

　　应交税费——应交增值税（销项税额）　　　　　　　　　　5.2

借：主营业务成本　　　　　　　25

　　贷：库存商品　　　　　　　　25

（3）资料（3）会计分录：

借：销售费用　　　　　　　　　　1

　　制造费用　　　　　　　　　　4

　　贷：应付职工薪酬　　　　　　　5

同时：

借：应付职工薪酬　　　　　　　　5

　　贷：累计折旧　　　　　　　　　5

（4）选项D，车间管理人员薪酬50万元应计入制造费用。

资料（4）会计分录：

借：生产成本　　　　　　　　　140

　　制造费用　　　　　　　　　　50

　　管理费用　　　　　　　　　　60

　　销售费用　　　　　　　　　　50

　　贷：应付职工薪酬　　　　　　300

（5）资产负债表中"应付职工薪酬"项目期末余额应填列的金额=320（期初资料）-320［资料（1）］+45.2［资料（2）］-45.2［资料（2）］+5［资料（3）］-5［资料（3）］+300［资料（4）］=300（万元）。

考点四　应交税费的核算

考点详解

【小知识】买卖新房和二手房要交哪些税？买新车要交哪些税？

新房：增值税、城市维护建设税、教育费附加、契税、印花税、土地增值税。

二手房：增值税、城市维护建设税、教育费附加、个人所得税、契税、印花税（很多地方免征）、土地增值税（很多地方免征）。

新车：增值税、消费税、城市维护建设税、教育费附加、印花税、车辆购置税。

一、应交税费概述

我国现行征收的税费包括：流转税类（增值税、消费税）；所得税类（企业所得税、个人所得税）；资源税类（资源税、城镇土地使用税）；特定目的税类（城市维护建设税、土地增值税、车辆购置税、耕地占用税、烟叶税）；财产和行为税（房产税、车船税、印花税、契税）；关税；其他税费（教育费附加）等。

设置"应交税费"科目核算各种税费，增加在贷方，减少在借方，余额一般在贷方。

但印花税、耕地占用税、契税和车辆购置税等不通过"应交税费"账户核算，直接通过"银行存款"账户核算。

印花税的会计分录：

借：税金及附加

　　贷：银行存款

【例题1·单选题】☆下列税费中，通过"应交税费"科目核算的是（　　）。

A. 印花税　　　　B. 消费税

C. 耕地占用税　　D. 契税

解析▶选项ACD，企业交纳的印花税、耕地占用税、契税等不需要预计应交数的税金，不通过"应交税费"科目核算。　答案▶B

【例题2·判断题】☆企业签订加工承揽合同支付的印花税，应计入加工承揽项目成本中。　　　　　　　　　　　　（　　）

解析▶企业交纳的印花税于购买印花税票时，直接借记"税金及附加"科目，贷记"银行存款"科目，不应计入加工承揽项目成本中。　　　　　　　　　答案▶×

二、应交增值税概述

1. 概念

增值税是以销售商品（含应税劳务、应税行为）的增值额为征税对象的流转税。

2. 增值税的征税范围

（1）销售货物；

（2）加工修理修配劳务；

（3）服务：交通运输服务、邮政服务、建筑服务、电信服务、生活服务、现代服务、金融服务等（交邮建电生现金，速记：郊游见店生现金）；

（4）销售无形资产和不动产；

（5）进口货物。

3. 应纳税额的计算

一般纳税人：应纳税额=当期销项税额-当期进项税额；

销项税额=不含税销售额×税率；

小规模纳税人、简易计税：应纳税额=销售额×征收率（3%、5%）。

4. 可以抵扣的进项税额依据

主要包括：

（1）增值税专用发票；

（2）从海关取得的完税凭证；

（3）农产品发票；

由销项倒挤进项：销项9%倒挤扣除率9%；销项13%倒挤扣除率10%。

（4）道路、桥闸通行费发票（含增值税电子发票）。

5. 税率

（1）销售货物、劳务、有形动产租赁服务或者进口货物适用13%。

（2）口诀：郊游见店生现金，前半部分9%，后半部分6%。

『解释』前半部分9%：郊（交通运输服务）、游（邮政服务）、见（建筑服务）、店（基础电信）；后半部分6%：店（增值电信）、生（生活服务）、现（现代服务）、金（金融服务）

（3）与不动产相关的，9%：销售不动产，包括转让土地使用权和不动产租赁服务。

（4）销售无形资产（除转让土地使用权外），6%。

（5）粮食等农产品、自来水等居民用品、图书等读物税率为9%。

三、增值税的会计科目

应交税费—应交增值税（进项税额）（销项税额）（进项税额转出）（已交税金）（转出多交增值税）等

　　　　—未交增值税

　　　　—预交增值税［转让及租赁不动产等］

　　　　—待认证进项税额［有凭证，但未稽核或未认证］

　　　　—待转销项税额［确认收入但未发生纳税义务］

—简易计税

—转让金融商品应交增值税

—代扣代缴增值税

【例题3·多选题】 ☆下列各项中，属于增值税一般纳税人应在"应交税费"科目下设置的明细科目有（ ）。

A. 待抵扣进项税额　　B. 预交增值税

C. 简易计税　　　　　D. 待转销项税额

答案▶ABCD

四、一般纳税人取得资产、接受应税劳务或应税行为

1. 取得货物、农产品等

（1）购进货物、劳务、服务、无形资产等。

【案例1】 8月8日，企业购入材料（商品、劳务）100万元，增值税税率13%，当月已认证相关增值税。会计分录如下：

借：材料采购（在途物资）/原材料/库存商品/固定资产/管理费用等 100

应交税费—应交增值税（进项税额）

13

贷：银行存款/应付账款等　　113

『注意』 发生退货：开红字发票做相反分录。未认证：发票退回做相反分录。

（2）购进农产品。

【案例2】 企业购入免税农产品100万元，扣除率10%、9%。

分录	未来销售时销项税率13%	未来销售时销项税率9%
借：材料采购（在途物资）/原材料/库存商品等	90	91
应交税费—应交增值税（进项税额）	（买价×10%）10	（买价×9%）9
贷：银行存款/应付账款等	100	100

2. 货物等已验收入库，但尚未取得增值税扣税凭证

做账三步走：

第一步，月末先暂估入库（平时不做账）。

第二步，下月初红字冲销。

第三步，取得增值税扣税凭证并认证后，做正常采购分录。

【案例3】 8月31日，企业购进原材料一批已验收入库，但尚未收到增值税扣税凭证，款项也未支付。材料清单列明采购价格为100万元。会计分录如下：

第一步，月末暂估入账（平时不做账）

借：原材料　　　　　　100

贷：应付账款　　　　　100

第二步，下月初，用红字冲销

借：原材料　　　　　　-100

贷：应付账款　　　　　-100

9月10日，取得相关增值税专用发票上注明的价款为100万元，增值税税额13万元，增值税专用发票已经认证。全部款项以

银行存款支付。会计分录如下：

借：原材料　　　　　　100

应交税费—应交增值税（进项税额）

13

贷：银行存款　　　　　113

3. 进项税额转出

进项税额转出的情形：

（1）已确认进项税额但其事后改变用途（如用于免征增值税项目等）。

（2）企业购进的货物发生非正常损失（不含自然灾害造成的）。

（3）非正常损失情形：

①管理不善导致的被盗、丢失、霉烂等损失；（记入"管理费用"科目）

②被执法部门没收或销毁的损失。（记入"营业外支出"科目）

（4）账务处理：

【案例4】 库存材料因管理不善发生毁损，成本100万元，购入时增值税税额13万元。会计分录如下：

第一步，盘亏时（批准前）：

借：待处理财产损溢 [非自然灾害造成
　　的盘亏]　　　　　　　113
　　贷：原材料　　　　　　100
　　　　应交税费——应交增值税(进项
　　　　税额转出)　　　　13

『注意』自然灾害造成的存货盘亏不需
转出进项税额。

第二步，批准后：
借：管理费用 [不是营业外支出]
　　　　　　　　　　　　113
　　贷：待处理财产损溢　113

【案例5】领用外购原材料100万元，购
入时增值税税额13万元，材料用于集体福
利，管理人员占10%，生产工人占20%，车
间管理人员占30%，销售人员占40%。会计
分录如下：

第一步，领用时：
借：应付职工薪酬　　　113
　　贷：原材料　　　　　100
　　　　应交税费——应交增值税(进项
　　　　税额转出)　　　　13

第二步，确认费用时：
借：管理费用　　　11.3
　　生产成本　　　22.6
　　制造费用　　　33.9
　　销售费用　　　45.2
　　贷：应付职工薪酬　　113

一般纳税人购进货物、劳务等用于简易
计税、免征增值税项目、集体福利或个人消
费等，不得抵扣进项税。

【案例6】甲公司外购手机100部作为福
利发放给职工，每部手机1万元，增值税税
率13%，取得增值税专用发票，但尚未经税
务机关认证。其中，管理人员占10%，生产
工人占20%，车间管理人员占30%，销售人
员占40%。会计分录如下：

第一步，取得增值税专用发票时：
借：库存商品等　　　　100
　　应交税费——待认证进项税额13
　　贷：银行存款/应付账款等　113

第二步，税务机关认证为不可抵扣的进
项时：
借：应交税费——应交增值税(进项税额)
　　　　　　　　　　　　13
　　贷：应交税费——待认证进项税额　13

同时，
借：库存商品　　　　　13
　　贷：应交税费——应交增值税(进项
　　　　税额转出)　　　　13

第三步，实际发放时(假设为集体福
利)：
借：应付职工薪酬　　　113
　　贷：库存商品　　　　113

第四步，确认费用时：
借：管理费用　　　11.3
　　生产成本　　　22.6
　　制造费用　　　33.9
　　销售费用　　　45.2
　　贷：应付职工薪酬　　113

『注意』企业购入材料，**不能取得增值
税专用发票的，增值税计入材料成本。**

4. 增值税销项税额的核算

(1)销售货物、加工修理修配劳务、服
务、无形资产或不动产。

①确认会计收入与增值税纳税义务同时
发生。

【案例7】企业销售产品(原材料、商品)
100万元，商品(材料)成本为80万元，增值
税税率为13%。会计分录如下：

借：应收账款/应收票据/银行存款
　　　　　　　　　　　　113
　　贷：主营业务收入/其他业务收入
　　　　　　　　　　　　100
　　　　应交税费——应交增值税(销项
　　　　税额)　　　　　13
借：主营业务成本/其他业务成本80
　　贷：库存商品/原材料　　　80
发生销售退回，做相反分录。

②确认会计收入早于发生增值税纳税
义务。

203

【案例8】8月，企业销售产品(原材料)100万元，增值税税率为13%，税法规定10月确认增值税纳税义务。会计分录如下：

两步走：

第一步，8月，确认收入，增值税待转：

借：应收账款/应收票据/银行存款
　　　　　　　　　　　　　　113
　　贷：主营业务收入/其他业务收入
　　　　　　　　　　　　　　100
　　　　应交税费——待转销项税额　13

第二步，10月，实际发生纳税义务时：

借：应交税费——待转销项税额　13
　　贷：应交税费——应交增值税(销项税额)　　　　　　　　　　　13

③发生增值税纳税义务早于确认会计收入。

【案例9】8月，企业销售产品100万元，商品成本80万元，经济利益不是很可能流入，增值税专用发票已经开出，税率13%，10月购买方经营情况好转，承诺近期付款。会计分录如下：

第一步，8月，发出商品，发生增值税纳税义务：

借：发出商品　　　　　　　　80

贷：库存商品　　　　　　　　80
借：应收账款　　　　　　　　13
　　贷：应交税费——应交增值税(销项税额)　　　　　　　　　　　13

第二步，10月确认收入，结转成本：

借：应收账款　　　　　　　　100
　　贷：主营业务收入　　　　　100
借：主营业务成本　　　　　　80
　　贷：发出商品　　　　　　　80

(2)视同销售的账务处理。

视同销售(税法专用名词，与会计上确认收入不是一回事)需要交纳增值税的事项：

①企业将自产或委托加工的货物用于非应税项目(集体福利或个人消费)；

②将自产、委托加工或购买的货物作为投资、分配给股东或投资者、无偿赠送他人等。

【案例10】企业购入A材料用于生产B产品，成本100万元，市价120万元；生产出B产品成本200万元，售价300万元，用于集体福利时全部给管理部门职工，该企业增值税税率为13%。假设除了A材料的已经抵扣的增值税进项税额外，B产品没有其他的增值税进项税额，不考虑其他因素。

交税情况	经济业务	进项税额转出	会计确认收入	销项	会计分录
视同销售	产品用于职工集体福利	×(没有)	√(确认)	√(有)	借：应付职工薪酬　339 　　贷：主营业务收入　300 　　　　应交税费——应交增值税(销项税额) 　　　　　　(300×13%)39 借：主营业务成本　200 　　贷：库存商品　200 借：管理费用　339 　　贷：应付职工薪酬　339
	购进材料直接捐赠	×	×(不确认)	√	借：营业外支出　115.6 　　贷：原材料　100 　　　　应交税费——应交增值税(销项税额) 　　　　　　(120×13%)15.6
	产品用于捐赠	×	×	√	借：营业外支出　239 　　贷：库存商品　200 　　　　应交税费——应交增值税(销项税额) 　　　　　　(300×13%)39

5. 月末交纳增值税、转出多交增值税和未交增值税

【案例11】 企业3月应交增值税32万元，当月实际交纳24万元，结转以后月交纳8万元。4月交纳以前月未交增值税8万元；会计分录如下：

(1)3月，交纳当月的增值税：

借：应交税费—应交增值税(已交税金)
　　　　　　　　　　　　　　24

　　贷：银行存款　　　　　　　24

(2)3月，转出当月应交未交的增值税：

当月未交增值税=32-24=8(万元)

借：应交税费—应交增值税(转出未交增值税)　　　　　　　　　　8

　　贷：应交税费—未交增值税　　8

(3)4月，企业交纳以前期间未交的增值税8万元：

借：应交税费—未交增值税　　8

　　贷：银行存款　　　　　　8

【例题4·单选题】 ☆企业缴纳上月应交未交的增值税时，应借记(　　)。

A. 应交税费—应交增值税(转出未交增值税)

B. 应交税费—未交增值税

C. 应交税费—应交增值税(转出多交增值税)

D. 应交税费—应交增值税(已交税金)

解析 会计分录：

借：应交税费—未交增值税

　　贷：银行存款

答案 B

五、小规模纳税人的账务处理

小规模纳税人账务处理要点：

(1)购买时，**不予抵扣增值税进项，直接计入有关货物或劳务的成本**。

(2)销售时，增值税小规模纳税人(其他个人除外)发生增值税应税行为需要开具增值税专用发票的，可以自愿使用增值税发票管理系统自行开具。选择自行开具增值税专

用发票的小规模纳税人，税务机关不再为其代开增值税专用发票。

(3)不含税销售额=含税销售额÷(1+征收率)

应纳税额=不含税销售额×征收率

(4)设置"应交税费—应交增值税"科目，**注意此处没有三级明细科目(销项税额)**。

【案例12】 某公司为小规模纳税人，增值税征税率为3%，原材料按实际成本核算。购入原材料一批，货款100万元，增值税3万元，用银行存款支付，材料验收入库。销售产品一批，开具的普通发票中注明的货款(含税)为206万元，款项已存入银行。用银行存款交纳增值税6万元。会计分录如下：

(1)购入原材料，不能抵扣进项税税额：

借：原材料　　　　　　　103

　　贷：银行存款　　　　　103

(2)销售产品，交纳增值税：

不含税销售额=含税销售额÷(1+征收率)=206÷(1+3%)=200(万元)

应纳增值税=不含税销售额×征收率=200×3%=6(万元)

借：银行存款　　　　　　206

　　贷：主营业务收入　　　200

　　　　应交税费—应交增值税　6

(3)交纳增值税：

借：应交税费—应交增值税　　6

　　贷：银行存款　　　　　　6

【例题5·单选题】 ☆某企业为增值税小规模纳税人，购入原材料一批，取得增值税专用发票上注明的价款为400 000元，增值税税额为52 000元，发生入库前挑选整理费500元，材料已经验收入库。不考虑其他因素，该批材料的入账价值为(　　)元。

A. 452 500　　　　B. 452 000

C. 400 000　　　　D. 400 500

解析 小规模纳税人，不管是取得增值税普通发票还是增值税专用发票，增值税都不能抵扣，应计入采购存货的成本。该批材料的入账价值=400 000+52 000+500=

452 500（元）。

会计分录：

借：原材料　　　　　　452 500

　　贷：银行存款等　　　　452 500

答案▶A

【例题6·多选题】☆下列各项中，属于小规模纳税人存货成本的有（　）。

A. 外购存货的买入价

B. 外购存货的买方承担的运输费

C. 外购存货的销售发票上注明的增值税税额

D. 进口商品缴纳的关税

答案▶ABCD

【例题7·判断题】☆小规模纳税人对增值税业务进行账务处理应通过"应交税费——简易计税"科目核算。　　　（　）

解析▶小规模纳税人对增值税业务进行账务处理应通过"应交税费——应交增值税"科目核算。

答案▶×

六、差额征税的账务处理

采用差额征税的业务主要有：金融商品转让、经纪代理业务、旅游服务等。

1. 成本允许扣减销售额

【案例13】杭州甲旅行社应交增值税采用差额征税方式，8月，该旅行社收取含税价款106万元，其中增值税6万元。该旅行社需要支付三亚接团乙旅行社的交通费、住宿费、门票费等费用共计84.8万元，其中因允许扣减销售额而减少的销项税额4.8万元。会计分录如下：

（1）第一步，确认收入（旅游服务收费）时：

借：银行存款/应收账款等　　106

　　贷：主营业务收入　　　　100

　　　　应交税费——应交增值税（销项税额）　　　　　　　　6

（2）第二步，发生成本费用（付费）并取得增值税扣税凭证时：

借：主营业务成本　　　　　80

　　　应交税费——应交增值税（销项税额抵减）　　　　　4.8

　　贷：银行存款/应付账款等　84.8

销项税额－销项税额抵减＝6－4.8＝1.2（万元）

2. 转让金融商品以盈亏相抵后的余额作为销售额

（1）月末转让收益，应交增值税。

【案例14】10月，企业转让股票取得含税价106万元，增值税税率6%，购入时不含税价80万元。

不含税价＝106/（1+6%）＝100（万元）

转让收益＝100－80＝20（万元）

增值税税额＝20×6%＝1.2（万元）

会计分录如下：

借：投资收益　　　　　　1.2

　　贷：应交税费——转让金融商品应交增值税　　　　　　1.2

（2）产生转让损失，可结转下月抵扣税额，但不能跨年结转。

【案例15】10月，如果企业转让股票取得含税价74.2万元，增值税税率6%，购入时不含税价80万元。

不含税价＝74.2/（1+6%）＝70（万元）

转让收益＝70－80＝－10（万元）

应冲减增值税＝10×6%＝0.6（万元）

会计分录如下：

借：应交税费——转让金融商品应交增值税　　　　　　　0.6

　　贷：投资收益　　　　　0.6

若为亏损（10月），可结转下一纳税期（11月），与下期转让金融商品销售额相抵，但年末（12月）仍为亏损，不得转入下年。

（3）交纳增值税时。

【案例16】10月，企业交纳增值税1.2万元。会计分录如下：

借：应交税费——转让金融商品应交增值税　　　　　　　1.2

　　贷：银行存款　　　　　1.2

【例题8·判断题】☆企业金融商品转让

收益应交的增值税，冲减投资收益。（　）

解析 ▶ 转让金融资产当月月末，如产生转让收益，则按应纳税额，借记"投资收益"等科目，贷记"应交税费——转让金融商品应交增值税"科目。 　　**答案** ▶ √

七、增值税防伪税控系统专用设备和技术维护费的处理

企业初次购买防伪税控系统和维护的费用可以全额抵扣增值税的应纳税额。

【案例17】 2019年8月，某企业初次购买数台增值税税控系统专用设备作为固定资产核算，增值税专用发票上注明价款2万元，增值税税额为0.26万元，价款和税款以银行存款支付。2020年11月支付当年技术维护费2.8万元。会计分录如下：

(1)2019年8月，初次购买时：

借：固定资产［价款+增值税+费］

2.26

　　贷：银行存款 2.26

8月，按规定抵减时：

借：应交税费——应交增值税(减免税款)

2.26

　　贷：管理费用 2.26

(2)2020年11月，发生技术维护费时：

借：管理费用 2.8

　　贷：银行存款 2.8

按规定抵减时：

借：应交税费——应交增值税(减免税款)

2.8

　　贷：管理费用 2.8

【例题9·判断题】 ☆企业初次购买增值税税控系统专用设备，按规定可抵减的增值税应纳税额，应冲减专用设备成本。（　）

解析 ▶ 企业初次购入增值税税控系统专用设备，按规定可抵减的增值税应纳税额：

借：应交税费——应交增值税(减免税款)

　　贷：管理费用

小规模纳税人应借记"应交税费——应交增值税"科目。 　　**答案** ▶ ×

八、应交消费税

(一)概述

消费税是指在中华人民共和国境内生产、委托加工和进口应税消费品的单位和个人，按其流转额交纳的一种税。

消费税有从价定率、从量定额和复合计征三种征收方法。

『链接』 消费税的征税范围，详见本章【案例导入】。

(二)应交消费税的核算

1. 销售应税消费品

【案例18】 企业销售所生产的高档化妆品，价款100万元(不含增值税)，成本80万元，增值税税率13%，消费税税率为15%，款项已存入银行。满足收入确认条件。会计分录如下：

(1)计算应交纳的消费税：

应纳消费税税额=100×15%=15(万元)。

借：税金及附加 15

　　贷：应交税费——应交消费税 15

(2)取得价款和税款，确认收入时：

借：银行存款 113

　　贷：主营业务收入 100

　　　　应交税费——应交增值税(销项税额) 13

(3)发出商品，结转成本时：

借：主营业务成本 80

　　贷：库存商品 80

2. 自产自用应税消费品

【案例19】 承上例，假设把上述高档化妆品提供给本企业下设的福利部门，其中管理人员、生产工人、车间管理人员和销售人员各占10%、20%、30%和40%。会计分录如下：

(1)确认收入时：

借：应付职工薪酬——职工福利费 113

　　贷：主营业务收入 100

　　　　应交税费——应交增值税(销项税额) 13

(2)确认应付职工薪酬时：

借：管理费用　　　　　　　11.3

生产成本　　　　　　　22.6

制造费用　　　　　　　33.9

销售费用　　　　　　　45.2

贷：应付职工薪酬—职工福利费113

（3）计算应交纳消费税的分录同【案例18】答案（1）。

（4）发出商品，结转成本的分录同【案例18】答案（3）。

【案例20】企业在建工程领用自产柴油，成本为100万元，应交消费税24万元，不考虑其他相关税费。会计分录如下：

借：在建工程　　　　　　　124

贷：库存商品　　　　　　　100

应交税费—应交消费税　24

『注意』在建工程领用自产产品不交纳增值税。

3. 委托加工应税消费品的账务处理★

（1）委托加工物资收回后，直接用于销售的，消费税计入委托加工物资的成本（因为一般情况下，消费税只交一次）。

【案例21】甲烟草公司支付乙烟草公司代收代缴的消费税30万元，收回委托其加工的烟丝用于直接销售。会计分录如下：

借：委托加工物资　　　　　30

贷：应付账款/银行存款　　30

（2）委托加工物资收回后用于连续生产应税消费品，代收代缴的消费税可以抵扣，因为受托方未来有更大的消费税（此处类似于购买商品的进项税可以抵扣，因为未来有更大的销项税）。

【案例22】甲烟草公司支付乙烟草公司代收代缴的消费税30万元，收回委托其加工的烟丝用于继续生产卷烟。会计分录如下：

借：应交税费—应交消费税　30

贷：应付账款/银行存款　　30

具体账务处理详见存货中委托加工物资的内容。

4. 进口应税消费品

企业进口环节应交的消费税，计入该物资的成本。

【案例23】企业从国外进口一批需要交纳消费税的材料（商品、固定资产），价值500万元（不含增值税），进口环节需要交纳的消费税为100万元。会计分录如下：

借：在途物资/材料采购/原材料/库存商品/固定资产等　　600

贷：银行存款　　　　　　　600

【例题10·判断题】☆企业委托加工应税消费品（非金银首饰），该消费品收回后继续用于加工应税消费品，由受托方代收代缴的消费税计入委托加工物资成本。（　）

解析▶委托加工物资收回后用于连续生产应税消费品的，消费税按规定准予抵扣，应按已由受托方代收代缴的消费税，借记"应交税费—应交消费税"科目，贷记"应付账款""银行存款"等科目。　　答案▶×

【例题11·单选题】☆下列各项中，企业应交消费税的相关会计处理表述正确的是（　）。

A. 收回委托加工物资直接对外销售，受托方代收代缴的消费税记入"应交税费—应交消费税"科目的借方

B. 销售产品应交的消费税记入"税金及附加"科目的借方

C. 用于在建工程的自产产品应交纳的消费税记入"税金及附加"科目的借方

D. 收回委托加工物资连续生产应税消费品，受托方代收代缴的消费税记入"委托加工物资"科目的借方

解析▶选项A，计入委托加工物资的成本；选项C，计入在建工程；选项D，计入应交税费—应交消费税。　　答案▶B

九、应交资源税

资源税是对中华人民共和国境内开采应税资源矿产品或者生产盐的单位和个人征收的税。

【案例24】企业本期对外销售资源税应税矿产品，应交资源税2万元；将自产资源

税应税矿产品用于其产品生产，应交资源税1万元；下月初，用银行存款交纳上述税款。会计分录如下：

（1）企业**对外销售**应税产品应交纳的资源税：

借：税金及附加 2
  贷：应交税费—应交资源税 2

（2）**自产自用**应税产品应交纳的资源税：

借：生产成本/制造费用 1
  贷：应交税费—应交资源税 1

（3）交纳资源税：

借：应交税费—应交资源税 3
  贷：银行存款 3

【例题12·单选题】 ☆下列各项中，将应交资源税的自产矿产品用于本企业产品的生产，确认应交的资源税应借记的会计科目是（ ）。

A. 管理费用

B. 税金及附加

C. 应交税费—应交资源税

D. 生产成本

解析 ▶ 自产自用应税产品应交纳的资源税应记入"生产成本""制造费用"等科目，借记"生产成本""制造费用"等科目，贷记"应交税费—应交资源税"科目。 **答案** ▶ D

十、应交城市维护建设税和教育费附加★

城市维护建设税和教育费附加是以增值税、消费税为计税依据征收的一种税和费。

城市维护建设税应纳税额=（实缴增值税+实缴消费税）×7%（或5%等）

应纳教育费附加=（实缴增值税+实缴消费税）×3%

【案例25】 北京甲公司本期实际应交增值税70万元、消费税30万元，城市维护建设税税率为7%，教育费附加征收率为3%，下月初用银行存款交纳上述税款。会计分录如下：

（1）月末计算时：

借：税金及附加 10
  贷：应交税费—应交城市维护建设税
     [（70+30）×7%]7
   —应交教育费附加
     [（70+30）×3%]3

（2）下月用银行存款交纳时：

借：应交税费—应交城市维护建设税
        7
  —应交教育费附加 3
  贷：银行存款 10

【例题13·多选题】 ☆某企业本期实际应交增值税1 100 000元、城镇土地使用税200 000元、消费税500 000元、土地增值税350 000元，城市维护建设税税率为7%，教育费附加的征收率为3%，下列关于城市维护建设税和教育费附加的处理，正确的是（ ）。

A. 借：管理费用 112 000
  贷：应交税费—应交城市维护建设税 112 000

B. 借：管理费用 48 000
  贷：应交税费—应交教育费附加 48 000

C. 借：税金及附加 112 000
  贷：应交税费—应交城市维护建设税 112 000

D. 借：税金及附加 48 000
  贷：应交税费—应交教育费附加 48 000

解析 ▶ 城市维护建设税=（1 100 000+500 000）×7%=112 000（元），教育费附加=（1 100 000+500 000）×3%=48 000（元），应计入税金及附加。 **答案** ▶ CD

十一、应交土地增值税

土地增值税是对转让国有土地使用权、地上的建筑物及其附着物并取得收入的单位和个人所征收的一种税。

1. 在"固定资产"科目核算

【案例26】 企业对外转让办公楼，根据税法规定计算的应交土地增值税为 2 万元，下月初用银行存款交纳上述税款。会计分录如下：

（1）计算应交纳的土地增值税：

借：固定资产清理　　　　　　　2
　　贷：应交税费——应交土地增值税　2

（2）企业用银行存款交纳应交土地增值税：

借：应交税费——应交土地增值税　2
　　贷：银行存款　　　　　　　　2

2. 在"无形资产"科目核算

【案例 27】 企业以 30 万元的不含税价对外转让作为无形资产入账的土地使用权，账面原价 100 万元，已计提摊销 50 万元和减值准备 30 万元，根据税法计算的土地增值税为 3 万元，增值税销项税额为 2.7 万元。会计分录如下：

借：银行存款　　　　　　　　32.7
　　累计摊销　　　　　　　　　50
　　无形资产减值准备　　　　　30
　　贷：应交税费——应交增值税（销项税额）　　　　　　　　　2.7
　　　　　　　——应交土地增值税　3
　　　　无形资产　　　　　　　100
　　　　资产处置损益　　　　　　7

3. 房地产企业销售房地产

【案例 28】 甲房地产开发公司本月应交纳土地增值税 100 万元。会计分录如下：

借：税金及附加　　　　　　　100
　　贷：应交税费——应交土地增值税100

【例题 14·判断题】 ☆房地产开发经营企业销售房地产应交纳的土地增值税记入"税金及附加"科目。

（　　）

答案▶√

十二、应交车船税、房产税、城镇土地使用税的处理

【案例 29】 乙公司本月应交房产税、城镇土地使用税、车船税分别为 100 万元、60 万元、40 万元，下月初用银行存款交纳上述税款。会计分录如下：

（1）计算应交纳上述税金：

借：税金及附加　　　　　　　200
　　贷：应交税费——应交房产税　100
　　　　　　——应交城镇土地使用税　　　　　　　　　　　　60
　　　　　　——应交车船税　　40

（2）用银行存款交纳上述税金：

借：应交税费——应交房产税　100
　　　　　　——应交城镇土地使用税　　　　　　　　　　　　60
　　　　　　——应交车船税　　40
　　贷：银行存款　　　　　　　200

『链接』 企业应交的印花税，不通过"应交税费"科目核算。

【案例 30】 乙公司本月应交印花税 2 万元。会计分录如下：

借：税金及附加　　　　　　　　2
　　贷：银行存款　　　　　　　　2

【例题 15·多选题】 ☆下列各项中，关于相关税金的会计处理正确的有（　　）。

A. 拥有产权房屋缴纳的房产税计入房屋成本

B. 企业应交的城市维护建设税计入税金及附加

C. 签订购销合同缴纳的印花税计入主营业务成本

D. 商用货车缴纳的车船税计入税金及附加

解析▶ 选项 AC，应计入税金及附加。

答案▶ BD

福喜总结 增值税税额的核算 ★

项目	分录及说明
购进农产品	借：材料采购[或在途物资]/原材料/库存商品 　　应交税费—应交增值税(进项税额)[买价×10%/9%] 　贷：银行存款/应付账款/应付票据等
进项税额转出	(1)企业已确认进项税额的购进货物等，事后改变用途(如用于简易方法计税项目、免征增值税项目，非增值税应税项目等) (2)企业购进的货物发生非正常损失(不含自然灾害造成的)： ①管理不善导致的被盗、丢失、霉烂变质的损失 ②被执法部门没收或强令自行销毁的货物 借：待处理财产损溢[非自然灾害造成的盘亏] 　　应付职工薪酬[集体福利] 　贷：原材料 　　　应交税费—应交增值税(进项税额转出)
销项税额的核算 (2018年单选题)	(1)企业销售货物、提供加工修理修配劳务、销售服务、无形资产或不动产： 借：应收账款/应收票据/银行存款 　贷：主营业务收入/其他业务收入/固定资产清理 　　　应交税费—应交增值税(销项税额) (2)发生销售退回，做相反分录： 借：主营业务收入/其他业务收入/固定资产清理 　　应交税费—应交增值税(销项税额) 　贷：应收账款/应收票据/银行存款

随堂小练 限时10min

一、百考多选题

某企业为增值税一般纳税人，下列关于其应交消费税、其他应交税费的表述，正确的有(　　)。

A. 企业在建工程领用自产应税消费品成本为9 000元，公允价值为10 000元，应纳增值税1 300元，应纳消费税1 000元，假设不考虑其他相关税费。该企业计入在建工程的金额为10 000元

B. 企业委托加工物资收回后，直接用于销售的，应将受托方代收代缴的消费税计入委托加工物资的成本；委托加工物资收回后用于连续生产应税消费品，应按已由受托方代收代缴的消费税，借记"应交税费—应交消费税"

C. 企业确认自产自用应税产品应交纳的

资源税的分录为：
借：生产成本、制造费用等
　贷：应交税费—应交资源税

D. 企业本期实际应交增值税100 000元，城镇土地使用税250 000元，消费税300 000元，土地增值税350 000元，印花税20 000元，城市维护建设税税率为7%，则本期应交的城市维护建设税为70 000元；通过"应交税费"科目核算的有印花税、耕地占用税、契税和车辆购置税

二、单项选择题

1. ☆下列业务中，应记入"税金及附加"科目的是(　　)。

A. 企业将生产的应税消费品用于在建工程时，按规定应交纳的消费税

B. 企业销售应税消费品应交的消费税

C. 企业进口应税物资交纳的消费税

D. 委托加工物资收回后直接用于销售的，受托方代收代缴的消费税

2. ☆下列各项中，小规模纳税人应交纳增值税应贷记的科目是（　　）。

A. 应交税费—应交增值税

B. 应交税费—应交增值税（已交税金）

C. 应交税费—预交增值税

D. 应交税费—未交增值税

3. ☆下列各项中，企业确认当期销售部门使用车辆应交纳的车船税，应借记的会计科目是（　　）。

A. 税金及附加　　B. 销售费用

C. 制造费用　　　D. 其他业务成本

三、多项选择题

1. ☆下列各项中，应通过"应交税费"科目核算的有（　　）。

A. 开立并使用账簿交纳的印花税

B. 开采销售矿产品应交的资源税

C. 销售应税消费品应交的消费税

D. 发放职工薪酬代扣代缴的个人所得税

2. ☆下列各项中，关于增值税一般纳税人会计处理表述正确的有（　　）。

A. 已单独确认进项税额的购进货物用于投资，应贷记"应交税费—应交增值税（进项税额转出）"科目

B. 将委托加工的货物用于对外捐赠，应贷记"应交税费—应交增值税（销项税额）"科目

C. 已单独确认进项税的购进货物发生非正常损失，应贷记"应交税费—应交增值税（进项税额转出）"科目

D. 企业管理部门领用本企业生产的产品，应贷记"应交税费—应交增值税（销项税额）"科目

3. ☆下列各项中，应计入相关资产成本的有（　　）。

A. 企业进口原材料缴纳的进口关税

B. 企业签订加工承揽合同缴纳的印花税

C. 企业商务用车缴纳的车船税

D. 小规模纳税人购买商品支付的增值税

4. ☆下列各项中，关于企业确认相关税费的会计处理表述正确的有（　　）。

A. 确认应交城镇土地使用税，借记"管理费用"科目

B. 确认应交城市维护建设税，借记"税金及附加"科目

C. 确认应交教育费附加，借记"税金及附加"科目

D. 确认应交车船税，借记"管理费用"科目

四、判断题

1. ☆企业销售自产应税消费品确认的消费税，应记入"税金及附加"科目。（　　）

2. ☆企业为增值税一般纳税人，取得准予从销项税抵扣的增值税扣税凭证，但尚未经税务机关认证的进项税额记入"应交税费—待认证进项税额"。（　　）

3. ☆企业将自产的应税消费品用于在建工程，按规定应交纳的消费税计入税金及附加。（　　）

4. ☆小规模纳税人购进原材料时，应将取得的增值税专用发票上注明的增值税税额计入所购原材料的成本。（　　）

随堂小练参考答案及解析

一、百考多选题

ABC　【解析】选项A，该企业计入在建工程的金额应为10 000元：

借：在建工程　　　　　　　10 000

贷：库存商品　　　　　　　　9 000

应交税费—应交消费税　　1 000

选项D，应交的城市维护建设税＝（应交增值税100 000元＋消费税300 000元）×7%＝28 000（元）。印花税、耕地占用税、

契税和车辆购置税不通过"应交税费"科目核算。

二、单项选择题

1. B 【解析】选项A，记入"在建工程"科目；选项C，计入采购物资的成本；选项D，计入委托加工物资成本。

2. A 【解析】小规模纳税人进行账务处理时，只需在"应交税费"科目下设置"应交增值税"明细科目，"应交税费—应交增值税"科目贷方登记应交纳的增值税，借方登记已交纳的增值税。

3. A 【解析】企业确认车船税：

借：税金及附加

  贷：应交税费—应交车船税

三、多项选择题

1. BCD 【解析】选项A，印花税不需要预计应交数，不通过"应交税费"科目核算：

借：税金及附加

  贷：银行存款

选项B，开采销售矿产品应交的资源税：

借：税金及附加

  贷：应交税费—应交资源税

选项C，销售应税消费品应交的消费税：

借：税金及附加

  贷：应交税费—应交消费税

选项D，发放职工薪酬代扣代缴的个人所得税：

借：应付职工薪酬—工资

  贷：应交税费—应交个人所得税

2. BC 【解析】选项A，应当视同销售，确认应交税费—应交增值税(销项税额)；选项D，不视同销售，直接借记"管理费用"科目，贷记"库存商品"科目。

3. AD 【解析】选项A，关税应计入相关资产成本；选项BC，印花税和车船税应该计入税金及附加；选项D，小规模纳税人购买商品支付的增值税不能抵扣，应计入相关资产成本。

4. BC 【解析】选项AD，应借记"税金及附加"科目。选项A，会计分录：

借：税金及附加

  贷：应交税费—应交城镇土地使用税

选项D，会计分录：

借：税金及附加

  贷：应交税费—应交车船税

四、判断题

1. √
2. √
3. × 【解析】企业将生产的应税消费品用于在建工程时，按规定应交纳的消费税，借记"在建工程"科目，贷记"应交税费—应交消费税"科目。
4. √

考点五 非流动负债的确认和计量

 考点详解

一、长期借款

(一)概念

长期借款是指企业向银行或其他金融机构借入的**期限大于1年**的借款。

(二)长期借款的账务处理

1. 取得

借：银行存款(实际收到的金额)

长期借款—利息调整(如存在差额)

  贷：长期借款—本金

【案例1】2021年1月1日，福喜公司从银行借入资金100万元，期限为2年，年利率为6%，到期一次还本付息。当日福喜公司用该借款购买不需安装的设备一台，不含税价款为80万元，增值税额为10.4元，另支付运输、保险等费用5.6元，设备立即投入使用。

福喜公司的会计分录：

（1）取得借款：

借：银行存款　　　　　　　　100

　　贷：长期借款—本金　　　100

（2）支付设备款保险费：

借：固定资产　　　　　　　　85.6

应交税费—应交增值税（进项税额）

　　　　　　　　　　　　　　10.4

　　贷：银行存款　　　　　　96

2. 确认利息

在资产负债表日，企业应按照实际利率法计算确定长期借款的利息费用。

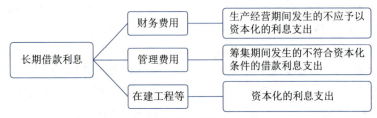

图 5-1　长期借款利息的处理思路

每期计提利息费用时：

借：财务费用

　　管理费用

　　研发支出

　　在建工程等

　　贷：应付利息（分期付息）

　　　　长期借款—应计利息（到期一次还本付息）

　　　　　　　　—利息调整

【案例2】 承【案例1】，福喜公司于 2021 年 1 月 31 日计提长期借款利息。

福喜公司会计分录：

2021 年 1 月 31 日计提的长期借款利息＝100×6%÷12＝0.5（万元）。

借：财务费用　　　　　　　　0.5

　　贷：长期借款—应计利息　0.5

借款到期前每月月末计提利息分录类似。

3. 长期借款归还

（1）归还本金时：

借：长期借款—本金

　　贷：银行存款

（2）归还利息时：

借：应付利息（分期付息）

　　长期借款—应计利息（到期一次还本付息）

　　贷：银行存款

【案例3】 承【案例1】，福喜公司于 2022

年 12 月 31 日，偿还该笔银行借款本息。

福喜公司会计分录：

借：财务费用　　　　　　　　0.5

　　长期借款—本金　　　　100

　　　　　　　—应计利息　11.5

　　贷：银行存款　　　　　112

应计利息＝0.5×23＝11.5（万元）。

【例题1·多选题】 下列关于长期借款的利息说法中正确的有（　）。

A. 购建固定资产过程中发生的符合借款费用资本化条件的利息应记入"在建工程"

B. 生产经营用借款的利息应记入"制造费用"

C. 自行开发无形资产过程中发生的符合借款费用资本化条件的利息应记入"研发支出"

D. 筹建期发生的不符合借款费用资本化条件的利息应记入"管理费用"

解析 ▶ 生产经营用借款的利息通常计入财务费用。　　**答案** ▶ ACD

二、长期应付款

★长期应付款，是指企业除长期借款和应付债券以外的其他各种长期应付款项，包括分期付款方式购入固定资产发生的应付款项等。

★企业以延期付款方式购买资产，实质

上具有融资性质的，所购资产的成本应当以延期支付购买价款的现值为基础确定。

账务处理：

借：固定资产或在建工程（延期支付购买价款的现值）

　　未确认融资费用(差额)

　　贷：长期应付款（延期支付购买价款）

实际支付的价款与购买价款的现值之间的差额，在信用期间内采用实际利率法摊销，计入相关资产成本或当期损益。

账务处理：

借：财务费用

　　在建工程等

　　贷：未确认融资费用

随堂小练　限时5min

一、多项选择题

下列关于长期借款的表述中，正确的有( )。

A. 在生产经营期间所发生的不符合借款费用资本化条件的利息支出应计入财务费用

B. 对于一次还本付息的长期借款，所计提的利息应记入"长期借款—应计利息"科目

C. 筹建期间，不符合借款费用资本化条

【例题 2·单选题】 2019 年 1 月 1 日，甲公司采用分期付款方式购入大型设备一套，当日投入使用。合同约定的价款为 2 700 万元，分 3 年等额支付；该项业务中分期支付的购买价款的现值为 2 430 万元。假定不考虑其他因素，则甲公司该设备的入账价值为( )万元。

A. 810　　　　　B. 2 430

C. 900　　　　　D. 2 700

解析 ▶ 如采用分期付款方式购买资产，且在合同中规定的付款期限比较长，超过了正常信用条件，则该类购货合同实质上具有融资性质，所购入资产的成本不能以各期付款额之和确定，而应以各期付款额的现值之和确定。　　　　　　　**答案** ▶ B

件的利息计入财务费用

D. 对于分期付息的长期借款，所计提的利息计入应付利息

二、判断题

企业购入不需要安装的生产设备时，相关购买价款超过正常信用条件延期支付，实质具有融资性质的，应当以购买价款的现值为基础确定其成本。 ( )

随堂小练参考答案及解析

一、多项选择题

ABD 【解析】筹建期间，不符合资本化条件的利息计入管理费用，选项 C 不正确。

二、判断题

√ 【解析】购买固定资产的价款超过正常信用条件延期支付，实质上具有融资性质的，固定资产的成本应当以购买价款的现值为基础确定。

同步训练 限时 40 分钟

扫我做试题

一、单项选择题

1. ☆下列各项中，企业应记入"应付职工薪酬"科目贷方的是( )。
   A. 发放职工工资
   B. 确认因解除与职工劳动关系应给予的补偿
   C. 支付职工的培训费
   D. 缴存职工基本养老保险费

2. ☆下列各项中，关于企业以自产产品作为福利发放给职工的会计处理表述不正确的是( )。
   A. 按产品的账面价值确认主营业务成本
   B. 按产品的公允价值确认主营业务收入
   C. 按产品的账面价值加上增值税销项税额确认应付职工薪酬
   D. 按产品的公允价值加上增值税销项税额确认应付职工薪酬

3. ☆某增值税一般纳税企业销售商品，商品已发出但不符合销售收入确认条件，增值税专用发票已开出，该企业确认应交增值税时贷记的会计科目是( )。
   A. 应交税费—应交增值税(销项税额)
   B. 应交税费—待转销项税额
   C. 应交税费—待认证进项税额
   D. 应交税费—待抵扣进项税额

4. ☆某家电生产企业为增值税一般纳税人，2019 年 5 月以其生产的每台成本为 800 元的微波炉作为非货币性福利发放给职工，发放数量为 100 台，该型号的微波炉不含增值税的市场售价为 1 000 元，适用的增值税税率为 13%。不考虑其他因素，该企

业确认职工薪酬的金额为( )元。
   A. 90 400   B. 80 000
   C. 100 000   D. 113 000

5. 甲公司为增值税一般纳税人，委托外单位加工一批应交消费税的产品，原值 500 万元，以银行存款支付加工费 200 万元、增值税税额为 26 万元、消费税税额为 30 万元，该加工商品收回后用于连续生产应税消费品。则收回商品时记入"应交税费"科目的金额为( )万元。
   A. 0   B. 30
   C. 26   D. 56

6. 甲企业为增值税一般纳税人，本月发生进项税额 1 600 万元，销项税额 4 800 万元，进项税额转出 48 万元，同时月末以银行存款缴纳增值税税额 1 000 万元，则本月尚未缴纳的增值税为( )万元。
   A. 2 200   B. 2 248
   C. 3 848   D. 4 848

7. ☆某企业为增值税一般纳税人，下列各项中，关于该企业初次购入增值税税控系统专用设备按规定抵减增值税应纳税额的会计处理正确的是( )。
   A. 借记"累计折旧"科目，贷记"应交税费—应交增值税(减免税款)"科目
   B. 借记"应交税费—应交增值税(减免税款)"科目，贷记"累计折旧"科目
   C. 借记"应交税费—应交增值税(减免税款)"科目，贷记"管理费用"科目
   D. 借记"管理费用"科目，贷记"应交税费—应交增值税(减免税款)"科目

8. ☆下列关于"应交税费"科目的表述中，不

正确的是( )。

A. 该科目贷方登记应交纳的各种税费，借方登记实际交纳的税费

B. 期末余额一般在贷方，反映企业尚未交纳的税费

C. 期末余额如在借方，反映企业多交或尚未抵扣的税费

D. 企业交纳的个人所得税、印花税、耕地占用税不需要预计应交数的税金不通过"应交税费"科目核算

9. 某企业于 2020 年 7 月 1 日取得一笔期限为 5 年的到期一次还本付息的长期借款 800 000 元，年利率为 7%。不考虑其他因素，则该长期借款在 2021 年 12 月 31 日的账面价值为( )元。

A. 884 000   B. 856 000

C. 828 000   D. 800 000

二、多项选择题

1. ☆下列各项中，企业纳税义务发生时应记入"应交税费"科目的有( )。

A. 转让厂房应缴纳的土地增值税

B. 购买耕地建造建筑物应缴纳的耕地占用税

C. 按规定缴纳的与生产经营有关的城市维护建设税

D. 按规定缴纳的与生产经营有关的教育费附加

2. ☆下列各项中，应通过"应付职工薪酬"科目核算的有( )。

A. 向职工提供的异地安家费

B. 按规定计提的职工教育经费

C. 支付给临时员工的工资

D. 因解除劳动关系而给予职工的现金补偿

3. ☆下列各项中，企业应通过"应付职工薪酬—非货币性福利"科目核算的有( )。

A. 计提职工教育经费

B. 为高级管理人员提供免费使用的汽车计提的折旧费

C. 为职工代垫医药费

D. 作为职工福利发放给职工的自产产品

4. ☆下列各项中，股份有限公司应通过"应付股利"科目核算的有( )。

A. 实际发放现金股利

B. 实际发放股票股利

C. 宣告发放现金股利

D. 宣告发放股票股利

5. ☆下列选项中，记入"其他应付款"科目的有( )。

A. 无力支付到期的银行承兑汇票

B. 销售商品收取的包装物押金

C. 应付租入包装物的租金

D. 应付短期租赁固定资产租金

6. ☆下列各项中，属于企业应付职工薪酬核算内容的有( )。

A. 离职后福利   B. 医疗保险费

C. 长期残疾福利   D. 辞退福利

7. 下列关于长期借款的表述中，正确的有( )。

A. 长期借款的利息费用均应按面值乘以票面利率计算

B. 长期借款的利息费用一般计入到"在建工程""财务费用""制造费用"等科目

C. 到期一次还本付息的长期借款在期末所计提的应付未付利息应计入"长期借款—应计利息"科目

D. 长期借款的期限必须是 1 年以上(不含 1 年)

8. 下列项目中，不属于"长期应付款"科目核算内容的有( )。

A. 付款期限为一年半的原材料采购款

B. 采用具有融资性质的分期付款方式购入无形资产时所产生的应付款项

C. 企业预收的购货款

D. 政府作为企业所有者投入的具有特定用途的款项

三、判断题

1. ☆企业签发的不带息银行承兑汇票到期时应将无力支付的票款转作短期借款。( )

2. ✿企业转销无法支付的应付账款时，应按其账面余额冲减管理费用。（　　）

3. ✿上市公司拟分配股票股利不需要做账务处理。（　　）

4. ✿企业确认非货币性福利时，对于难以认定受益对象的非货币性福利，直接计入当期损益和应付职工薪酬。（　　）

5. ✿因解除与职工的劳动关系给予的补偿，属于企业短期薪酬的核算范围。（　　）

6. 企业为职工计提的本单位承担的基本养老保险费，应记入"其他应付款"科目。（　　）

7. 资产负债表日企业按工资总额的一定比例计提的基本养老保险属于设定提存计划，通过"应付职工薪酬—非货币性福利—基本养老保险费"科目核算。（　　）

四、不定项选择题

1. ✿甲公司为增值税一般纳税人。2019年12月，甲公司发生与职工薪酬相关的经济业务如下：

（1）10日，购买小型取暖炉一批，价款100 000元，增值税税额13 000元，已取得可抵扣增值税专用发票，全部款项以银行存款支付。取暖炉购入后作为福利发给一线生产工人，并转出增值税进项税额。

（2）31日，公司为高级管理人员免费使用的5辆汽车计提折旧，每辆汽车应计提折旧费3 000元，作为非货币性薪酬核算。

（3）31日，根据在岗职工数量及其岗位，决定以补贴职工食堂支出的形式发放货币性职工薪酬，共计17 000元，其中生产工人12 000元、车间管理人员2 000元、行政管理人员1 500元、专设销售机构人员1 500元。

要求：根据上述资料，不考虑其他因素，分析回答下列小题。（答案中的金额单位用元表示）

（1）根据资料（1），下列各项中，甲公司发放取暖炉相关会计处理表述正确的是（　　）。

A. 贷记"库存商品"科目100 000元

B. 借记"应付职工薪酬"科目113 000元

C. 借记"应付职工薪酬"科目100 000元

D. 贷记"应交税费—应交增值税（进项税额转出）"科目13 000元

（2）根据资料（2），下列各项中，甲公司计提车辆折旧费会计处理结果表述正确的是（　　）。

A. 制造费用增加15 000元

B. 管理费用增加15 000元

C. 累计折旧增加15 000元

D. 固定资产账面价值减少15 000元

（3）根据资料（3），下列各项中，关于甲公司职工福利费会计处理表述正确的是（　　）。

A. 行政管理人员的补贴计入管理费用

B. 专设销售机构人员的补贴计入销售费用

C. 产品生产人员的补贴计入生产成本

D. 车间管理人员的补贴计入管理费用

（4）根据资料（1）至资料（3），下列各项中，甲公司当月发生的非货币性职工薪酬是（　　）元。

A. 128 000　　　　B. 130 000

C. 145 000　　　　D. 100 000

（5）根据资料（1）至资料（3），上述业务对甲公司2019年12月利润表中"管理费用"项目本期金额的影响是（　　）元。

A. 18 000　　　　B. 16 500

C. 18 500　　　　D. 20 000

2. ✿某企业为增值税一般纳税人，主要业务是生产销售家电。2018年12月该企业专设销售机构发生与职工薪酬有关的业务如下：

（1）3日，以银行存款支付当月职工宿舍房租16 500元。该宿舍专供销售人员免费居住。

（2）10日，以银行存款发放上月销售机构人员职工薪酬465 000元。应付上月销售人员职工薪酬总额为480 000元，按税法规定应代扣代缴的职工个人所得税共计12 000元。发放时收回代职工家属缴纳的医药费3 000元。

（3）17日至21日，销售机构职工张某休探亲假5天，按照规定，确认为非累积带薪缺勤。

（4）31日，确认12月销售机构人员工资为560 000元。按国家规定计提标准应缴纳的基本养老保险费为112 000元，基本医疗保险费、工伤保险费等共计53 200元，计提工会经费和职工教育经费共计56 000元。

要求：根据上述资料，不考虑其他因素，分析回答下列小题。（答案中的金额单位用元表示）

（1）根据资料（1），下列各项中，该企业确认并支付职工宿舍租金的会计科目处理表述正确的是（　）。

A. 借记"销售费用"科目，贷记"应付职工薪酬"科目

B. 借记"主营业务成本"科目，贷记"应付职工薪酬"科目

C. 借记"应付职工薪酬"科目，贷记"银行存款"科目

D. 借记"销售费用"科目，贷记"银行存款"科目

（2）根据资料（2），下列各项中，该企业销售机构人员相关职工薪酬的会计处理正确的是（　）。

A. 代扣款项：

借：应付职工薪酬　　　　　3 000
　　贷：其他应收款—代垫医药费　3 000

B. 发放职工薪酬：

借：应付职工薪酬　　　　　465 000
　　贷：银行存款　　　　　　465 000

C. 代扣个人所得税：

借：应付职工薪酬　　　　　12 000
　　贷：应交税费—应交个人所得税
　　　　　　　　　　　　　　12 000

D. 发放职工薪酬：

借：销售费用　　　　　　　465 000
　　贷：银行存款　　　　　　465 000

（3）根据资料（3），下列各项中，关于该企业非累积带薪缺勤的会计处理表述正确的是（　）。

A. 本期尚未用完的带薪缺勤权利不能结转下期

B. 视同职工出勤不额外做账务处理

C. 确认非累积带薪缺勤时借记"管理费用"科目

D. 本期尚未用完的带薪缺勤权利可以结转下期

（4）根据资料（4），该企业12月31日应记入"应付职工薪酬—设定提存计划"科目的金额是（　）元。

A. 25 200　　　　B. 165 200
C. 112 000　　　D. 53 200

（5）根据资料（1）至资料（4），该企业12月销售费用增加的金额是（　）元。

A. 741 700　　　B. 1 246 900
C. 797 700　　　D. 725 200

📖 同步训练参考答案及解析

一、单项选择题

1. B 【解析】选项ACD，因为都属于支付职工薪酬，所以应当记入"应付职工薪酬"科目的借方。

2. C 【解析】相关会计分录为：

确认时：

借：生产成本/制造费用/销售费用/管理费用等［公允价值+销项税额］
　　贷：应付职工薪酬—非货币性福利
　　　　［公允价值+销项税额］

发放时：

借：应付职工薪酬—非货币性福利
　　贷：主营业务收入［公允价值］
　　　　应交税费—应交增值税（销项税额）［公允价值×增值税税率］

借：主营业务成本［账面价值］

　　贷：库存商品［账面价值］

3. A　【解析】会计分录：

借：应收账款

　　贷：应交税费—应交增值税(销项税额)

4. D　【解析】该企业确认职工薪酬的金额 = 1 000×100×(1+13%) = 113 000(元)。

5. D　【解析】收回后用于连续生产应税消费品的消费税应记入"应交税费"的借方，增值税作为可以抵扣的进项税额，计入应交税费中。因此应交税费科目的金额 = 26+30 = 56(万元)。

6. B　【解析】应交增值税余额 = 销项税额 + 进项税额转出 – 进项税额 – 已交税额 = 4 800+48–1 600–1 000 = 2 248(万元)。

7. C　【解析】会计分录：

借：应交税费—应交增值税(减免税款)

　　贷：管理费用

8. D　【解析】选项 D，企业交纳的个人所得税需要通过"应交税费"科目核算。

9. A　【解析】该长期借款属于到期一次还本付息的借款，所计提的利息通过"长期借款—应计利息"科目核算，会增加长期借款的账面价值。因此，该长期借款在 2021 年 12 月 31 日的账面价值 = 800 000+800 000×7%×18/12 = 884 000(元)。

二、多项选择题

1. ACD　【解析】选项 A，会计分录：

借：固定资产清理

　　贷：应交税费—应交土地增值税

选项 B，会计分录：

借：固定资产等

　　贷：银行存款

选项 C，会计分录：

借：税金及附加

　　贷：应交税费—应交城市维护建设税

选项 D，会计分录：

借：税金及附加

　　贷：应交税费—应交教育费附加

2. ABCD

3. BD　【解析】选项 A，属于货币性福利，选项 C，不属于福利。

4. AC　【解析】宣告发放现金股利：

借：利润分配—应付现金股利或利润

　　贷：应付股利

实际发放现金股利：

借：应付股利

　　贷：银行存款

宣告发放股票股利不做账务处理，实际发放股票股利的会计分录：

借：利润分配—转作股本的股利

　　贷：股本

5. BCD　【解析】选项 A，计入短期借款，即：

借：应付票据

　　贷：短期借款

6. ABCD

7. BCD　【解析】选项 A，长期借款的利息费用应按照实际利率法计算确定，即应按期初摊余成本乘以实际利率计算。

8. ACD　【解析】选项 A，通过"应付账款"科目核算；选项 C，通过"合同负债"等科目核算；选项 D，通过"专项应付款"科目核算。

三、判断题

1. √

2. ×　【解析】应按其账面余额计入营业外收入。

3. √

4. √　【解析】难以认定受益对象的非货币性福利，直接计入当期损益和应付职工薪酬。

5. ×　【解析】因解除与职工的劳动关系给予的补偿属于辞退福利。

6. ×　【解析】基本养老保险费属于设定提存计划。对于设定提存计划，企业应当根据在资产负债表日为换取职工在会计期间提供的服务而应向单独主体缴存的提存金，确认为应付职工薪酬，并计入当期损益或相关资产成本，借记"生产成本""制造费用""管理费用""销售费用"等科目，贷记"应付职工薪酬—设定提存计划"科目。

7. × 【解析】资产负债表日企业按工资总额的一定比例计提的基本养老保险属于设定提存计划，通过"应付职工薪酬—设定提存计划—基本养老保险费"科目核算。

四、不定项选择题

1. （1）ABD；（2）BCD；（3）ABC；（4）A；（5）B。

【解析】

（1）资料（1）会计分录：

购入取暖炉时：

借：**库存商品**　　　　　　　　100 000

　　应交税费—应交增值税（进项税额）

　　　　　　　　　　　　　　　　13 000

　　　贷：银行存款　　　　　　113 000

发放取暖炉时：

借：生产成本

　　　（100 000+13 000）113 000

　　　贷：应付职工薪酬　　　　113 000

借：应付职工薪酬　　　　　　　113 000

　　　贷：库存商品　　　　　　100 000

　　　　　应交税费—应交增值税（进项税额转出）　　　　　13 000

（2）资料（2）会计分录：

借：管理费用　　　（5×3 000）15 000

　　　贷：应付职工薪酬　　　　15 000

借：应付职工薪酬　　　　　　　15 000

　　　贷：累计折旧　　　　　　15 000

（3）选项 D，车间管理人员的补贴计入制造费用。

资料（3）会计分录：

借：生产成本　　　　　　　　　12 000

　　制造费用　　　　　　　　　2 000

　　管理费用　　　　　　　　　1 500

　　销售费用　　　　　　　　　1 500

　　　贷：应付职工薪酬　　　　17 000

（4）当月发生的非货币性职工薪酬 = 113 000［资料（1）］+ 15 000［资料（2）］= 128 000（元）。

（5）12 月利润表中"管理费用"项目本期金额 = 15 000［资料（2）］+ 1 500［资料（3）］= 16 500（元）。

2. （1）AC；（2）ABC；（3）AB；（4）C；（5）C。

【解析】（1）资料（1）会计分录：

借：销售费用　　　　　　　　　16 500

　　　贷：应付职工薪酬　　　　16 500

借：应付职工薪酬　　　　　　　16 500

　　　贷：银行存款　　　　　　16 500

（2）资料（2）会计分录：

发放职工薪酬：

借：应付职工薪酬　　　　　　　465 000

　　　贷：银行存款　　　　　　465 000

代扣个人所得税：

借：应付职工薪酬　　　　　　　12 000

　　　贷：应交税费—应交个人所得税

　　　　　　　　　　　　　　　12 000

缴纳个人所得税：

借：应交税费—应交个人所得税

　　　　　　　　　　　　　　　12 000

　　　贷：银行存款　　　　　　12 000

代扣款项：

借：应付职工薪酬　　　　　　　3 000

　　　贷：其他应收款—代垫医药费　3 000

（3）非累积带薪缺勤实际发生时不需要进行账务处理。

（4）资料（4）中关于设定提存计划的会计分录：

借：销售费用　　　　　　　　　112 000

　　　贷：应付职工薪酬—设定提存计划

　　　　　　　　　　　　　　　112 000

（5）销售费用增加的金额 = 16 500［资料（1）］+ 560 000［资料（4）］+ 112 000［资料（4）］+ 53 200［资料（4）］+ 25 200［资料（4）］= 766 900（元）。

第六章　所有者权益

历年考情概况

本章是《初级会计实务》中比较重要的一章，考试覆盖了单选题、多选题、判断题和不定项选择题等全部题型，历年考试情况为 2021 年 10 分，2020 年 11 分，2019 年 10 分，2018 年 10 分，预计 2022 年考试分数在 10 分左右。

近年考点直击

考点	主要考查题型	考频指数	考查角度
实收资本(股本)	单选题、多选题、判断题、不定项选择题	★★★	新增入股、发行股票、接受非现金资产投资、回购和注销股票
资本公积的核算	单选题、多选题、判断题、不定项选择题	★★★	资本公积转增资本
留存收益的核算	单选题、多选题、判断题、不定项选择题	★★	提取盈余公积、发放现金股利、利润分配

2022 年考试变化

本章整体变动不大。主要是新增有限责任公司和小企业发还投资的会计处理和以权益结算的股份支付的内容等。

【案例导入】

福喜有限责任公司出资及经营状况如下：

(1)有福和有喜各出资 10 万元成立福喜有限责任公司，款项已存入银行；

(2)半年后，金八打算加入该公司，与有福和有喜约定投入 15 万元，占该公司 1/3 的股份；

(3)年底，公司赚取净利润 10 万元，根据《公司法》规定，应按净利润的 10% 提取法定盈余公积；

(4)公司股东会决定向每位股东分配现金股利各 1 万元，共 3 万元。

要求：

(1)编制该公司上述业务的会计分录。

(2)计算该公司实收资本、资本公积、盈余公积、未分配利润和留存收益的余额。

【分析】

(1)会计分录。

①借：银行存款 20

贷：实收资本 20

②借：银行存款 15

贷：实收资本 10

资本公积—资本溢价 5

③借：利润分配 1

贷：盈余公积 1

④借：利润分配 3

贷：应付股利 3

(2)各项目金额。

①实收资本=20+10=30(万元)。

②资本公积=5(万元)。

③盈余公积=1(万元)。

④未分配利润=10(净利润)−1(法定盈余公积)−3(提取应付股利)=6(万元)。

⑤留存收益=1(盈余公积)+6(未分配利润)=7(万元)。

考点一 实收资本（股本）

 考点详解

一、概述

股东可以用货币资金、存货、固定资产和无形资产等财产作价出资。

设置"实收资本"（非股份制公司）或"股本"（股份制公司）账户，此账户属于所有者权益类，增加在贷方，减少在借方，余额在贷方。

『提示』我国公司有两种形式：股份有限公司和有限责任公司。股份有限公司的注册资本对应"股本"科目，有限责任公司的注册资本对应"实收资本"科目。

二、会计处理

(一)接受货币资金投资★

1. 非股份公司

【案例1】福喜有限责任公司接受个人老侯投资100万元，享有注册资本的份额为60万元。

其会计分录应为：

借：银行存款 100

贷：实收资本[按比例所占份额] 60

资本公积—资本溢价[超出份额部分] 40

2. 股份公司

股份有限公司可以按面值（1元）和高于面值（溢价）发行股票，但不可以低于面值（折价）发行股票。

【案例2】甲股份有限公司发行普通股1 000万股，每股面值1元，每股发行价格8元。其会计分录为：

借：银行存款 8 000[收到发行款]

贷：股本 1 000[股票面值]

资本公积—股本溢价

7 000[发行款−面值]

【例题1·单选题】某股份有限公司对外公开发行普通股10 000万股，每股面值为1元，每股发行价格为5元，发行手续费80万元从发行收入中扣除，发行所得款项已存入银行。不考虑其他因素，下列各项中，该笔业务会计处理正确的是( )。

A. 借：银行存款 49 920

财务费用 80

贷：股本 10 000

资本公积 40 000

B. 借：银行存款 50 000

财务费用 80

贷：股本 10 000

资本公积 40 080

C. 借：银行存款   49 920
    贷：股本   10 000
        资本公积   39 920

D. 借：银行存款   49 920
    贷：股本   49 920

解析 计入资本公积、股本溢价的金额＝5×10 000-10 000-80＝39 920(万元)。

会计分录：

借：银行存款(5×10 000-80)49 920
    贷：股本 (1×10 000)10 000
      资本公积 (倒挤)39 920

答案 C

(二)接受非现金资产投资★★

1. 接受固定资产投资

企业接受股东作价投入的固定资产，应**按合同或协议约定的价值(一般是公允价，不公允的除外)**作为固定资产入账价值。

【案例3】 福喜有限责任公司接受设备投资，不含税价值100万元，可抵扣增值税进项税额13万元。会计分录如下：

借：固定资产   100
    应交税费—应交增值税(进项税额)
             13
    贷：实收资本   113

【例题2·单选题】 甲、乙公司均为增值税一般纳税人，适用的增值税税率为13%。甲公司接受乙公司投资的不需安装的设备一台，账面价值100万元，投资协议约定的价值200万元，假定投资协议约定的价值与公允价值相符，该项投资没有产生资本溢价。甲公司实收资本应增加( )万元。

A. 226   B. 213
C. 113   D. 200

解析 甲公司实收资本应增加的金额＝200×(1+13%)＝226(万元)。 **答案** A

2. 接受材料物资投资

【案例4】 福喜有限责任公司接受原材料投资，不含税价值100万元，可抵扣增值税进项税额13万元。会计分录如下：

借：原材料   100

应交税费—应交增值税(进项税额)
             13
    贷：实收资本   113

【例题3·单选题】 甲公司为增值税一般纳税人，收到乙公司作为资本投入的原材料一批，合同约定该批材料不含增值税的价值为300万元，增值税税额为39万元(由乙公司支付)，甲公司已取得增值税专用发票。该批材料合同约定的价值与公允价值相符，乙公司享有甲公司注册资本的份额为300万元。不考虑其他因素，下列各项中，甲公司接受乙公司投资相关会计处理的表述不正确的是( )。

A. 借记"原材料"科目300万元

B. 贷记"实收资本"科目339万元

C. 借记"应交税费—应交增值税(进项税额)"科目39万元

D. 贷记"资本公积—资本溢价"科目39万元

解析 会计分录：

借：原材料   300
    应交税费—应交增值税(进项税额)
             39
    贷：实收资本   300
      资本公积—资本溢价(倒挤) 39

答案 B

3. 接受无形资产投资

【案例5】 福喜有限责任公司接受非专利技术投资，不含税价值为100万元，可抵扣增值税进项税额6万元。会计分录如下：

借：无形资产   100
    应交税费—应交增值税(进项税额)
             6
    贷：实收资本   106

(三)实收资本(或股本)的增减变动★★

1. 增加

资本增加的情况：接受追加投资、资本公积或盈余公积转增资本。

(1)接受投资者追加投资。

【案例6】福喜有限责任公司接受投资者追加投资设备价款100万元，增值税进项税额13万元，占注册资本份额为110万元。会计分录如下：

借：固定资产　　　　　　　　100
　　应交税费—应交增值税(进项税额)
　　　　　　　　　　　　　　　13
　　贷：实收资本　　　　　　　110
　　　　资本公积—资本溢价　　　3

留存收益(盈余公积、未分配利润)不变，所有者权益增加113万元。

(2)资本公积转增资本。

【案例7】福喜有限责任公司资本公积转增资本10万元。

借：资本公积　　　　　　　　10
　　贷：实收资本　　　　　　　10

留存收益(盈余公积、未分配利润)不变，所有者权益内部一增一减，总额不变。

(3)盈余公积转增资本。

【案例8】福喜有限责任公司盈余公积转增资本10万元。

借：盈余公积　　　　　　　　10
　　贷：实收资本　　　　　　　10

留存收益(盈余公积)减少10万元，所有者权益内部一增一减，总额不变。

2.减少

企业减少注册资本应按法定程序**报经批准**，股份有限公司一般**采用收购本公司股票方式减资**。小企业和有限责任公司发还投资的会计处理相对简单，报经批准减少注册资本的，借记"实收资本""资本公积"等科目，贷记"银行存款"等科目。

设置"库存股"账户，此账户为**所有者权益备抵类账户(不是资产类)**，增加在借方，减少在贷方，**先回购、后注销，初级考试回购和注销金额相同，该账户无余额**。

【案例9】1月1日，甲股份有限公司发行1万股普通股股票，每股7元。会计分录如下：

借：银行存款　　　　　　　　7

贷：股本　　　　　　　　　　1
　　资本公积—股本溢价　　　　6

(1)如果购回股票支付的价款高于面值总额：

7月1日，经批准收购本公司股票减资，收购1万股，每股7元。

①如果"资本公积—股本溢价"贷方余额大于等于6万元。

『提示』解题步骤：先做与发行股票相反的分录，再插进"库存股"科目。

第一步，先做与发行股票相反的分录。

借：股本　　　　　　　　　　1
　　资本公积—股本溢价　　　　6
　　贷：银行存款　　　　　　　7

『注意』此处只做第一步分录，会计准则不允许。

第二步，再插进"库存股"科目。

借：股本　　　　　　　　　　1
　　资本公积—股本溢价　　　　6
　　贷：库存股[注销]　　　　　7
借：库存股[回购]　　　　　7
　　贷：银行存款　　　　　　　7

『注意』做题时，先编制回购分录，再编制注销分录，即**牢记"先回购，后注销"**。

②如果"资本公积—股本溢价"贷方余额为3万元，盈余公积贷方余额为3万元。

先回购：
借：库存股　　　　　　　　　7
　　贷：银行存款　　　　　　　7

后注销：
借：股本　　　　　　　　　　1
　　资本公积—股本溢价　　　　3
　　盈余公积　　　　　　　　　3
　　贷：库存股　　　　　　　　7

③如果"资本公积—股本溢价"贷方余额为3万元，盈余公积贷方余额为1万元。

先回购：
借：库存股　　　　　　　　　7
　　贷：银行存款　　　　　　　7

后注销：

借：股本　　　　　　　　　　　1
　　资本公积—股本溢价　　　　　3
　　盈余公积　　　　　　　　　　1
　　利润分配—未分配利润　　　　2
　　　贷：库存股　　　　　　　　　　　7

（2）如果购回股票支付的价款低于面值总额：

7月1日，经批准收购本公司股票减资，收购1万股，每股0.8元。

先回购：
借：库存股　　　　　　　　　　0.8
　　　贷：银行存款　　　　　　　　　0.8

后注销：
借：股本　　　　　　　　　　　　1
　　　贷：库存股　　　　　　　　　　0.8
　　　　　资本公积—股本溢价　　　0.2

【例题4·判断题】 ☆股份有限公司回购并注销股票支付的价款高于股票面值时，其差额只能计入资本公积—股本溢价。（　　）

解析 股份有限公司减资时，按股票面值和注销股数计算的股票面值总额，借记"股本"科目，按注销库存股的账面余额，贷记"库存股"科目，按其差额，借记"资本公积—股本溢价"科目。股本溢价不足冲减的，应借记"盈余公积""利润分配—未分配利润"科目。　　　　　　　**答案** ×

【例题5·单选题】 某上市公司经股东大会批准以现金回购并注销本公司股票1 000万股，每股面值为1元，回购价为每股2.8元，该公司注销股份时"资本公积—股本溢价"科目余额为1 000万元，"盈余公积"科目余额为500万元。不考虑其他因素，该公司注销股份的会计科目处理不正确的是（　　）。

A. 借记"资本公积—股本溢价"科目1 000万元

B. 借记"股本"科目1 000万元

C. 借记"盈余公积"科目1 800万元

D. 贷记"库存股"科目2 800万元

解析 本题分录为：
回购时：
借：库存股　　（1 000×2.8）2 800
　　　贷：银行存款　　　　　　　　2 800
注销时：
借：股本　　　　（1 000×1）1 000
　　资本公积—股本溢价　　　　1 000
　　盈余公积　　　　　　　　　　500
　　利润分配—未分配利润　　　　300
　　　贷：库存股　　　　　　　　2 800
　　　　　　　　　　　　　　答案 C

【拓展】 如果上题回购价为每股2.2元，则会计分录为：
回购时：
借：库存股　　（1 000×2.2）2 200
　　　贷：银行存款　　　　　　　　2 200
注销时：
借：股本　　　　（1 000×1）1 000
　　资本公积—股本溢价　　　　1 000
　　盈余公积　　　　　　　　　　200
　　　贷：库存股　　　　　　　　2 200

福喜总结 所有者权益的内容 ★★★

所有者权益科目或账户（2021年、2016年不定项选择题；2021年、2018年单选题）	实收资本（股份有限公司：股本）、资本公积、库存股（备抵类账户）、盈余公积、其他综合收益、本年利润和利润分配
资产负债表中所有者权益项目（2021年不定项选择题，2016年单选题）	实收资本（股份有限公司：股本）、资本公积、库存股、盈余公积、其他综合收益、未分配利润

第六章 所有者权益 | 第二篇 "福喜初见"——应试指导及同步训练

随堂小练 限时10min

一、单项选择题

1. ☆下列各项中，会引起企业所有者权益总额增加的是（　）。
   A. 当年实现净利润
   B. 以盈余公积弥补以前年度亏损
   C. 盈余公积转增资本
   D. 向投资者宣告发放现金股利

2. 甲、乙公司均为增值税一般纳税人，适用的增值税税率为13%。甲公司接受乙公司投资的原材料一批，账面价值200 000元，投资协议约定的价值为300 000元，假定投资协议约定的价值与公允价值相符，并开具了增值税专用发票，该项投资产生资本溢价139 000元。甲公司原材料、实收资本和资本公积的金额分别为（　）元。
   A. 200 000，100 000，39 000
   B. 200 000，100 000，139 000
   C. 300 000，200 000，39 000
   D. 300 000，200 000，139 000

二、多项选择题

1. ☆下列各项中，会导致企业实收资本或股本增加的有（　）。
   A. 盈余公积转增资本
   B. 接受非流动资产捐赠
   C. 资本公积转增资本
   D. 接受投资者追加投资

2. ☆某公司2017年年初股本为8 000万元（每股股票面值为1元），资本公积—股本溢价为5 000万元，2017年公司按照每股3元的价格回购本公司股票1 000万股并注销。不考虑其他因素，下列各项中，关于该公司注销所回购股票相关会计处理正确的有（　）。
   A. 借记"盈余公积"科目2 000万元
   B. 借记"资本公积—股本溢价"科目2 000万元
   C. 借记"利润分配—未分配利润"科目2 000万元
   D. 借记"股本"科目1 000万元

三、判断题

1. 投资者B将一项专利权投入公司作为增资，投资合同中约定该专利权价值为120 000元，增值税税率为6%，不产生溢价，则公司的实收资本增加120 000元。（　）

2. ☆企业接受投资者投资，投资者超额缴入的资本应该计入资本公积。（　）

3. 企业增发新股，企业的股本金额增加，但是所有者权益总额不发生变化。（　）

4. ☆有限责任公司以资本公积转增资本，应当按照原出资者各自出资比例相应增加各出资者的出资金额。（　）

5. 小企业和有限责任公司发还投资的，应在报经批准减少注册资本时，借记"实收资本""资本公积"等科目，贷记"银行存款"等科目。（　）

 随堂小练参考答案及解析

一、单项选择题

1. A 【解析】选项A，当年实现净利润：
   借：本年利润
   　贷：利润分配—未分配利润

贷方利润分配增加，引起所有者权益总额增加。
选项B，以盈余公积弥补以前年度亏损：
借：盈余公积
　贷：利润分配—盈余公积补亏

227

属于所有者权益内部一增一减，所有者权益总额不变。

选项C，盈余公积转增资本：

借：盈余公积

  贷：实收资本/股本

属于所有者内部一增一减，所有者权益总额不变。

选项D，向投资者宣告发放现金股利：

借：利润分配——应付现金股利或利润

  贷：应付股利

利润分配减少，引起所有者权益总额减少。

2. D　【解析】会计分录：

借：原材料   300 000

  应交税费——应交增值税(进项税额)

    (300 000×13%)39 000

  贷：实收资本   200 000

    资本公积——资本溢价 139 000

二、多项选择题

1. ACD　【解析】选项A：

借：盈余公积

  贷：实收资本/股本

选项B：

借：固定资产等

  贷：营业外收入

选项C：

借：资本公积

  贷：实收资本/股本

选项D：

借：银行存款等

  贷：实收资本/股本

    资本公积

2. BD　【解析】本题会计处理：

回购：

借：库存股   3 000

  贷：银行存款   3 000

注销：

借：股本   1 000

  资本公积——股本溢价 2 000

  贷：库存股   3 000

三、判断题

1. ×　【解析】

借：无形资产   120 000

  应交税费——应交增值税(进项税额)

         7 200

  贷：实收资本   127 200

实收资本增加127 200元。

2. √

3. ×　【解析】增发新股，借记"银行存款"等，贷记"股本""资本公积——股本溢价"，使所有者权益增加。

4. √

5. √

考点二　资本公积的核算

考点详解

一、概述

资本公积是企业收到投资者出资金额超出其在注册资本(或股本)中所占份额的部分和其他资本公积等。

资本公积包括资本溢价(或股本溢价)和其他资本公积(如长期股权投资采用权益法核算时，因被投资单位除净损益、其他综合收益以及利润分配以外的所有者权益的其他变动)。

其他综合收益：直接计入所有者权益的各项利得和损失。

二、会计处理

(一)资本公积—资本溢价(或股本溢价)的会计处理

【案例1】甲股份有限公司(以下简称甲公司)接受投资,银行存款增加15万元(或10.5万元),股本增加10万元(普通股10万股,每股面值1元)。假定在此前,甲公司的股本溢价余额为0元。会计分录如下:

借:银行存款　　　　　　15(或10.5)
　　贷:股本　　　　　　　　　　　10
　　　　资本公积—股本溢价5(或0.5)

支付股票发行费(发行股票相关的手续费、佣金等交易费用)的账务处理:

①如果是溢价发行股票的,应从溢价中抵扣,冲减资本公积(股本溢价);

②无溢价发行股票或溢价金额不足以抵扣的,应将不足抵扣的部分依次冲减盈余公积和未分配利润。

【案例2】承上例,假定甲公司发行股票支付手续费1万元,盈余公积余额为0.3万元。会计分录如下:

①银行存款增加15万元时("股本溢价"明细科目余额为5万元):

借:资本公积—股本溢价　　　1
　　贷:银行存款　　　　　　　　　1

②银行存款增加10.5万元时("股本溢价"明细科目余额为0.5万元):

借:资本公积—股本溢价　　0.5
　　盈余公积　　　　　　　0.3
　　利润分配—未分配利润　0.2
　　贷:银行存款　　　　　　　　1

【例题1·单选题】☆下列各项中,有限责任公司收到投资者投入的出资额,投资者在注册资本中所占份额的部分和超出份额的部分,应贷记的会计科目分别是( )。

A. 实收资本、盈余公积

B. 实收资本、资本公积

C. 其他综合收益、资本公积

D. 资本公积、实收资本

解析 ▶ 有限责任公司收到投资者投入的出资额,按投资合同或协议约定的投资者在企业注册资本中所占份额的部分,贷记"实收资本"科目,超过投资者在企业注册资本中所占份额的部分,贷记"资本公积—资本溢价"科目。　　　　　答案 ▶ B

【例题2·单选题】☆某企业公开发行普通股200万股,每股面值1元,每股发行价格为8元,按发行收入的2%向证券公司支付佣金,扣除佣金后的股票发行款存入银行。不考虑其他因素,该企业发行股票记入"股本""资本公积"科目贷方的金额分别为( )万元。

A. 200,1 368

B. 1 600,0

C. 200,1 400

D. 1 600,-32

解析 ▶ 会计分录为:

借:银行存款　　　(200×8)1 600
　　贷:股本　　　　　(200×1)200
　　　　资本公积—股本溢价　1 400
借:资本公积—股本溢价
　　　　　　　　　(200×8×2%)32
　　贷:银行存款　　　　　　　32

所以记入"资本公积"科目贷方的金额=1 400-32=1 368(万元)。　答案 ▶ A

(二)资本公积—其他资本公积的会计处理

『链接1』长期股权投资权益法

A公司投资B公司,占B公司股份的30%,并对该公司有重大影响,因而对B公司长期股权投资采用权益法核算。A公司的长期股权投资的账面价值随着B公司所有者权益的账面价值变化而变化。

如果被投资单位B除净损益、其他综合收益和利润分配以外的所有者权益的其他变动(主要指所有者权益的资本公积—其他资本公积变动)增加10万元,不考虑其他因素,则A公司的长期股权投资按照持股比例计算的增加额为3万元。其会计分录为:

借：长期股权投资　　　　　　3
　　贷：资本公积—其他资本公积　3

『链接2』以权益结算的股份支付

用以权益结算的股份支付换取职工或其他方提供服务的，应在等待期内确认相关成本费用(如借记"管理费用"等)，同时计入资本公积(其他资本公积)。

(三)资本公积转增资本的会计处理

借：资本公积
　　贷：实收资本/股本

本业务引起所有者权益中的资本公积减少，实收资本/股本增加，所有者权益内部一增一减，总额不变，不影响留存收益(盈余公积+未分配利润)。

福喜总结 资本公积★★★

项目		账务处理
来源	资本/股本溢价(主要来源)	借：银行存款 　　贷：实收资本[非股份公司]/股本[股份公司] 　　　　资本公积—资本溢价[非股份公司]/股本溢价[股份公司]
	其他资本公积	(1)长期股权投资权益法：除净损益、其他综合收益和利润分配以外的所有者权益的变动 借：长期股权投资 　　贷：资本公积—其他资本公积 (2)以权益结算的股份支付在等待期内的处理： 借：管理费用等 　　贷：资本公积—其他资本公积
用途	转增资本(不能弥补亏损)	借：资本公积 　　贷：实收资本/股本

随堂小练 限时5min

一、单项选择题

☆某股份制公司委托证券公司代理发行普通股3 000万股，每股面值1元，发行价格每股4元。证券公司按发行收入的1%收取手续费，该公司这项业务应计入资本公积的金额为(　)万元。

A. 8 840　　　　B. 8 880

C. 9 000　　　　D. 3 000

二、多项选择题

1. ☆下列各项中，关于公司资本公积的表述不正确的有(　)。

A. 资本公积可以用于弥补上年度发生的亏损

B. 资本公积可以用于转增资本

C. 溢价发行股票发生的相关交易费用冲减资本公积

D. 资本公积体现不同所有者的占有比例

2. ☆下列各项中，企业应通过"资本公积"科目核算的有(　)。

A. 投资者实际出资额超出其在企业注册资本的所占份额

B. 盈余公积转增资本

C. 回购股票确认库存股科目的账面价值

D. 股份有限公司溢价发行股票扣除交易费用后的股本溢价

三、判断题

1. ☆其他综合收益核算的是企业根据企业会

计准则规定的未在当期损益中确认的各项利得和损失。 （ ）

2. ☆资本公积来源于企业正常经营过程中获得的利润。 （ ）

3. ☆投资者的出资额超过其在被投资企业注册资本中应享有的份额，多缴的出资额计

入其他综合收益。 （ ）

4. ☆企业溢价发行股票发生的相关手续费、佣金等交易费用，应计入财务费用。 （ ）

5. 以权益结算的股份支付换取职工或其他方提供服务的，在等待期应通过"资本公积—其他资本公积"科目核算。 （ ）

随堂小练参考答案及解析

一、单项选择题

B 【解析】

借：银行存款 　　　　　　　12 000
　　贷：股本 　　　　　　　　　3 000
　　　　资本公积—股本溢价 　 9 000
借：资本公积—股本溢价
　　　　　　　（12 000×1%）120
　　贷：银行存款 　　　　　　　 120

应计入资本公积的金额 = 9 000 - 120 = 8 880（万元）。

二、多项选择题

1. AD 【解析】选项 A，资本公积不可以用于弥补以前年度亏损；选项 D，资本公积不体现各所有者的占有比例，也不能作为所有者参与企业财务经营决策或进行利润分配（或股利分配）的依据，实收资本或股本体现不同所有者的占有比例。

2. AD 【解析】选项 A，投资者实际出资额超出其在企业注册资本的所占份额：
　　借：银行存款
　　　　贷：实收资本/股本
　　　　　　资本公积
选项 B，盈余公积转增资本：
　　借：盈余公积
　　　　贷：实收资本/股本
选项 C，回购股票确认库存股科目的账面

价值：
　　借：库存股
　　　　贷：银行存款
选项 D，股份有限公司溢价发行股票扣除交易费用后的股本溢价：
　　借：银行存款
　　　　贷：股本
　　　　　　资本公积

三、判断题

1. √

2. × 【解析】资本公积的来源不是企业实现的利润，而主要来自资本溢价（或股本溢价）等。留存收益是企业从历年实现的利润中提取或形成的留存于企业的内部积累，来源于企业生产经营活动实现的利润。

3. × 【解析】投资者的出资额超过其在被投资企业注册资本中应享有的份额，多缴的出资额计入资本公积。

4. × 【解析】发行股票相关的手续费、佣金等交易费用，如果是溢价发行股票的，应从溢价中抵扣，冲减资本公积（股本溢价）；无溢价发行股票或溢价金额不足以抵扣的，应将不足抵扣的部分依次冲减盈余公积和未分配利润。

5. √

考点三　留存收益的核算

考点详解

一、概述

留存收益的概述，见图4-3。

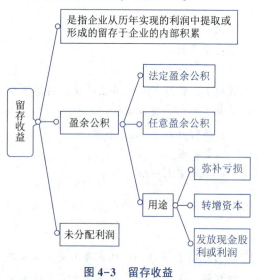

图4-3　留存收益

二、会计处理

(一)利润分配

1. 可供分配利润的内容

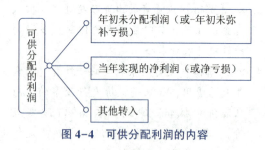

图4-4　可供分配利润的内容

『注意』就当年来说，计算可供分配利润在前，计提盈余公积在后，所以计提盈余公积不影响当年可供分配利润，但会影响未来年度的可供分配利润。

【例题1·多选题】☆下列各项中，属于企业留存收益的有(　　)。

A. 按规定从净利润中提取的法定盈余

公积

B. 累积未分配的利润

C. 按股东大会决议从净利润中提取的任意盈余公积

D. 发行股票的溢价收入

解析▶企业留存收益包括盈余公积和未分配利润。选项D，计入资本公积。

答案▶ABC

【例题2·单选题】☆下列各项中，导致留存收益总额减少的是(　　)。

A. 以盈余公积弥补亏损

B. 接受非现金资产投资

C. 以盈余公积转增实收资本

D. 以资本公积转增实收资本

解析▶选项A，以盈余公积弥补亏损：

借：盈余公积

　　贷：利润分配—盈余公积补亏

借：利润分配—盈余公积补亏

　　贷：利润分配—未分配利润

留存收益内部一增一减，留存收益总额不变。

选项B，接受非现金资产投资：

借：固定资产等

　　应交税费—应交增值税(进项税额)

　　贷：实收资本/股本

不涉及留存收益的变动。

选项C，以盈余公积转增实收资本：

借：盈余公积

　　贷：实收资本

盈余公积减少，导致留存收益减少。

选项D，以资本公积转增实收资本：

借：资本公积

　　贷：实收资本

不涉及留存收益的变动。　　答案▶C

2. 利润分配的核算

(1)可供分配利润的顺序。

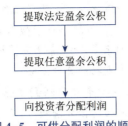

图4-5 可供分配利润的顺序

(2)利润分配的账务处理。

利润分配—未分配利润[期末有余额]

　　　　—提取法定盈余公积

　　　　—提取任意盈余公积

　　　　—应付现金股利或利润

以上科目增加在贷方，减少在借方，只有"利润分配—未分配利润"科目期末有余额。

①年度终了，企业应将全年实现的净利润进行结转：

借：本年利润[净利润]

　　贷：利润分配—未分配利润

净亏损，反之。

②结转利润分配其他明细科目余额至未分配利润：

借：利润分配—未分配利润

　　贷：利润分配—提取法定盈余公积

　　　　等明细科目

【案例1】甲股份有限公司年初未分配利润为0元，本年实现净利润10万元，本年提取法定盈余公积1万元，宣告发放现金股利8万元。会计分录如下：

(1)结转本年利润：

借：本年利润　　　　　　　　10

　　贷：利润分配—未分配利润　10

(2)提取法定盈余公积、宣告发放现金股利：

借：利润分配—提取法定盈余公积1

　　贷：盈余公积　　　　　　　　1

借：利润分配—应付现金股利或利润

　　　　　　　　　　　　　　　8

　　贷：应付股利　　　　　　　　8

借：利润分配—未分配利润　　　9

　　贷：利润分配—提取法定盈余公积1

　　　　—应付现金股利或利润

　　　　　　　　　　　　　　　8

『提示』"利润分配—未分配利润"以外的其他明细科目无余额。

【例题3·单选题】☆下列各项中，企业应通过"利润分配"科目核算的是(　　)。

A. 支付已宣告发放的现金股利

B. 以盈余公积转增资本

C. 以股票溢价抵扣股票发行手续费

D. 以盈余公积弥补亏损

解析▶选项A，会计分录：

借：应付股利

　　贷：银行存款等

选项B，会计分录：

借：盈余公积

　　贷：实收资本(或股本)

选项C，冲减资本公积—股本溢价。

选项D，会计分录：

借：盈余公积

　　贷：利润分配—盈余公积补亏

答案▶D

【例题4·多选题】☆下列各项中，期末需转入"利润分配—未分配利润"科目的有(　　)。

A. 主营业务收入

B. 本年利润

C. 利润分配—提取法定盈余公积

D. 利润分配—应付现金股利或利润

解析▶选项A，主营业务收入在期末转入本年利润。年度终了，企业应将全年实现的净利润或发生的净亏损，自"本年利润"科目转入"利润分配—未分配利润"科目，并将"利润分配"科目所属其他明细科目的余额，转入"未分配利润"明细科目。　答案▶BCD

【例题5·单选题】☆某企业年初"利润分配—未分配利润"科目借方余额为100万元，当年实现净利润为300万元，提取法定盈余公积20万元，向股东分配股利40万元。不考虑其他因素，该企业年末可供分配利润为( )万元。

A. 300 B. 200

C. 180 D. 140

解析 ▶ 可供分配利润=当年实现的净利润(或净亏损)+年初未分配利润(或-年初未弥补亏损)+其他转入=300-100=200(万元)。提取法定盈余公积和向股东分配股利影响年末未分配利润,不影响可供分配利润。

答案 ▶ B

(二)盈余公积★★

公司制企业根据规定按净利润(减弥补以前年度亏损,不加以前年度的盈利)的10%提取法定盈余公积。企业计提的法定盈余公积累计额已达注册资本的50%时,可以不再提取。

盈余公积用途:弥补亏损、转增资本、发放现金股利或利润。

1. 提取盈余公积时的处理

借:利润分配—提取法定盈余公积

　　贷:盈余公积—法定盈余公积

留存收益一增一减,总额不变。

【案例2】甲股份有限公司本年实现净利润为100万元,按当年净利润的10%提取法定盈余公积。

(1)如果年初未分配利润≥0,假设为20万元。

本年提取盈余公积金额=100×10%=10(万元)。会计分录如下:

借:利润分配—提取法定盈余公积

　　　　　　　　　　　　　　10

　　贷:盈余公积—法定盈余公积 10

『注意』计算计提基数时不需要考虑20万元,因为这部分金额已经在以前年度计提过盈余公积。

(2)如果年初未分配利润<0,假设为-20万元。

本年提取盈余公积金额=(100-20)×10%=8(万元)

会计分录如下:

借:利润分配—提取法定盈余公积8

　　贷:盈余公积—法定盈余公积 8

【例题6·判断题】☆期初未分配利润有贷方余额,期末获利的情况下,计提盈余公积时,要包含期初的贷方余额。 ( )

解析 ▶ 期初未分配利润是借方余额时,才需要包括期初的借方余额。 **答案** ▶ ×

2. 盈余公积弥补亏损时的处理

借:盈余公积

　　贷:利润分配—盈余公积补亏

留存收益一增一减,总额不变。

【案例3】经股东大会批准,甲股份有限公司用以前年度提取的盈余公积20万元弥补亏损。

借:盈余公积　　　　　　　　20

　　贷:利润分配—盈余公积补亏 20

3. 盈余公积转增资本时的处理

借:盈余公积

　　贷:实收资本/股本

留存收益减少,所有者权益总额不变。

【案例4】因扩大经营规模需要,甲股份有限公司将盈余公积30万元转增股本。会计分录如下:

借:盈余公积　　　　　　　　30

　　贷:股本　　　　　　　　　30

4. 用盈余公积发放现金股利或利润时的处理

借:盈余公积

　　贷:应付股利

留存收益减少,所有者权益减少。

【案例5】甲股份有限公司共需要分派7万元现金股利,其中动用可供投资者分配的利润4万元、盈余公积3万元。甲股份有限公司用银行存款支付现金股利。假定不考虑其他因素。会计分录如下:

(1)宣告发放现金股利时:

借:利润分配—应付现金股利或利润

　　　　　　　　　　　　　　4

　　盈余公积　　　　　　　　3

　　贷:应付股利　　　　　　　7

(2)支付股利时:

借：应付股利 7

　　贷：银行存款 7

【例题 7·单选题】 ☆下列各项中，能够导致企业盈余公积减少的是( )。

A. 股东大会宣告分配股票股利

B. 以资本公积转增资本

C. 提取盈余公积

D. 以盈余公积弥补亏损

解析 选项 A，不作账务处理。

选项 B，会计分录：

借：资本公积

　　贷：实收资本(或股本)

不涉及盈余公积，不导致盈余公积减少。

选项 C，会计分录：

借：利润分配—提取法定盈余公积

　　贷：盈余公积—法定盈余公积

盈余公积为所有者权益类科目，贷方表示增加。

选项 D，会计分录：

借：盈余公积

　　贷：利润分配—盈余公积补亏

盈余公积为所有者权益类科目，借方表示减少。 **答案** D

【例题 8·多选题】 某公司 2019 年度实现净利润 7 000 000 元，本年提取法定盈余公积 700 000 元，宣告发放现金股利 3 500 000 元。不考虑其他因素，下列各项中，该公司利润分配的会计处理正确的有( )。

A. 提取法定盈余公积时：

借：利润分配—提取法定盈余公积

7 00 000

　　贷：盈余公积 700 000

B. 宣告发放现金股利时：

借：利润分配—应付现金股利或利润

3 500 000

　　贷：应付股利 3 500 000

C. 结转实现净利润时：

借：利润分配—未分配利润

7 000 000

　　贷：本年利润 7 000 000

D. 将"利润分配"科目所属其他明细科目余额结转至"利润分配—未分配利润"明细科目时：

借：利润分配—提取法定盈余公积

700 000

　　—应付现金股利或利润

3 500 000

　　贷：利润分配—未分配利润

4 200 000

解析 选项 C，结转实现净利润时：

借：本年利润 7 000 000

　　贷：利润分配—未分配利润

7 000 000

选项 D，将"利润分配"科目所属其他明细科目余额结转至"利润分配—未分配利润"明细科目时：

借：利润分配—未分配利润

4 200 000

　　贷：利润分配—提取法定盈余公积

700 000

　　—应付现金股利或利润

3 500 000

答案 AB

福喜总结 留存收益 ★★★

留存收益=**盈余公积+未分配利润**(2016 年、2014 年单选题，2018 年、2015 年、2014 年多选题)		
可供分配的利润=当年实现的净利润(或净亏损)+年初未分配利润(或-年初未弥补亏损)+其他转入(了解)		
可供分配的利润，按下列顺序分配：		
(1)提取法定盈余公积	(2)提取任意盈余公积	(3)向投资者分配利润
年度终了，企业应将全年实现的净利润或发生的净亏损，自"本年利润"科目转入"利润分配—未分配利润"科目，并将"利润分配"科目所属其他明细科目的余额，转入"未分配利润"明细科目		

随堂小练　限时20min

一、单项选择题

1. ☆下列各项中，关于盈余公积会计处理的表述正确的是（　　）。

   A. 用盈余公积弥补亏损时，应借记"盈余公积"科目，贷记"利润分配—盈余公积补亏"科目

   B. 用盈余公积发放现金股利时，应借记"盈余公积"科目，贷记"利润分配—应付现金股利或利润"科目

   C. 提取盈余公积时，应借记"本年利润"科目，贷记"盈余公积"科目

   D. 用盈余公积转增资本时，应借记"盈余公积"科目，贷记"资本公积"科目

2. ☆某企业年初所有者权益总额为500万元，当年以资本公积转增资本50万元，实现净利润300万元，提取盈余公积30万元，向投资者宣告分配现金股利70万元。不考虑其他因素，该企业年末所有者权益为（　　）万元。

   A. 650　　　　　　　B. 730

   C. 68　　　　　　　D. 770

3. ☆经股东大会批准，某公司以法定盈余公积弥补当年亏损80 000元。不考虑其他因素，下列各项中，该公司弥补亏损的会计处理正确的是（　　）。

   A. 借：盈余公积—法定盈余公积　　　　　　　　　　80 000
      贷：本年利润　　　80 000

   B. 借：盈余公积—法定盈余公积　　　　　　　　　　80 000
      贷：利润分配—盈余公积补亏　　　　　　　　80 000

   C. 借：利润分配—盈余公积补亏　　　　　　　　　　80 000
      贷：盈余公积—法定盈余公积　　　　　　　　　　80 000

   D. 借：利润分配—未分配利润80 000

      贷：盈余公积—法定盈余公积
      　　　　　　　　　80 000

4. ☆某企业2021年年初盈余公积为100万元，当年实现净利润为200万元。提取盈余公积20万元，用盈余公积转增资本30万元。用盈余公积向投资者分配现金股利10万元，2021年年末该企业盈余公积为（　　）万元。

   A. 70　　　　　　　B. 80

   C. 90　　　　　　　D. 60

二、多项选择题

1. ☆下列各项中，会导致上市公司盈余公积减少的有（　　）。

   A. 盈余公积补亏

   B. 盈余公积发放现金股利

   C. 股票发行溢价和资本公积不足抵扣的发行股票交易费用部分，抵扣盈余公积

   D. 折价回购本公司股份并注销

2. ☆下列各项中，导致企业年末可供分配利润总额发生增减变动的有（　　）。

   A. 本年发生净亏损

   B. 支付上年宣告发放的现金股利

   C. 用盈余公积转增资本

   D. 本年实现净利润

3. ☆下列各项中，属于所有者权益内部结转的有（　　）。

   A. 资本公积转增资本

   B. 提取盈余公积

   C. 宣告发放现金股利

   D. 收到投资者投入资本

4. ☆下列各项中，属于企业留存收益的有（　　）。

   A. 发行股票的溢价收入

   B. 按规定从净利润中提取的法定盈余公积

   C. 累计未分配利润

   D. 按股东大会决议从净利润中提取的任

意盈余公积

三、判断题

1. ☆企业提取的盈余公积经批准可用于弥补亏损、转增资本、发放现金股利或利润。
（　）

2. ☆企业应以年初未分配利润和当年度实现的利润总额为基数计算提取法定盈余公积。
（　）

四、不定项选择题

☆甲有限责任公司（简称"甲公司"）由两位投资者各出资 750 万元设立。2020 年 1 月初，甲公司资产负债表所有者权益项目金额如下：实收资本 1 500 万元，资本公积 500 万元，盈余公积 300 万元，未分配利润 100 万元。2020 年甲公司发生如下经济业务：

（1）1 月 10 日，经股东会批准，按股东原出资比例将资本公积 300 万元转增资本。

（2）9 月 20 日，为扩大经营规模，经股东会批准，引入新投资人加入甲公司，并将甲公司注册资本增加至 2 000 万元，按投资协议，新投资人出资资金 300 万元，占甲公司注册资本的比例为 10%。

（3）12 月 31 日，经计算本年度实现净利润 400 万元，经股东会批准，按净利润的 10% 提取法定盈余公积；按净利润的 30% 以现金方式向投资者分配利润。

要求：根据上述资料，不考虑其他因素，分析回答下列小题。（答案中的金额单位用万元表示）

（1）根据资料（1），下列各项中，甲公司以资本公积转增资本的会计处理正确的是（　）。

A. 借记"资本公积"科目 300 万元
B. 贷记"盈余公积"科目 300 万元
C. 借记"实收资本"科目 300 万元
D. 贷记"实收资本"科目 300 万元

（2）根据资料（2），下列各项中，甲公司

吸收新投资人投资的会计处理正确的是（　）。

A. 借：银行存款　　　　300
　　贷：实收资本　　　　　200
　　　　资本公积　　　　　100
B. 借：银行存款　　　　300
　　贷：实收资本　　　　　200
　　　　盈余公积　　　　　100
C. 借：银行存款　　　　300
　　贷：实收资本　　　　　200
　　　　营业外收入　　　　100
D. 借：银行存款　　　　300
　　贷：实收资本　　　　　300

（3）根据资料（3），下列各项中，甲公司年末结转净利润及利润分配的会计处理正确的是（　）。

A. 年末结转净利润：
借：利润分配—未分配利润　400
　　贷：本年利润　　　　　　　400
B. 年末结转净利润：
借：本年利润　　　　　　　400
　　贷：利润分配—未分配利润　400
C. 提取法定盈余公积：
借：利润分配—提取法定盈余公积40
　　贷：盈余公积　　　　　　　40
D. 向投资者分配利润：
借：利润分配—应付现金股利或利润
　　　　　　　　　　　　　120
　　贷：应付股利　　　　　　120

（4）根据期初资料、资料（1）至（3），下列各项中，2020 年 12 月 31 日甲公司"利润分配—未分配利润"科目的期末余额是（　）万元。

A. 240　　　　　　B. 460
C. 500　　　　　　D. 340

（5）根据期初资料、资料（1）至（3），下列各项中，2020 年 12 月 31 日甲公司资产负债表中相关项目"期末余额"栏填列正确的是（　）。

A. "盈余公积"项目 340 万元

B. "资本公积"项目300万元

C. "实收资本"项目2 000万元

D. "所有者权益合计"项目2 980万元

随堂小练参考答案及解析

一、单项选择题

1. A 【解析】选项B，用盈余公积发放现金股利时，应借记"盈余公积"科目，贷记"应付股利"科目；选项C，提取盈余公积时，应借记"利润分配—提取法定(任意)盈余公积"科目，贷记"盈余公积"科目；选项D，用盈余公积转增资本时，应借记"盈余公积"科目，贷记"实收资本"或"股本"科目。

2. B 【解析】以资本公积转增资本、提取盈余公积属于所有者权益内部的增减变动，不影响所有者权益总额，所以该企业年末所有者权益＝500＋300－70＝730(万元)。

会计分录：

借：资本公积 50

    贷：实收资本(或股本) 50

借：本年利润 300

    贷：利润分配—未分配利润 300

借：利润分配—提取法定盈余公积(或提取任意盈余公积) 30

    贷：盈余公积—法定盈余公积(或任意盈余公积) 30

借：利润分配—应付现金股利或利润 70

    贷：应付股利 70

3. B

4. B 【解析】2021年年末该企业盈余公积＝100＋20－30－10＝80(万元)。

二、多项选择题

1. ABC 【解析】选项A，会计分录：

借：盈余公积

    贷：利润分配—盈余公积补亏

选项B，会计分录：

借：盈余公积

    贷：应付股利

选项C，会计分录：

借：银行存款

    资本公积—股本溢价

    盈余公积

    贷：股本

选项D，会计分录：

回购：

借：库存股

    贷：银行存款

注销：

借：股本

    贷：库存股

      资本公积—股本溢价

2. AD 【解析】可供分配的利润＝当年实现的净利润(或净亏损)＋年初未分配利润(或－年初未弥补亏损)＋其他转入(如用盈余公积弥补亏损)。

3. AB 【解析】选项A，会计分录：

借：资本公积

    贷：实收资本/股本

所有者权益内部一增一减，符合题意。

选项B，会计分录：

借：利润分配

    贷：盈余公积

所有者权益内部一增一减，符合题意。

选项C，会计分录：

借：利润分配—应付现金股利或利润

    贷：应付股利

负债增加、所有者权益减少，不符合题意。

选项D，会计分录：(假设投入资本为原材料，不考虑增值税)

借：原材料

贷：实收资本/股本

资产和所有者权益同时增加，不符合题意。

4. BCD　【解析】选项 A，计入资本公积，不属于留存收益。

三、判断题

1. √

2. ×　【解析】如果以前年度未分配利润有盈余(即年初未分配利润余额为正数)，在计算提取法定盈余公积的基数时，不应包括企业年初未分配利润；如果以前年度有亏损(即年初未分配利润为负数)，应先弥补以前年度亏损再提取盈余公积。

四、不定项选择题

(1) AD；(2) A；(3) BCD；(4) D；(5) ABCD。

【解析】

(1) 资料(1)会计分录：

借：资本公积　　　　　　　300
　　贷：实收资本　　　　　　　　300

(2) 资料(2)会计分录：

借：银行存款　　　　　　　300
　　贷：实收资本　(2 000×10%)200
　　　　资本公积—资本溢价（倒挤)100

(3) 资料(3)会计分录：

年末结转净利润：

借：本年利润　　　　　　　400
　　贷：利润分配—未分配利润　　400

提取法定盈余公积：

借：利润分配—提取法定盈余公积

　　　　　　　　　(400×10%)40
　　贷：盈余公积　　　　　　　　40

向投资者分配利润：

借：利润分配—应付现金股利或利润

　　　　　　　　　(400×30%)120
　　贷：应付股利　　　　　　　120

(4) "利润分配—未分配利润"科目的期末余额 =100(期初资料)+(400-40-120)[资料(3)]=340(万元)。

(5) 选项 A，"盈余公积"项目=300(期初资料)+40[资料(3)]=340(万元)；选项 B，"资本公积"项目=500(期初资料)-300[资料(1)]+100[资料(2)]=300(万元)；选项 C，"实收资本"项目=1 500(期初资料)+300[资料(1)]+200[资料(2)]=2 000(万元)；选项 D，"所有者权益合计"项目=2 000(实收资本的金额)+300(资本公积的金额)+340(盈余公积的金额)+340(未分配利润的金额)=2 980(万元)。

或："所有者权益合计"项目=(1 500+500+300+100)(期初资料)+300[资料(2)]+(400-120)[资料(3)]=2 980(万元)。

同步训练　限时 40 分钟

扫我做试题

一、百考多选题

1. 下列关于资本公积的表述中，正确的有(　　)。

A. 企业实现净利润不会使资本公积发生增减变动，但会使留存收益和所有者权益发生增减变动

B. 资本公积转增资本和投资者投入资本

的溢价都不会使资本公积、留存收益和所
有者权益发生增减变动

C. 注销回购价格低于面值的库存股，其
账面余额与所冲减股本的差额全部记入
"资本公积"科目；注销回购价格高于面值
的库存股，其账面余额与所冲减股本的差
额全部记入"资本公积"科目

D. 某公司年初资本公积为 1 000 万元，用
资本公积转增资本 100 万元，不考虑其他
因素，则年末资本公积为 900 万元

2. 下列关于资本公积的表述中，正确的
有（　　）。

A. 资本公积—其他资本公积指除资本溢
价（股本溢价）、净损益、其他综合收益和
利润分配等以外所有者权益的其他变动

B. 某公司首次公开发行普通股 1 000 万
股，每股面值为 1 元，每股发行价格为 5
元，支付佣金 82 万元，手续费 18 万元，
该业务使企业资本公积增加 4 000 万元

C. 资本公积可以转增资本、弥补亏损

D. 留存收益（盈余公积、未分配利润）可
以转增资本、弥补亏损

二、单项选择题

1. ☆2021 年 8 月 1 日，某股份有限公司委托
证券公司发行股票 5 000 万股，每股面值
1 元，每股发行价格 6 元，向证券公司支
付佣金 900 万元，从发行收入中扣除。不
考虑其他因素，该公司发行股票记入"资
本公积—股本溢价"科目的金额为（　　）
万元。

A. 30 000　　　　　B. 5 000

C. 24 100　　　　　D. 29 100

2. ☆2020 年 8 月 1 日，某上市公司所有者权
益相关科目贷方余额为："股本"科目为
100 000 万元（每股面值为 1 元），"资本公
积—股本溢价"科目为 3 000 万元，"盈余
公积"科目为 30 000 万元。经股东大会批
准，8 月 3 日该公司以每股 3 元的价格回
购本公司股票 2 000 万股并注销。不考

其他因素，该公司注销本公司股份时应冲
减的盈余公积为（　　）万元。

A. 6 000　　　　　B. 1 000

C. 2 000　　　　　D. 3 000

3. 某公司 2020 年年初所有者权益总额为
1 360 万元，当年实现净利润 450 万元，
提取盈余公积 45 万元，向投资者分配现
金股利 200 万元，本年内以资本公积转增
资本 50 万元，投资者追加现金投资 30 万
元。该公司年末所有者权益总额为（　　）
万元。

A. 1 565　　　　　B. 1 595

C. 1 640　　　　　D. 1 795

4. 某股份有限公司按法定程序报经批准后采
用收购本公司股票方式减资，购回股票支
付价款低于股票面值总额的，所注销库存
股账面余额与冲减股本的差额应计
入（　　）。

A. 未分配利润　　　B. 营业外收入

C. 盈余公积　　　　D. 资本公积

5. ☆2017 年 1 月 1 日，某股份有限公司未分
配利润为 100 万元，2017 年度实现净利润
400 万元，法定盈余公积的提取率为 10%，
不考虑其他因素，下列关于盈余公积的账
务处理正确的是（　　）。

A. 借：利润分配—提取法定盈余公积
40

　　贷：盈余公积　　　　40

B. 借：本年利润—提取法定盈余公积
40

　　贷：盈余公积　　　　40

C. 借：本年利润—提取法定盈余公积
50

　　贷：盈余公积　　　　50

D. 借：利润分配—提取法定盈余公积
50

　　贷：盈余公积　　　　50

6. ☆2014 年年初某企业"利润分配—未分配
利润"科目借方余额 20 万元，2014 年度该
企业实现净利润为 160 万元，根据净利润

的 10% 提取盈余公积，2014 年年末该企业可供分配利润的金额为(　　)万元。

A. 126　　　　　B. 124

C. 140　　　　　D. 160

三、多项选择题

1. ☆下列各项中，最终会导致企业所有者权益总额减少的有(　　)。

A. 向投资者宣告分派现金股利

B. 盈余公积补亏

C. 出售固定资产发生净损失

D. 向投资者实际发放股票股利

2. ☆下列各项中，有限责任公司实收资本增加的有(　　)。

A. 盈余公积转增资本

B. 收到投资者追加投资

C. 资本公积转增资本

D. 提取法定盈余公积

3. ☆下列各项中，不会使资本公积发生增减变动的有(　　)。

A. 企业实现净利润

B. 盈余公积转增资本

C. 资本公积转增资本

D. 投资者超过注册资本额的投入资本

4. ☆下列各项中，通过"利润分配—未分配利润"科目核算的有(　　)。

A. 向投资者宣告分配现金股利

B. 提取法定盈余公积

C. 盈余公积转增股本

D. 盈余公积弥补亏损

5. ☆下列各项中，引起企业留存收益总额发生增减变动的有(　　)。

A. 盈余公积转增资本

B. 提取法定盈余公积

C. 宣告分配现金股利

D. 本年度实现净利润

6. 下列各项中，属于资本公积来源的有(　　)。

A. 盈余公积转入

B. 资本溢价或股本溢价

C. 其他资本公积

D. 从企业实现的净利润中提取

7. 下列各项中，仅引起所有者权益内部结构发生变动而不影响所有者权益总额的有(　　)。

A. 用盈余公积弥补亏损

B. 用盈余公积转增资本

C. 股东大会宣告分配现金股利

D. 实际发放股票股利

四、判断题

1. ☆企业接受投资者以非现金资产投资时，应按该资产的账面价值入账。(　　)

2. 有限责任公司以资本公积或盈余公积转增资本，应当按照原出资者各自出资比例相应增加各出资者的出资金额。(　　)

3. ☆公司按面值发行股票时，发生的相关交易费用冲减"资本公积—其他资本公积"科目。(　　)

4. ☆股份有限公司溢价发行股票时，按面值计入股本，溢价收入扣除发行手续费、佣金等发行费用后的金额计入资本公积。(　　)

5. 资本公积主要用途是用来转增资本，不能用于派发现金股利。(　　)

6. ☆年末，"利润分配"科目除了未分配利润明细科目外，其他明细科目均无余额。(　　)

7. 企业用盈余公积转增资本，留存收益总额不会发生变动。(　　)

五、不定项选择题

1. ☆2019 年年初某股份有限公司股东权益共计 8 600 万元，其中，股本 5 000 万元，资本公积 1 000 万元，盈余公积 2 000 万元，未分配利润 600 万元。2019 年度该公司发生有关股东权益业务如下：

(1)2 月 1 日，经批准增发普通股股票 500 万股，每股面值 1 元，每股发行价格为 4 元，按照发行收入的 3% 支付手续费和佣金。股票已全部发行完毕,所收股款存入该公司开户银行。

(2)10月8日,经股东大会批准,该公司以每股3元价格回购本公司股票600万股(每股面值1元),并在规定时间内注销回购的股票。

(3)2019年度实现净利润1 000万元。年末,按净利润的10%提取法定盈余公积;经股东大会批准,按净利润的5%提取任意盈余公积,并宣告发放现金股利100万元。

要求:根据上述资料,不考虑其他因素,分析回答下列小题。(答案中的金额单位用万元表示)

(1)根据资料(1),该公司发行股票记入"资本公积——股本溢价"科目的金额是( )万元。

A. 1 500　　　　B. 2 000

C. 1 940　　　　D. 1 440

(2)根据期初资料、资料(1)和资料(2),下列各项中,该公司注销股票的会计处理结果正确的是( )。

A. 冲减资本公积1 800万元

B. 冲减股本600万元

C. 冲减盈余公积1 200万元

D. 冲减资本公积1 200万元

(3)根据期初资料和资料(3),下列各项中,该公司利润分配业务的会计处理表述正确的是( )。

A. "应付股利"科目贷方增加100万元

B. "资本公积"科目贷方增加750万元

C. "盈余公积"科目贷方增加150万元

D. "利润分配——未分配利润"科目贷方增加750万元

(4)根据期初资料、资料(1)至资料(3),下列各项中,不影响股东权益总额的业务是( )。

A. 注销回购股票600万股

B. 按净利润的5%计提任意盈余公积

C. 向投资者宣告发放现金股利100万元

D. 按净利润的10%计提法定盈余公积

(5)根据期初资料、资料(1)至资料(3),2019年12月31日该公司资产负债表中股东权益总额是( )万元。

A. 9 640　　　　B. 9 740

C. 9 700　　　　D. 11 440

2. ☆甲有限责任公司为增值税一般纳税人,2019年9月,该公司发生的有关经济业务资料如下:

(1)当月收到乙公司作为资本投入的不需安装的生产设备。投资合同约定设备价值为400万元(与公允价值相符),取得的增值税专用发票上注明的增值税税额为52万元(由乙公司支付)。按合同约定,乙公司在甲公司注册资本中享有的份额为300万元。

(2)当月报废生产设备一台,原价为80万元,截至9月末的累计折旧为76万元,设备零部件作价0.4万元作为维修材料入库。

(3)当月以银行存款购入一项管理用非专利技术,取得的增值税专用发票上注明的价款为90万元,增值税税额为5.4万元;该项非专利技术预计使用年限为5年,预计净残值为零,采用年限平均法摊销。

要求:根据上述资料,不考虑其他因素,分析回答下列小题。(答案中的金额单位用万元表示)

(1)根据资料(1),下列各项中,关于甲公司接受设备投资的会计处理正确的是( )。

A. 借:固定资产　　　　　　　400

　　　应交税费——应交增值税(进项税额)

　　　　　　　　　　　　　　52

　　　贷:实收资本——乙公司　300

　　　　　资本公积——资本溢价　152

B. 借:固定资产　　　　　　　452

　　　贷:实收资本——乙公司　452

C. 借:固定资产　　　　　　　400

　　　应交税费——应交增值税(进项税额)

　　　　　　　　　　　　　　52

贷：实收资本—乙公司 452

D. 借：固定资产 452

　　贷：实收资本—乙公司 300

　　　　资本公积—资本溢价 152

(2)根据资料(2)，甲公司报废固定资产发生的净损失是( )万元。

A. 4.4　　　　　B. 4.8

C. 4　　　　　　D. 3.6

(3)根据资料(3)，下列各项中，关于甲公司非专利技术的会计处理结果正确的是( )。

A. 非专利技术当月摊销额为1.59万元

B. 非专利技术入账成本为95.4万元

C. 非专利技术入账成本为90万元

D. 非专利技术应当按月进行摊销

(4)根据资料(1)至资料(3)，上述业务对甲公司2019年9月利润表中"管理费用"项目本期金额的影响是( )万元。

A. 19.08　　　　B. 1.5

C. 18　　　　　 D. 1.59

(5)根据资料(1)至资料(3)，下列各项中，甲公司2019年9月相关会计处理结果表述正确的是( )。

A. 固定资产账面价值增加400万元

B. 无形资产账面价值增加88.5万元

C. 所有者权益账面价值增加452万元

D. 固定资产账面价值增加396万元

同步训练参考答案及解析

一、百考多选题

1. AD 【解析】选项A，企业实现净利润不会影响资本公积，但会使留存收益和所有者权益增加；选项B，资本公积转增资本会使资本公积减少，不会影响留存收益和所有者权益总额；投资者投入资本的溢价使资本公积增加，从而导致所有者权益增加，但不影响留存收益；选项C，注销回购价格高于面值的库存股，其账面余额与所冲减股本的差额应先冲减"资本公积—股本溢价"，股本溢价不足冲减的部分，应依次冲减"盈余公积"和"利润分配—未分配利润"；若回购价格低于面值，则差额全部记入"资本公积—股本溢价"。

2. AD 【解析】选项B，该业务使资本公积增加的金额＝(5－1)×1 000－(82＋18)＝3 900(万元)；选项C，资本公积可以用于转增资本，但不能用于弥补亏损。

二、单项选择题

1. C 【解析】会计分录：

借：银行存款 (5 000×6－900)29 100

贷：股本 (5 000×1)5 000

　　资本公积—股本溢价

　　　　　　　　　(倒挤)24 100

2. B 【解析】注销本公司股份时应冲减的盈余公积的金额＝2 000×3－2 000×1－3 000＝1 000(万元)。

回购库存股的分录：

借：库存股 6 000

贷：银行存款 6 000

注销分录如下：

借：股本 2 000

　　资本公积—股本溢价 3 000

　　盈余公积 1 000

贷：库存股 6 000

3. C 【解析】以资本公积转增资本、提取盈余公积是所有者权益内部项目的变化，并不影响所有者权益总额，向投资者分配现金股利减少所有者权益总额，实现净利润、接受现金投资增加所有者权益总额，因此该企业年末所有者权益总额＝1 360＋450－200＋30＝1 640(万元)。

4. D 【解析】如果购回股票支付的价款低于面值总额，所注销库存股的账面余额与所冲减股本的差额作为增加"**资本公积——股本溢价**"处理。

5. A 【解析】如果期初未分配利润为亏损，计提盈余公积时的基数为净利润扣除亏损之后的余额；如果为盈利，计提盈余公积时的基数为当期实现的净利润。应计提法定盈余公积金额＝400×10%＝40（万元）。

6. C 【解析】2014年年末该企业的可供分配利润的金额＝年初未分配利润＋本年实现的净利润＋其他转入＝－20＋160＝140（万元）。

三、多项选择题

1. AC 【解析】选项A的分录：
借：利润分配—应付现金股利或利润
　　贷：应付股利
借方为所有者权益项目，贷方为负债项目，因此该业务会减少所有者权益总额。
选项B的分录：
借：盈余公积
　　贷：利润分配—盈余公积补亏
借方和贷方均为所有者权益项目，对所有者权益总额无影响。
选项C的分录：
借：资产处置损益
　　贷：固定资产清理
借方为损益类项目，会减少利润，最终会减少所有者权益总额。
选项D的分录：
借：利润分配—转作股本的股利
　　贷：股本
借方和贷方均为所有者权益项目，对所有者权益总额无影响。

2. ABC 【解析】选项A，会计分录：
借：盈余公积
　　贷：实收资本
选项B，会计分录：
借：银行存款
　　贷：实收资本
　　　　资本公积—资本溢价
选项C，会计分录：

借：资本公积
　　贷：实收资本
选项D，会计分录：
借：利润分配—提取法定盈余公积
　　贷：盈余公积—法定盈余公积
借：利润分配—未分配利润
　　贷：利润分配—提取法定盈余公积

3. AB 【解析】选项A，企业实现净利润最终转入未分配利润科目，引起所有者权益增加，与资本公积无关。
选项B，不会使资本公积发生增减变动，其分录为：
借：盈余公积
　　贷：实收资本/股本
选项C，会导致资本公积减少，其分录为：
借：资本公积
　　贷：实收资本/股本
选项D，会导致资本公积增加，其分录为：
借：银行存款
　　贷：实收资本/股本
　　　　资本公积

4. ABD 【解析】选项A，向投资者宣告分配现金股利：
借：利润分配—应付现金股利或利润
　　贷：应付股利
借：利润分配—未分配利润
　　贷：利润分配—应付现金股利或利润
选项B，提取法定盈余公积：
借：利润分配—提取法定盈余公积
　　贷：盈余公积—法定盈余公积
借：利润分配—未分配利润
　　贷：利润分配—提取法定盈余公积
选项C，盈余公积转增股本：
借：盈余公积
　　贷：股本
选项D，盈余公积弥补亏损：
借：盈余公积
　　贷：利润分配—盈余公积补亏
借：利润分配—盈余公积补亏

贷：利润分配—未分配利润

5. ACD 【解析】选项 A，盈余公积转增资本：

借：盈余公积

　　贷：实收资本/股本

盈余公积减少，留存收益总额减少。

选项 B，提取法定盈余公积：

借：利润分配

　　贷：盈余公积

留存收益内部一增一减，无影响。

选项 C，宣告分配现金股利：

借：利润分配—应付现金股利或利润

　　贷：应付股利

借：利润分配—未分配利润

　　贷：利润分配—应付现金股利或利润

未分配利润减少，留存收益减少。

选项 D，本年度实现净利润：

借：本年利润

　　贷：利润分配—未分配利润

未分配利润增加，留存收益总额增加。

6. BC 【解析】选项 A，盈余公积不能转入资本公积；选项 D，从净利润中提取的是盈余公积。

7. ABD 【解析】选项 A，盈余公积减少，未分配利润增加；选项 B，盈余公积减少，实收资本或股本增加；选项 D，未分配利润减少，股本增加。上述三项均不引起所有者权益总额的变动，但都导致所有者权益内部结构发生变动。选项 C，未分配利润或盈余公积减少，应付股利增加，所有者权益总额减少。

【应试技巧】只要选项中的业务分录借贷方都是所有者权益类科目，即满足条件，因此重点还是把握好分录。

四、判断题

1. × 【解析】企业接受投资者以非现金资产投资时，应按投资**合同或协议约定的价值入账，但投资合同或协议约定的价值不公允的除外。**

2. √ 【解析】如甲、乙、丙三个公司共同投资设立 A 有限责任公司，甲公司占比 30%，乙公司占比 50%，丙公司占比 20%。因扩大经营规模需要，将资本公积（盈余公积）100 万元转增资本，则甲公司确认实收资本增加 100×30% = 30（万元），同理，乙公司和丙公司分别确认增加 50 万元和 20 万元。

3. × 【解析】发行股票时发生的相关交易费用应冲减"**资本公积—股本溢价**"，股本溢价不足冲减的，依次冲减盈余公积和未分配利润。

4. √

5. √

6. √

7. × 【解析】**留存收益包括盈余公积和未分配利润**。用盈余公积转增资本时，盈余公积减少，实收资本（或股本）增加，留存收益总额会减少。

五、不定项选择题

1. （1）D；（2）BD；（3）ACD；（4）ABD；（5）A。

【解析】（1）记入"资本公积—股本溢价"科目的金额 = 500×（4−1）−500×4×3% = 1 440（万元）。

（2）资料（1）会计分录：

借：银行存款　　　　　（500×4）2 000

　　贷：股本　　　　　　（500×1）500

　　　　资本公积—股本溢价

　　　　　　　　　　　（倒挤）1 500

借：资本公积—股本溢价

　　　　　　　　　（500×4×3%）60

　　贷：银行存款　　　　　　　　60

资料（2）会计分录：

回购时：

借：库存股　　　　　　　　　1 800

　　贷：银行存款　　　　　　　1 800

注销时：

借：股本　　　　　　　　　　　600

资本公积—股本溢价(倒挤)

               1 200

    贷:库存股   1 800

(3)资料(3)会计分录:

结转实现净利润时:

借:本年利润   1 000

    贷:利润分配—未分配利润 1 000

提取盈余公积时:

借:利润分配—提取法定盈余公积

           (1 000×10%)100

    —提取任意盈余公积

            (1 000×5%)50

    贷:盈余公积—法定盈余公积 100

        —任意盈余公积   50

宣告发放现金股利时:

借:利润分配—应付现金股利或利润

               100

    贷:应付股利   100

将"利润分配"科目所属其他明细科目的余额结转至"未分配利润"明细科目:

借:利润分配—未分配利润   250

    贷:利润分配—提取法定盈余公积

                100

    —提取任意盈余公积 50

    —应付现金股利或利润

                100

(4)选项C,导致股东权益减少。

(5)2019年12月31日该公司资产负债表中股东权益总额=8 600(期初)+500[资料(1)]+1 440[资料(1)]-1 800[资料(2)]+1 000[资料(3)]-100[资料(3)]=9 640(万元)。

2.(1)A;(2)D;(3)CD;(4)B;(5)BCD。

【解析】(1)资料(1)会计分录:

借:固定资产   400

    应交税费—应交增值税(进项税额)

               52

    贷:实收资本—乙公司   300

    资本公积—资本溢价(倒挤) 152

(2)资料(2)会计分录:

将报废固定资产账面价值转入固定资产清理:

借:固定资产清理   4

    累计折旧   76

    贷:固定资产   80

设备零部件作为维修材料入库:

借:原材料   0.4

    贷:固定资产清理   0.4

结转报废固定资产发生的净损失:

借:营业外支出   3.6

    贷:固定资产清理 (4-0.4)3.6

(3)对于使用寿命有限的无形资产,企业应当按月进行摊销。当月摊销额=90/5/12=1.5(万元)。

资料(3)会计分录:

借:无形资产   90

    应交税费—应交增值税(进项税额)

               5.4

    贷:银行存款   95.4

(4)非专利技术每月计提摊销:

借:管理费用   1.5

    贷:累计摊销   1.5

购入管理用非专利技术的摊销额计入管理费用,所以上述业务对甲公司2019年9月利润表中"管理费用"项目的影响金额为1.5万元。

(5)选项AD,固定资产账面价值=400[资料(1)]-(80-76)[资料(2)]=396(万元);选项B,无形资产账面价值=90[资料(3)]-1.5[资料(3)]=88.5(万元);选项C,所有者权益账面价值=300[资料(1)]+152[资料(1)]=452(万元)。

第七章 收入、费用和利润

历年考情概况

本章是《初级会计实务》中非常重要的一章。考试覆盖了单选、多选、判断、不定项等全部题型。历年考试情况为 2021 年 21 分，2020 年 20 分，2019 年 22 分，2018 年 22 分，预计 2022 年考试分数在 20 分左右。

最近三年无纸化考试大部分试题是按照知识点独立考核，考试难度明显下降。

近年考点直击

考点	主要考查题型	考频指数	考查角度
收入的确认和计量	单选题、多选题、判断题	★★★	其他业务收入核算的内容；在某一时段内履行履约义务确认收入
合同成本	单选题、多选题、判断题	★★	合同取得成本和合同履约成本的内容
商业折扣和销售退回	单选题、判断题、不定项选择题	★★	考查商业折扣存在时的账务处理；考查销售退回的账务处理
税金及附加	单选题、多选题、判断题	★★	考查税金及附加的内容及核算
期间费用	单选题、多选题、判断题	★★★	考查期间费用的确认及核算
营业利润	单选题、多选题、不定项选择题	★★	考查营业利润的影响因素及计算
利润总额、本年利润和净利润	单选题、多选题、不定项选择题	★★★	考查利润总额、本年利润和净利润的计算
营业外收支	单选题、多选题	★★	考查营业外收支的核算内容
所得税费用	单选题、不定项选择题	★★	考查所得税费用的计算

2022 年考试变化

（1）新增收入的概念与收入的管理。

（2）新增不同结算方式下商品销售收入的确认。

（3）新增可变对价的账务处理。

（4）新增合同负债的内容。

（5）按收入准则相关规定调整涉及现金折扣的内容。

（6）对其他内容进行微调和完善。

【案例导入】

福喜问：考生小伙伴，你会背利润表吗？

考生小伙伴：我会啊，我背给你听：

利润表（简表）

2×22 年 5 月 　　　　　　　　　　　　　　　　　　　　单位：元

项目	本期金额
一、营业收入	
减：营业成本	
税金及附加	
销售费用	
管理费用	
研发费用	
财务费用	
加：其他收益	
投资收益（损失以"-"号填列）	
净敞口套期收益（损失以"-"号填列）	
公允价值变动收益（损失以"-"号填列）	
信用减值损失（损失以"-"号填列）	
资产减值损失（损失以"-"号填列）	
资产处置收益（损失以"-"号填列）	
二、营业利润	
加：营业外收入	
减：营业外支出	
三、利润总额	
减：所得税费用	
四、净利润	
五、其他综合收益的税后净额	
六、综合收益总额	
七、每股收益	

福喜问：考生小伙伴，那你会填制利润表的项目吗？

考生小伙伴：我、我、我试试。

福喜说：如果你觉得太难，没关系，等你学习完本章和财务报告一章，再来填制利润表也不迟，因为这个表太重要了，每年必考，老师建议你必须掌握，考试可以多得好多分噢。

考生小伙伴：我懂了，那您开始讲解吧。

【已知】2×22 年 5 月，福喜公司结账前各科目余额如下：

单位：元

科目	贷方	科目	借方
主营业务收入	1 000 000	主营业务成本	600 000
其他业务收入	500 000	其他业务成本	300 000
投资收益	300 000	税金及附加	16 000
公允价值变动损益	200 000	销售费用	100 000
资产处置损益	250 000	管理费用(其中费用化研发费用)	84 000(4 000)
其他收益	150 000	财务费用	20 000
营业外收入	100 000	资产减值损失	3 000
其他综合收益	—	信用减值损失	7 000
		营业外支出	70 000
		所得税费用	300 000

该公司企业所得税税率为25%，请编制以下利润表(简表)。

【分析】

利润表(简表)

2×22年5月

单位：元

项目	本期金额
一、营业收入	(1 000 000+500 000)1 500 000
减：营业成本	(600 000+300 000)900 000
税金及附加	16 000
销售费用	100 000
管理费用	(84 000−4 000)80 000
研发费用	4 000
财务费用	20 000
加：其他收益	150 000
净敞口套期收益(损失以"−"号填列)	0
投资收益(损失以"−"号填列)	300 000
公允价值变动收益(损失以"−"号填列)	200 000
信用减值损失(损失以"−"号填列)	−7 000
资产减值损失(损失以"−"号填列)	−3 000
资产处置收益(损失以"−"号填列)	250 000
二、营业利润	1 270 000
加：营业外收入	100 000
减：营业外支出	70 000
三、利润总额	1 300 000
减：所得税费用	300 000
四、净利润	1 000 000
五、其他综合收益的税后净额	—
六、综合收益总额	1 000 000
七、每股收益	—

请考生牢记上述利润表(简表)，本章将要学习的知识主要是利润表上的项目。

考点一 收入的确认和计量

考点详解

一、收入基础知识

收入是指企业在**日常活动**中形成的、会导致所有者权益增加的、**与所有者投入资本无关**的经济利益的总流入。

（一）一般商品销售收入的账务处理

企业一般商品销售合同中涉及的履约义务属于**在某一时点履行**的履约义务。对于该类履约义务，企业应在**控制权转移**给客户时确认收入。控制权发生转移的迹象如下：

（1）企业就该商品享有现时收款权利，即客户就该商品负有现时付款义务。

（2）企业已将该商品的法定所有权转移给客户，即客户已拥有该商品的法定所有权。

（3）企业已将该商品所有权上的主要风险和报酬转移给客户。

（4）客户已接受该商品。

（5）企业已将该商品实物转移给客户，即客户已占有该商品实物。

（6）其他表明客户已取得商品控制权的迹象。

【例题1·多选题】对于在某一时点履行的履约义务，企业应当在客户取得相关商品控制权时确认收入。下列各项中，属于企业在判断客户是否取得商品的控制权时应当考虑的迹象的有（　）。

A. 客户已接受该商品

B. 客户已拥有该商品的法定所有权

C. 客户就该商品负有现时付款义务

D. 客户已取得该商品所有权上的主要风险和报酬

答案 ▶ ABCD

【例题2·多选题】☆甲公司向乙公司销售一批商品，开出的增值税专用发票上注明的价款为10 000元，增值税税额为1 300元；

商品已经发出，并已向银行办妥托收手续。该批商品的成本为6 000元。不考虑其他因素，下列说法中正确的有（　）。

A. 主营业务成本增加6 000元

B. 主营业务收入增加11 300元

C. 主营业务收入增加10 000元

D. 应收账款增加10 000元

解析 ▶ 会计分录：

借：应收账款　　　　　　　　　11 300

　　贷：主营业务收入　　　　　　10 000

　　　　应交税费——应交增值税（销项税额）　　　　　　　　　　1 300

借：主营业务成本　　　　　　　　6 000

　　贷：库存商品　　　　　　　　6 000

答案 ▶ AC

（二）现金结算、商业汇票结算、赊销

【案例1】（1）福喜公司（一般纳税人）向甲公司销售商品一批，已满足收入确认条件，售价为100万元，增值税额为13万元。福喜公司收到商业承兑汇票一张，票面金额为113万元，期限为6个月。

一手交钱，确认收入：

借：应收票据　　　　　　　　　　113

　　贷：主营业务收入　　　　　　100

　　　　应交税费——应交增值税（销项税额）　　　　　　　　　　13

如果款未收，也未收到商业汇票等（即属于赊销），则借记"应收账款"科目。如果确认收入时已收款，则借记"银行存款"等科目。

（2）该批商品成本为80万元。

一手交货，确认成本：

借：主营业务成本　　　　　　　　80

　　贷：库存商品　　　　　　　　80

（3）在商业汇票结算方式或赊销方式下，

6个月后，福喜公司收到款项存入银行，则：

借：银行存款　　　　　　　　113

　　贷：应收票据（应收账款）　　113

（三）委托收款结算

【案例2】3月1日，福喜公司向乙公司赊销一批商品、开具的增值税专用发票上注明售价为100万元，增值税税额为13万元。福喜公司为乙公司垫付运费1万元。该批商品的实际成本为60万元。当日，乙公司已收到商品并验收入库，福喜公司已在银行办妥托收手续。

3月8日，福喜公司收到银行转来的收款通知，相关款项已全部收存银行。

假定该业务属于在某一时点履行的履约义务。福喜公司编制的会计分录如下：

（1）3月1日，确认收入时：

借：应收账款—乙公司　　　　113

　　贷：主营业务收入　　　　　　100

　　　　应交税费—应交增值税（销项税额）　　　　　　　　　13

（2）3月1日，代垫运费时：

借：应收账款—乙公司　　　　　1

　　贷：银行存款（付给运输公司）　1

（3）3月1日，结转成本：

借：主营业务成本　　　　　　60

　　贷：库存商品　　　　　　　　60

（4）3月8日，收到款项存入银行：

借：银行存款　　　　　　　　114

　　贷：应收账款　　　　　　　　114

（四）已经发出商品但不符合收入确认条件的处理

如果企业发出商品不符合销售商品收入的相关确认条件（一般最主要的是对价"很可能收回"的条件没有满足），则不应确认收入，所发出商品的成本通过"发出商品"科目核算。

【案例3】3月1日，福喜公司（一般纳税人）采用托收承付结算方式向有福公司销售一批商品，开出的增值税专用发票上注明售价为100万元，增值税税额为13万元；该批商品的成本为80万元。福喜公司在销售该批商品时已得知有福公司资金流转发生暂时性困难，但为了减少存货积压，同时也为了维持与有福公司长期以来建立的商业关系，福喜公司仍将商品发出，并办妥托收手续。

发出商品时：

借：发出商品（成本价）　　　80

　　贷：库存商品（成本价）　　　80

【案例4】3月1日，服装生产商福喜公司（一般纳税人）委托来福士商场（一般纳税人）代销10套西装，每套售价为0.2万元，每套成本为0.1万元。双方约定：福喜公司按售价的10%向来福士商场支付手续费。除非这批服装由于来福士商场的责任而毁损、丢失，否则在其对外售出之前，来福士商场没有义务向福喜公司付款，来福士商场不承担包销责任，没有售出的服装可以退回福喜公司，福喜公司也有权收回该批服装或将其销售给其他客户。

截至3月底，来福士商场共销售西装5套，总售价为1万元，增值税税额为0.13万元，款已收。

3月底，福喜公司收到来福士商场的代销清单，福喜公司开具增值税专用发票给来福士商场，发票注明价款为1万元，增值税税额为0.13万元，款未收。

来福士商场开具代销手续费增值税专用发票给福喜公司，不含税价款为0.1万元，增值税税额为0.006万元。同时，来福士商场支付扣除手续费及其增值税税额后的代销款给福喜公司，福喜公司收到款项，存入银行。

请编制委托方（福喜公司）和受托方（来福士）的会计分录。

时点	福喜公司	来福士	
发出商品时	借：发出商品　　　　　1 　贷：库存商品　　　　　1	收到商品时	借：受托代销商品(资产类、售价)　　2 　贷：受托代销商品款(负债类、欠款)　2
收到代销清单时	①借：应收账款　　1.13 　贷：主营业务收入　1 　　应交税费—应交增值税(销项税额)　0.13 ②借：主营业务成本　0.5 　贷：发出商品　0.5 ③借：销售费用　0.1 　　应交税费—应交增值税(进项税额)　0.006 　贷：应收账款　0.106	对外销售时	借：银行存款　　　　1.13 　贷：受托代销商品　　1 　　应交税费—应交增值税(销项税额)　0.13
		收到增值税专用发票时	借：应交税费—应交增值税(进项税额)　0.13 　贷：应付账款　　0.13
		已销商品，欠货转到欠款	借：受托代销商品款　　1 　贷：应付账款　　1
收到款项时	借：银行存款　　　1.024 　贷：应收账款　　　1.024	支付货款并计算代销手续费时	借：应付账款　　　　1.13 　贷：银行存款　　1.024 　　其他业务收入　　0.1 　　应交税费—应交增值税(销项税额)　0.006

【例题3·单选题】 ☆企业已经发出但不符合收入确认条件的商品成本，应借记的会计科目是(　)。

A. 主营业务成本

B. 发出商品

C. 销售费用

D. 其他业务成本

解析 ▶ 会计分录：

借：发出商品

　贷：库存商品

答案 ▶ B

【例题4·多选题】 下列各项关于采用支付手续费方式委托代销商品(委托方为主要责任人，受托方为代理人)会计处理的表述中，正确的有(　)。

A. 委托方通常在收到受托方开出的代销清单时确认销售商品收入

B. 委托方发出商品时应按约定的售价记入"发出商品"科目

C. 受托方应在代销商品销售后按照双方约定的手续费确认收入

D. 受托方一般应按其与委托方约定的售价总额确认受托代销商品款

解析 ▶ 选项B，委托方发出商品时应按照成本记入"发出商品"科目。　　**答案** ▶ ACD

(五)销售退回

所售商品被退货，意味着企业履约义务的减少，也意味着客户对该商品的控制权及其相关经济利益的丧失。

企业收到退回的商品时(假定不是在日后期间发生退回)，应冲减**退货期间**的收入和成本。

【案例5】 3月1日，福喜公司(一般纳税人)销售一批商品给甲公司，售价为100万元，增值税税额为13万元，成本为80万元。福喜公司已确认收入，款未收。

3月8日，甲公司将上述商品全部退回。

假定3月8日不属于资产负债表日后期间。则福喜公司：

(1)3月1日：

①销售实现，确认收入：

借：应收账款　　　　　113

　贷：主营业务收入　　　100

　　应交税费—应交增值税(销项税额)　　13

②结转成本：

借：主营业务成本　　　　80

　贷：库存商品　　　　　80

（2）3月8日：

①冲销收入：

借：主营业务收入　　　　　　100

　　应交税费—应交增值税（销项税额）

　　　　　　　　　　　　　　　13

　　贷：应收账款　　　　　　113

如果退货前，款已收，则应在上述分录中贷记"银行存款"。

②冲销成本：

借：库存商品　　　　　　　　80

　　贷：主营业务成本　　　　80

（六）其他业务收入的处理

（1）企业对外销售不需用的原材料、随同商品对外销售单独计价的包装物等业务。收入记入"其他业务收入"科目，成本记入"其他业务成本"科目。

（2）『链接』牢记计入其他业务收入（成本）的情况。

猪（出租）吃代销（委托方的代销手续费）包装（销售单独计价的包装物）的饲料（销售原材料）。

【案例6】福喜公司（一般纳税人）销售一批原材料，已满足收入确认条件，售价为10万元，增值税税额为1.3万元，成本为8万元，款项已由银行收妥。

确认收入：

借：银行存款　　　　　　　　11.3

　　贷：其他业务收入　　　　10

　　　　应交税费—应交增值税（销项税额）　　　　　　　　1.3

结转已销原材料的实际成本：

借：其他业务成本　　　　　　8

　　贷：原材料　　　　　　　8

（3）"其他业务成本"科目核算还包括以下内容：

①出租固定资产的折旧额、出租无形资产的摊销额：

借：其他业务成本

　　贷：累计折旧

　　　　累计摊销

②出租包装物的成本或摊销额：

借：其他业务成本

　　贷：周转材料—包装物

【例题5·单选题】☆下列各项中，制造业企业应通过"其他业务收入"科目核算的是（　　）。

A. 出租固定资产实现的收入

B. 转让交易性金融资产取得的收益

C. 无法查明原因的现金溢余

D. 接受现金捐赠产生的利得

解析 ▶ 选项B，通过"投资收益"科目核算；选项CD，通过"营业外收入"科目核算。

答案 ▶ A

【例题6·单选题】☆某企业为增值税一般纳税人，增值税税率为13%。本月销售一批材料，价款为5 876元（含增值税）。该批材料计划成本为4 200元，材料成本差异率为2%。不考虑其他因素，该企业销售该批材料应确认的损益为（　　）元。

A. 916　　　　　　　B. 1 000

C. 1 592　　　　　　D. 1 676

解析 ▶ 销售材料应确认的损益＝销售收入－销售成本＝5 876÷（1＋13%）－4 200×（1＋2%）＝916（元）。

会计分录：

借：银行存款等　　　　　　　5 876

　　贷：其他业务收入

　　　　　［5 876÷（1＋13%）］5 200

　　　　应交税费—应交增值税（销项税额）　　（5 200×13%）676

借：其他业务成本

　　　　［4 200×（1＋2%）］4 284

　　贷：原材料　　　　　　　4200

　　　　材料成本差异　　　　84

答案 ▶ A

二、收入提高部分

（一）收入确认和计量的五步法

第一部分　总述

【案例7】今年1月1日，卖车合同约

定：卖车(单独售价为 8 万元)+2 年保养(单独售价为 2 万元)，合同价为 9 万元。假定"提供 2 年保养"不属于法定要求、可单独出售，且假定其属于时段义务。不考虑其他因素。

步骤	内容	处理类别
第一步	识别与客户订立的合同(卖车合同)	确认
第二步	识别合同中的单项履约义务(卖车、提供保养服务)	
第三步	确定交易价格(合同价格 9 万元)	计量
第四步	将交易价格分摊至各单项履约义务[车：9×8/10=7.2(万元)；保养：9×2/10=1.8(万元)]	
第五步	履行各单项履约义务时(时点义务、时段义务)确认收入[卖车：时点义务，今年确认收入 7.2 万元；保养：时段义务，今年、明年分别确认收入 0.9 万元(1.8×1/2)]	确认

此即收入确认和计量的五步法的通俗理解。

【速记】何(合同)丹(单项履约义务)嫁(价格)丰(分摊)收(收入)

第二部分　具体阐述

1.(第一步)识别与客户订立的合同

(1)收入确认原则。

企业应当在履行了合同中的履约义务，即在客户取得相关商品控制权时确认收入。

取得商品控制权需同时满足三要素：一是能力；二是主导该商品的使用；三是能够获得几乎全部的经济利益。

【例题 7·判断题】企业在售出商品后，即使仍然能够对所售出商品实施有效控制，也应确认商品销售收入。　　　　　　　　　　　　　　(　　)

解析 ▶ 客户未取得商品的控制权，不能确认收入，故本题表述错误。　　答案 ▶ ×

(2)"企业在客户取得相关商品控制权时确认收入"需满足的前提条件。

收入确认时需满足的前提条件如表 7-1 所示。

表 7-1　收入确认时需满足的前提条件

项目	内容
"企业在客户取得相关商品控制权时确认收入"需满足的前提条件	①合同各方已批准该合同并承诺将履行各自义务
	②合同明确了各方的相关权利和义务
	③有明确的支付条款
	④具有商业实质
	⑤对价很可能收回

2.(第二步)识别合同中的单项履约义务

履约义务，是指合同中企业向客户转让可明确区分商品的承诺。

3.(第三步)确定交易价格

(1)交易价格，是指企业因向客户转让商品而预期有权收取的对价金额。交易价格包括固定价格和可变金额。

(2)不计入交易价格的内容：企业代第三方收取的款项(例如增值税)以及企业预期将退还给客户的款项，应当作为负债进行会计处理，不计入交易价格。

【案例 8】福喜公司为甲公司建造一栋写字楼，合同约定的价款为 1 000 万元，6 个月完工，固定造价为 1 000 万元。假如双方约定，如果福喜公司提早 30 天完工，则甲公司将额外奖励福喜公司 100 万元。福喜公司估计该工程提前 30 天完工的可能性为 96%。假定不考虑增值税等因素。

问：福喜公司该项业务的交易价格是多少？

本例中福喜公司对该工程提前 30 天完工的可能性为 96%，则预计有权收取的对价为 1 100 万元，即交易价格为 1 100 万元（固定金额 1 000 万元和可变金额 10 万元）。

4.（第四步）将交易价格分摊至各单项履约义务

合同中包含两项或多项履约义务的，企业应当在合同开始日，按照各单项履约义务所承诺商品的单独售价的相对比例，将交易价格分摊至各单项履约义务。

单独售价，是指企业向客户单独销售商品的价格。

【案例9】福喜公司与甲客户签订合同，向其销售电脑、ipad 和手表三件商品，三件商品不含增值税的单独售价分别为 0.5 万元、0.3 万元和 0.2 万元，合计为 1 万元，不含增值税的合同总价款为 0.8 元。

福喜公司应按所售电脑、ipad 和手表单独售价的相对比例分摊计算各商品的交易价格：

电脑的交易价格 = 0.8×0.5÷1 = 0.4（万元）。

ipad 的交易价格 = 0.8×0.3÷1 = 0.24（万元）。

手表的交易价格 = 0.8×0.2÷1 = 0.16（万元）。

5.（第五步）履行每一单项履约义务时确认收入

企业应当在履行了合同中的履约义务，即客户取得相关商品控制权时确认收入。

企业将商品的控制权转移给客户：

（1）首先判断履约是否满足在某一时段内履行的条件，如满足，企业应当选取恰当的方法来确定履约进度；

（2）如不满足，则该履约义务属于在某一时点履行的履约义务，企业应当综合分析控制权转移的迹象，判断其转移时点。

【案例10】3 月 1 日，福喜公司与甲公司签订合同，向其销售 A、B 两项商品，合同价款为 2 000 万元。合同约定，A 商品于合同开始日交付，B 商品在 1 个月之后交付，只有当 A、B 两项商品全部交付之后，福喜公司才有权收取 2 000 万元的合同对价。

4 月 1 日，福喜公司交付 B 商品，开具的增值税专用发票注明的税额为 260 万元。

假定 A 商品和 B 商品均分别构成单项履约义务，其控制权在交付时转移给客户，分摊至 A 商品和 B 商品的交易价格分别为 500 万元和 2 000 万元，合计 2 500 万元。上述价格均不包含增值税，且假定不考虑增值税以外的其他税费的影响。

A 商品和 B 商品的成本分别为 200 万元和 1 000 万元。

6 月 1 日，福喜公司收到上述款项，存入银行。

【问题】打几折？

解析 ▶ 根据交易价格分摊原则：

A 商品应当分摊的交易价格为 400 万元（500×2 000/2 500）。

B 商品应当分摊的交易价格为 1 600 万元（2 000×2 000/2 500）。

福喜公司将 A 商品交付给客户之后，与该商品相关的履约义务已经履行，但是需要等到后续交付 B 商品时，福喜公司才具有无条件收取合同对价的权利，因此，福喜公司应当将因交付 A 商品而有权收取的对价 400 万元确认为合同资产，而不是应收账款，相应的账务处理如下：

（1）3 月 1 日，交付 A 商品时：

借：合同资产　　　　　　　　　　400

　　贷：主营业务收入　　　　　　　　　　400

借：主营业务成本　　　　　　　　200

　　贷：库存商品　　　　　　　　　　　　200

（2）4 月 1 日，交付 B 商品时：

借：应收账款 2 260
　　贷：合同资产 400
　　　　主营业务收入 1 600
　　　　应交税费—应交增值税(销项税额) 260
借：主营业务成本 1 000
　　贷：库存商品 1 000

(3)6月1日，收到上述款项时：

借：银行存款 2 260
　　贷：应收账款 2 260

【例题8·单选题】☆甲公司与乙公司签订合同，向乙公司销售E、F两种产品，不含增值税的合同总价款为4万元。E、F产品不含增值税的单独售价分别为3万元和2万元。该合同包含两项可明确区分的履约义务。不考虑其他因素，按照交易价格分摊原则，E产品应分摊的交易价格为(　)万元。

A. 2 　　　　　 B. 2.4
C. 1.6 　　　　 D. 1

解析▶ E产品应分摊的交易价格=4÷(3+2)×3=2.4(万元)。 答案▶ B

(二)常用会计科目

(1)"合同取得成本"科目，该科目核算企业取得合同发生的、预计能够收回的增量成本(如销售佣金等)。"合同取得成本"属于过渡性科目，发生相关成本时，先记入本科目，确认主营业务收入时，再从本科目转到主营业务成本。

(2)"合同履约成本"科目，该科目核算企业为履行当前或预期取得的合同所发生的、按照收入准则应当确认为一项资产的成本。"合同履约成本"属于过渡性科目，发生相关成本时，先记入本科目，确认主营业务收入时，再从本科目转到主营业务成本。

(3)"合同资产"科目，属于资产类科目，核算企业已向客户转让商品而有权收取对价的权利，且该权利取决于时间流逝之外的其他因素(如履行合同中的其他履约义务)，它是"应收账款"的前序账户，类似于"在建工程"是"固定资产"的前序账户。

(4)"合同负债"科目，属于负债类科目，核算企业已收或应收客户对价而应向客户转让商品的义务，该科目不核算增值税。在收入准则不考虑增值税的情况下，该科目替代了"预收账款"科目。非收入准则，比如租赁准则，出租方预收承租方租金，继续用"预收账款"科目核算。

此外，企业应设置"合同取得成本减值准备""合同履约成本减值准备""合同资产减值准备"等科目核算合同相关资产发生减值的业务。

(三)可变对价的会计核算

1. 可变对价概述

(1)企业与客户的合同中约定的对价金额可能是固定的，也可能会因折扣、价格折让、返利、退款、奖励积分、激励措施、业绩奖金、索赔、未来事项等因素而变化。

(2)企业应当按照**期望值**或**最可能发生金额**确定可变对价的最佳估计数。

(3)企业按照期望值或最可能发生金额确定可变对价金额之后，计入交易价格的可变对价金额还应该满足限制条件，即包含可变对价的交易价格，应当不超过在相关不确定性消除时，累计已确认的收入极可能不会发生重大转回的金额。

2. 会计核算

【案例11】3月1日，福喜公司(一般纳税人)销售一批商品给有喜公司，售价为100万元，增值税税额为13万元，成本为60万元。福喜公司已确认收入，款未收。

①销售实现，确认收入：

借：应收账款 113
　　贷：主营业务收入 100
　　　　应交税费—应交增值税(销项税额) 13

结转成本：

借：主营业务成本 60
　　贷：库存商品 60

②3月8日，货到后有喜公司发现商品质量不符合合同的要求，要求在价格上给予

10%的折让。福喜公司同意并办妥了相关手续，开具了增值税专用发票(红字)。发生的销售折让允许扣减当期增值税销项税额。会计分录如下：

借：主营业务收入 （100×10%）10
　　应交税费—应交增值税(销项税额)
　　　　　　　　　　　　1.3
　　　贷：应收账款 11.3

③3月10日，福喜公司实际收到款项。

会计分录如下：

借：银行存款 （113-11.3）101.7
　　　贷：应收账款 101.7

【案例12】3月1日，福喜公司(一般纳税人)销售产品给甲公司(一般纳税人)，不含税售价为400万元，由于是成批销售，福喜公司给予甲公司25%的商业折扣，增值税税率为13%，成本200万元，已满足收入确认条件，款项尚未支付。福喜公司给予甲公司的现金折扣条件为2/10，1/20，N/30，计算现金折扣时不考虑增值税。根据经验，福喜公司预计甲公司10天内付款的概率为95%，10-20天付款的概率为5%。对于现金折扣，福喜公司认为按照最可能发生金额能够更好地预测其有权获取的对价金额。

3月8日，福喜公司收到上述款项，存入银行。

福喜公司的账务处理如下：

对于商业折扣100万元（400×25%），直接从售价400万中扣除。

所以，福喜公司确认收入的金额＝（400-100）×（1-2%）＝294（万元）。

由于计算现金折扣不考虑增值税，所以增值税销项税额＝300×13%＝39（万元）。

（1）3月1日，确认收入：

借：应收账款 333
　　　贷：主营业务收入 294

　　　应交税费—应交增值税(销项税额) 39

结转成本：

借：主营业务成本 200
　　　贷：库存商品 200

（2）3月8日，收到款项：

借：银行存款 333
　　　贷：应收账款 333

【案例13】福喜公司是一家生产和销售电脑的企业。3月1日，福喜公司向零售商乙公司销售100台电脑，每台价格为1万元，合同价款合计为100万元。每台电脑的成本为0.9万元。同时，福喜公司承诺，在未来3个月内，如果同类电脑售价下降，则按照合同价格与最低售价之间的差额向乙公司支付差价。福喜公司根据经验，预计未来3个月内，不降价的概率为50%；每台降价0.1万元的概率为40%；每台降价0.2万元的概率为10%。假定上述价格均不包含增值税，不考虑增值税等相关税费。福喜公司认为期望值能够更好地预测其有权获取的对价金额。假定不考虑有关"计入交易价格的可变对价金额的限制"要求。

福喜公司估计交易价格＝1×50%＋（1-0.1）×40%＋（1-0.2）×10%＝0.94（万元）。

3月，福喜公司的账务处理如下：

（1）确认收入时：

借：应收账款 （100×0.94）94
　　　贷：主营业务收入 94

（2）结转销售商品成本：

借：主营业务成本 （100×0.9）90
　　　贷：库存商品 90

（四）在某一时段内履行的履约义务时确认收入

在某一时段内履行的履约义务的处理思路如表7-2所示。

表7-2　在某一时段内履行的履约义务的处理思路

项目	内容
(1)满足下列条件之一的,属于在某一时段内履行的履约义务	①客户在企业履约的同时即取得并消耗企业履约所带来的经济利益
	②客户能够控制企业履约过程中在建的商品
	③企业履约过程中所产出的商品具有不可替代用途,且该企业在整个合同期间内有权就累计至今已完成的履约部分收取款项
(2)企业应当在该段时间内按照履约进度确认收入	①产出法,看结果
	②投入法,看投入
(3)不能合理确定履约进度的情形	企业已经发生的成本预计能够得到补偿的,应当按照已经发生的成本金额确认收入,直到履约进度能够合理确定为止

【例题9·判断题】 ☆对于在某一时段内履行的履约义务,当履约进度不能合理确定时,即使企业已经发生的成本预计能够得到补偿,也不应确认收入。　　　　　　(　)

解析 ▶ 当履约进度不能合理确定时,企业已经发生的成本预计能够得到补偿的,应当按照已经发生的成本金额确认收入,直到履约进度能够合理确定为止。　　　　答案 ▶ ×

(五)合同取得成本

企业为取得合同发生的增量成本预期能够收回的,应当作为合同取得成本确认为一项资产。

增量成本,是指企业不取得合同就不会发生的成本,例如销售佣金。聘请外部律师进行尽职调查费、为投标发生的差旅费,年终奖不属于合同取得成本。

【案例14】 福喜公司通过竞标赢得新客户有福公司,为取得与有福公司的合同,福喜公司聘请外部律师进行尽职调查支付相关费用20 000元,为投标而发生的差旅费为10 000元,支付销售人员佣金60 000元。福喜公司预期这些支出未来均能够收回。此外,福喜公司根据其年度销售目标、整体盈利情况及个人业绩等,向销售部门经理支付年度奖金10 000元。

福喜公司与有福公司的上述合同约定,有福公司每年向福喜公司支付咨询费1 200 000元(不含税),增值税税率为6%,

服务期为10年。

在本例中,佣金属于增量成本,福喜公司应当将其作为合同取得成本确认为一项资产;律师尽职调查费、差旅费和年终奖不属于增量成本,应直接计入当期损益。

福喜公司的业务处理如下:

(1)支付与取得合同相关的费用时:

借:合同取得成本　　　　　60 000

　　管理费用　　　　　　　30 000

　　贷:银行存款　　　　　　　90 000

(2)每月确认收入,摊销佣金:

①确认收入=1 200 000÷12=100 000(元)

借:应收账款　　　　　　　106 000

　　贷:主营业务收入　　　　　100 000

　　　　应交税费——应交增值税(销项税额)　　　　　　　　　　　6 000

②摊销佣金=60 000÷10÷12=500(元)

借:销售费用　　　　　　　　500

　　贷:合同取得成本　　　　　　500

向销售经理支付年度奖金10 000元的分录在此处省略,该内容归属于应付职工薪酬核算内容。

【例题10·判断题】 ☆企业为取得咨询服务合同发生的增量成本预期能够收回的,应当作为合同取得成本确认资产。(　)

答案 ▶ √

【例题11·判断题】 ☆由企业承担的为取得合同发生的投标费,应确认为合同取得

成本。　　　　　　　　　　　（　　）

解析 ▶ 无论是否取得合同均会发生的投标费，不属于增量成本，应当在发生时计入当期损益，除非这些支出明确由客户承担。

答案 ▶ ×

（六）合同履约成本

（1）企业为履行合同可能会发生各种成本，不属于存货、固定资产以及无形资产等范围且同时满足下列条件的，应当作为合同履约成本确认为一项资产：

①该成本与一份当前或预期取得的合同直接相关。

②该成本增加了企业未来用于履行（或持续履行）履约义务的资源。

③该成本预期能够收回。

（2）下列支出计入当期损益：

①管理费用，不包括由客户明确承担的费用。

②非正常消耗的直接材料、直接人工和制造费用（或类似费用），这些支出为履行合同发生，但未反映在合同价格中。

③与履约义务中已履行（包括已全部履行或部分履行）部分相关的支出，也就是说该项支出与过去的履约活动有关。

④无法在尚未履行的与已履行（或已部分履行）的履约义务之间区分的相关支出。

合同履约成本（或合同取得成本）的列报：不超过一年的，在报表中列示为存货；一年以上的，在报表中列示为其他非流动资产。

【案例 15】 福喜公司是一家从事装修服务的公司，适用的增值税税率为 9%。12 月 1 日，福喜公司与甲公司签订一项为期 3 个月的装修合同，装修价款为 100 万元，增值税税额为 9 万元，双方约定每月月末按完工进度支付价款。福喜公司预计合同成本为 60 万元。

当年 12 月 31 日，经专业测量，福喜公司确定该项装修服务的完工进度为 30%；甲公司按约定支付价款。福喜公司已累计为该合同发生成本（装修人员薪酬）18 万元，估计还将发生成本 42 万元。

次年 1 月 31 日，经专业测量，福喜公司确定该项装修服务的完工进度为 80%；甲公司按约定支付价款。福喜公司已累计为该合同发生成本（装修人员薪酬）48 万元，估计还将发生成本 12 万元。

次年 2 月 28 日，装修完工，甲公司验收合格，按完工进度支付价款同时支付对应的增值税款，福喜公司已累计为该合同发生成本（装修人员薪酬）60 万元。

假定该业务属于福喜公司的主营业务；该装修服务构成单项履约义务、并属于在某一时间段内履行的履约义务；福喜公司按照实际测量的完工进度确定履约进度。

福喜公司应做如下会计处理：

当年 12 月应确认收入 = 100×30% = 30（万元），结转成本 18 万元。

次年 1 月应确认收入 = 100×80%−30 = 50（万元），结转成本 30 万元（60×80%−18）。

次年 2 月应确认收入 = 100×100%−（30+50）= 20（万元），结转成本 12 万元（60×100%−48）。

	当年 12 月	次年 1 月	次年 2 月
（1）实际发生成本			
借：合同履约成本	18	30	12
贷：应付职工薪酬	18	30	12
（2）确认收入			
借：银行存款	32.7	54.5	21.8
贷：主营业务收入	30	50	20
应交税费—应交增值税（销项税额）	2.7	4.5	1.8
（3）结转成本			

续表

| 借：主营业务成本 | 18 | 30 | 12 |
| 贷：合同履约成本 | 18 | 30 | 12 |

【案例16】 福喜公司是西湖边的一家民宿，当月底福喜公司计提固定资产折旧10 000元、无形资产摊销费用20 000元，确认收入100 000元(不含税)，增值税税率为6%，款项已收妥存入银行。

福喜公司的会计处理如下：

(1)计提折旧和摊销：

借：合同履约成本　　　　　30 000
　　贷：累计折旧　　　　　　　10 000
　　　　累计摊销　　　　　　　20 000

(2)确认收入并摊销合同履约成本：

借：银行存款　　　　　　　106 000
　　贷：主营业务收入　　　　　100 000
　　　　应交税费——应交增值税(销项税额)　　　　　　　6 000

借：主营业务成本　　　　　30 000
　　贷：合同履约成本　　　　　30 000

【案例17】 福喜公司向有福公司提供安装中央空调的服务，合同总收入为100万元，至年底已预收90万元，实际发生安装费用60万元(假定均为安装人员薪酬)，估计还将发生安装费用20万元。该项业务对福喜公司来说属于在某一时段内履行的履约义务，假定福喜公司按实际发生的成本占估计总成本的比例确定安装服务的履约进度。

福喜公司的处理如下：

实际成本占估计总成本的比例=60/(60+20)×100%=75%

截至本年年底应确认的收入=100×75%=75(万元)

| (1)预收服务款 | 借：银行存款　　90
　　贷：合同负债　　90 |
| (2)实际发生成本 | 借：合同履约成本　60
　　贷：应付职工薪酬　60 |

续表

| (3)年底确认收入并结转成本 | 借：合同负债　　　　75
　　贷：主营业务收入　　75
借：主营业务成本　　60
　　贷：合同履约成本　　60 |

【例题12·单选题】 ☆2020年12月1日，甲公司与乙公司签订一份为期3个月的劳务合同，合同总价款为120万元(不含增值税)。当月收到乙公司预付合同款30万元，截至月末经确认的劳务合同履约进度为40%，符合履约进度确认收入的条件。不考虑其他因素，甲公司2020年12月应确认的劳务收入为(　)万元。

A. 12　　　　　　　　B. 30

C. 48　　　　　　　　D. 40

解析 ▶ 12月应确认的劳务收入=120×40%=48(万元)。　　　　**答案** ▶ C

【案例18】 福喜公司是一家健身房，1月1日，福喜公司与有福签订合同，有福向福喜公司支付两年会员费6 000元(不含税价)成为福喜公司的会员，有福可以在未来两年内不受次数限制的在该健身房健身。

本例中，该履约义务属于在某一时段内履行的履约义务，因为有福在会籍期间可随时来健身房健身，且没有次数限制，有福已使用俱乐部健身的次数不会影响其未来继续使用的次数，福喜公司在该合同下的履约义务是承诺随时准备好在有福需要时为其提供健身服务。因此，福喜公司按照直线法确认收入，每月应当确认的收入为250元(6 000÷24)。

福喜公司应编制如下会计分录(假定不考虑相关税费)：

(1)1月1日收到会员费时：

借：银行存款　　　　　　　6 000
　　贷：合同负债　　　　　　　6 000

(2)1月31日确认收入：

借：合同负债 250

    贷：主营业务收入 250

两年内，每月月末确认收入同上。

【例题 13·单选题】 ☆某企业为建筑施工单位，2020 年 9 月 1 日与客户签订一份施工合同，属于在某一时段内履行的单项履约义务。合同总金额为 3 500 万元，预计总成本为 2 000 万元。截至 2020 年 12 月 31 日，该企业为履行合同履约义务实际发生成本 800 万元，履约进度不能合理确定，已经发生的成本预计能够得到补偿。不考虑相关税费和其他因素，2020 年该企业应确认的收入为( )万元。

  A. 2 000   B. 1 400

  C. 800   D. 2 100

解析 ▶ 当履约进度不能合理确定时，企业已经发生的成本预计能够得到补偿的，应当按照已经发生的成本金额确认收入，直到履约进度能够合理确定为止。 **答案** ▶ C

【例题 14·单选题】 ☆某咨询服务公司本月与客户签订为期半年的咨询服务合同，并已预收全部咨询服务费，该合同于下月开始执行。下列各项中，该公司预收咨询服务费应记入的会计科目是( )。

  A. 合同取得成本   B. 合同负债

  C. 主营业务成本   D. 主营业务收入

解析 ▶ "合同负债"科目核算企业已收或应收客户对价而应向客户转让商品的义务。该题预收客户服务费而尚未向客户提供服务，因此在该科目核算。

会计分录为：

借：银行存款

    贷：合同负债

答案 ▶ B

【例题 15·单选题】 ☆下列各项中，应计入合同履约成本的是( )。

  A. 与企业过去的履约活动相关的差旅费

  B. 非正常消耗的直接材料

  C. 企业承担的管理费用

  D. 本期发生直接为客户提供承诺服务且预期能够收回的人员工资

解析 ▶ 选项 A，不属于为履行当前或预期取得的合同发生的成本，不计入合同履约成本；选项 BC，计入当期损益，不计入合同履约成本。 **答案** ▶ D

随堂小练 限时15min

一、单项选择题

1. ☆下列各项中，属于制造业企业"主营业务收入"的是( )。

  A. 销售原材料收入

  B. 出租包装物租金收入

  C. 出售生产设备净收益

  D. 销售产品收入

2. ☆下列各项中，制造业企业应通过"其他业务收入"科目核算的是( )。

  A. 销售原材料收入

  B. 出售固定资产净收益

  C. 出售无形资产净收益

  D. 接受现金捐赠利得

3. ☆甲公司为增值税一般纳税人，2019 年 10 月 2 日销售 M 商品 1 000 件并开具增值税专用发票，每件商品的标价为 200 元(不含增值税)，M 商品适用的增值税税率为 13%。每件商品的实际成本为 120 元，由于成批销售，甲公司给予客户 10%的商业折扣。M 商品于 10 月 2 日发出，客户于 10 月 9 日付款。该销售业务属于在某一时点履行的履约义务。不考虑其他因素，下列各项中，有关甲公司销售商品的会计处理表述正确的是( )。

  A. 确认主营业务收入 180 000 元

  B. 确认财务费用 20 000 元

  C. 确认主营业务成本 108 000 元

  D. 确认应交税费—应交增值税(销项税额)26 000 元

4. ☆2019 年 10 月 31 日，甲公司与客户签订合同，为该客户拥有的一条铁路更换 100 根铁轨，合同价格为 10 万元（不含税）。截至 2019 年 12 月 31 日，甲公司共更换铁轨 60 根，剩余部分预计在 2020 年 2 月 29 日之前完成。该合同仅包含一项履约义务，且该履约义务满足在某一时段内履行的条件。甲公司按照已完成的工作量确定履约进度。至 2019 年 12 月 31 日，甲公司履约进度为（　　）。

A. 0　　　　　　　B. 60%

C. 100%　　　　　D. 50%

5. ☆甲公司是一家咨询公司，其通过竞标赢得一个新客户，为取得该客户的合同，甲公司发生下列支出：①聘请外部律师进行尽职调查的支出为 15 000 元；②因投标发生的差旅费为 10 000 元；③销售人员佣金为 5 000 元。甲公司预期这些支出未来能够收回。此外，甲公司根据其年度销售目标、整体盈利情况及个人业绩等，向销售部门经理支付年度奖金 1 000 元。上述内容中，甲公司应当将其作为合同取得成本确认为一项资产的金额是（　　）元。

A. 30 000　　　　B. 40 000

C. 15 000　　　　D. 5 000

6. ☆某企业为增值税一般纳税人，增值税税率为 13%。本月销售一批原材料，价税合计为 5 650 元，该批材料成本为 4 000 元，已提存货跌价准备 1 000 元。不考虑其他因素，该企业销售材料应确认的损益为（　　）元。

A. 2 000　　　　B. 2 967

C. 1 100　　　　D. 1 967

7. ☆下列各项中，关于企业采用支付手续费方式委托代销商品会计处理的表述正确的是（　　）。

A. 支付的代销手续费计入主营业务成本

B. 发出委托代销商品时确认相应的主营业务成本

C. 发出委托代销商品时确认销售收入

D. 收到受托方开出的代销清单时确认销售收入

二、多项选择题

1. 某公司经营一家健身俱乐部，适用的增值税税率为 6%。2019 年 1 月 1 日，与客户签订合同，并收取客户会员费 6 000 元（不含税）。客户可在未来 12 个月内享受健身服务，且没有次数限制。不考虑其他因素，下列各项中，关于该公司相关会计处理的表述正确的有（　　）。

A. 1 月 31 日确认主营业务收入 500 元

B. 1 月 31 日确认主营业务收入 530 元

C. 1 月 1 日收到会员费确认预计负债 6 000 元

D. 1 月 1 日收到会员费确认合同负债 6 000 元

2. 关于合同资产和合同负债的表述中，不正确的有（　　）。

A. 合同资产和合同负债应当在利润表中单独列示

B. 同一合同下的合同资产和合同负债不得相互抵销

C. 不同合同下的合同资产和合同负债应当以净额列示

D. 合同资产和合同负债属于流动资产和流动负债

3. ☆甲公司为一家培训公司，2021 年 12 月 1 日甲公司与乙公司签订一项培训合同，期限 3 个月，属于在某一时段内履行的履约义务。截至 12 月 31 日，合同履约进度不能可靠估计，已实际发生劳务 40 万元，预计仅收回 50 万元（已收取），下列处理正确的有（　　）。

A. "银行存款"借记 50 万元

B. "主营业务成本"借记 40 万元

C. "主营业务收入"贷记 40 万元

D. "合同履约成本"借记 40 万元

三、判断题

1. ☆制造业企业出租无形资产取得的租金收

入，应计入营业外收入。　　　　（　）

2. 企业和客户签订的合同如果既有商品销售
又有提供劳务服务时，如果商品销售和提

供劳务服务具有高度关联，则二者应分别
作为单项履约义务处理。　　　　　（　）

随堂小练参考答案及解析

一、单项选择题

1. D　【解析】"主营业务收入"科目核算企
业确认的销售商品、提供服务等主营业务
的收入。选项 AB，计入其他业务收入；
选项 C，计入资产处置损益。

2. A　【解析】选项 B，计入资产处置损益；
选项 C，计入资产处置损益；选项 D，计
入营业外收入。

3. A　【解析】10 月 2 日发出时会计分录：
借：应收账款　　　　　　　203 400
　　贷：主营业务收入
　　　　　（200×1 000×90%）180 000
　　　　应交税费—应交增值税（销项税额）
　　　　　（180 000×13%）23 400
借：主营业务成本
　　　　　（120×1 000）120 000
　　贷：库存商品　　　　　　120 000
10 月 9 日收款时会计分录：
借：银行存款　　　　　　　203 400
　　贷：应收账款　　　　　　203 400

4. B　【解析】更换铁轨的数量 60 根占全部
合同约定铁轨数量 100 根的 60%，因此履
约进度为 60%。

5. D　【解析】甲公司应当将销售人员佣金
5 000 元作为合同取得成本确认为一项
资产。

6. A　【解析】销售材料应确认的损益=其他
业务收入-其他业务成本=5 650÷（1+
13%）-（4 000-1 000）=2 000（元）。
会计分录：
借：银行存款等　　　　　　5 650
　　贷：其他业务收入
　　　　　　［5 650÷（1+13%）]5 000

应交税费—应交增值税（销项
税额）　　　　　　　　650
借：其他业务成本
　　　　　（4 000-1 000）3 000
　　存货跌价准备　　　　　1 000
　　贷：原材料　　　　　　　4 000

7. D　【解析】选项 A，应计入销售费用；选
项 B，发出委托代销商品应计入发出商
品，不需要确认主营业务成本；选项 C，
应在收到受托方开出的代销清单时确认销
售商品收入。

二、多项选择题

1. AD　【解析】1 月 1 日收到会员费会计
分录：
借：银行存款　　　　　　　6 000
　　贷：合同负债　　　　　　6 000
1 月 31 日确认收入会计分录：
借：合同负债　　　　　　　500
　　银行存款　　　（500×6%）30
　　贷：主营业务收入　（6 000÷12）500
　　　　应交税费—应交增值税（销项税额）
　　　　　　　　　　（500×6%）30

2. ABCD　【解析】合同资产和合同负债应当
在资产负债表中单独列示，并按流动性，
分别列示为"合同资产"或"其他非流动资
产"以及"合同负债"或"其他非流动负
债"。同一合同下的合同资产和合同负债
应当以净额列示，不同合同下的合同资产
和合同负债不能互相抵销。

3. ABCD　【解析】履约进度不能合理确定
时，企业已经发生的成本预计能够得到补
偿的，应当按照已经发生的成本金额确认
收入，直到履约进度能够合理确定为止。

三、判断题

1. × 【解析】出租无形资产取得租金收入：

借：银行存款等

　　贷：其他业务收入

应交税费——应交增值税(销项税额)

2. × 【解析】此种情况下，二者一般应作为一项单项履约义务处理。

考点二　费用的确认和计量

考点详解

一、费用的概念和内容

『提示』各位考生，大家先回忆一下利润表。

(一)概念

费用是指企业在日常活动中发生的、会导致所有者权益减少的、与向所有者分配利润无关的经济利益的总流出。

『链接』收入、利得、费用、损失的对比

表 7-3　收入、利得、费用、损失的对比

项目	收入	利得	费用	损失
活动	日常	非日常	日常	非日常
所有者权益	增加		减少	
经济利益	总流入	净流入	总流出	净流出
其他	与投入资本无关		与分配利润无关	

(二)内容

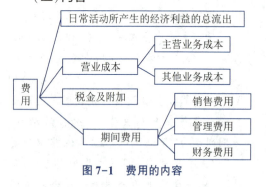

图 7-1　费用的内容

【例题 1·单选题】下列各项中，不应列示于利润表"营业成本"项目的是(　)。

A. 出售商品的成本

B. 销售材料的成本

C. 出租非专利技术的摊销额

D. 出售设备的净损失

解析 ▶ 相关会计分录如下：

选项 A：

借：主营业务成本

　　贷：库存商品

选项 B：

借：其他业务成本

　　贷：原材料

选项 C：

借：其他业务成本

　　贷：累计摊销

选项 D，出售设备的净损失应计入利润表"资产处置收益"项目。　答案 ▶ D

二、主营业务成本

主营业务成本是指企业销售商品、提供服务等日常活动所发生的成本。

【案例1】3月8日，福喜公司销售一批商品给甲公司，价款100万元，增值税13万元，成本80万元。

(1)3月8日，销售实现，确认收入：

借：应收账款/银行存款等　　　113
　　贷：主营业务收入　　　　　　100
　　　　应交税费——应交增值税(销项税额)　　　　　　　　　　　　　13

结转成本：

借：主营业务成本　　　　　　　80
　　贷：库存商品　　　　　　　　80

(2)3月末(期)结转损益：

借：主营业务收入　　　　　　　100
　　贷：本年利润　　　　　　　　100
借：本年利润　　　　　　　　　80
　　贷：主营业务成本　　　　　　80

结转后该科目(损益类)无余额。

三、其他业务成本

『链接』计入其他业务收入(成本)的情况(速记口诀)：

猪(出租)吃包装(单独计价的包装物)的饲料(销售原材料)。

【案例2】3月，福喜公司销售原材料成本、以短期租赁方式出租固定资产折旧额、出租无形资产的摊销额和销售单独计价的包装物成本均为100万元。

(1)发生成本：

借：其他业务成本　　　　　　　400
　　贷：原材料[销售材料的成本]　100
　　　　累计折旧[出租固定资产的折旧额]　　　　　　　　　　　100
　　　　累计摊销[出租无形资产的摊销额]　　　　　　　　　　　100
　　　　周转材料[销售单独计价的包装物、出租包装物的成本或摊销额]　　　　　　　　　　　100

(2)月末结转损益：

借：本年利润　　　　　　　　　400
　　贷：其他业务成本　　　　　　400

『提示』结转后该科目无余额。

【案例3】4月1日，福喜公司(一般纳税人)销售一批原材料，售价为100万元，增值税13万元，原材料成本80万元，款已收存银行。期末，结转损益。

(1)销售实现时，确认收入：

借：银行存款　　　　　　　　　113
　　贷：其他业务收入　　　　　　100
　　　　应交税费——应交增值税(销项税额)　　　　　　　　　　　　　13

结转成本：

借：其他业务成本　　　　　　　80
　　贷：原材料　　　　　　　　　80

(2)期末，结转损益：

借：其他业务收入　　　　　　　100
　　贷：本年利润　　　　　　　　100
借：本年利润　　　　　　　　　80
　　贷：其他业务成本　　　　　　80

【例题2·多选题】☆下列各项中，应计入制造业企业其他业务成本的有(　　)。

A. 经营租出固定资产的折旧额

B. 经营租出无形资产的摊销额

C. 销售原材料的实际成本

D. 出租包装物的摊销额

解析 ▶ 其他业务成本包括销售材料的成本(选项C)、出租固定资产的折旧额(选项A)、出租无形资产的摊销额(选项B)、出租包装物的成本或摊销额(选项D)等。

答案 ▶ ABCD

四、税金及附加

『提示』各位考生，大家先回忆一下应交税费的考点。

税金及附加是指企业经营活动产生的消费税、城市维护建设税、教育费附加、房产税、环境保护税、车船税、城镇土地使用税、印花税、资源税、房地产开发企业销售房地产应缴纳的土地增值税等相关税费，不包括增值税和所得税。

(一)基本账务处理

(1)计算应交××税额：

借：税金及附加

　　贷：应交税费——应交××税

（2）交税时：

借：应交税费——应交××税

　　贷：银行存款

（二）具体账务处理

【案例4】 福喜公司（一般纳税人）今年3月销售高档化妆品收入100万元（不含增值税），消费税税率15%。

（1）计提应交消费税额：

借：税金及附加　（100×15%）15

　　贷：应交税费——应交消费税　　15

（2）交纳消费税时：

借：应交税费——应交消费税　　15

　　贷：银行存款　　　　　　　　15

【案例5】 3月，福喜公司（一般纳税人）当月实际缴纳增值税为85万元，消费税15万元，适用的城市维护建设税（以下简称"城建税"）税率为7%，教育费附加征收比率为3%。

（1）计提应交城建税和教育费附加时：

城建税：（85+15）×7%=7（万元）；

教育费附加：（85+15）×3%=3（万元）。

借：税金及附加　　　　　　　　10

　　贷：应交税费——应交城建税　　7

　　　　——应交教育费附加　　　3

（2）实际缴纳城建税和教育费附加时：

借：应交税费——应交城建税　　7

　　　　——应交教育费附加　　3

　　贷：银行存款　　　　　　　10

【案例6】 12月，福喜公司应交房产税3万元，应交车船税2万元，应交城镇土地使用税1万元。

（1）计提应交房产税、车船税、城镇土地使用税时：

借：税金及附加　　　　　　　　6

　　贷：应交税费——应交房产税　　3

　　　　——应交车船税　　　　　2

　　　　——应交城镇土地使用税

　　　　　　　　　　　　　　　　1

（2）交纳房产税、车船税、城镇土地使用税时：

借：应交税费——应交房产税　　3

　　　　——应交车船税　　　　　2

　　　　——应交城镇土地使用税

　　　　　　　　　　　　　　　　1

　　贷：银行存款　　　　　　　　6

【例题3·单选题】 ☆某企业根据税法计算应交车船税3.5万元、城镇土地使用税5万元和企业所得税20万元。不考虑其他因素，该企业上述税金应记入"税金及附加"科目的金额为（　　）万元。

A. 8.5　　　　　　B. 28.5

C. 25　　　　　　 D. 23.5

解析 ▶ 应记入"税金及附加"科目的金额＝3.5+5=8.5（万元）。会计分录：

借：税金及附加　　（3.5+5）8.5

　　贷：应交税费——应交车船税　　3.5

　　　　——应交城镇土地使用税

　　　　　　　　　　　　　　　　5

借：所得税费用　　　　　　　　20

　　贷：应交税费——应交所得税　　20

答案 ▶ A

【例题4·多选题】 ☆下列各项中，企业应通过"税金及附加"科目核算的有（　　）。

A. 从事经营活动应交的车船税

B. 销售应税产品应交的资源税

C. 对外转让厂房应交的土地增值税

D. 购买印花税票支付的印花税

解析 ▶ 选项A，会计分录：

借：税金及附加

　　贷：应交税费——应交车船税

选项B，会计分录：

借：税金及附加

　　贷：应交税费——应交资源税

选项C，会计分录：

计算应交土地增值税：

借：固定资产清理

　　贷：应交税费——应交土地增值税

用银行存款交纳土地增值税：

借：应交税费—应交土地增值税

　　贷：银行存款

选项 D，会计分录：

借：税金及附加

　　贷：银行存款

答案 ▶ ABD

五、期间费用

(一)内容和基本账务处理

1. 内容

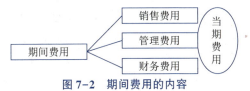

图 7-2　期间费用的内容

【例题 5·多选题】☆下列各项中，应计入期间费用的有( )。

A. 生产部门机器设备的折旧费

B. 行政管理部门职工的薪酬

C. 预计的产品质量保证损失

D. 计提的无形资产减值准备

解析 ▶ 期间费用包括销售费用、管理费用和财务费用。选项 A，计入制造费用；选项 B，计入管理费用；选项 C，计入销售费用；选项 D，计入资产减值损失。答案 ▶ BC

2. 基本账务处理

【案例 7】12 月，福喜公司应付人工工资 200 万元，设备应计提折旧 300 万元，非专利技术摊销额 400 万元，用银行存款支付设备维修费 500 万元，上述费用管理部门和销售部门各占一半。本月应计提银行短期借款利息 400 万元。

(1)发生销售费用、管理费用时：

借：销售费用　　　　　　　　　700

　　管理费用　　　　　　　　　700

　　贷：应付职工薪酬　　　　　　200

　　　　累计折旧　　　　　　　　300

　　　　累计摊销　　　　　　　　400

　　　　银行存款　　　　　　　　500

(2)发生财务费用时：

借：财务费用　　　　　　　　　400

　　贷：应付利息　　　　　　　　400

(3)期末结转损益：

借：本年利润　　　　　　　　1 800

　　贷：销售费用　　　　　　　　700

　　　　管理费用　　　　　　　　700

　　　　财务费用　　　　　　　　400

(二)销售费用

销售费用是指企业在销售商品和材料、提供服务过程中发生的各项费用，包括保险费、包装费、展览费和广告费、商品维修费、按法定要求预计的产品质量保证损失、运输费、装卸费等以及为销售本企业商品而专设的销售机构(含销售网点、售后服务网点等)的职工薪酬、折旧费等经营费用。

『总结』销售费用是公司销售过程和销售机构发生的费用。

『注意』修理费记入什么科目？

图 7-3　修理费的会计处理

【案例 8】3 月，福喜公司(一般纳税人)用银行存款支付：(1)广告费 100 万元，增值税 6 万元；(2)销售商品运费 200 万元，增值税 18 万元；(3)销售产品保险费 300 万元，增值税 18 万元。会计分录如下：

借：销售费用　　　　　　　　　600

　　应交税费—应交增值税(进项税额)

　　　　　　　　　　　　　　　　42

　　贷：银行存款　　　　　　　　642

【案例 9】3 月，福喜公司销售部共发生费用 80 万元，其中：人员薪酬 50 万元，房屋折旧费 30 万元。会计分录如下：

借：销售费用　　　　　　　　　80

　　贷：应付职工薪酬　　　　　　50

　　　　累计折旧　　　　　　　　30

【案例 10】承【案例 8】和【案例 9】，福喜公司 3 月末将本月发生的"销售费用"680 万元结转至"本年利润"科目。会计分录如下：

267

借：本年利润   680
  贷：销售费用   680

【例题6·单选题】 ☆下列各项中，企业在销售商品过程中发生的广告费应记入的会计科目是（ ）。

A. 销售费用 B. 财务费用

C. 管理费用 D. 营业外支出

解析 ▶ 销售费用是指企业销售商品和材料、提供服务的过程中发生的各种费用，包括企业在销售商品过程中发生的保险费、包装费、展览费和广告费、商品维修费等经营费用。
         答案 ▶ A

（三）管理费用

管理费用的核算内容包括企业在筹建期间发生的开办费、董事会和行政管理部门在企业的经营管理中发生的应由企业统一负担的公司经费（包括行政管理部门职工薪酬、物料消耗、低值易耗品摊销、办公费和差旅费等）、工会经费、董事会费（包括董事会成员津贴、会议费和差旅费等）、聘请中介机构费、咨询费（含顾问费）、诉讼费、业务招待费、技术转让费、研究费用等。

『总结』管理费用是公司管理过程和管理部门发生的费用。

【案例11】 3月，福喜公司（一般纳税人）发生如下业务：(1)用银行存款支付业务招待费10万元；(2)公司管理部门发生如下费用支出：应付人员薪酬5万元，用银行存款支付差旅费、办公费3万元，计提设备折旧额2万元，计提无形资产摊销额1万元，用银行存款支付设备修理费5万元。会计分录如下：

借：管理费用   26
  贷：银行存款   18
    应付职工薪酬   5
    累计折旧   2
    累计摊销   1

【案例12】 承【案例11】，3月31日，福喜公司将"管理费用"科目余额转入"本年利润"科目。会计分录如下：

借：本年利润   26
  贷：管理费用   26

【例题7·单选题】 ☆某企业2020年10月发生如下费用：商品售后维修费10万元，行政管理部门业务招待费2万元，财务部门人员差旅费5万元。不考虑其他因素，该企业当月应确认的管理费用为（ ）万元。

A. 12   B. 2

C. 7   D. 17

解析 ▶ 当月应确认的管理费用=2+5=7（万元）。商品售后维修费计入销售费用。
         答案 ▶ C

【例题8·单选题】 ☆下列各项中，在管理费用核算的是（ ）。

A. 销售商品的广告费

B. 销售商品的装卸费

C. 采购材料的保险费

D. 向会计师事务所支付的咨询费

解析 ▶ 选项AB，计入销售费用；选项C，计入采购材料的成本。 **答案** ▶ D

（四）财务费用

财务费用是指企业为筹集生产经营所需资金而发生的筹资费用。

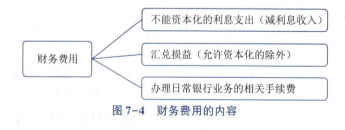

图7-4 财务费用的内容

借款利息等符合借款费用资本化支出条件的，应计入在建工程等。

【案例13】3月，福喜公司发生如下业务：（1）计（预）提短期借款利息5万元；（2）用银行存款支付银行账户管理费4万元；会计分录如下：

    借：财务费用   9
        贷：应付利息   5
            银行存款   4

【案例14】承【案例13】，3月31日，福喜公司将"财务费用"科目余额结转到"本年利润"科目。

会计分录如下：

    借：本年利润   9
        贷：财务费用   9

【例题9·单选题】 ☆下列各项中，企业应通过"财务费用"科目核算的是（　）。

A. 承担违约责任的违约金

B. 聘请咨询机构的咨询费

C. 筹建期间发生的开办费

D. 办理银行承兑汇票的手续费

解析▶ 选项A，计入营业外支出；选项BC，计入管理费用。　答案▶ D

【例题10·单选题】 ☆2020年5月，甲公司发生汇兑损失8万元，银行存款利息收入3万元。当月计提的财务部门职工教育经费4万元。不考虑其他因素，2020年5月甲公司应计入财务费用金额为（　）万元。

A. 11   B. 8

C. 9   D. 5

解析▶ 甲公司应计入财务费用金额=8-3=5（万元）。　答案▶ D

福喜总结 期间费用★★★（2021年多选题、2020年判断题、2018年单选题）

销售费用（2021年、2020年、2018年单选题；2020年、2019年、2018年多选题）	管理费用（2021年、2020年、2019年、2018年单选题；2020年、2019年多选题；2018年判断题）		财务费用（2021年、2020年单选题、多选题、判断题）
销售过程和销售机构发生的费用	管理过程和管理机构发生的费用		筹集生产经营资金发生的筹资费用
保险费、包装费、展览和广告费、商品维修费、按法定要求预计的产品质量保证损失、运输费、装卸费等以及为销售本企业商品而专设的销售机构的修理费、职工薪酬、业务费、折旧费等经营费用	筹建期间	开办费、非资本化利息	利息、汇兑损益、相关金融机构的手续费
	管理部门	职工薪酬、折旧费、差旅费	
	其他	自用无形资产摊销、研发支出—费用化支出、行政管理部门修理费、业务招待费、产品设计咨询费	

随堂小练 限时25min

一、百考多选题

下列关于费用的概念及内容、营业成本、税金及附加的表述，不正确的有（　）。

A. 费用是指企业在非日常活动中发生的、会导致所有者权益减少的、与向所有者分配利润无关的经济利益的净流出，例如企业筹建期间发生的支出属于费用；销售费用、主营业务成本、生产成本、制造费用和营业外支出属于"费用"要素

B. 2018年10月某企业应交增值税10万元，应交消费税20万元，应交城市维护建设税2.1万元，不考虑其他因素，记入"税金及附加"科目的金额为22.1万元

C. 出售商品的成本、销售材料的成本、出租非专利技术的摊销额、以短期租赁方

式出租设备计提的折旧额、出租包装物的摊销额、出售单独计价包装物的成本、生产车间领用低值易耗品的摊销额属于营业成本，也属于其他业务成本

D. 进口材料的关税、购置办公楼的契税、购置汽车的车辆购置税、房地产开发企业销售房地产应缴纳的土地增值税、提供劳务应交的城市维护建设税、自产自用应税矿产品应交的资源税、销售应税矿产品应交的资源税、销售商品应交的增值税、销售应税消费品应交的消费税应记入"税金及附加"科目

二、单项选择题

1. ☆下列各项中，企业发生的相关税费应通过"税金及附加"科目核算的是（　）。
   A. 应代扣代缴的个人所得税
   B. 应交纳的企业所得税
   C. 应交纳的增值税
   D. 应交纳的城市维护建设税

2. ☆2019 年度，某企业"财务费用"科目核算内容如下：短期借款利息支出 90 万元，收到流动资金存款利息收入 1 万元，支付银行承兑汇票手续费 15 万元。不考虑其他因素，2019 年度该企业应计入财务费用的金额为（　）万元。
   A. 104　　　　　　B. 90
   C. 105　　　　　　D. 106

3. ☆2019 年 12 月份，某企业发生经济业务如下：计提行政办公大楼折旧 40 万元，支付会计师事务所审计费 50 万元，发生业务招待费 60 万元。不考虑其他因素，该企业 2019 年 12 月份确认的管理费用金额为（　）万元。
   A. 90　　　　　　B. 100
   C. 50　　　　　　D. 150

4. ☆某企业 6 月购买 10 000 元办公用品交付使用，预付第三季度办公用房租金 45 000 元，支付第二季度短期借款利息 6 000 元，其中 4 月至 5 月累计计提利息 4 000 元。

不考虑其他因素，该企业 6 月应确认的期间费用为（　）元。
   A. 12 000　　　　B. 10 000
   C. 6 000　　　　　D. 5 500

三、多项选择题

1. ☆下列各项中，属于制造业企业其他业务成本核算内容的有（　）。
   A. 随同商品出售不单独计价的包装物成本
   B. 出借包装物的摊销额
   C. 随同商品出售单独计价的包装物成本
   D. 出租包装物的摊销额

2. ☆下列各项中，应计入销售费用的有（　）。
   A. 销售商品发生的售后服务费，且该售后服务不构成单项履约义务
   B. 委托代销商品支付的手续费
   C. 结转的随商品出售且单独计价的包装物成本
   D. 已售商品预计保修费用

3. ☆下列各项中，属于"财务费用"科目核算内容的有（　）。
   A. 支付公开发行普通股的佣金
   B. 支付的银行承兑汇票手续费
   C. 确认的财务部门人员薪酬
   D. 确认的生产经营用短期借款利息费用

4. ☆下列各项中，应计入企业管理费用的有（　）。
   A. 行政管理部门的办公费
   B. 董事会成员公务差旅费
   C. 聘请会计师事务所的咨询费
   D. 计提销售商品的预计产品质量保证损失

四、判断题

1. ☆期间费用是指企业日常活动发生的不能计入特定核算对象成本而应计入发生当期损益的费用。　　　　　　　　（　）

2. ☆企业行政管理部门发生的固定资产日常

修理费用应确认为销售费用。　　（　　）

3. ☆商品流通企业管理费用不多的，可不设置"管理费用"科目，其核算内容并入"销售费用"科目核算。　　（　　）

五、不定项选择题

☆甲公司为增值税一般纳税人，主要生产和销售 M 和 N 产品。2019 年 8 月份发生有关经济业务如下：

(1)本月完工入库 M 产品一批。为推销该产品共发生支出 568 000 元，其中电视广告费 500 000 元、参加推介会的展览费 60 000 元、专设销售机构人员薪酬 8 000 元。全部款项以银行存款支付，取得增值税专用发票上注明的增值税税额 33 600 元。

(2)本月发出 M 产品委托乙公司进一步加工为 N 产品，发出 M 产品实际成本为 400 000 元，支付加工费 50 000 元，取得的增值税专用发票上注明的增值税税额为 6 500 元，由受托方代收代缴的消费税 110 000 元。收回加工完成的 N 产品直接对外销售。相关款项以银行存款支付。

(3)销售 M 产品一批，开具的增值税专用发票上注明的价款 500 000 元，增值税税额 65 000 元，收到客户出具的一张面值为 565 000 元、期限 3 个月的商业承兑汇票结算全部款项；该批产品生产成本为 360 000 元。

(4)月末，经计算本期应交城市维护建设税 1 743 元、教育费附加 747 元。

要求：根据上述资料，不考虑其他因素，分析回答下列小题。（答案中的金额单位用元表示）

(1)根据资料（1），下列各项中，甲公司推销产品有关支出的会计处理表述正确的是(　　)。

A. 支付展览费 60 000 元，记入"销售费用"科目借方

B. 支付广告费 500 000 元，记入"管理费用"科目借方

C. 支付增值税进项税额 33 600 元，记入"应交税费"科目借方

D. 支付专设销售机构人员薪酬 8 000 元，记入"销售费用"科目借方

(2)根据资料（2），下列各项中，甲公司委托加工物资由受托方代收代缴的消费税的会计处理表述正确的是(　　)。

A. 记入"税金及附加"科目的借方

B. 记入"应交税费—应交消费税"科目的贷方

C. 记入"委托加工物资"科目的借方

D. 记入"应交税费—应交消费税"科目的借方

(3)根据资料（2），甲公司委托加工完成的 N 产品的实际成本是(　　)元。

A. 560 000　　　　B. 450 000

C. 566 500　　　　D. 400 000

(4)根据资料（3），下列各项中，甲公司销售 M 产品的会计处理表述正确的是(　　)。

A. 结转销售成本，记入"主营业务成本"科目借方

B. 确认销售收入，记入"主营业务收入"科目贷方

C. 确认增值税销项税额，记入"应交税费"科目贷方

D. 按商业汇票的面值，记入"其他货币资金"科目借方

(5)根据资料（1）至资料（4），甲公司利润表中"税金及附加"项目本期金额是(　　)元。

A. 2 490　　　　B. 110 000

C. 112 490　　　　D. 137 390

随堂小练参考答案及解析

一、百考多选题

ACD 【解析】选项A，费用是指企业在日常活动中发生的、会导致所有者权益减少的、与向所有者分配利润无关的经济利益的总流出。营业外支出属于损失，不属于"费用"要素，生产成本和制造费用属于成本，不属于"费用"要素。选项C，生产车间领用低值易耗品的摊销额记入"生产成本"科目，不属于营业成本；出售商品的成本计入主营业务成本，属于营业成本。选项D，进口材料的关税计入材料的成本；购置办公楼的契税、购置汽车的车辆购置税分别计入办公楼和汽车的成本；自产自用应税矿产品应交的资源税记入"生产成本"等科目，销售商品应交的增值税记入"应交税费——应交增值税(销项税额)"。

二、单项选择题

1. D 【解析】选项A，会计分录：
借：应付职工薪酬
　　贷：应交税费——应交个人所得税
选项B，会计分录：
借：所得税费用
　　贷：应交税费——应交企业所得税
选项C，增值税为价外税，不通过"税金及附加"科目核算。
选项D，会计分录：
借：税金及附加
　　贷：应交税费——应交城市维护建设税

2. A 【解析】企业应计入"财务费用"的金额=90-1+15=104(万元)。

3. D 【解析】该企业12月份应确认的管理费用金额=40+50+60=150(万元)。
会计分录：
借：管理费用　　　(40+50+60)150
　　贷：累计折旧　　　　　　　　　40

银行存款　　　　　　　　　　110

4. A 【解析】购买10 000元办公用品交付使用，属于当期发生的费用，通过"管理费用"科目核算；预付第三季度办公用房租金45 000元，不属于6月的费用；支付第二季度短期借款利息6 000元，其中4月和5月的利息，属于4月和5月确认的费用，不属于企业在6月发生的费用，6月发生的利息费用=6 000-4 000=2 000(元)，因此企业当期确认的期间费用=10 000+2 000=12 000(元)。

三、多项选择题

1. CD 【解析】选项AB，计入销售费用。

2. ABD 【解析】选项C，通过"其他业务成本"科目核算。

3. BD 【解析】选项A，冲减资本公积；选项C，计入管理费用。

4. ABC 【解析】选项D，应计入销售费用。

四、判断题

1. √

2. × 【解析】企业行政管理部门发生的固定资产日常修理费用应确认为管理费用。

3. √

五、不定项选择题

(1) ACD；(2) C；(3) A；(4) ABC；
(5) A。
【解析】
(1)资料(1)会计分录：
借：销售费用
　　(500 000+60 000+8 000)568 000
　应交税费——应交增值税(进项税额)
　　　　　　　　　　　　　33 600
　　贷：银行存款　　　　　　601 600
(2)需要交纳消费税的委托加工物资，由受托方代收代缴的消费税，收回后用于直接销售的，记入"委托加工物资"科目。

（3）委托加工物资的成本＝400 000+50 000 +110 000＝560 000（元），一般纳税人取得的增值税专用发票可以抵扣，不计入委托加工物资的成本。

资料（2）会计分录：

发出物资时：

借：委托加工物资　　　400 000
　　贷：库存商品——M产品　　400 000

支付加工费时：

借：委托加工物资　　　50 000
　　应交税费——应交增值税（进项税额）
　　　　　　　　　　　　6 500
　　贷：银行存款　　　　56 500

支付消费税时：

借：委托加工物资　　　110 000

　　贷：银行存款　　　　110 000

加工验收入库时：

借：库存商品——N产品　560 000
　　贷：委托加工物资
　　（400 000+50 000+110 000）560 000

（4）资料（3）会计分录：

借：应收票据　　　　　565 000
　　贷：主营业务收入　　500 000
　　　　应交税费——应交增值税（销项税额）　　65 000

借：主营业务成本　　　360 000
　　贷：库存商品　　　　360 000

（5）"税金及附加"项目本期金额＝1 743[资料（4）]+747[资料（4）]＝2 490（元），资料（2）中消费税计入委托加工物资，不计入税金及附加。

考点三　利润的确认和计量

考点详解

一、利润概述

『提示』各位考生，大家再回忆一下利润表。

利润＝收入－费用+利得－损失

| 政府补助 | 与日常活动有关 | 其他收益 |

图7-5　政府补助

【例题1·单选题】☆某企业2020年实现的营业收入为600万元，发生的营业成本为400万元，管理费用为20万元，税金及附加为5万元，营业外支出为10万元。不考虑其他因素，该企业2020年的营业利润为（　　）万元。

A. 200　　　B. 165
C. 175　　　D. 190

解析▶该企业2020年的营业利润＝600 －400－20－5＝175（万元）。营业外支出影响企业的利润总额，不影响企业的营业利润。

答案▶C

二、营业外收入与营业外支出

（一）营业外收入与营业外支出对比

营业外收入——与企业日常活动无直接关系的各项利得。

营业外支出——与企业日常活动无直接关系的各项损失。

表 7-4　营业外收入与营业外支出对比

计入营业外收入的情形	会计处理	计入营业外支出的情形	会计处理
非流动资产（固定资产）报废利得	固定资产： 借：固定资产清理 　　贷：营业外收入	非流动资产（固定资产、无形资产）报废损失	固定资产： 借：营业外支出 　　贷：固定资产清理 无形资产： 借：累计摊销 　　无形资产减值准备 　　营业外支出 　　贷：无形资产
确实无法支付的应付账款	借：应付账款 　　贷：营业外收入	非常损失	借：营业外支出 　　贷：待处理财产损溢等
现金盘盈利得	借：库存现金 　　贷：待处理财产损溢 借：待处理财产损溢 　　贷：营业外收入 　　　　其他应付款	盘亏（固定资产）损失	借：营业外支出 　　贷：待处理财产损溢
捐赠利得	借：银行存款等 　　贷：营业外收入	捐赠支出	借：营业外支出 　　贷：银行存款等
非日常活动的政府补助	考试不要求	—	—
罚款收入	借：银行存款 　　贷：营业外收入	罚款支出	借：营业外支出 　　贷：银行存款
权益法下的长期股权投资：初始投资成本<享有被投资方可辨认净资产公允价值份额	『提示』仅供满足好奇心 借：长期股权投资—投资成本 　　贷：银行存款 　　　　营业外收入	—	—
速记：付费（非），盘捐补罚长		速记：双飞（非），盘捐罚	

【例题 2·单选题】☆下列各项中，影响营业利润的是（　）。

A. 接受的现金捐赠

B. 税收罚款支出

C. 当期确认的所得税费用

D. 管理不善造成的库存现金短缺

解析 ▶选项 A，计入营业外收入，不影响营业利润；选项 B，计入营业外支出，不影响营业利润；选项 C，计入所得税费用，不影响营业利润；选项 D，计入管理费用，影响营业利润。　　　　答案 ▶D

【例题 3·多选题】☆下列各项中，不属于营业外支出的有（　）。

A. 确认的房屋减值损失

B. 出售闲置设备的净损失

C. 原材料因管理不善发生的盘亏净损失

D. 对外捐赠设备的支出

解析 ▶选项 A，通过"资产减值损失"科目核算；选项 B，通过"资产处置损益"科目核算；选项 C，通过"管理费用"科目核算。

答案 ▶ABC

【例题 4·多选题】☆下列各项中，报经批准后计入营业外支出的有（　）。

A. 生产车间季节性停工损失

B. 采购原材料途中发生的合理损耗

C. 台风导致的库存材料盘亏净损失

D. 报废生产设备产生的净损失

解析 ▶ 选项 A，计入制造费用；选项 B，计入原材料成本。　　　**答案** ▶ CD

【例题5·单选题】 ☆2021年9月，某企业报经批准结转无法查明原因的现金溢余1 000元；转销由于债权单位撤销无法清偿的应付账款2 000元；出售管理用设备确认净收益3 000元。不考虑其他因素，2021年9月该企业确认的营业外收入为（　　）元。

A. 1 000　　　　　B. 2 000

C. 3 000　　　　　D. 6 000

解析 ▶ 营业外收入 = 1 000 + 2 000 = 3 000（元）。　　　**答案** ▶ C

（二）营业外收入的账务处理

【案例1】 3月，福喜公司发生如下业务：（1）无法查明原因的现金溢余1万元；（2）无法支付的应付账款2万元；（3）接受现金捐赠3万元，存入银行；（4）收到有福公司违约金4万元，存入银行；（5）固定资产报废利得5万元。会计分录如下：

借：待处理财产损溢（盘盈现金）　1
　　应付账款（无法支付的应付账款）
　　　　　　　　　　　　　　　　2
　　银行存款等（接受捐赠、罚款利得）
　　　　　　　　　　　　　　　　7
　　固定资产清理（报废固定资产）
　　　　　　　　　　　　　　　　5
　　贷：营业外收入　　　　　　　15

【案例2】 承【案例1】，3月31日，福喜公司结转营业外收入的科目余额。会计分录如下：

借：营业外收入　　　　　　　　15
　　贷：本年利润　　　　　　　　15

结转后营业外收入科目应无余额。

（三）营业外支出的账务处理

【案例3】 3月，福喜公司（一般纳税人）发生如下业务：（1）自然灾害造成库存商品损失2万元；（2）固定资产盘亏损失3万元；（3）用银行存款支付公益性捐赠支出4万元；（4）用银行存款支付税收滞纳金5万元。会计分录如下：

借：营业外支出　　　　　　　　14
　　贷：待处理财产损溢（自然灾害、固定资产盘亏）　　　　　5
　　　　银行存款（公益性捐赠、罚款支出）　　　　　　　　9

【案例4】 承【案例3】，3月31日，福喜公司结转营业外支出的科目余额。会计分录如下：

借：本年利润　　　　　　　　　14
　　贷：营业外支出　　　　　　　14

结转后营业外支出科目应无余额。

三、所得税费用

企业的所得税包括**当期（应交）所得税**和**递延所得税**两个部分。

（一）当期（应交）所得税

【案例5】 12月31日，福喜公司（一般纳税人）本年利润总额为90万元；职工福利费应调增2万元、行政罚款应调增2万元；工会经费应调增1万元、国债利息应调减3万元；职工教育经费应调增1万元；业务招待费应调增3万元；公益性捐赠支出应调增2万元；广告费和业务宣传费应调增2万元，公司适用的所得税率为25%。

要求：计算该公司的应交所得税并编制相关会计分录。

【分析】 税法应纳税所得额 = 会计利润总额 + 调增 – 调减，即本题应纳税所得额 = 90 + 2 + 2 + 1 – 3 + 1 + 3 + 2 + 2 = 100（万元）；

应交所得税 = 100 × 25% = 25（万元）。

应交所得税相关分录：

借：所得税费用　　　　　　　　25
　　贷：应交税费—应交所得税　　25

（二）递延所得税

资产（或负债）按会计准则确定的**账面价值**与按税法规定确定的**计税基础**的差额，即为暂时性差异。

【案例6】 假设福喜公司2021年产生收入150万元，费用60万元，其中包含计提坏账准备所产生的信用减值损失 10 万元；2022 年产生收入 150 万元，费用 50 万元，上年已计提坏账准备的应收账款 10 万元确定无法收回，核销该坏账。

本案例只为满足好奇的考生，初级考试一般不考，中级考试才考。

（1）2021 年的账务处理：

会计	税法
2021 年计提坏账准备	2021 年未发生坏账损失
借：信用减值损失 10 贷：坏账准备 10	不承认
收入 150-费用 60（含上述 10）=利润 90（万元）	收入 150-扣除额 50=应纳税所得额 100（万元），或者当期纳税调增 10 万元
形成一种债权，即针对可抵扣暂时性差异确认递延所得税资产： 10×25%=2.5（万元）	以后真正发生损失时才能冲销损失 10 万元

借：所得税费用   22.5
  递延所得税资产   2.5
    贷：应交税费——应交所得税   25

（2）2022 年账务处理：

会计	税法
2022 年发生坏账损失 10 万元	2022 年发生坏账损失
借：坏账准备 10 贷：应收账款 10	承认损失，可以抵扣所得税
收入 150-费用 50=利润 100（万元）	收入 150-扣除额 60（承认上述 10）=应纳税所得额 90（万元）
转回上年确认的债权，即贷记递延所得税资产 2.5 万元	冲销损失 10 万元

借：所得税费用   25
  贷：递延所得税资产   2.5
    应交税费——应交所得税   22.5

（三）应交所得税的计算及账务处理

应交所得税=应纳税所得额×所得税税率
应纳税所得额=税前会计利润+纳税调整增加额-纳税调整减少额

有关调整增加和调整减少的规定，请学习企业所得税的有关规定。

【案例 7】 福喜公司（非高新技术企业）某年度税前会计利润为 190 万元，所得税税率为 25%。全年工资 100 万元，职工福利费 20 万元，工会经费 3 万元，职工教育经费 10 万元；经查，福喜公司当年营业外支出中有 9 万元为税收滞纳罚金；另有国债利息收入 8 万元。企业发生的职工福利费支出、工会经费、职工教育经费，分别不超过工资薪金总额 14%、2%、8% 的部分准予扣除。假定福喜公司全年无其他纳税调整因素。

（1）纳税调整增加额：

福利费=20-100×14%=6（万元）

工会经费=3-100×2%=1（万元）

职工教育经费=10-100×8%=2（万元）

滞纳金 9 万元

（2）纳税调整减少额：

国债利息 8 万元

应纳税所得额=190+6+1+2+9-8=200（万元）

当期应交所得税额=200×25%=50（万元）

（3）会计分录：

借：所得税费用　　　　　　　　50

　　贷：应交税费—应交所得税　　50

【例题6·单选题】 ☆某企业2021年全年利润总额为1 200万元，当年实现国债利息收入50万元，交纳的税收滞纳金10万元，所得税税率为25%。不考虑其他因素，该企业2021年度所得税费用为（　）万元。

　A. 150　　　　　　B. 280

　C. 290　　　　　　D. 300

解析 ▶ 该企业当年的应纳税所得额＝1 200－50＋10＝1 160（万元），所得税费用＝应纳税所得额×所得税税率＝1 160×25%＝290（万元）。

答案 ▶ C

（四）所得税费用的账务处理

所得税费用＝当期所得税＋递延所得税

1. 当期所得税相关分录

借：所得税费用

　　贷：应交税费—应交所得税［当期所得税］

2. 递延所得税资产相关分录

借：递延所得税资产（当期发生额增加）

　　贷：所得税费用

如果递延所得税资产当期发生额减少，则分录反之。

3. 递延所得税负债相关分录

借：所得税费用

　　贷：递延所得税负债（当期发生额增加）

如果递延所得税负债当期发生额减少，则分录反之。

【案例8】 福喜公司递延所得税资产年初借方余额为35万元，年末借方余额为50万元；递延所得税负债年初贷方余额为10万元，年末贷方余额为20万元。已知福喜公司当期所得税为50万元。假定相关递延所得税影响均计入所得税费用。

递延所得税资产借方发生额＝50－35＝15（万元），其会计分录为：

借：递延所得税资产　　　　　　15

　　贷：所得税费用　　　　　　　15

递延所得税负债贷方发生额＝20－10＝10（万元），其会计分录为：

借：所得税费用　　　　　　　　10

　　贷：递延所得税负债　　　　　10

【例题7·单选题】 ☆A公司2021年度利润总额为300万元，其中本年度国债利息收入15万元，税收滞纳金5万元，实际发生的业务招待费25万元（税法核定的业务招待费15万元）。适用的企业所得税税率为25%，假定不考虑其他因素，A公司2021年度应交所得税为（　）万元。

　A. 75　　　　　　B. 76

　C. 77　　　　　　D. 74

解析 ▶ 应纳税所得额＝300－15＋5＋（25－15）＝300（万元）。应交所得税＝300×25%＝75（万元），当期所得税相关分录：

借：所得税费用　　　　　　　　75

　　贷：应交税费—应交所得税　　75

答案 ▶ A

【例题8·单选题】 ☆某企业2020年当期所得税650万元，递延所得税负债年初数45万元，年末数58万元，递延所得税资产年初数36万元，年末数32万元。不考虑其他因素，该企业2020年应确认所得税费用（　）万元。

　A. 650　　　　　　B. 633

　C. 667　　　　　　D. 663

解析 ▶ 所得税费用＝当期所得税＋递延所得税。递延所得税＝（58－45）－（32－36）＝17（万元）；所得税费用＝650＋17＝667（万元）。

答案 ▶ C

四、本年利润

（一）结转方法

1. 表结法

损益类科目在每月末只需结计出本月发生额和月末累计余额，不用编制转账凭证，也**不用结转**到"本年利润"科目。

在年度终了时，一次将全年累计余额结

转记入"本年利润"科目。

【记住】表结法：月末不结年末结。

2. 账结法

每月月末需要编制转账凭证，将各损益类科目的余额结转记入"本年利润"科目。

【记住】账结法：月月结。

【例题9·多选题】 ☆下列各项中，关于本年利润结转方法表述正确的有( )。

A. 采用表结法，减少"本年利润"科目的结转环节和工作量

B. 采用表结法，每月月末应将各损益类科目的余额结转记入"本年利润"科目

C. 采用账结法，每月月末应将各损益类科目的余额结转记入"本年利润"科目

D. 采用账结法，增加"本年利润"科目的转账环节和工作量

解析 采用表结法，各损益类科目每月只需结计出本月发生额和月末累计余额，不结转到"本年利润"科目。而采用账结法，每

月月末均需编制转账凭证，将在账上结计出的各损益类科目的余额结转入"本年利润"科目。

答案 ACD

（二）结转本年利润的核算

（1）月末，损益类账户结转到"本年利润"，结转后损益类账户**无余额**。

（2）年末，"本年利润"结转到"利润分配—未分配利润"科目，结转后"本年利润"**无余额**。

借：本年利润

　　贷：利润分配—未分配利润

或做相反的会计分录。

『链接』 无余额的账户还有"制造费用"。该账户月末无余额，结转到"生产成本"账户（除季节性生产外）。

【案例9】 福喜公司某年有关损益类科目在年末结账前的余额如下（该企业采用表结法年末一次性结转损益类科目，所得税税率为25%）：

单位：万元

科目名称	借或贷	贷方余额	科目名称	借或贷	借方余额
主营业务收入	贷	600	主营业务成本	借	420
其他业务收入	贷	400	其他业务成本	借	280
公允价值变动损益	贷	50	税金及附加	借	100
投资收益	贷	200	销售费用	借	80
资产处置损益	贷	150	管理费用	借	120
其他收益	贷	80	财务费用	借	30
营业外收入	贷	20	信用减值损失	借	10
			资产减值损失	借	10
			营业外支出	借	10

（1）将各损益类科目年末余额结转入"本年利润"科目：

①结转各项收入、利得类科目：

借：主营业务收入　　　　600

　　其他业务收入　　　　400

　　公允价值变动损益　　 50

　　投资收益　　　　　　200

　　资产处置损益　　　　150

　　其他收益　　　　　　 80

　　营业外收入　　　　　 20

　　贷：本年利润　　　　　 1 500

②结转各项费用、损失类科目：

借：本年利润　　　　　1 060

　　贷：主营业务成本　　　　420

　　　　其他业务成本　　　　280

　　　　税金及附加　　　　　100

　　　　销售费用　　　　　　 80

　　　　管理费用　　　　　　120

财务费用 30

信用减值损失 10

资产减值损失 10

营业外支出 10

（2）税前会计利润=1 500-1 060=440（万元）

（3）假设福喜公司该年度不存在所得税纳税调整因素。

应交所得税=440×25%=110（万元）。

①确认所得税费用：

借：所得税费用 110

　　贷：应交税费——应交所得税 110

②结转所得税费用：

借：本年利润 110

　　贷：所得税费用 110

（4）将"本年利润"科目年末余额330万元（440-110）转入"利润分配——未分配利润"科目：

借：本年利润 330

　　贷：利润分配——未分配利润 330

【例题 10·单选题】 ☆某公司2021年实现利润总额310万元，确认所得税费用60万元、其他综合收益税后净额16万元。不考虑其它因素，该公司2021年实现的净利润为（　　）万元。

A. 234　　　　　B. 250

C. 310　　　　　D. 326

解析 ▶ 净利润=利润总额-所得税费用=310-60=250（万元）
答案 ▶ B

【案例 10】 承【案例 9】，福喜公司当年年初"未分配利润"科目余额-30万元（不允许弥补的亏损），按照净利润的10%计提法定盈余公积，宣告分配现金股利100万元。

（1）提取法定盈余公积：

提取的盈余公积=（330-30）×10%=30（万元）。

如果年初"未分配利润"科目余额为正数，则计提盈余公积的基数不考虑该金额。

借：利润分配——提取法定盈余公积 30

　　贷：盈余公积——法定盈余公积 30

（2）宣告分配现金股利：

借：利润分配——应付现金股利或利润 100

　　贷：应付股利 100

（3）将"利润分配"的其他明细科目转到"未分配利润"明细科目：

借：利润分配——未分配利润 130

　　贷：利润分配——提取法定盈余公积 30

　　　　　　——应付现金股利或利润 100

"未分配利润"的年末余额=-30+330-30-100=170（万元）。

【例题 11·判断题】 ☆年度终了，企业应将"本年利润"科目的本年累计余额转入"利润分配——未分配利润"科目。（　　）
答案 ▶ √

福喜总结 所得税费用★★★（2021年、2020年、2018年单选题；2021年、2018年、2017年判断题）

项目	内容	
应纳税所得额	应纳税所得额=税前会计利润（利润表：利润总额）+纳税调整增加额-纳税调整减少额	
当期所得税	应交所得税=应纳税所得额×所得税税率	
纳税调整增加额	超标的职工福利费、工会经费、职工教育经费、业务招待费、公益性捐赠支出、广告费和业务宣传费	税收滞纳金、罚款、罚金
纳税调整减少额	前五年内未弥补的亏损	国债利息收入
递延所得税	递延所得税负债、递延所得税资产	
所得税费用	所得税费用=当期所得税+递延所得税	

续表

项目	内容
会计分录	借：所得税费用 　　贷：应交税费—应交所得税 　　　　递延所得税负债[可能在借方] 　　　　递延所得税资产[可能在借方]

随堂小练 限时25min

一、百考多选题

下列关于所得税费用、本年利润的表述，正确的有（　　）。

A. 当期应交所得税、递延所得税资产、递延所得税负债和代扣代缴的个人所得税影响利润表"所得税费用"

B. 计算应纳税所得额需要进行纳税调整的项目有税收滞纳金、罚款、罚金、超过税法规定标准的业务招待费、国债利息收入、超过税法规定标准的职工福利费和教育经费；当年度企业实现利润总额100万元，其中国债利息收入5万元，税收滞纳金罚款25万元，企业所得税税率25%。假设不考虑其他因素，本年该企业应确认所得税费用为30万元

C. 当年度某企业实现利润总额为860万元，当年应纳税所得额为1 000万元，适用的所得税税率为25%，当年影响所得税费用的递延所得税负债增加50万元。该企业当年度利润表"所得税费用"项目本期金额为300万元

D. 会计期末结转本年利润的方法有表结法和账结法两种，表结法下，每月月末均需编制转账凭证，将在账上结计出的各损益类科目的余额结转入"本年利润"科目；账结法下，"本年利润"科目本年余额反映本年累计实现的利润或发生的亏损，月末需要将各损益类科目的余额结转入"本年利润"，年度终了，结转"本年利润"科目至"利润分配—未分配利润"科目，结

转后"本年利润"科目应无余额

二、单项选择题

1. ☆下列各项中，导致企业营业利润金额发生变化的是（　　）。
   A. 发放现金股利
   B. 报废设备净损失
   C. 向慈善组织捐赠现金支出
   D. 支付行政管理设备日常修理费

2. ☆下列各项中，企业应确认为营业外支出的是（　　）。
   A. 购进材料发生的定额内合理损耗
   B. 核销确实无法收回的应收款项
   C. 对外捐赠发生的支出
   D. 支付银行承兑汇票手续费

3. ☆某企业2020年度利润总额为500万元，应纳税所得额为480万元，递延所得税资产年初数18万元，年末数10万元，所得税税率为25%。不考虑其他因素，该企业年末确认的所得税费用金额为（　　）万元。
   A. 128　　　　　　B. 125
   C. 112　　　　　　D. 120

4. ☆下列各项中，期末应结转到"本年利润"科目借方的是（　　）。
   A. 公允价值变动损益贷方余额
   B. 其他收益贷方余额
   C. 投资收益贷方余额
   D. 资产处置损益借方余额

5. ☆某企业适用的所得税税率为25%。2020年该企业实现利润总额500万元，其中国债利息收入20万元，无其他纳税调整事

项。不考虑其他因素，该企业 2020 年利
润表"净利润"项目"本期金额"栏应填列
的金额为( )万元。

A. 370　　　　　　B. 360

C. 375　　　　　　D. 380

三、多项选择题

1. ☆下列各项中，关于本年利润结转方法的
表述正确的有( )。

A. 采用表结法，每月月末各损益类科目
余额，不结转至"本年利润"科目

B. 采用账结法，每月月末应将各损益类
科目的余额结转记入"本年利润"科目

C. 采用表结法，年末将各损益类科目累
计余额结转记入"本年利润"科目

D. 采用账结法，年末将各损益类科目累
计余额结转记入"本年利润"科目

2. ☆下列各项中，会导致利润总额减少的
有( )。

A. 确认的固定资产减值损失

B. 结转已提供的劳务成本

C. 确认的当期所得税费用

D. 销售商品过程中承担的保险费

3. 某企业本年实现利润总额 192 万元，当年
发生的管理费用中不得税前抵扣的金额为
8 万元，企业所得税税率为 25%，不考虑
其他因素，该企业本年的所得税费用和净
利润分别为( )万元。

A. 50　　　　　　B. 58

C. 142　　　　　　D. 146

4. ☆下列各项中，企业应计入营业外支出的
有( )。

A. 发生的办公设备日常维护费

B. 固定资产盘亏损失

C. 公益性捐赠支出

D. 行政罚款支出

5. ☆下列各项中，计算应纳税所得额需要进
行纳税调整的项目有( )。

A. 税收滞纳金

B. 超过税法规定标准的业务招待费

C. 国债利息收入

D. 超过税法规定标准的职工福利费

四、判断题

1. ☆会计期末，企业应将"所得税费用"科目余
额转入"利润分配—未分配利润"科目。( )

2. ☆企业计算确定的当期所得税与递延所得
税之和，即为应从当期利润总额中扣除的
所得税费用。 ( )

3. ☆企业采用账结法结转本年利润时，各损
益类科目每月月末只需结计出本月发生额
和月末累计金额，年末将全年累计金额转
入"本年利润"科目。 ( )

4. ☆企业收到与日常经营活动相关的且计入
当期损益的政府补助，应列入利润表的
"营业外收入"项目。 ( )

5. ☆损失是指由企业非日常活动所发生的，
会导致所有者权益减少的，与向所有者分
配利润无关的经济利益的流出。 ( )

五、不定项选择题

☆甲公司为增值税一般纳税人，采用表结
法结转本年利润，适用的所得税税率为
25%。2019 年相关业务资料如下：

(1)年初未分配利润为 0。全年实现营业
利润 127 万元，取得营业外收入 20 万元，
发生营业外支出 4 万元。

(2)经查，按税法规定需调整的纳税事项
有：职工福利费开支超过准予扣除标准的
金额为 1.2 万元，工会经费超过准予扣除
标准的金额为 0.8 万元；营业外支出中有
1 万元为税收滞纳金，投资收益中有 2 万
元为本年实现的国债利息收入；其他应调
减的应纳税所得额为 8 万元。

(3)与所得税费用相关的递延所得税资
料：递延所得税负债年初数为 2 万元，年
末数为 3 万元；递延所得税资产年初数为
2 万元，年末数为 1 万元。

要求：根据上述资料，不考虑其他因素，
分析回答下列小题。(答案中的金额单位

用万元表示)

(1)根据资料(1),甲公司2019年实现的利润总额是( )万元。

A. 127　　　　　　B. 123

C. 143　　　　　　D. 147

(2)根据资料(2),下列各项中,关于甲公司纳税调整事项的表述正确的是( )。

A. 本年纳税调减项目调减总额为10万元

B. 发生的税收滞纳金1万元应调整增加应纳税所得额

C. 实现的国债利息收入2万元应调整减少应纳税所得额

D. 本年纳税调增项目调增总额为3万元

(3)根据资料(1)和资料(2),甲公司2019年应纳税所得额是( )万元。

A. 136　　　　　　B. 146

C. 143　　　　　　D. 141

(4)根据资料(3),下列各项中,甲公司递延所得税的相关会计处理表述正确的是( )。

A. 借记"所得税费用"科目1万元

B. 借记"递延所得税负债"科目1万元

C. 贷记"递延所得税负债"科目1万元

D. 贷记"递延所得税资产"科目1万元

(5)根据资料(1)~资料(3),甲公司2019年实现的净利润是( )万元。

A. 107　　　　　　B. 127

C. 141　　　　　　D. 147

随堂小练参考答案及解析

一、百考多选题

BC 【解析】选项A,所得税费用=递延所得税+当期应交所得税,代扣代缴的个人所得税对所得税费用没有影响;选项D,会计期末结转本年利润的方法有表结法和账结法两种,账结法下,每月月末均需编制转账凭证,将在账上结计出的各损益类科目的余额结转入"本年利润"科目。

二、单项选择题

1. D 【解析】选项A,会计分录:

借:应付股利

　　贷:银行存款

不涉及损益类科目,不影响营业利润。

选项B,会计分录:

借:营业外支出

　　贷:固定资产清理

营业外支出不影响营业利润,影响利润总额。

选项C,会计分录:

借:营业外支出

　　贷:银行存款

营业外支出不影响营业利润,影响利润总额。

选项D,会计分录:

借:管理费用

　　贷:银行存款

管理费用影响营业利润。

2. C 【解析】选项A,计入购进材料的成本;选项B,计入坏账准备;选项D,计入财务费用。

3. A 【解析】所得税费用=当期所得税+递延所得税。当期所得税=应纳税所得额×所得税税率=480×25%=120(万元);递延所得税=(递延所得税负债年末数-递延所得税负债年初数)-(递延所得税资产年末数-递延所得税资产年初数)=0-(10-18)=8(万元);所得税费用=120+8=128(万元)。

4. D 【解析】选项ABC,结转到本年利润的贷方。

5. D 【解析】2020年利润表"净利润"项目"本期金额"栏应填列的金额=500-(500-20)×25%=380(万元)。

三、多项选择题

1. ABC 【解析】选项D，采用账结法是每月月末应将各损益类科目的余额结转记入"本年利润"科目。

2. ABD 【解析】选项A，计入资产减值损失，导致利润总额减少；选项B，计入主营业务成本，导致利润总额减少；选项C，计入所得税费用，导致净利润减少，不影响利润总额；选项D，计入销售费用，导致利润总额减少。

3. AC 【解析】所得税费用=(192+8)×25%=50(万元)，净利润=192-50=142(万元)。

4. BCD 【解析】选项A，应计入管理费用。

5. ABCD 【解析】选项ABD，计算应纳税所得额时应该纳税调增；选项C，计算应纳税所得额时应该纳税调减。

四、判断题

1. × 【解析】会计期末，企业应将"所得税费用"科目余额转入"本年利润"科目。

2. √

3. × 【解析】本题题干描述的是表结法的处理思路。

4. × 【解析】企业收到与日常经营活动相关的且计入当期损益的政府补助，应列入利润表的"其他收益"项目。

5. √

五、不定项选择题

(1) C；(2) ABCD；(3) A；(4) CD；(5) A。

【解析】(1) 2019年实现的利润总额=营业利润+营业外收入-营业外支出=127+20-4=143(万元)。

(2) 本年纳税调整增加总额=1.2+0.8+1=3(万元)；本年纳税调整减少总额=2+8=10(万元)。

(3) 应纳税所得额=143+3-10=136(万元)。应交所得税=136×25%=34(万元)。

会计分录：

借：所得税费用　　　　　　　　34

　　贷：应交税费——应交所得税　　34

(4) 当期递延所得税负债发生额=3-2=1(万元)。当期递延所得税资产发生额=1-2=-1(万元)。

资料(3)的会计分录：

借：所得税费用　　　　　　　　2

　　贷：递延所得税负债　　　　　　1

　　　　递延所得税资产　　　　　　1

(5) 2019年实现的净利润=143-34-2=107(万元)。

 **同步训练** 限时60分钟

扫我做试题

一、单项选择题

1. ☆某公司为增值税一般纳税人，销售商品适用的增值税税率为13%。2019年9月2日，该公司销售商品10 000件，每件商品不含税标价为50元。由于成批销售，该公司给予客户20%的商业折扣，并开具增值税专用发票。不考虑其他因素，下列各项中，该公司确认的营业收入金额为(　)元。

A. 500 000　　　　　　　B. 400 000

C. 452 000　　　　D. 565 000

2. 2018 年 1 月 1 日，甲公司与乙公司签订合同，为乙公司拥有所有权的一栋办公楼更换 10 部电梯，总价格为 1 000 万元。截至 2018 年 12 月 31 日，甲公司共更换了 8 部电梯，剩余两部电梯预计在 2019 年 3 月 1 日之前完成。该合同仅包含一项履约义务，且属于在某一时段内履行的履约义务。甲公司按照已完成的工作量占预计总工作量的比例确定履约进度。假定不考虑增值税等其他因素，甲公司 2018 年年末应确认的收入金额为(　　)万元。

A. 0　　　　　　　B. 1 000

C. 800　　　　　D. 200

3. 公司给客户办理健身会员卡，收取一年费用，收取的年费计入(　　)。

A. 合同负债　　　B. 其他应付款

C. 主营业务收入　D. 其他业务收入

4. ☆2016 年 10 月，某企业签订一项劳务合同，合同收入为 300 万元，预计合同成本为 240 万元，合同价款在签订合同时已收取。该合同属于在某一时段内履行的履约义务，企业采用成本法确认合同履约进度，即按照累计实际发生的成本占合同预计总成本的比例确定履约进度。2016 年，该企业已为该合同发生成本 72 万元，确认收入 90 万元，截至 2017 年年底，累计发生成本 168 万元，不考虑其他因素，2017 年企业应确认该项业务的收入为(　　)万元。

A. 64　　　　　　B. 144

C. 120　　　　　D. 180

5. ☆某企业出售原价为 100 万元，已计提折旧 30 万元的生产设备，收取价款 50 万元。发生清理费用 2.5 万元。不考虑相关税费及其他因素，下列各项中，该项业务对企业当期营业利润的影响是(　　)。

A. 减少营业利润 20 万元

B. 减少营业利润 22.5 万元

C. 增加营业利润 50 万元

D. 减少营业利润 17.5 万元

6. ☆下列各项中，企业行政管理部门负担的工会经费应记入的会计科目是(　　)。

A. 财务费用　　　B. 销售费用

C. 制造费用　　　D. 管理费用

7. ☆甲公司为一家咨询服务公司，中标赢得新客户，为其提供咨询服务。甲公司为取得合同而发生的成本如下：①尽职调查的外部律师费 7 万元；②提交标书发生的差旅费 8 万元(客户不承担)；③销售人员佣金 4 万元。假定不考虑其他因素，甲公司应确认的合同取得成本为(　　)万元。

A. 12　　　　　　B. 15

C. 4　　　　　　D. 19

8. ☆2017 年 12 月份，某公司发生相关税金及附加如下：城市维护建设税为 3.5 万元，教育费附加为 1.5 万元，房产税为 20 万元，车船税为 3 万元，不考虑其他因素，2017 年 12 月份利润表"税金及附加"项目本期金额为(　　)万元。

A. 25　　　　　　B. 23

C. 28　　　　　　D. 5

9. ☆2017 年 4 月，企业发生行政管理部门工资 50 万元，诉讼费 5 万元，销售商品时发生的装卸费价税合计 3 万元，银行汇票手续费 2 万元，计入管理费用的金额是(　　)万元。

A. 55　　　　　　B. 50

C. 60　　　　　　D. 58

10. ☆下列各项中，制造业企业应计入其他业务成本的是(　　)。

A. 公益性捐赠支出

B. 短期出租固定资产的折旧费

C. 存货盘亏损失

D. 台风造成的财产净损失

11. ☆某企业 2019 年相关税费的发生额如下：增值税的销项税额为 500 万元，进项税额为 450 万元，销售应税消费品的消费税为 50 万元，城市维护建设税为 7 万元，教育费附加为 3 万元。不考虑其他因素，该企业 2019 年"税金及附加"科目借方发生额为( )万元。

A. 60 B. 110

C. 10 D. 50

12. ☆某企业 2017 年度实现利润总额 1 450 万元,当年发生的管理费用中包含按规定不能税前扣除的业务招待费 10 万元,企业适用所得税税率为 25%,该企业 2017 年实现的净利润为( )万元。

A. 1 085 B. 1 087.5

C. 1 095 D. 1 450

13. ☆某企业 2019 年发生经济业务如下:确认销售费用 1 000 万元,公允价值变动损失 60 万元,确认信用减值损失 4 万元,支付税收滞纳金 26 万元。不考虑其他因素,上述业务导致该企业 2019 年营业利润减少( )万元。

A. 1 090 B. 1 060

C. 1 080 D. 1 064

14. ☆某企业 2018 年发生的销售商品收入为 1 000 万元,销售商品成本为 600 万元,销售过程中发生广告宣传费用为 20 万元,管理人员工资费用为 50 万元,短期借款利息费用为 10 万元,股票投资收益为 40 万元,资产减值损失为 70 万元,公允价值变动损益为 80 万元(收益),因自然灾害发生固定资产的净损失为 25 万元,因违约支付罚款 15 万元。不考虑其他因素,该企业 2018 年的营业利润为( )万元。

A. 370 B. 330

C. 320 D. 390

二、多项选择题

1. ☆下列各项中,应计入期间费用的有( )。

A. 生产部门机器设备的折旧费

B. 行政管理部门职工的薪酬

C. 预计的产品质量保证损失

D. 计提的无形资产减值准备

2. ☆下列各项中,企业应通过"财务费用"科目进行核算的有( )。

A. 确认向银行支付的银行承兑汇票手续费

B. 支付财务部门人员的职工薪酬

C. 生产经营用短期借款的利息

D. 取得银行存款利息收入

3. ☆下列各项中,应通过"销售费用"科目核算的有( )。

A. 销售商品为购货方代垫的保险费

B. 销售商品过程中负担的装卸费

C. 销售商品过程中发生的广告费

D. 确认专设销售机构人员的薪酬

4. ☆下列各项中,引起当期利润总额增加的有( )。

A. 确认存货盘盈的收益

B. 确认本期出租闲置设备的租金收入

C. 确认银行存款的利息收入

D. 出售交易性金融资产取得的净收益

5. 下列各项中,属于与收入确认有关的步骤的有( )。

A. 识别与客户订立的合同

B. 识别合同中的单项履约义务

C. 将交易价格分摊至各单项履约义务

D. 履行各单项履约义务时确认收入

6. ☆下列各项中,属于确定合同履约进度的产出指标有( )。

A. 已完工或者交付的产品

B. 评估已实现的结果

C. 实际测量的完工进度

D. 时间进度

7. 企业为取得销售合同发生的且由企业承担的下列支出,应在发生时计入当期损益的有( )。

A. 尽职调查发生的费用

B. 投标活动发生的交通费

C. 投标文件制作费

D. 招标文件购买费

8. ☆下列各项中,导致企业期间费用增加的有( )。

A. 确认销售人员的薪酬

B. 计提行政部门固定资产的折旧费

C. 以银行存款支付生产车间的水费

D. 以银行存款偿还银行短期借款的本金

9. ☆下列各项中，属于制造业企业"营业成本"核算内容的有( )。

A. 结转出售材料的成本

B. 按法定要求预提的产品质量保证损失

C. 计提设备在短期出租期间的折旧费

D. 转销出售设备的账面价值

10. ☆下列各项中，制造业企业销售商品时发生的支出，应通过"销售费用"科目核算的有( )。

A. 装卸费 　　B. 保险费

C. 包装费 　　D. 代垫运费

11. ☆下列各项中，应计入营业外收入的有( )。

A. 转销无法支付的应付账款

B. 收发计量差错造成的原材料盘盈

C. 出租包装物的租金收入

D. 无法查明原因的现金溢余

12. 下列各项中，既影响营业利润又影响利润总额业务的有( )。

A. 计提存货跌价准备

B. 转销确实无法支付的应付账款

C. 出售单独计价包装物取得的收入

D. 转让股票所得收益

13. 某企业2020年利润总额为1 000万元，本年的行政罚款支出为5万元，国债利息收入为10万元，超过税法规定扣除标准的公益性捐赠支出为100万元，所得税税率是25%，不存在其他纳税调整事项，下列说法正确的有( )。

A. 企业2020年应该纳税调增的金额为105万元，纳税调减的金额为10万元

B. 企业2020年应交所得税金额为273.75万元

C. 企业2020年的所得税费用金额为250万元

D. 企业2020年的净利润金额为726.25万元

14. ☆下列各项中，关于会计期末结转本年

利润的表结法表述正确的有( )。

A. 每月均可通过"本年利润"科目提供本年累计利润额

B. 每月均可通过"本年利润"科目提供当月利润额

C. 每月末将损益类科目本月发生额合计数填入利润表的本月数栏

D. 年末将损益类科目全年累计余额结转入"本年利润"科目

15. ☆下列各项中，企业期末应将其本期发生额结转至"本年利润"科目的有( )。

A. 营业外收入 　　B. 管理费用

C. 财务费用 　　D. 制造费用

三、判断题

1. ☆企业为取得建筑施工合同发生的预期能够收回的增量成本，应当作为合同取得成本，并确认为一项资产。 ( )

2. ☆专设销售机构管理用固定资产的折旧费应计入管理费用。 ( )

3. ☆企业向银行支付的银行承兑汇票的手续费计入财务费用；企业持不带息的商业汇票到银行办理贴现，其贴现利息应记入"财务费用"科目。 ( )

4. ☆企业缴纳的印花税应直接计入当期损益，不需通过"应交税费"科目核算。
( )

5. ☆企业接受固定资产捐赠产生的利得计入资本公积。 ( )

6. ☆企业采用账结法结转本年利润时，需要每月月末都编制记账凭证，将损益类科目的余额结转至"本年利润"科目。 ( )

7. ☆企业年末将损益类科目结转后，"本年利润"科目的借方余额表示实现的净利润，贷方余额表示发生的净亏损。 ( )

8. ☆企业提供建筑安装劳务，当履约进度不能合理确定、且已经发生的成本预期能够得到补偿的，应当按照已经发生的成本确认收入，直到履约进度能够合理确定为止。 ( )

9. ☆在某一时段内履行的履约义务，若能合理确定履约进度的，企业应于资产负债表日按照合同的交易价格总额乘以履约进度扣除以前会计期间累计已确认的收入后的金额，确认当期收入。　　（　）

四、不定项选择题

1. ☆甲公司为增值税一般纳税人，2020年12月发生经济业务如下：

(1)1日，向乙公司销售M产品一批，开具的增值税专用发票上注明的价款为500万元，增值税税额为65万元，该批产品实际成本为350万元。乙公司收到产品并验收入库，同时开出一张面值为565万元的商业承兑汇票结算全部款项。甲公司销售M产品符合收入确认条件，确认收入的同时结转销售成本。

(2)5日，以银行存款支付下列款项：专设销售机构的办公设备日常维修费5.5万元、增值税税额0.715万元，中介机构服务费3万元、增值税税额0.18万元，所支付的款项均已取得增值税专用发票。维修费及中介机构服务费全部计入当期损益。

(3)20日，因自然灾害造成一批库存商品毁损，实际成本为7万元。根据保险合同约定，由保险公司赔偿4万元，赔偿款尚未收到。

(4)31日，将一项专利权转让给丙公司实现净收益10万元。

要求：根据上述资料，不考虑其他因素，分析回答下列小题。（答案中的金额单位用万元表示）

(1)根据资料(1)，下列各项中，甲公司销售M产品的会计处理正确的是(　　)。

A. 借：应收票据　　　　　　565
　　贷：主营业务收入　　　　　500
　　　　应交税费——应交增值税(销项税额)　　　　　　　　65

B. 借：应收票据　　　　　　565
　　贷：其他业务收入　　　　　500

　　　　应交税费——应交增值税(销项税额)　　　　　　　　65

C. 借：其他业务成本　　　　350
　　贷：库存商品　　　　　　　350

D. 借：主营业务成本　　　　350
　　贷：库存商品　　　　　　　350

(2)根据资料(2)，下列各项中，甲公司支付维修费及中介机构服务费的会计处理正确的是(　　)。

A. 确认销售费用5.5万元

B. 确认管理费用8.5万元

C. 确认管理费用3万元

D. 确认销售费用6.215万元

(3)根据资料(3)，下列各项中，甲公司库存商品毁损的会计处理表述正确的是(　　)。

A. 库存商品损毁的净损失为7万元

B. 发生库存商品损毁时应借记"待处理财产损溢"科目

C. 库存商品损毁的净损失应计入营业外支出

D. 尚未收到的保险公司赔偿款应计入其他应收款

(4)根据资料(4)，下列各项中，甲公司转让专利权的净收益应记入的会计科目是(　　)。

A. 营业外收入　　　B. 其他业务收入

C. 投资收益　　　　D. 资产处置损益

(5)根据资料(1)至(4)，甲公司2020年12月实现的利润总额为(　　)万元。

A. 148.5　　　　　　B. 150

C. 151.5　　　　　　D. 141.5

2. ☆甲公司为增值税一般纳税人，主要开展咨询和商品销售业务，适用的增值税税率分别为6%和13%，2019年12月发生如下相关经济业务：

(1)1日，接受乙公司委托为其提供技术咨询服务，签订一项服务期限为5个月、总价款为20万元的咨询服务合同。合同签订时收取合同价款10万元，其余款项于服务期满时一次收取。截至 12 月 31 日，甲公司履行合同实际发生劳务成本 2 万元(均为职工薪酬)，估计还将发生劳务成本 8 万元，该项咨询服务属于在某一时段内履行的履约义务，履约进度按时间的进度能够合理确定，假定本业务不考虑相关增值税。

(2)2 日，向丙公司销售商品一批，开具的增值税专用发票上注明的价款为 50 万元，增值税税额为 6.5 万元，该批商品实际成本为 36 万元，丙公司于当日收到该批商品并验收入库。12 日，收到丙公司支付的全部款项。

(3)20 日，收到丙公司退回当月所购商品中有质量问题的商品，其成本 3.6 万元。甲公司于当日支付退货款 5 万元，增值税税额 0.65 万元，并按规定向丙公司开具了增值税专用发票(红字)，退回商品已验收入库。

要求：根据上述资料，不考虑其他因素，分析回答下列小题。(答案中的金额单位用万元表示)

(1)根据资料(1)，下列各项中，甲公司提供咨询服务相关会计处理正确的是( )。

A. 签订合同收取款项：
借：银行存款 10
　　贷：合同负债 10

B. 发生劳务成本：
借：合同取得成本 2
　　贷：应付职工薪酬 2

C. 签订合同收取款项：
借：银行存款 10
　　贷：应收账款 10

D. 发生劳务成本：
借：合同履约成本 2
　　贷：应付职工薪酬 2

(2)根据资料(1)，下列各项中，甲公司提供咨询服务相关会计处理表述正确的是( )。

A. 31 日确认劳务收入，贷记"主营业务收入"科目 4 万元

B. 31 日结转劳务成本，借记"主营业务成本"科目 10 万元

C. 31 日结转劳务成本，借记"主营业务成本"科目 2 万元

D. 31 日确认劳务收入，贷记"主营业务收入"科目 10 万元

(3)根据资料(2)，下列各项中，甲公司销售商品的会计处理正确的是( )。

A. 2 日，销售商品时确认销售商品收入：
借：应收账款 56.5
　　贷：主营业务收入 50
　　　　应交税费—应交增值税(销项税额) 6.5

B. 12 日，收回销售款项：
借：银行存款 56.5
　　贷：应收账款 56.5

C. 12 日，收到货款时确认商品销售收入：
借：银行存款 56.5
　　贷：主营业务收入 50
　　　　应交税费—应交增值税(销项税额) 6.5

D. 2 日，销售商品时结转销售商品成本：
借：主营业务成本 36
　　贷：库存商品 36

(4)根据资料(2)和资料(3)，下列各项中，甲公司发生销售退回业务相关的会计处理表述正确的是( )。

A. 冲减主营业务收入 5 万元

B. 冲减增值税销项税额 0.65 万元

C. 冲减主营业务成本 3.6 万元

D. 减少银行存款 5.65 万元

(5)根据资料(1)至资料(3)，下列各项中，上述业务对甲公司 2019 年 12 月利润表相关项目的影响结果表述正确的是( )。

A. 营业利润增加 14.6 万元

B. 营业收入增加 49 万元

C. 营业成本增加 34.4 万元

D. 营业利润增加 15.12 万元

📋 同步训练参考答案及解析

一、单项选择题

1. B 【解析】该公司确认的营业收入金额 = 10 000×50×（1-20%）= 400 000（元）。

会计分录：

借：银行存款等　　　　　　452 000

　　贷：主营业务收入

　　　　［10 000×50×（1-20%）］400 000

　　　　应交税费—应交增值税（销项税额）

　　　　　　　　　　（400 000×13%）52 000

2. C 【解析】根据题意，截至 2018 年 12 月 31 日，该合同的履约进度 = 8/10×100% = 80%，甲公司应确认的收入金额 = 1 000× 80% = 800（万元）。

3. A 【解析】"合同负债"科目核算企业已收或应收客户对价而应向客户转让商品的义务。

4. C 【解析】2017 年应确认的收入 = **收入总额×完工进度－已确认的收入** = 300×168/ 240－90 = 120（万元）。

5. B 【解析】固定资产账面价值 = 100－30 = 70（万元）；该项业务对企业当期营业利润的影响 = 50－（70+2.5）= －22.5（万元）。

会计分录：

将出售的固定资产转入清理时：

借：固定资产清理　　　　　　70

　　累计折旧　　　　　　　　30

　　贷：固定资产　　　　　　　　100

支付清理费用时：

借：固定资产清理　　　　　　2.5

　　贷：银行存款　　　　　　　　2.5

收到出售价款时：

借：银行存款　　　　　　　　50

　　贷：固定资产清理　　　　　　50

结转出售固定资产实现的利得时：

借：资产处置损益　　　　　　22.5

　　贷：固定资产清理　　　　　　22.5

6. D 【解析】企业行政管理部门负担的工

会经费应记入"管理费用"科目。

7. C 【解析】销售佣金 4 万元在发生时确认为一项资产，即合同取得成本。尽职调查的外部律师费和提交标书发生的差旅费不能直接归属于可识别的合同，不属于增量成本。

8. C 【解析】该公司 12 月份利润表"税金及附加"项目本期金额 = 3.5+1.5+20+3 = 28（万元）。

9. A 【解析】计入管理费用的金额 = 50+5 = 55（万元）。**销售商品发生的装卸费应计入销售费用，银行汇票手续费应计入财务费用。**

10. B 【解析】选项 AD，计入营业外支出；选项 C，经批准后，计入管理费用或者营业外支出。

11. A 【解析】企业的增值税不通过"税金及附加"科目核算。销售应税消费品的消费税、城市维护建设税和教育费附加均通过"税金及附加"科目核算，所以该企业 2019 年"税金及附加"科目借方发生额 = 50+3+7 = 60（万元）。

12. A 【解析】所得税费用 = （1 450+10）× 25% = 365（万元）；该企业 2017 年实现的净利润 = 1 450－365 = 1 085（万元）。

13. D 【解析】支付的税收滞纳金计入营业外支出，不影响营业利润，所以营业利润减少额 = 1 000+60+4 = 1 064（万元）。

14. A 【解析】营业利润 = 1 000－600－20－50 －10+40－70+80 = 370（万元）。因自然灾害发生固定资产的净损失为 25 万元和因违约支付罚款 15 万元均应记入"营业外支出"科目，不影响企业营业利润。

二、多项选择题

1. BC 【解析】**期间费用包括销售费用、管理费用和财务费用。**选项 A，计入制造费用；选项 B，计入管理费用；选项 C，计入销售费用；选项 D，计入资产减值损失。

2. ACD 【解析】选项 B，财务部门实质也是管理部门，所以确认的财务部门人员的薪酬计入管理费用。

3. BCD 【解析】选项 A，销售商品为购货方代垫的保险费计入应收账款。

4. ABCD 【解析】选项 A，冲减管理费用；选项 B，确认其他业务收入；选项 C，冲减财务费用；选项 D，确认投资收益。选项 ABCD 均会引起利润总额的增加。

5. ABD 【解析】选项 ABD，主要与收入确认有关；选项 C，主要与收入的计量有关。

6. ABCD 【解析】企业应当考虑商品的性质，采用实际测量的完工进度（选项 C）、评估已实现的结果（选项 B）、时间进度（选项 D）、已完工或交付的产品（选项 A）等产出指标，或采用投入的材料数量、花费的人工工时、机器工时、发生的成本和时间进度等投入指标确定恰当的履约进度，并且在确定履约进度时，应当扣除那些控制权尚未转移给客户的商品和服务。

7. ABCD 【解析】差旅费、投标费、为准备投标资料发生的相关费用等，这些支出无论是否取得合同均会发生，应当在发生时计入当期损益，除非这些支出明确由客户承担。

8. AB 【解析】期间费用包括财务费用、销售费用和管理费用。选项 C，计入制造费用；选项 D，借记"短期借款"，贷记"银行存款"，不涉及期间费用。

9. AC 【解析】选项 B，应计入销售费用；选项 D，先通过固定资产清理核算，最终计入资产处置损益。

10. ABC 【解析】选项 D，通过"应收账款"科目核算。

11. AD 【解析】选项 B，通过"管理费用"科目核算；选项 C，通过"其他业务收入"科目核算。

12. ACD 【解析】选项 A，计入资产减值损失，影响营业利润又影响利润总额；选项 B，计入营业外收入，只影响利润总额不影响营业利润；选项 C，计入其他业务收入，影响营业利润又影响利润总额；选项 D，计入投资收益，影响营业利润又影响利润总额。

13. ABD 【解析】选项 A，罚款支出和超过税法规定扣除标准的公益性捐赠支出是不允许税前扣除的，所以应该纳税调增，纳税调增的金额 = 100 + 5 = 105（万元）；选项 B，国债利息收入是免税的，应该纳税调减，所以应交所得税 = (1 000 + 105 - 10) × 25% = 273.75（万元）；选项 C，由于不存在其他纳税调整事项，因此所得税费用也是 273.75 万元；选项 D，净利润 = 利润总额 - 所得税费用 = 1 000 - 273.75 = 726.25（万元）。

14. CD 【解析】选项 AB，账结法在各月均可通过"本年利润"科目提供当月及本年累计的利润（或亏损）额。

15. ABC 【解析】企业期末应将损益类科目的本期发生额全部结转至"本年利润"科目。选项 D，属于成本类科目，不结转至"本年利润"科目。

三、判断题

1. √ 【解析】企业为取得合同发生的增量成本预期能够收回的，应当作为合同取得成本确认为一项资产。

2. × 【解析】专设销售机构管理用固定资产的折旧费应计入销售费用。

3. √

4. √ 【解析】缴纳印花税的会计分录为：
借：税金及附加
　　贷：银行存款

5. × 【解析】企业接受固定资产捐赠产生的利得计入营业外收入。

6. √

7. × 【解析】"本年利润"为所有者权益类

科目，借方表示减少，贷方表示增加，所以贷方余额表示企业的净利润，借方余额表示企业的净亏损。

8. √

9. √

四、不定项选择题

1. （1）AD；（2）AC；（3）BCD；（4）D；（5）A。

【解析】（1）资料（1）会计分录：

借：应收票据 565

　　贷：主营业务收入 500

　　　　应交税费—应交增值税（销项税额） 65

借：主营业务成本 350

　　贷：库存商品 350

（2）资料（2）会计分录：

借：销售费用 5.5

　　管理费用 3

　　应交税费—应交增值税（进项税额） 0.895

　　贷：银行存款 9.395

（3）资料（3）会计分录：

借：待处理财产损溢 7

　　贷：库存商品 7

借：其他应收款 4

　　营业外支出（倒挤） 3

　　贷：待处理财产损溢 7

（4）企业转让（即出售）无形资产产生的净损益，应记入"资产处置损益"科目。

（5）甲公司2020年12月实现的利润总额=（500-350）[资料（1）]-（5.5+3）[资料（2）]-（7-4）[资料（3）]+10[资料（4）]=148.5（万元）。

2. （1）AD；（2）AC；（3）ABD；（4）ABCD；（5）ABC。

【解析】（1）资料（1）会计分录：

签订合同收取款项：

借：银行存款 10

　　贷：合同负债 10

发生劳务成本：

借：合同履约成本 2

　　贷：应付职工薪酬 2

（2）该项服务的履约进度按时间的进度能够合理确定，所以31日的履约进度=1÷5×100%=20%，12月31日确认的劳务收入=20×20%-0=4（万元）。

资料（1）会计分录：

确认劳务收入：

借：合同负债 4

　　贷：主营业务收入 4

结转劳务成本：

借：主营业务成本 2

　　贷：合同履约成本 2

（3）资料（2）会计分录：

2日，销售商品时确认销售商品收入：

借：应收账款 56.5

　　贷：主营业务收入 50

　　　　应交税费—应交增值税（销项税额） 6.5

销售商品时结转销售商品成本：

借：主营业务成本 36

　　贷：库存商品 36

12日，收回销售款项：

借：银行存款 56.5

　　贷：应收账款 56.5

（4）资料（3）会计分录：

借：主营业务收入 5

　　应交税费—应交增值税（销项税额） 0.65

　　贷：银行存款 5.65

借：库存商品 3.6

　　贷：主营业务成本 3.6

（5）营业收入=4[资料（1）]+50[资料（2）]-5[资料（3）]=49（万元）；营业成本=2[资料（1）]+36[资料（2）]-3.6[资料（3）]=34.4（万元）；营业利润=营业收入-营业成本=49-34.4=14.6（万元）。

第八章　财务报告

历年考情概况

本章是《初级会计实务》中很重要的一章,在考试时一般结合前几章,先编制会计分录,后计算报表项目。本章主要考核资产负债、利润表和现金流量表的编制。考试覆盖了单选、多选、判断和不定项等题型。历年考试情况为 2021 年 10 分, 2020 年 8 分, 2019 年 8 分, 2018 年 10 分,预计 2022 年考试分数在 10 分左右。

近年考点直击

考点	主要考查题型	考频指数	考查角度
资产负债表的相关知识	单选题、多选题、判断题、不定项选择题	★★★	(1)根据总账科目余额填列; (2)根据明细账科目余额计算填列; (3)根据有关科目余额减去其备抵科目余额后的净额填列; (4)根据总账科目和明细账科目余额分析计算填列; (5)综合运用各种填列方法分析填列
利润表的相关知识	单选题、多选题、判断题、不定项选择题	★★★	(1)利润表概述及其结构; (2)利润表的编制
所有者权益变动表的相关知识	单选题、多选题、判断题	★	所有者权益变动表概述及其结构

2022 年考试变化

(1)新增财务报告概述。

(2)新增利润表表体结构原理、作用和编制要求等。

(3)新增现金流量表的编制。

(4)新增所有者权益变动表的结构等。

(5)新增财务报告信息披露的要求等。

(6)新增部分例题。

(7)对其他内容进行微调及完善。

【案例导入】

福喜问:考生小伙伴,你会背资产负债表简表吗?

考生小伙伴:我会啊,我背给你听:

资产负债表（简表）

2022 年 5 月 31 日　　　　　　　　　　　　　　　　　　　　单位：元

资产	期末余额	负债和所有者权益	期末余额
货币资金		短期借款	
交易性金融资产		应付票据	
应收票据		应付账款	
应收账款		应付职工薪酬	
存货		流动负债合计	
		长期借款	
流动资产合计		非流动负债合计	
固定资产		负债合计	
无形资产		实收资本	
非流动资产合计		所有者权益合计	
资产总计		负债和所有者权益总计	

福喜问：考生小伙伴，那你会填制资产表的项目吗？

考生小伙伴：这个不大会，但我…我可以试试。

福喜说：好的，如果你觉得太难，没关系，等你学习完本章再来填制资产负债表也不迟。如果你真觉得填制太难，老师建议你能看懂答案中填制的过程。

考生小伙伴：我明白了，那你来吧。

已知：2022 年 5 月 31 日，福喜公司有关资产、负债和所有者权益科目余额表如下：

单位：元

科目	借方	科目	贷方
库存现金	100 000	坏账准备(应收账款)	50 000
银行存款	500 000	累计折旧	80 000
其他货币资金	200 000	累计摊销	40 000
交易性金融资产	300 000	材料成本差异	10 000
应收票据	15 000	短期借款	300 000
应收账款	395 000	应付票据	10 000
原材料	70 000	应付账款	250 000
库存商品	240 000	应付职工薪酬	200 000
固定资产	300 000	长期借款	330 000
无形资产	150 000	实收资本	1 000 000

要求：请编制资产负债表。

【分析】

资产负债表(简表)

2022 年 5 月 31 日　　　　　　　　　　　　　　　　单位:元

资产	期末余额	负债和所有者权益	期末余额
货币资金	800 000	短期借款	300 000
交易性金融资产	300 000	应付票据	10 000
应收票据	15 000	应付账款	250 000
应收账款	345 000	应付职工薪酬	200 000
存货	300 000	流动负债合计	760 000
流动资产合计	1 760 000	长期借款	330 000
		非流动负债合计	330 000
固定资产	220 000	负债合计	1 090 000
无形资产	110 000	实收资本	1 000 000
非流动资产合计	330 000	所有者权益合计	1 000 000
资产总计	2 090 000	负债和所有者权益总计	2 090 000

『提示』货币资金 = 库存现金 + 银行存款 + 其他货币资金 = 100 000 + 500 000 + 200 000 = 800 000(元)

交易性金融资产 = 300 000(元)

应收票据 = 15 000(元)

应收账款 = 应收账款 − 坏账准备 = 395 000 − 50 000 = 345 000(元)

存货 = 原材料 + 库存商品 − 材料成本差异 = 70 000 + 240 000 − 10 000 = 300 000(元)

流动资产合计 = 货币资金 + 交易性金融资产 + 应收票据 + 应收账款 + 存货 = 1 760 000(元)

固定资产 = 固定资产 − 累计折旧 = 300 000 − 80 000 = 220 000(元)

无形资产 = 无形资产 − 累计摊销 = 150 000 − 40 000 = 110 000(元)

非流动资产合计 = 固定资产 + 无形资产 = 330 000(元)

流动负债合计 = 短期借款 + 应付票据 + 应付账款 + 应付职工薪酬 = 760 000(元)

负债合计 = 流动负债合计 + 非流动负债合计 = 1 090 000(元)

考点一　财务报告的概念及其编制要求

一、财务报告的概念

财务报告是企业对外提供的一份文件,它反映企业某一特定日期的**财务状况**和某一会计期间的**经营成果**、**现金流量**等会计信息。

二、财务报告体系

1. 财务报告体系

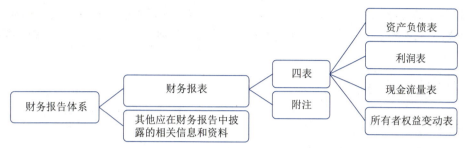

图8-1　财务报告体系

关于财务报告体系,应注意以下几点:

(1)财务报表至少应当包括下列组成部分:资产负债表、利润表、现金流量表、所有者权益(或股东权益)变动表和附注。(**四表一注**)

(2)财务报告中的各组成部分在列报上的重要程度是一致的。

(3)列报一般是指会计信息在报表中的列示和在附注中的披露。

2. 财务报告(财务报表)的分类

财务报告(财务报表)的分类,应注意以下几点:

(1)财务报告分为**年报**和**中期报告**。

(2)会计期间分为年度和中期。中期是指短于一个完整的会计年度的报告期间,包括月度、季度和半年度。

(3)中期财务报表至少应包括"三表一注"(资产负债表、利润表、现金流量表和附注)。相关中期报表也应是完整报表。

(4)财务报表的分类。

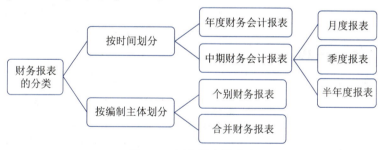

图8-2　财务报表的分类

三、财务报告的编制要求

(1)企业应依据会计准则确认和计量的结果编制财务报表。

(2)以**持续经营**为基础编制财务报表。

(3)现金流量表按**收付实现制**编制,其他财务报表按权责发生制编制。

(4)各报表项目的列报应在各期保持一致,不得随意变更。

(5)依据重要性原则确定财务报表项目是单独列报还是汇总列报。如果某项目单个看不具有重要性,则可将其与其他项目汇总列报;如具有重要性,则应当单独列报。是否具有重要性,应从**项目性质**和**金额大小**两方面进行判断。

(6)除非另有规定,否则财务报表项目一般应当以总额列报,资产和负债、收入和费用、直接计入当期利润的利得项目和损失项目金额不能相互抵销,即不得以净额列报。

(7)企业在列报当期财务报表时,至少应

当提供所有列报项目上一个可比会计期间的比较数据，以及与理解当期财务报表相关的说明，目的是提高信息在会计期间的可比性。

（8）财务报表表首的列报要求（略）。

【例题·判断题】 ☆一套完整的财务报表体系由资产负债表、利润表和现金流量表组成。（ ）

解析 ▶ 一套完整的财务报表体系由资产负债表、利润表、现金流量表、股东权益变动表及附注组成。 答案 ▶ ×

随堂小练 限时1min

单项选择题

下列关于财务报告的表述中，不正确的是（ ）。

A. 如果某个项目单独看不具有重要性，则一般可将其与其他项目汇总列报

B. 如果某个项目具有重要性，则一般应单独列报

C. 资产负债表、利润表、现金流量表和所有者权益变动表在列报上比附注更为重要

D. 按编报时间，财务报告分为年报和中期报告两类

随堂小练参考答案及解析

单项选择题

C 【解析】资产负债表、利润表、现金流量表、所有者权益变动表与附注在列报上的重要程度是一样的。

考点二 资产负债表的相关知识

考点详解

一、资产负债表的结构

1. 资产负债表（简表）

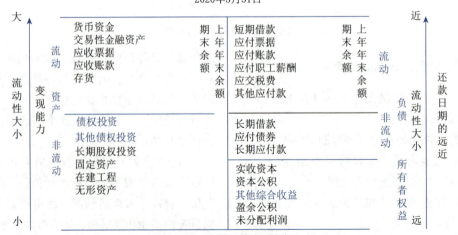

资产负债表（简表）
2020年5月31日

图8-3 资产负债表（简表）

『提示』请考生牢记资产负债表(简表)。

2. 资产负债表的格式

资产负债表的格式：账户式。

3. 资产负债表概念和编制基础

(1)资产负债表是指反映企业在某一特定日期的财务状况的报表。

(2)资产负债表是根据"资产＝负债＋所有者权益"编制的。

『链接』上述等式提供6条信息：

(1)是某一日期(时点)的要素；

(2)表现资金运动的相对静止状态，称为静态会计要素；

(3)反映企业的财务状况；

(4)是编制资产负债表的依据；

(5)是会计上的第一等式；

(6)是复式记账法的理论基础。

【例题1·单选题】下列各项中，不属于资产负债表所有者权益项目的是(　　)。

A. 盈余公积　　　B. 其他综合收益

C. 库存股　　　　D. 公允价值变动收益

解析 选项D，属于利润表项目。

答案 D

【例题2·单选题】下列项目中，不属于资产负债表中"非流动负债"项目的是(　　)。

A. 合同负债　　　B. 应付债券

C. 长期应付款　　D. 长期借款

解析 选项A，合同负债属于流动负债。

答案 A

二、资产负债表的编制

(一)资产负债表填列方法总述

资产负债表需填列"上年年末余额"和"期末余额"两栏。填列方法(以总账为核心)主要包括：

(1)根据总账账户余额直接填列和计算填列；

(2)根据明细账科目余额计算填列；

(3)根据总账账户和明细账科目余额分析计算填列；

(4)根据有关账户余额减去其备抵账户余额后的净额填列；

(5)综合运用上述方法填列。

(二)根据总账科目余额填列

1. 直接根据有关总账科目的余额填列

如"短期借款""实收资本""资本公积"等项目根据各自的总账科目余额填列。

【例题3·多选题】☆下列各项中，根据总账科目期末余额直接填列的资产负债表项目有(　　)。

A. 应收票据　　　B. 资本公积

C. 短期借款　　　D. 应付账款

解析 选项A，"应收票据"项目根据有关科目余额减去其备抵科目余额后的净额填列；选项D，"应付账款"项目根据明细账科目余额计算填列。　　**答案** BC

2. ★根据几个总账科目的期末余额计算填列

(1)货币资金＝库存现金＋银行存款＋其他货币资金。

【例题4·多选题】☆下列资产负债表项目中，根据总账科目余额填列的有(　　)。

A. 货币资金　　　B. 固定资产

C. 短期借款　　　D. 应付账款

解析 选项B，根据有关科目余额减去其备抵科目余额后的净额填列；选项D，根据有关明细账科目余额计算填列。　　**答案** AC

(2)"其他应付款"项目，应根据"应付利息""应付股利"和"其他应付款"科目的期末余额合计数填列。

(三)★根据明细账科目余额计算填列

主要有："预收款项"，"应付账款"与"预付款项"(姐妹俩)。

1. "预收款项"

"预收款项"＝"预收账款"明细科目期末贷方余额＋"应收账款"明细科目期末贷方余额

【案例1】福喜公司2020年12月31日有关科目余额如下所示：

单位：万元

科目名称	明细科目余额	
	借方余额	贷方余额
应收账款	A公司12	B公司2
预收账款		乙公司0.8

则：预收款项（负债类，根据贷方明细填写）＝2＋0.8＝2.8（万元）。

2."应付账款"与"预付款项"（姐妹俩）

"应付账款"＝"应付账款"明细科目期末贷方余额＋"预付账款"明细科目期末贷方余额

"预付款项"＝"预付账款"明细科目期末借方余额＋"应付账款"明细科目期末借方余额（如有坏账准备要减去相应的坏账准备）

【案例2】福喜公司2020年12月31日有关科目余额如下所示：

单位：万元

科目名称	总账余额	明细科目余额	
		借方余额	贷方余额
应付账款	贷方12	丙公司3	丁公司15
预付账款	借方0.6	C公司1	D公司0.4

则：（1）预付款项（资产类，根据借方明细填写）＝1＋3＝4（万元）。

（2）应付账款（负债类，根据贷方明细填写）＝15＋0.4＝15.4（万元）。

案例中，如果"预付账款—C公司"有坏账准备贷方余额0.2万元。

则：预付款项＝1＋3－0.2＝3.8（万元）。

【例题5·多选题】☆下列各项中，应在企业资产负债表"预付款项"项目中填列的有（　　）。

A."应付账款"科目所属明细科目的期末借方余额

B."应收账款"科目所属明细科目的期末贷方余额

C."预付账款"科目所属明细科目的期末借方余额

D."预收账款"科目所属明细科目的期末贷方余额

解析 "预付款项"项目，应根据"预付账款"和"应付账款"科目所属各明细科目的期末借方余额合计数，减去"坏账准备"科目中有关预付账款计提的坏账准备期末余额后的净额填列。

答案 AC

【例题6·计算题】甲公司2020年12月31日结账后有关科目余额如下所示：

单位：万元

科目名称	明细科目借方余额	明细科目贷方余额
应收账款	500	30
坏账准备—应收账款		50
预收账款		200
应付账款	100	300
预付账款	200	60

要求：根据上述资料，计算资产负债表中下列项目的金额：应收账款、预收款项、预付款项和应付账款。

答案

（1）"应收账款"项目金额＝500－50＝450（万元）；

（2）"预收款项"项目金额＝200＋30＝230（万元）；

（3）"预付款项"项目金额＝200＋100＝300（万元）；

（4）"应付账款"项目金额＝300＋60＝360（万元）。

3."开发支出"项目

根据"研发支出"科目中所属的"资本化支出"明细科目期末余额填列。

【例题7·判断题】☆资产负债表中的"开发支出"项目，应根据"研发支出"科目所属的"资本化支出"明细科目期末余额填列。

（　　）

答案 √

4."合同资产"与"合同负债"

"合同资产"项目、"合同负债"项目，应分别根据"合同资产"科目、"合同负债"科目的相关明细科目的期末余额分析填列，同一合同下的合同资产和合同负债应当以**净额**列示：

（1）净额为**借方余额**的，应当根据其流动性在"合同资产"或"其他非流动资产"项目中填列，已计提减值准备的，还应减去"合同资产减值准备"科目中相关的期末余额后的金额填列；

（2）净额为**贷方余额**的，应当根据其流动性在"合同负债"或"其他非流动负债"项目中填列。

5. "应付职工薪酬"

"应付职工薪酬"项目，根据本科目所属各明细科目的期末贷方余额分析填列。

(四)根据总账科目和明细账科目余额分析计算填列方法

"长期借款"＝"长期借款"总账余额－"长期借款"明细账中"一年内到期的金额"

【**案例3**】福喜公司2018年5月1日借入3年期的借款10万元，无其他借款，则：

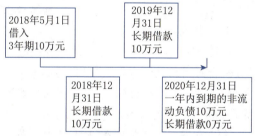

【**例题8·单选题**】☆下列各项中，资产负债表日起一年内到期且企业不能自主地将清偿义务展期的长期借款，应列入的资产负债表项目是（ ）。

A. 其他非流动负债

B. 长期借款

C. 一年内到期的非流动负债

D. 短期借款

解析 ▶企业将在资产负债表日起一年内到期且企业不能自主地将清偿义务展期的长期借款应列报在资产负债表中的"一年内到期的非流动负债"项目。 **答案** ▶C

(五)★根据有关科目余额减去其备抵科目余额后的净额填列

1. "固定资产"项目

"固定资产"项目＝"固定资产"期末余额－"累计折旧"期末余额－"固定资产减值准备"期末余额±"固定资产清理"期末余额＝"固定资产"账面净值－"固定资产减值准备"期末余额±"固定资产清理"期末余额

2. "无形资产"项目

"无形资产"项目＝"无形资产"期末余额－"累计摊销"期末余额－"无形资产减值准备"期末余额＝"无形资产"账面净值－"无形资产减值准备"期末余额

3. "在建工程"项目

"在建工程"项目＝"在建工程"期末余额－"在建工程减值准备"期末余额＋"工程物资"期末余额－"工程物资减值准备"期末余额

4. "使用权资产"项目

"使用权资产"项目＝"使用权资产"期末余额－"使用权资产累计折旧"期末余额－"使用权资产减值准备"期末余额

【**例题9·判断题**】☆"工程物资"科目期末余额，应在企业资产负债表"存货"项目中列报。 （ ）

解析 ▶"工程物资"科目期末余额，应在企业资产负债表"在建工程"项目中列报。

答案 ▶×

【**例题10·单选题**】☆下列各项中，其余额不在资产负债表"无形资产"项目填列的是（ ）。

A. 累计摊销

B. 无形资产

C. 无形资产减值准备

D. 研发支出

解析 ▶"无形资产"项目＝"无形资产"期末余额－"累计摊销"期末余额－"无形资产减值准备"期末余额＝"无形资产"账面净值－"无形资产减值准备"期末余额；选项D，"研发支出—资本化支出"科目金额填列在资产负债表"开发支出"项目。 **答案** ▶D

【**例题11·单选题**】☆2020年12月31日，某企业"固定资产"科目借方余额为2 000万元，"累计折旧"科目贷方余额为600万元，"固定资产减值准备"科目贷方余额为

400万元,"固定资产清理"科目借方余额为100万元。不考虑其他因素,2020年12月31日资产负债表"固定资产"项目的期末余额为( )万元。

A. 1 100　　　　B. 900

C. 1 400　　　　D. 1 000

解析 ▶▶ "固定资产"项目,应根据"固定资产"科目的期末余额,减去"累计折旧"和"固定资产减值准备"科目的期末余额后的金额,以及"固定资产清理"科目的期末余额填列。2020年12月31日资产负债表"固定资产"项目的期末余额=2 000-600-400+100=1 100(万元)。　　　　**答案** ▶ A

【例题12·判断题】 ☆企业资产负债表中"使用权资产"项目应根据"使用权资产"科目的期末余额减去"使用权资产累计折旧"和"使用权资产减值准备"科目的期末余额后的金额填列。　　　　( )

解析 ▶▶ "使用权资产"项目,反映资产负债表日承租人企业持有的使用权资产的期末账面价值。本项目应根据"使用权资产"科目的期末余额,减去"使用权资产累计折旧"和"使用权资产减值准备"科目的期末余额后的金额填列。　　　　**答案** ▶ √

(六)★综合运用上述填列方法分析填列

1. "存货"项目

"存货"需要根据"原材料""生产成本""库存商品""委托加工物资""周转材料""材料采购""在途物资""发出商品""材料成本差异"(借方为加,贷方为减)等总账科目余额的分析汇总数,减去"存货跌价准备"科目余额后的净额填列。

如果有受托代销商品和受托代销商品款,应加上受托代销商品,减去受托代销商品款。

『★注意』以下三项不属于存货:**工程物资、在建工程、固定资产**。

【例题13·多选题】 ☆下列各项中,企业应在期末资产负债表"存货"项目中填列的有( )。

A. 工程物资　　　B. 发出商品

C. 生产成本　　　D. 商品进销差价

解析 ▶▶ 选项A,工程物资应在"在建工程"项目填列。　　　　**答案** ▶ BCD

【例题14·单选题】 ☆2021年12月31日,某企业"生产成本"账户借方余额100万元,"原材料"账户借方余额200万元,"材料成本差异"账户借方余额30万元,"存货跌价准备"账户贷方余额20万元,"工程物资"账户借方余额300万元。不考虑其他因素,该企业2021年12月31日资产负债表中"存货"项目金额为( )万元。

A. 300　　　　B. 310

C. 350　　　　D. 610

解析 ▶▶ "存货"项目金额=100+200+30-20=310(万元),"工程物资"列示在"在建工程"项目。　　　　**答案** ▶ B

2. "其他应收款"项目

"其他应收款"项目,应根据"**应收利息**""**应收股利**"和"**其他应收款**"科目的期末余额合计数,**减去"坏账准备"**科目中相关坏账准备期末余额后的金额填列。

【例题15·单选题】 ☆12月31日,某企业"其他应收款"科目借方余额为2 000万元,"应收利息"科目借方余额为500万元,"应收股利"科目借方余额为300万元,"坏账准备"中有关其他应收款计提的坏账金额为160万元。不考虑其他因素,该企业12月31日资产负债表中"其他应收款"项目金额为( )万元。

A. 2 000　　　　B. 2 640

C. 2 800　　　　D. 2 500

解析 ▶▶ 资产负债表中"其他应收款"项目金额=2 000+500+300-160=2 640(万元)。　　　　**答案** ▶ B

福喜总结 资产负债表编制★★★

项目	编制说明
货币资金	库存现金+银行存款+其他货币资金
交易性金融资产	根据明细科目余额分析填写
应收账款(2019年单选题)	应收账款期末余额-相关坏账准备
预付款项(2020年、2019年单选题,2019年判断题)	(应付账款+预付账款)明细账借方余额-相关坏账准备
其他应收款(2020年、2019年单选题)	其他应收款+应收股利+应收利息-相关坏账准备
存货(2020年、2019年、2018年、2017年单选题,2019年多选题)	原材料、在途物资、周转材料、委托加工物资、库存商品、发出商品、生产成本等 材料成本差异:借加贷减 存货跌价准备:减
长期股权投资	账面余额-长期股权投资减值准备
固定资产(2019年单选题、多选题)	账面余额-累计折旧-固定资产减值准备±固定资产清理
在建工程(2020年、2019年单选题,2020年多选题)	在建工程、工程物资账面余额-在建工程、工程物资减值准备
开发支出(2020年单选题、判断题)	"研发支出"科目所属"资本化支出"明细科目期末余额
无形资产(2020年多选题)	账面余额-累计摊销-无形资产减值准备
一年内到期的非流动资产	一年内到期的长期应收款等
短期借款	根据总账直接填写
应付账款(2020年、2018年、2017年单选题)	(应付账款+预付账款)明细账贷方余额
预收款项	(应收账款+预收账款)明细账贷方余额
应付职工薪酬(2020年多选题)	根据所属各明细科目期末贷方余额填写
应交税费	根据期末贷方余额填写
其他应付款	其他应付款+应付股利+应付利息
长期借款(2020年、2019年多选题)	长期借款总账余额-"长期借款"明细账中一年内到期的金额
一年内到期的非流动负债	一年内到期的长期借款等
实收资本(2019年多选题)	根据总账直接填写
盈余公积	根据总账直接填写
未分配利润	本年利润±利润分配

随堂小练 限时15min

一、单项选择题

1. ☆2019 年 12 月 31 日，甲公司有关科目的期末贷方余额如下：实收资本 80 万元，资本公积 20 万元，盈余公积 35 万元，利润分配—未分配利润 5 万元。不考虑其他因素，2019 年 12 月 31 日，该公司资产负债表中"所有者权益合计"项目期末余额填列的金额为( )万元。

   A. 140　　　　　　B. 80

   C. 160　　　　　　D. 120

2. ☆下列资产负债表项目中，应根据多个总账科目期末余额合计填列的是( )。

   A. 短期借款

   B. 应付账款

   C. 货币资金

   D. 资本公积

3. ☆下列各项中，"预付账款"科目所属明细科目期末为贷方余额，应将其贷方余额列入资产负债表的项目是( )。

   A. 预收款项

   B. 应付账款

   C. 预付款项

   D. 应收账款

4. ☆2019 年 12 月 31 日，某公司有关科目余额如下，"在建工程"科目借方余额 80 万元，"在建工程减值准备"科目贷方余额 8 万元，"工程物资"科目借方余额 30 万元，"工程物资减值准备"科目贷方余额 3 万元。不考虑其他因素，2019 年 12 月 31 日，该公司资产负债表"在建工程"项目期末余额应填列的金额为( )万元。

   A. 72　　　　　　B. 80

   C. 99　　　　　　D. 110

5. ☆2019 年 12 月 31 日，某公司有关科目期末借方余额如下：原材料 80 万元，周转材料 10 万元，生产成本 30 万元，库存商品 60 万元。不考虑其他因素，2019 年 12 月 31 日该公司资产负债表"存货"项目期末余额填列的金额为( )万元。

   A. 140　　　　　　B. 50

   C. 180　　　　　　D. 170

6. ☆2016 年 12 月 31 日，甲企业"预收账款"总账科目贷方余额为 15 万元，其明细科目余额如下："预收账款—乙企业"科目贷方余额为 25 万元，"预收账款—丙企业"科目借方余额为 10 万元。不考虑其他因素，甲企业年末资产负债表中"预收款项"项目的期末余额为( )万元。

   A. 10　　　　　　B. 15

   C. 5　　　　　　D. 25

二、多项选择题

1. ☆下列资产负债表项目，根据总账科目期末余额直接填列的有( )。

   A. 短期借款　　　B. 交易性金融资产

   C. 资本公积　　　D. 应收票据

2. ☆下列各项中，关于资产负债表项目填列正确的有( )。

   A. "短期借款"项目根据"短期借款"总账科目期末余额直接填列

   B. "实收资本"项目根据"实收资本"总账科目期末余额直接填列

   C. "开发支出"项目根据"研发支出"科目所属"资本化支出"明细科目期末余额填列

   D. "长期借款"项目根据"长期借款"总账科目及其明细账科目期末余额分析计算填列

3. ☆下列资产减值准备相关科目余额中，不在资产负债表上单独列示的有( )。

   A. 固定资产减值准备

   B. 长期股权投资减值准备

   C. 存货跌价准备

   D. 坏账准备

三、判断题

1. ☆资产负债表中的"货币资金"项目，应根

据"库存现金""银行存款"和"其他货币资金"科目期末余额的合计数填列。（　）

2. ☆"应付账款"项目根据"应付账款"和"预付账款"科目所属的相关明细科目的期末借方余额合计数填列。（　）

3. ☆企业编制资产负债表时，对于资产负债

表日后一年内到期且企业不能自主展期清偿的长期借款，应在资产负债表"一年内到期的非流动负债"项目中列示。（　）

4. ☆企业应交纳的增值税税额，应在利润表的"税金及附加"项目中填列。（　）

随堂小练参考答案及解析

一、单项选择题

1. A 【解析】所有者权益＝实收资本＋资本公积＋盈余公积＋未分配利润＝80＋20＋35＋5＝140（万元）。

2. C 【解析】选项AD，根据总账科目余额直接填列；选项B，根据明细账科目余额计算填列。

3. B 【解析】"应付账款"项目，应根据"应付账款"和"预付账款"科目所属的相关明细科目的期末贷方余额合计数填列。

4. C 【解析】"在建工程"项目应根据"在建工程"科目的期末余额，减去"在建工程减值准备"科目的期末余额后的金额，以及"工程物资"科目的期末余额，减去"工程物资减值准备"科目的期末余额后的金额填列。所以该公司资产负债表"在建工程"项目期末余额＝80－8＋30－3＝99（万元）。

5. C 【解析】资产负债表"存货"项目期末余额＝80＋10＋30＋60＝180（万元）。

6. D 【解析】"预收款项"项目应当根据"预收账款"和"应收账款"科目所属各明细科目的期末贷方余额合计数填列。本题中"预收账款—丙公司"是借方余额，所以不

需要考虑。"预收款项"期末应当填列的金额为25万元。

二、多项选择题

1. AC 【解析】选项B，根据"交易性金融资产"科目的相关明细科目期末余额分析填列；选项D，根据有关科目余额减去其备抵科目余额后的净额填列。

2. ABCD

3. ABCD 【解析】根据规定，上述各项减值准备在资产负债表中均不单独列示。

三、判断题

1. √

2. × 【解析】"应付账款"项目根据"应付账款"和"预付账款"科目所属的相关明细科目的期末贷方余额合计数填列。

3. √ 【解析】"一年内到期的非流动负债"项目，反映企业非流动负债中将于资产负债表日后一年内到期部分的金额，如将于一年内偿还的长期借款。

4. × 【解析】企业应交纳的增值税税额，通过"应交税费"科目核算，应在资产负债表"应交税费"项目中填列。

考点三　利润表的相关知识

考点详解

一、利润表概述

1. 利润表（简表）

表 8-1　利润表（简表）

2020 年 5 月

```
一、营业收入
-1 成本-1 税金-4 费用-2 损失+5 收益
二、营业利润
+营业外收入-营业外支出
三、利润总额
-所得税费用
四、净利润
五、其他综合收益的税后净额
六、综合收益总额
七、每股收益
```

『提示』请考生牢记利润表（简表）。

利润表详见"收入、费用和利润"章节的【案例导入】。

【例题 1·多选题】 ☆下列各项中，在利润表中列示的有（　　）。

A. 其他收益　　B. 资产处置收益
C. 递延收益　　D. 投资收益

解析 ▶ 选项 C，属于资产负债表中应列示的项目。

答案 ▶ ABD

2. 利润表概念和编制依据

（1）利润表是指反映企业在一定会计期间的经营成果的报表。

『提示』利润表的作用：帮助报表使用者分析判断净利润的质量、风险，评价经营管理效率，预测净利润的持续性，从而做出决策。

（2）利润表是根据"收入-费用=利润"等式编制的报表。

『链接』上述等式提供 5 条信息：

（1）是某一时期的要素；

（2）表现资金运动的显著变动状态，称

为动态会计要素；

（3）反映企业的经营成果；

（4）是编制利润表的依据；

（5）是会计上的第二等式。

3. 利润表格式

我国企业的利润表采用多步式格式。

二、利润表的编制说明

（1）"营业收入" = "主营业务收入" + "其他业务收入"。

【例题 2·多选题】 ☆下列各项中，应在制造业企业利润表"营业收入"项目中列示的有（　　）。

A. 持有交易性金融资产期间取得的利息收入

B. 销售商品取得的收入

C. 出租无形资产的租金收入

D. 出售固定资产实现的净收益

解析 ▶ 营业收入 = 主营业务收入 + 其他业务收入。选项 A，计入投资收益；选项 B，计入主营业务收入；选项 C，计入其他业务收入；选项 D，计入资产处置损益。

答案 ▶ BC

（2）"营业成本" = "主营业务成本" + "其他业务成本"。

【例题 3·单选题】 ☆下列各项中，制造业企业应在利润表"营业成本"项目填列的是（　　）。

A. 出售固定资产发生的净损失

B. 在建工程领用产品的成本

C. 为取得生产技术服务合同发生的投标费

D. 出租包装物的摊销额

解析 ▶ "营业成本"项目应根据"主营业务成本"和"其他业务成本"科目的发生额分

析填列。选项 A，计入资产处置损益；选项 B，计入在建工程；选项 C，计入管理费用；选项 D，计入其他业务成本。　　**答案▶D**

（3）"税金及附加"="城建税"+"教育费附加"+"房产税"+"城镇土地使用税"+"环境保护税"等。

【例题 4·单选题】 ☆下列各项中，应列入利润表"税金及附加"项目的是(　)。

　　A. 转让建筑物应交的土地增值税

　　B. 进口原材料应交的关税

　　C. 销售商品应交的增值税

　　D. 应交纳的房产税

　　解析▶ 选项 A，借记"固定资产清理"科目，贷记"应交税费"科目；选项 B，计入进口原材料的成本；选项 C，借记"应收账款"等科目，贷记"应交税费"科目，不记入"税金及附加"科目；选项 D，计入税金及附加，借记"税金及附加"科目，贷记"应交税费—应交房产税"科目。　　**答案▶D**

（4）"财务费用"="利息费用"-"利息收入"。

【例题 5·单选题】 ☆2021 年甲企业发生短期借款利息 120 万元，收到银行存款利息收入 30 万元。2021 年末甲企业利润表中"财务费用"项目应列报的金额是(　)万元。

　　A. 120　　　　　　B. 90

　　C. 80　　　　　　D. 100

　　解析▶ 期末利润表中"财务费用"项目应列报的金额=120-30=90(万元)。

　　答案▶B

（5）"研发费用"="管理费用—研发费用"发生额+"管理费用—无形资产摊销"发生额。

　　『提示』 "研发费用"项目，反映企业进行研究与开发过程中发生的费用化支出，以及计入管理费用的自行开发无形资产的摊销。

（6）"资产减值损失"="存货减值损失"+"固定资产减值损失"+"无形资产减值损失"等。

（7）"信用减值损失"="信用减值损失"

科目的发生额。

（8）"投资收益"="投资收益"科目的发生额(如处置交易性金融资产收益-交易性金融资产相关费用等)。

（9）"其他收益"=已记入"其他收益"(日常活动有关)的政府补助等。

（10）"营业外收入"="报废固定资产净收益"等。

（11）"营业外支出"="报废固定资产或无形资产净损失"+"罚没支出"+"捐赠支出"等。

（12）"所得税费用"=当期所得税+递延所得税。

（13）"综合收益总额"="净利润"+"其他综合收益的税后净额"。

【例题 6·多选题】 ☆下列各项中，不影响企业利润表"利润总额"项目的有(　)。

　　A. 收到投资者超过注册资本份额的出资

　　B. 向投资者分配的现金股利

　　C. 向灾区捐款发生的支出

　　D. 确认的所得税费用

　　解析▶ 选项 A，记入"资本公积"科目，不影响利润总额；选项 B，记入"应付股利"科目，不影响利润总额；选项 C，记入"营业外支出"科目，影响利润总额；选项 D，记入"所得税费用"科目，不影响利润总额，影响净利润。　　**答案▶ABD**

【例题 7·多选题】 ☆2021 年度，某企业确认营业收入 12 000 万元，营业成本 8 000 万元，管理费用 1 000 万元，税金及附加 156 万元，营业外收入 200 万元。不考虑其他因素，2021 年度该企业利润表中"营业利润"和"利润总额"项目本期金额为(　)万元。

　　A. 2 644　　　　B. 2 844

　　C. 3 044　　　　D. 4 000

　　解析▶ 该企业利润表中："营业利润"项目本期金额=12 000-8 000-1 000-156=2 844(万元)。"利润总额"项目本期金额=2 844+200=3 044(万元)。　　**答案▶BC**

【例题 8·判断题】 ☆利润表中"其他综

合收益的税后净额"项目应按照净利润与"其他综合收益"(税后净额)的合计金额填列。

（　　）

解析 ▶ 利润表"综合收益总额"项目，反映企业净利润与其他综合收益(税后净额)的合计金额。利润表"其他综合收益的税后

净额"项目，反映企业根据企业会计准则规定未在损益中确认的各项利得和损失扣除所得税影响后的净额。　　**答案** ▶ ×

福喜总结 利润表(2021年、2020年、2019年、2018年多选题；2017年单选题)

项目	多步式
营业利润(2021年、2020年、2019年、2018年单选题，2019年多选题)	营业收入(2020年单选题)−营业成本(2020年单选题)−税金及附加(2020年单选题)−销售费用(2020年单选题)−管理费用−财务费用−研发费用−信用减值损失−资产减值损失+公允价值变动收益(−公允价值变动损失)+投资收益(−投资损失)+资产处置收益(−资产处置损失)+净敞口套期收益(−净敞口套期损失)+其他收益
利润总额(2020年、2019年、2018年单选题)	营业利润+营业外收入−营业外支出
净利润(2020年单选题)	利润总额−所得税费用
综合收益总额(2021年、2018年判断题)	净利润+其他综合收益税后净额

随堂小练 限时10min

一、单项选择题

1. ☆下列各项中，应列入利润表"销售费用"项目的是(　　)。
   A. 计提行政管理部门使用无形资产的摊销额
   B. 计提由行政管理部门负担的工会经费
   C. 计提专设销售机构固定资产的折旧费
   D. 发生的不符合资本化条件的研发费用

2. ☆下列各项中，应列入利润表"营业收入"项目的是(　　)。
   A. 销售材料取得的收入
   B. 接受捐赠收到的现金
   C. 出售专利权取得的净收益
   D. 出售自用房产取得的净收益

3. ☆下列各项中，不应列入利润表"营业成本"项目的是(　　)。
   A. 已销商品的实际成本
   B. 在建工程领用产品的成本
   C. 对外提供劳务结转的成本
   D. 投资性房地产计提的折旧额

4. ☆下列各项中，不属于利润表"利润总额"

项目内容的是(　　)。
   A. 确认的资产减值损失
   B. 无法查明原因的现金溢余
   C. 确认的所得税费用
   D. 收到政府补助确认的其他收益

二、多项选择题

1. 下列各项中，属于利润表"营业外支出"项目填列内容的有(　　)。
   A. 公益性捐赠支出
   B. 无形资产报废净损失
   C. 固定资产盘亏净损失
   D. 存货非常损失净额

2. 下列各项中，属于利润表"营业利润"项目填列内容的有(　　)。
   A. 出售交易性金融资产确认的投资收益
   B. 接受原材料捐赠的利得
   C. 出售生产设备的净收益
   D. 转回已计提的存货跌价准备

3. ☆下列各项中，属于企业利润表列示项目的有(　　)。
   A. 每股收益　　B. 未分配利润

C. 其他收益　　D. 信用减值损失

4. ☆下列各项中，关于利润表项目本期金额填列方法表述正确的有( )。

A. "税金及附加"项目应根据"应交税费"科目的本期发生额分析填列

B. "营业利润"项目应根据"本年利润"科目的本期发生额分析填列

C. "营业收入"项目应根据"主营业务收入"和"其他业务收入"科目的本期发生额分析填列

D. "管理费用"项目应根据"管理费用"科目的本期发生额分析填列

三、判断题

1. 多步式利润表将当期所有的收入、费用分别列在一起，将两者相减得出当期净利润。 ( )

2. ☆企业利润表中的"综合收益总额"项目，应根据企业当年的"净利润"和"其他综合收益的税后净额"的合计数计算填列。 ( )

随堂小练参考答案及解析

一、单项选择题

1. C 【解析】选项 A 分录为：

借：管理费用

　　贷：累计摊销

选项 B 分录为：

借：管理费用

　　贷：应付职工薪酬

选项 C 分录为：

借：销售费用

　　贷：累计折旧

选项 D 分录为：

借：管理费用

　　贷：研发支出——费用化支出

2. A 【解析】营业收入包括主营业务收入和其他业务收入。选项 A，计入其他业务收入；选项 B，计入营业外收入；选项 CD，计入资产处置损益。

3. B 【解析】利润表中"营业成本"包括主营业务成本和其他业务成本。选项 A，通过"主营业务成本"科目核算；选项 B，通过"在建工程"科目核算；选项 C，通过"主营业务成本"科目核算；选项 D，通过"其他业务成本"科目核算。

4. C 【解析】选项 C，确认的所得税费用：

借：所得税费用

　　　　递延所得税资产[或贷方]

　　贷：应交税费——应交所得税

　　　　递延所得税负债[或借方]

所得税费用影响的是利润表中"净利润"项目。

二、多项选择题

1. ABCD

2. ACD 【解析】选项 B，计入营业外收入，不影响营业利润。

3. ACD 【解析】未分配利润属于资产负债表中的所有者权益项目。

4. CD 【解析】选项 A，"税金及附加"项目应根据"税金及附加"科目的本期发生额分析填列；选项 B，"营业利润"项目应根据相关报表项目计算得出。

三、判断题

1. × 【解析】多步式利润表，是通过对当期的收入、费用、支出项目按性质加以归类，按利润形成的主要环节列示一些中间性利润指标，分步计算当期净损益。单步式利润表是将当期所有的收入列在一起，所有的费用列在一起，将两者相减得出当期净损益。

2. √

考点四 现金流量表的相关知识

考点详解

一、概述

(一)概念

1. 定义

现金流量表是反映企业在一定会计期间现金和现金等价物流入和流出的报表。

编制依据:会计核算资料。

编制基础:收付实现制。

2. 现金及现金等价物

(1)现金是指企业库存现金以及可以随时用于支付的存款,包括库存现金、银行存款和其他货币资金(如外埠存款、银行汇票存款、银行本票存款等)等。

不能随时用于支付的存款不属于现金。

(2)现金等价物是指企业持有的期限短、流动性强、易于转换为已知金额现金、价值变动风险很小的投资。期限短一般是指从购买日起三个月内到期。

自购买日起三个月内到期的债券投资通常属于现金等价物;权益性投资变现金额通常不确定,不属于现金等价物。

企业确定现金等价物的范围,一经确定不得随意变更。

★企业从银行提取现金、用现金购买短期到期的国债等现金和现金等价物之间的转换不属于现金流量的变化。

【例题1·多选题】下列各项中,影响企业现金流量表中"现金及现金等价物净增加额"项目金额的有( )。

A. 以银行存款支付职工工资

B. 收到出租资产的租金

C. 将库存现金存入银行

D. 以货币资金购买自购买日起3个月内到期的国库券

解析 ▶ 选项C,将库存现金存入银行属于现金及现金等价物的内部转换;选项D,自购买日起3个月内到期的国库券属于现金等价物,因此以货币资金购买自购买日起3个月内到期的国库券属于现金及现金等价物的内部转换,选项CD都不影响现金及现金等价物净增加额。 答案 ▶ AB

(二)结构

(1)我国企业现金流量表采用报告式结构。

(2)现金流量分为三类:经营活动、投资活动和筹资活动产生的现金流量。

二、编制

(一)内容

请小伙伴记住现金流量表简表,详见表8-2。

1. 经营活动产生的现金流量

表8-2 现金流量表(简表)

编制单位:福喜公司　　　　　　　2021年12月　　　　　　　单位:元

项目	本期金额	上期金额
一、经营活动产生的现金流量:		
销售商品、提供劳务收到的现金		
收到的税费返还		
收到其他与经营活动有关的现金		
经营活动现金流入小计		
购买商品、接受劳务支付的现金		

项目	本期金额	上期金额
支付给职工以及为职工支付的现金		
支付的各种税费		
支付其他与经营活动有关的现金		
经营活动现金流出小计		
经营活动产生现金流量净额		

★速记续表

项目	本期金额	上期金额
一、经营活动产生的现金流量：		
流出：购买商品、工资、交税费		
流入：销售商品、——、退税费		

2. 投资活动产生的现金流量

项目	本期金额	上期金额
二、投资活动产生的现金流量：		
收回投资收到的现金		
取得投资收益收到的现金		
处置固定资产、无形资产和其他长期资产而收回的现金净额		
处置子公司及其他营业单位收到的现金净额		
收到其他与投资活动有关的现金		
投资活动现金流入小计		
购建固定资产、无形资产和其他长期资产支付的现金		
投资支付的现金		
取得子公司及其他营业单位支付的现金净额		
支付其他与投资活动有关的现金		
投资活动现金流出小计		
投资活动产生的现金流量净额		

★速记续表

项目	本期金额	上期金额
二、投资活动产生的现金流量：		
流出：1. 投资支付的现金		
2. 购建长期资产		
3. 取得子公司		
流入：1.1 收回投资		
1.2 投资收益		
2. 处置长期资产收回		
3. 处置子公司		

3. 筹资活动产生的现金流量

项目	本期金额	上期金额
三、筹资活动产生的现金流量：		
吸收投资收到的现金		
取得借款收到的现金		
收到其他与筹资活动有关的现金		
筹资活动现金流入小计		
偿还债务支付的现金		
分配股利、利润或偿付利息支付的现金		
支付其他与筹资活动有关的现金		
筹资活动现金流出小计		
筹资活动产生的现金流量净额		

★ 速记续表

项目	本期金额	上期金额
三、筹资活动产生的现金流量：		
流入：1. 吸收投资		
2. 取得借款		
流出：1. 分配股利		
2. 偿还借款、偿付利息		

【例题 2 · 单选题】下列各项中，不属于投资活动产生的现金流出的是（　）。

A. 购买固定资产支付的现金

B. 购买无形资产支付的现金

C. 购买其他企业股票支付的现金

D. 购买原材料支付的现金

解析 ▶ 选项 ABC 均属于投资活动产生的现金流出，选项 D 属于经营活动产生的现金流出。　　答案 ▶ D

【例题 3 · 单选题】下列各项中，会引起现金流量表"经营活动产生的现金流量净额"项目发生增减变动的是（　）。

A. 偿还长期借款引起的现金流出

B. 收取现金股利引起的现金流入

C. 购置固定资产引起的现金流出

D. 购买日常办公用品引起的现金流出

解析 ▶ 选项 A 是筹资活动现金流量；选项 B、C 是投资活动现金流量。　　答案 ▶ D

（二）现金流量表的编制方法

经营活动现金流量的编制方法：**直接法**和**间接法**。

直接法**以利润表中的营业收入为起算点**。间接法**以净利润为起算点**。

『提示』现金流量表是收付实现制，而利润表及日常账务的处理都是权责发生制。

工作底稿法和**T 型账户法**，是直接法下的两种具体的现金流量表编制方法。

工作底稿法下，企业以资产负债表和利润表数据为基础，逐个分析每一报表项目并在工作底稿上编制调整分录，进而编制现金流量表。

编制调整分录时，应以利润表项目为基础，并结合资产负债表项目，逐个分析调整，将相关的现金及现金等价物的流入或流出分别计入现金流量表的各个项目。在调整分录中借记或贷记现金流量表项目时，应遵循的规则是：借方表示现金流入，贷方表示现金流出；借方余额为现金流入量净额，反之为现金流出量净额。

【例题4·单选题】甲公司为一家制造业企业，属于增值税一般纳税人，适用的增值税税率为13%，该公司未发生涉及记账本位币以外的业务。该公司2021年利润表中列示"营业收入"项目金额为1 000万元，资产负债表中列示"应收账款"项目年末较年初增加金额200万元。假定不考虑其他因素。该公司在采用工作底稿法编制现金流量表时，针对上述事项应编制的调整分录为（　）。（分录金额以万元为单位）

A. 借：经营活动的现金流量—销售商品收到的现金
　　　　　　　　　　　　　1 000
　　　　—支付的各项税费
　　　　　　　　　　　　　130
　　贷：营业收入　　　　　1 000
　　　　应交税费—应交增值税　130

B. 借：经营活动的现金流量—销售商品收到的现金　　　　800
　　　　应收账款　　　　　　200
　　贷：营业收入　　　　　1 000

C. 借：经营活动的现金流量—销售商品收到的现金
　　　　　　　　　　　　　800
　　　　—支付的各项税费
　　　　　　　　　　　　　130
　　　　应收账款　　　　　200
　　贷：营业收入　　　　　1 000
　　　　应交税费—应交增值税　130

D. 借：经营活动的现金流量—销售商品收到的现金
　　　　　　　　　　　　　1 200
　　　　—支付的各项税费
　　　　　　　　　　　　　130
　　贷：营业收入　　　　　1 000
　　　　应收账款　　　　　200
　　　　应交税费—应交增值税　130

解析 ▶ 在不考虑其他因素的情况下，该公司"应收账款"项目年末较年初增加金额200万元，意味着本期所售出的商品并未全部收到相关款项，计入"经营活动的现金流量—销售商品收到的现金"项目的金额少于"营业收入"项目金额。　　**答案** ▶ C

T型账户法下，企业以资产负债表和利润表数据为基础，逐个分析每一报表项目，并在相应的T型账户中编制调整分录，进而编制现金流量表。

（三）现金流量表补充资料

将净利润调节为经营活动现金流量（间接法）

主要调整**四大类项目**：①实际没有支付现金的费用；②实际没有收到现金的收益；③不属于经营活动的损益；④经营性应收应付项目以及存货项目的增减变动。

调整公式：

经营活动产生的现金流量净额＝净利润＋非付现费用－非收现收入＋不属于经营活动的费用－不属于经营活动的收入＋不属于净利润范畴但属于经营活动现金流入－不属于净利润范畴但属于经营活动现金流出

现金流量表补充资料的调整思路详见表8-3。

表8-3　现金流量表补充资料的调整思路

调整项目	调整思路
资产减值准备、信用损失准备	调增
固定资产折旧、油气资产折耗、生产性生物资产折旧	调增
无形资产摊销	调增
长期待摊费用摊销	调增

调整项目	调整思路
处置固定资产、无形资产和其他长期资产的损失	调增(收益调减)
固定资产报废损失	调增(收益调减)
公允价值变动损失	调增(收益调减)
财务费用	调增(该项目应加的是"不属于经营活动的财务费用")
投资损失	调增(收益调减)
递延所得税资产减少	调增(递延所得税资产增加调减)
递延所得税负债增加	调增(递延所得税负债减少调减)
存货的减少	调增(存货的增加调减) 若存货的增减变动不属于经营活动,则不能对其进行调整
经营性应收项目的减少	调增(经营性应收项目的增加调减) 若应收项目的增减变动不属于经营活动,则不能对其进行调整
经营性应付项目的增加	调增(经营性应付项目的减少调减) 若应付项目的增减变动不属于经营活动,则不能对其进行调整

【例题 5·单选题】2021 年甲公司发生如下经济业务:以银行存款购买自购买日起 3 个月国债 250 万元,因销售应税消费品等支付消费税 150 万元,以银行存款支付给生产工人工资 100 万元,因购买商品以银行存款支付的价款和增值税 234 万元,以银行存款支付长期借款利息 50 万元,2021 年年末甲公司现金流量表中"**经营活动现金流出小计**"项目金额为( )万元。

A. 234　　　　　B. 484

C. 784　　　　　D. 734

解析 ▶ "经营活动现金流出小计"项目的金额 = 150+100+234 = 484(万元)。

答案 ▶ B

【例题 6·判断题】企业用现金支付在建工程人员的薪酬属于投资活动产生的现金流量。( )

解析 ▶ 在建工程人员的薪酬是因购建固定资产等而发生的,所以以现金支付在建工程人员的薪酬属于投资活动产生的现金流量。

答案 ▶ √

随堂小练　限时2min

一、多项选择题

下列各项中,属于现金流量表"现金及现金等价物"的有( )。

A. 库存现金

B. 银行本票

C. 银行承兑汇票

D. 持有的自购买日起 2 个月内到期的国债

二、判断题

"偿还债务支付的现金"项目中包含企业为偿还债务利息而支付的现金。( )

随堂小练参考答案及解析

一、多项选择题

ABD　【解析】银行承兑汇票通过"应收票据""应付票据"科目核算，不属于现金或现金等价物。

二、判断题

×　【解析】偿还债务利息支付的现金单独在"分配股利、利润或偿付利息支付的现金"项目中反映。

考点五　所有者权益变动表的相关知识

考点详解

一、所有者权益变动表概述

所有者权益变动表应当反映构成所有者权益的各组成部分当期的增减变动情况。

二、所有者权益变动表的内容和结构

所有者权益变动表至少应当单独列示反映下列信息的项目：

（1）综合收益总额；

（2）会计政策变更和差错更正的累积影响金额；（不包括会计估计变更）

（3）所有者投入资本和向所有者分配利润等；

（4）按照规定提取的盈余公积；

（5）所有者权益各组成部分的期初和期末余额及其调节情况，包括实收资本（或股本）、其他权益工具、资本公积、其他综合收益、专项储备、盈余公积、未分配利润。

所有者权益变动表采用的是矩阵式结构。

从纵向来看，分为"上年年末余额""本年年初余额""本年增减变动金额"和"本年年末余额"。四者的勾稽关系如下：

本年年初余额+本年增减变动金额=本年年末余额，其中，本年年初余额=上年年末余额+会计政策变更、前期差错更正及其他变动。

从横向来看，分为"本年金额"和"上年金额"两栏。

【例题1·单选题】☆下列各项中，可反映企业净利润及其他分配情况的财务报表是（　　）。

A. 所有者权益变动表

B. 利润表

C. 资产负债表

D. 现金流量表

解析 ▶ 所有者权益变动表应当反映构成所有者权益各组成部分当期增减变动情况。企业的净利润及其分配情况作为所有者权益变动的组成部分，不需要单独编制利润分配表列示。　　　　　答案 ▶ A

【例题2·多选题】☆下列各项中，在企业所有者权益变动表中单独列示反映的信息有（　　）。

A. 会计政策变更累积影响金额

B. 所有者投入资本

C. 会计差错更正累积影响金额

D. 向所有者分配利润

解析 ▶ 所有者权益变动表至少应当单独列示反映下列信息的项目：（1）综合收益总额；（2）会计政策变更和差错更正的累积影响金额；（3）所有者投入资本和向所有者分配利润等；（4）按照规定提取的盈余公积；（5）所有者权益各组成部分的期初和期末余额及其调节情况，包括实收资本（或股本）、

其他权益工具、资本公积、其他综合收益、专项储备、盈余公积、未分配利润。

答案 ▶ ABCD

【例题 3·多选题】 ☆下列各项中，属于所有者权益变动表"本年增减变动金额"项目的有（　）。

A. 盈余公积转增资本

B. 提取盈余公积

C. 盈余公积弥补亏损

D. 资本公积转增资本

解析 ▶ 所有者权益变动表"本年增减变动金额"项目包括的内容：（1）综合收益总额；（2）所有者投入和减少资本[①所有者投入的普通股；②其他权益工具持有者投入资本；③股份支付计入所有者权益的金额；④其他]；（3）利润分配[①提取盈余公积；②对所有者（或股东）的分配；③其他]（4）所有者权益内部结转[①资本公积转增资本（或股本）；②盈余公积转增资本（或股本）；③盈余公积弥补亏损；④设定受益计划变动额结转留存收益；⑤其他综合收益结转留存收益；⑥其他]。

答案 ▶ ABCD

福喜总结 所有者权益变动表★★

概念（2017 年判断题）	反映构成所有者权益的各组成部分当期的增减变动情况的报表
内容（2021 年、2020 年、2019 年、2018 年多选题）	综合收益总额
	会计政策变更和差错更正的累积影响金额
	所有者投入资本和向所有者分配利润等
	按照规定提取的盈余公积
	所有者权益各组成部分的期初和期末余额及其调节情况，包括实收资本（或股本）、其他权益工具、资本公积、其他综合收益、专项储备、盈余公积、未分配利润

随堂小练 限时5min

一、单项选择题

1. ☆2019 年年初，某企业所有者权益合计为 1 120 万元。当年该企业实现综合收益总额为 300 万元，用盈余公积转增资本 200 万元，向所有者宣告分配现金股利 15 万元。不考虑其他因素，该企业 2019 年度所有者权益变动表中"所有者权益合计"项目的本年年末余额的列报金额为（　）万元。

A. 1 250　　　　B. 1 420

C. 1 220　　　　D. 1 405

2. ☆下列各项中，不在所有者权益变动表中列示的项目是（　）。

A. 综合收益总额

B. 所有者投入和减少资本

C. 利润分配

D. 每股收益

二、多项选择题

☆下列各项中，应在所有者权益变动表中单独列示反映的信息有（　）。

A. 向所有者（股东）分配利润

B. 所有者投入资本

C. 综合收益总额

D. 盈余公积弥补亏损

三、判断题

☆所有者权益变动表中，"综合收益总额"项目反映净利润和其他综合收益扣除所得税影响后的净额相加后的合计金额。

（　　）

随堂小练参考答案及解析

一、单项选择题

1. D 【解析】盈余公积转增资本，盈余公积减少，实收资本增加，属于所有者权益内部的增减变动，不影响"所有者权益合计"项目金额。所以2019年度所有者权益变动表中"所有者权益合计"项目本年年末余额的列报金额 = 1 120 + 300 - 15 = 1 405（万元）。

2. D 【解析】每股收益是利润表反映的项目，不属于所有者权益变动表列示的项目。

二、多项选择题

ABCD

三、判断题

√

考点六　附注及财务报告信息披露的相关知识

考点详解

一、附注概述

★附注是对在资产负债表、利润表、现金流量表和所有者权益变动表等报表中列示项目的文字描述或明细资料，以及对未能在这些报表中列示项目的说明等。

二、附注的主要内容

附注是财务报表的补充，是财务报告不可或缺的重要组成部分。

企业应当披露采用的重要会计政策和会计估计，换言之，企业可以不披露不重要的会计政策和会计估计。

【例题·判断题】 企业采用重要和不重要的会计政策和会计估计属于财务报表附注披露的内容。（　）

解析 ▶ 企业采用的重要会计政策和会计估计属于财务报表附注披露的内容。

答案 ▶ ×

福喜总结 附注★★

概念	附注是对在资产负债表、利润表、现金流量表和所有者权益变动表等报表中列示项目的文字描述或明细资料，以及对未能在这些报表中列示项目的说明等
内容（2020年、2018年判断题）	企业应当披露采用的重要会计政策和会计估计，不重要的会计政策和会计估计可以不披露

三、财务报告信息披露的要求

内容详见表8-4。

表8-4　财务报告信息披露的要求

定义	公司对外发布财务信息的全过程，包括财务状况、经营成果和现金流量等
基本要求	公平、真实、准确、完整和及时

随堂小练 限时2min

一、单项选择题

下列各项中，关于财务报表附注的表述不正确的是(　　)。

A. 附注中包括财务报表重要项目的说明

B. 对未能在财务报表中列示的项目在附注中说明

C. 如果没有需要披露的重大事项，企业不必编制附注

D. 附注中需要写明财务报表的编制基础

二、多项选择题

☆下列各项中，应在企业财务报表附注中披露的内容有(　　)。

A. 财务报表的编制基础

B. 会计政策和会计估计变更以及差错更正的说明

C. 重要会计政策和会计估计

D. 遵循企业会计准则的声明

随堂小练参考答案及解析

一、单项选择题

C 【解析】选项C，报表附注是财务报表不可或缺的组成部分，所以是一定要编制的。

二、多项选择题

ABCD

同步训练 限时40分钟 扫我做试题

一、单项选择题

1. ☆2020年12月31日，某企业"固定资产"科目余额为800万元，"累计折旧"科目余额为100万元，"在建工程"科目余额为80万元，"固定资产减值准备"科目余额为50万元。不考虑其他因素，该企业2020年12月31日资产负债表中"固定资产"项目"期末余额"栏应填列的金额为(　　)万元。

A. 700　　　　　B. 800

C. 650　　　　　D. 730

2. ☆下列各项中，资产负债表中"期末余额"根据总账科目余额直接填列的项目是(　　)。

A. 开发支出　　　B. 在建工程

C. 应付账款　　　D. 短期借款

3. ☆2019年12月31日，某企业"原材料"账户借方余额80万元，"生产成本"账户借方余额30万元，"库存商品"账户借方余额60万元，"存货跌价准备"账户贷方余额20万元。不考虑其他因素，该企业2019年12月31日资产负债表中"存货"项目期末余额填列的金额为(　　)万元。

A. 150　　　　　　　B. 120

C. 140　　　　　　　D. 170

4. ☆2019 年 12 月 31 日，某企业"预付账款"科目所属明细科目的借方余额合计为 120 万元，"应付账款"科目所属明细科目的借方余额合计为 8 万元；"坏账准备"科目中有关预付账款计提的坏账准备余额为 6 万元。不考虑其他因素，该企业年末资产负债表中"预付款项"项目期末余额的列报金额为（　）万元。

A. 122　　　　　　　B. 118

C. 120　　　　　　　D. 128

5. ☆下列属于企业资产负债表负债项目的是（　）。

A. 递延收益　　　　B. 预付账款

C. 其他收益　　　　D. 其他综合收益

6. ☆下列资产负债表项目中，根据有关科目余额减去其备抵科目余额后的净额填列的是（　）。

A. 短期借款　　　　B. 长期借款

C. 无形资产　　　　D. 预收款项

7. ☆2019 年 12 月 31 日，某企业"应付账款—甲企业"明细科目贷方余额 40 000 元，"应付账款—乙企业"明细科目借方余额 10 000 元，"预付账款—丙企业"明细科目借方余额 30 000 元，"预付账款—丁企业"明细科目贷方余额 6 000 元。不考虑其他因素，该企业 2019 年 12 月 31 日资产负债表"应付账款"项目期末余额为（　）元。

A. 36 000　　　　　B. 40 000

C. 30 000　　　　　D. 46 000

8. ☆2018 年企业实现主营业务收入 100 万元，其他业务收入 5 万元，营业外收入 3 万元。不考虑其他因素，该企业 2018 年利润表中"营业收入"项目的金额是（　）万元。

A. 103　　　　　　　B. 100

C. 105　　　　　　　D. 108

9. ☆下列各项中，不影响企业当期营业利润的是（　）。

A. 销售原材料取得的收入

B. 资产负债表日持有交易性金融资产的公允价值变动

C. 无法查明原因的现金溢余

D. 资产负债表日计提的存货跌价准备

10. ☆2016 年 11 月，某企业确认短期借款利息 7.2 万元，收到银行活期存款利息 1.5 万元，开具银行承兑汇票支付手续费 0.5 万元。不考虑其他因素，11 月企业利润表中"财务费用"项目的本期金额为（　）万元。

A. 5.7　　　　　　　B. 5.2

C. 7.7　　　　　　　D. 6.2

11. 某企业 2020 年度实现利润总额 1 350 万元，适用的所得税税率为 25%。本年度该企业取得国债利息收入 150 万元，发生税收滞纳金 4 万元。不考虑其他因素，该企业 2020 年度利润表"净利润"项目的金额为（　）万元。

A. 903　　　　　　　B. 1 049

C. 976　　　　　　　D. 1 012.5

12. ☆2019 年年初，某公司所有者权益合计为 500 万元。本年度所有者权益变动表有关项目情况如下：综合收益总额 360 万元，提取盈余公积 30 万元，宣告分配现金股利 100 万元。不考虑其他因素，该公司 2019 年度所有者权益变动表中"所有者权益合计"项目的本年年末余额的列报金额为（　）万元。

A. 860　　　　　　　B. 830

C. 760　　　　　　　D. 730

13. 下列各项中，应列入企业现金流量表中"经营活动产生的现金流量"项目的是（　）。

A. 支付的各项税费

B. 取得子公司支付的现金净额

C. 购建固定资产支付的现金

D. 偿还借款支付的现金

14. 下列各项中，应列入"支付给职工以及为职工支付的现金"项目的是（　）。

A. 支付现金股利

B. 支付在建工程人员薪酬

C. 代扣代缴个人所得税

D. 支付职工差旅费

15. 下列关于财务报告报告的表述中，不正确的是(   )。

A. 财务报表是财务报告的主体和核心内容

B. 一套完整的财务报表至少包括资产负债表、利润表、现金流量表、所有者权益变动表和附注

C. 性质或功能不同的项目，一般应当在财务报表中单独列报

D. 判断某个项目是否具有重要性，只需看该项目的性质是否重要

16. 甲公司为一家制造业企业，该公司未发生涉及记账本位币以外的业务。该公司2021年利润表中列示的"营业成本"项目金额为2 000万元，资产负债表中列示"应付账款"项目年末较年初增加的金额为300万元，"存货"项目年末较年初减少的金额为400万元。假定不考虑税费等其他因素。该公司采用工作底稿法编制现金流量表时所编制的调整分录中应贷记的"经营活动的现金流量—购进商品支付的现金"项目金额为(   )万元。

A. 2 000
B. 2 300
C. 1 700
D. 1 300

二、多项选择题

1. ☆下列各项中，影响利润表"营业成本"项目金额的有(   )。

A. 出租非专利技术的摊销额

B. 销售原材料的成本

C. 转销已销商品相应的存货跌价准备

D. 出售商品的成本

2. ☆下列各项中，应计入工业企业利润表"营业收入"项目的有(   )。

A. 销售商品收入

B. 销售原材料收入

C. 出租闲置设备收取的价款

D. 出售闲置设备收取的价款

3. ☆下列各项中，应列入利润表"资产处置收益"项目的有(   )。

A. 出售生产设备取得的收益

B. 出售包装物取得的收入

C. 出售原材料取得的收入

D. 出售专利权取得的收益

4. ☆下列会计科目中，应在资产负债表"在建工程"项目列示的有(   )。

A. 在建工程
B. 工程物资减值准备
C. 坏账准备
D. 工程物资

5. ☆资产负债表中，根据总账科目余额与明细科目余额分析计算填列的有(   )。

A. 其他货币资金
B. 长期借款
C. 资本公积
D. 其他非流动资产

6. 下列各项中，导致企业现金流量表"现金及现金等价物增加额"项目增减变动的有(   )。

A. 发行债券收到现金

B. 用银行存款偿付应付账款

C. 用现金购买自购买日起三个月内到期的国库券

D. 用固定资产对外投资

三、判断题

1. ☆企业资产负债表的"预付款项"项目应根据"预付账款"和"应付账款"所属各明细科目的期末借方余额，减去与预付账款有关的坏账准备的期末借方余额的净额填列。(   )

2. ☆企业年报的所有者权益变动表中，"未分配利润"项目本年年末余额应与资产负债表中"未分配利润"项目年末余额相一致。(   )

3. ☆企业将于一年内偿还的长期借款，应在资产负债表中一年内到期的非流动负债项目列报。(   )

4. 资产负债表的表体格式包括上下结构的报告式资产负债表和左右结构的账户式资产

负债表。　　　　　　　　　　（　）

5. ☆利润表中的"综合收益总额"项目，可以为财务报表使用者提供企业实现净利润和其他综合收益（税后净额）的信息。（　）

6. ☆所有者权益变动表是反映企业当期所有者权益各构成部分增减变动情况的报表。　　　　　　　　　　　（　）

7. 企业用现金支付采购人员的差旅费，应反映在现金流量表"购买商品、接受劳务支付的现金"项目。　　　　　（　）

8. 企业持有的拟在近期出售的股票投资属于现金等价物。　　　　　　　　（　）

四、不定项选择题

☆某股份有限公司为增值税一般纳税人，2019 年初，所有者权益总额为 54 000 万元，其中未分配利润金额为 6 000 万元。2019 年该公司发生与所有者权益相关的经济业务如下：

(1) 4 月 1 日，经股东大会批准，宣告发放现金股利 1 600 万元。4 月 29 日，以银行存款实际支付现金股利。

(2) 5 月 8 日，经批准以增发股票的方式募集资金，共增发普通股 500 万股，每股面值 1 元，每股发行价格 5 元。证券公司代理发行费用为 80 万元，取得的增值税专用发票注明的增值税税额为 4.8 万元，从发行收入中扣除。股票已全部发行完毕，收到的股款已存入银行。

(3) 全年实现利润总额为 6 035 万元，其中，当年实现国债利息收入 45 万元，支付税收滞纳金 10 万元。除上述事项外，无其他纳税调整和递延所得税事项，该公司适用的所得税税率为 25%。

要求：根据上述资料，不考虑其他因素，

分析回答下列小题。（答案中的金额单位用万元表示）

(1) 根据资料(1)，下列各项中，该公司宣告和支付现金股利相关会计处理表述正确的是(　)。

A. 支付时贷记"银行存款"科目 1 600 万元

B. 宣告时借记"利润分配—应付现金股利或利润"科目 1 600 万元

C. 宣告时贷记"应付股利"科目 1 600 万元

D. 支付时借记"利润分配—未分配利润"科目 1 600 万元

(2) 根据资料(2)，下列各项中，该公司增发普通股相关会计处理表述正确的是(　)。

A. 贷记"资本公积—股本溢价"科目 1 920 万元

B. 贷记"股本"科目 500 万元

C. 借记"银行存款"科目 2 415.2 万元

D. 借记"财务费用"科目 80 万元

(3) 根据资料(3)，该公司 2019 年度所得税费用的金额是(　)万元。

A. 1 517.5　　　　B. 1 500

C. 1 497.5　　　　D. 1 508.75

(4) 根据期初资料、资料(1)至(3)，该公司 2019 年 12 月 31 日未分配利润的金额是(　)万元。

A. 10 535　　　　B. 6 000

C. 4 400　　　　　D. 8 935

(5) 根据期初资料、资料(1)至(3)，该公司 2019 年 12 月 31 日所有者权益总额是(　)万元。

A. 54 820　　　　B. 60 955

C. 59 355　　　　D. 54 000

📖 同步训练参考答案及解析

一、单项选择题

1. C 【解析】"固定资产"项目应根据"固定资产"科目的期末余额，减去"累计折旧"和"固定资产减值准备"科目的期末余额后的金额，以及"固定资产清理"科目的期末余额填列。"固定资产"项目"期末余额"栏应填列的金额 = 800 - 100 - 50 = 650（万元）。

2. D 【解析】选项 A，"开发支出"项目根据"研发支出"科目所属"资本化支出"明细科目期末余额填列；选项 B，"在建工程"项目应根据"在建工程"科目的期末余额，减去"在建工程减值准备"科目的期末余额后的金额，以及"工程物资"科目的期末余额，减去"工程物资减值准备"科目的期末余额后的金额填列；选项 C，"应付账款"项目应根据"应付账款"和"预付账款"科目所属的相关明细科目的期末贷方余额合计数填列。

3. A 【解析】生产成本借方余额，表示没有加工完成的在产品，在产品属于企业存货，所以生产成本的金额也应计入存货项目；存货跌价准备是存货的备抵账户，计算"存货"项目时需要扣减，所以该企业资产负债表中"存货"项目的金额 = 80+30+60-20 = 150（万元）。

4. A 【解析】"预付款项"项目期末余额 = 120+8-6 = 122（万元）。

5. A 【解析】选项 B，属于资产负债表资产项目；选项 C，属于利润表项目；选项 D，属于所有者权益变动表项目（同时也属于资产负债表所有者权益项目）。

6. C 【解析】选项 A，根据总账科目余额填列；选项 B，根据总账科目和明细账科目余额分析计算填列；选项 D，根据明细账科目余额计算填列。

7. D 【解析】期末资产负债表中"应付账款"项目期末余额 = "应付账款"明细科目期末贷方余额 + "预付账款"明细科目期末贷方余额 = 40 000+6 000 = 46 000（元）。

8. C 【解析】营业收入 = 主营业务收入 + 其他业务收入 = 100+5 = 105（万元）。

9. C 【解析】选项 A，会计处理如下：
借：银行存款/应收账款等
　　贷：其他业务收入
　　　　应交税费—应交增值税（销项税额）
因此，影响营业利润；
选项 B，会计处理如下：
借：交易性金融资产—公允价值变动
　　贷：公允价值变动损益[或相反]
因此，影响营业利润；
选项 C，会计处理如下：
借：库存现金
　　贷：待处理财产损溢
借：待处理财产损溢
　　贷：营业外收入
因此，不影响营业利润，但影响利润总额；
选项 D，会计处理如下：
借：资产减值损失
　　贷：存货跌价准备
因此，影响营业利润。

10. D 【解析】11 月企业利润表中"财务费用"项目的本期金额 = 7.2-1.5+0.5 = 6.2（万元）。

11. B 【解析】应纳税所得额 = 1 350-150+4 = 1 204（万元），所得税费用 = 1 204×25% = 301（万元）。净利润 = 1 350-301 = 1 049（万元）。

12. C 【解析】提取盈余公积，盈余公积增加，未分配利润减少，属于所有者权益内部的增减变动，不影响"所有者权益合计"项目金额。所以该公司 2019 年度所有者权益变动表中"所有者权益合计"项目的本年年末余额＝500＋360−100＝760（万元）。

13. A 【解析】选项 B，属于"取得子公司及其他营业单位支付的现金净额"项目，属于"投资活动产生的现金流量"；选项 C，属于"购建固定资产、无形资产和其他长期资产支付的现金"项目，属于"投资活动产生的现金流量"；选项 D，属于"偿还债务支付的现金"项目，属于"筹资活动产生的现金流量"。

14. C 【解析】选项 A，应列入"分配股利、利润或偿付利息支付的现金"项目；选项 B，应列入"购建固定资产、无形资产和其他长期资产支付的现金"项目；选项，D 应列入"支付其他与经营活动有关的现金"项目。

15. D 【解析】某个项目是否具有重要性，应从项目的性质和金额大小两方面予以判断。

16. D 【解析】针对上述事项，甲公司在工作底稿上应编制的调整分录为：

借：营业成本 2 000
　　贷：应付账款 300
　　　　存货 400
　　　　经营活动的现金流量—购进商品支付的现金 1 300

二、多项选择题

1. ABCD 【解析】营业成本＝主营业务成本＋其他业务成本。

选项 A，会计分录如下：

借：其他业务成本
　　贷：累计摊销

选项 B，会计分录如下：

借：其他业务成本
　　贷：原材料

选项 C，会计处理如下：

借：存货跌价准备
　　贷：主营业务成本

选项 D，会计处理如下：

借：主营业务成本
　　贷：库存商品

2. ABC 【解析】选项 D，出售闲置设备的损益应通过"资产处置损益"科目核算，不属于营业收入。

3. AD 【解析】选项 BC，列入"营业收入"项目。

4. ABD 【解析】"在建工程"项目应根据"在建工程"科目的期末余额，减去"在建工程减值准备"科目的期末余额后的金额，以及"工程物资"科目的期末余额，减去"工程物资减值准备"科目的期末余额后的金额填列。

5. BD 【解析】选项 A，并不单独计算填列，而是作为"货币资金"项目的填列内容；选项 C，根据总账科目的余额填列。

6. AB 【解析】选项 C 是现金和现金等价物内部的增减变化，不影响"现金及现金等价物增加额"项目；选项 D 不涉及现金和现金等价物。

三、判断题

1. × 【解析】"预付款项"项目，需要根据"应付账款"科目借方余额和"预付账款"科目借方余额减去与"预付账款"有关的坏账准备贷方余额计算填列。

2. √

3. √

4. √

5. √

6. √

7. × 【解析】支付采购人员的差旅费，应反映在"支付其他与经营活动有关的现金"项目中。

8. × 【解析】现金等价物通常包括自购买日起三个月内到期的债券投资等，不包括股票投资。

四、不定项选择题

（1）ABC；（2）ABC；（3）B；（4）D；

（5）C。

【解析】（1）资料（1）会计分录：

4月1日，宣告时：

借：利润分配—应付现金股利或利润

　　　　　　　　　　　　1 600

　　贷：应付股利　　　　1 600

4月29日，支付时：

借：应付股利　　　　　1 600

　　贷：银行存款　　　　1 600

（2）资料（2）会计分录：

借：银行存款　　（500×5）2 500

　　贷：股本　　　（500×1）500

　　　资本公积—股本溢价（倒挤）

　　　　　　　　　　　　2 000

借：资本公积—股本溢价　　80

　　应交税费—应交增值税（进项税额）

　　　　　　　　　　　　4.8

　　贷：银行存款　　　　84.8

合并分录：

借：银行存款

　　　［500×5-(80+4.8)］2 415.2

应交税费—应交增值税（进项税额）

　　　　　　　　　　　　4.8

　　贷：股本　　　（500×1）500

　　　资本公积—股本溢价（倒挤）

　　　　　　　　　　　　1 920

（3）当年应纳税所得额=利润总额-国债利息收入+支付的税收滞纳金=6 035-45+10=6 000（万元）；所得税费用=当年应纳税所得额×所得税税率=6 000×25%=1 500（万元）。

（4）当年实现净利润=利润总额-所得税费用=6 035-1 500=4 535（万元）；未分配利润期末余额=年初未分配利润金额+本年未分配利润增加金额-本年未分配利润减少金额=6 000+4 535-1 600［资料（1）］=8 935（万元）。

（5）该公司2019年12月31日所有者权益总额=54 000（期初所有者权益）-1 600［资料（1）未分配利润减少］+500［资料（2）股本］+1 920［资料（2）资本公积］+4 535［资料（3）净利润］=59 355（万元）。

已学习，
已初试，
开启模拟模式

第三篇 "福喜临门"
考前模拟试题

考前模拟试题

亲爱的读者，微信扫描对应小程序码，并输入封面防伪贴激活码，即可享有本书编写老师亲编 2 套考前模拟试题，快来扫码吧！

祝您考试顺利！

考前模拟试题(一)

扫我做试题

考前模拟试题(二)

扫我做试题